大连外国语大学 学科建设经费资助出版
国家社科基金重大课题《“一带一路”背景下中国价值观的国际传播研究》（项目批准号：17ZDA285）的研究成果

“一带一路”与中国价值观国际传播

前沿与展望

“The Belt and Road Initiative” and International Dissemination of China’s Value

Frontier and Prospect

张恒军 吴秀峰 著

中国戏剧出版社
CHINA THEATRE PRESS

图书在版编目（CIP）数据

“一带一路”与中国价值观国际传播 ：前沿与展望 /
张恒军，吴秀峰著．— 北京：中国戏剧出版社，2020.9
ISBN 978-7-104-05013-1

Ⅰ．①一… Ⅱ．①张… ②吴… Ⅲ．①社会主义核心
价值观－文化传播－研究－中国 Ⅳ．①D616

中国版本图书馆 CIP 数据核字（2020）第 173789 号

“一带一路”与中国价值观国际传播：前沿与展望

项目统筹：王松林
责任编辑：邢俊华
责任印制：冯志强

出版发行：中国戏剧出版社
出 版 人：樊国宾
社　　址：北京市西城区天宁寺前街 2 号国家音乐产业基地 L 座
邮　　编：100055
网　　址：www.theatrebook.cn
电　　话：010-63385980（总编室）
传　　真：010-63383910（发行部）

读者服务：010-63381560
邮购地址：北京市西城区天宁寺前街 2 号国家音乐产业基地 L 座

印　　刷：涞水建良印刷有限公司
开　　本：787mm×1092mm　1/16
印　　张：22
字　　数：308 千字
版　　次：2020 年 9 月　北京第 1 版第 1 次印刷
书　　号：ISBN 978-7-104-05013-1
定　　价：118.00 元

总序

唐润华　张恒军

一

文化，因其丰富性而具有迷人的魅力，因其重要性而备受关注和重视，因其复杂性而令研究者辗转反侧。

何谓文化？众说纷纭。《说文解字》云：“文，错画也，象交文。”[①]“文”原指各色交错的纹理，引申成为包括文字在内的各种象征符号，又具体化为文书典籍、文章、礼乐制度等。“化”指二物相接，其一方或双方改变形态性质，由此引申出教化、迁善、感染、化育诸义。《周易·贲卦》云：“观乎天文，以察事变；观乎人文，以化成天下。”[②]可见，中国先贤对“文化”的理解，已经形成了中国特有的与“神文”倾向相区别的“人文”倾向。在西方，1871年，英国文化学家泰勒（Edward Tylor）在《原始文化》中为“文化”赋予了明确的定义：“就其广泛的民族学意义来说，是包括全部的知识、信仰、艺术、道德、法律、习俗以及作为社会成员的人所掌握和接受的任何其他的才能和习惯的复合体。”[③]

---

① （东汉）许慎：《说文解字》，中华书局1985年版，第297页。

② （清）李道平：《周易集解纂疏》，中华书局1994年版，第246页。

③ ［英］爱德华·泰勒：《原始文化》，连树声译，上海文艺出版社1992年版，第1页。

文化定义本身成为一个争论不休的学术现象，足以说明文化的重要价值。

文化在型构民族气质、推动国家发展和人类文明的进程中发挥着重大作用。文化是一种象征符号的系统，是一个国家、一个民族的灵魂。一个国家、一个民族在长期共同生活和社会实践中，不断地发明和运用符号，即创造文化。在以文化人的过程中，民性、民风会呈现出士风、士气，并传承后世，形成改变历史、推动民族进步的文化活力。这种文化活力将延续一个国家、一个民族的精神血脉，在薪火相传、代代守护和与时俱进、推陈出新中，保持国家和民族的生机与活力，支撑经济社会的发展。在人类文化发展的进程中，不同思想文化相互碰撞、彼此交融，又会共同推动人类文明的进步。尤其是16世纪以后，文艺复兴、工业革命、法国大革命等推动的现代文化，显著地改变了人类文明的进程。

文化是国家软实力的重要组成部分。20世纪90年代初，约瑟夫·奈（Joseph Nye）提出了软实力的概念，认为软实力即国家的文化力量[①]。文化确实越来越成为一个民族凝聚力和创造力的重要源泉，成为国家综合实力的重要指标。尤其是作为文化软实力灵魂的核心价值观，对外，它会展示出国家的创造力、思想的影响力、观念文化的亲和力以及文化产品的辐射力等；对内，它会表现为国家的凝聚力、民族发展的生命力、公民的创造力等。因此，习近平说："文化自信，是更基础、更广泛、更深厚的自信。"[②]文化自信是一种广普自信，是国家、民族、人类的灵魂，也是信仰、信念的底气和支撑。文化自信是国家软实力建设的关键内容。

文化是建立国与国之间良好沟通及和谐世界的重要桥梁。随着全球化时代的来临，国家、民族之间的差距在缩小，不同文化之间和谐相处是最大的利益所在。其实，不同文化的本质或精神是相通的，约翰·贝利（John Bayley）的适应

① ［美］约瑟夫·奈：《软实力》，马娟娟译，中信出版社2013年版，第1页。

② 《习近平在庆祝中国共产党成立95周年大会上的讲话》，《人民日报》2016年7月2日第2版。

理论、特纳（Brian Turner）等人的社会认同感理论等，都是建立在此基础上的。因此，20世纪50年代，爱德华·霍尔（Edward Hall）系统研究“跨文化传播”，旨在研究来自不同文化背景的人们如何进行交流和沟通。的确，文化可以成为国与国之间良好沟通的重要桥梁，丝绸之路、宝莱坞电影、熊猫丛书等，都是跨文化传播的典型案例。

二

中华民族在5000多年文明发展进程中，孕育了博大精深的中国文化。及至五四新文化运动，中国文化揭开了现代转型的序幕。源于中华民族内生性的演化，当代中国最终选择了社会主义文化，实现了马克思主义、社会主义与中国传统文化的有机融合，最终形成了新时代具有中国特点、中国风格、中国气派的中国文化。

中国文化是一种一体多元文化。一体，即中国文化始终内蕴着统一的核心形态的价值理念，成为各种具体文化思想的主流规范；多元，即各民族共同创造的，故其形式呈开放辐射性，内容多源而丰富。中国文化主要有三个方面的特质：一是“和而不同”的仁爱精神。“和而不同”思想将有助于建设一个人与自然、与社会、与人之间和谐的、可持续发展的美丽新世界。二是万物“共生”的生命精神。中国文化的主体是以“生”为核心范畴的生命本体论，强调“共生”“天地与我并生，万物与我唯一”[①]“兼相爱，交相利”[②]“远人不服，则修文德以来之”[③]“四海之内皆兄弟也”[④]“己所不欲，勿施于人”[⑤]。这些中国人的处世哲

① （清）王先谦:《庄子集解》，商务印书馆1934年影印版，第13页。
② （清）孙诒让:《墨子间诂》，中华书局2001年版，第103页。
③ （清）刘宝楠:《论语正义》，中华书局1990年版，第649页。
④ 同上书，第488页。
⑤ 同上书，第485页。

学，也是奉献给当代世界的核心价值理念。三是以人为本的人文精神。以人为本的人文精神是中国文化最根本的精神，是中华民族对人类的一项重要贡献。

当代中国文化深植于中华优秀传统文化。习近平总书记在评价中华优秀传统文化时，多次用精神命脉、重要源泉、坚实根基、突出优势、最深厚的软实力等，突出其地位和作用。当代中国文化继承了中华优秀传统文化中讲仁爱、重民本、守诚信、崇正义、尚和合、求大同等基因。当代中国文化立足于红色革命文化。从红船精神、井冈山精神、长征精神、延安精神、西柏坡精神到当代中国特色社会主义文化的繁荣，是党领导人民在革命、建设、发展中，创造了革命文化和社会主义先进文化。

中国正处在全球化背景下实现民族复兴的关键时期。如何实现中华文明与世界文明交流互鉴，用文化自信唤醒世界对中国的新认识，确认自身文化的主体性，建立一个可持续的后现代文明，是中国的历史性机遇。所幸的是，一种新的建设性的思维方式和建设性的后现代化之路正在中国不断推进，"后现代是人与人、人与自然和谐共处的时代"①，因而要"建设持久和平、普遍安全、共同繁荣、开放包容、清洁美丽的世界"。②

2012年，中共十八大明确提出"要倡导人类命运共同体意识"。这一理念的建构与流变过程不仅彰显了中国与世界同呼吸共命运的发展战略与交往策略，同时也传递了源自中华民族传统文化精髓的伦理价值观。正如贝克所说："全球化首先是人类共同命运的意识，世界所有国家和民族已经被纳入一个休戚与共、相互依存的'风险共同体'。"③ 这一理念有利于破解国家理性的自利性及国家间合

① 汤一介：《当前中西文化交流与会通的一种可能趋势》，《跨文化对话》2012年第1期，第21页、第23—32页。

② 习近平：《决胜全面建成小康社会　夺取新时代中国特色社会主义伟大胜利》，人民出版社2017年版，第58—59页。

③〔德〕乌尔里希·贝克：《自由与资本主义——与著名社会学家乌尔里希·贝克对话》，路国林译，浙江人民出版社2001年版，第104页。

作共赢格局的困境，体现了各国命运与共的根本格局对国家间合作共赢的新要求，预示着人类命运共同体意识和人类共同价值的双驱动。

2013 年 9 月和 10 月习近平分别提出建设“新丝绸之路经济带”和“21 世纪海上丝绸之路”的合作倡议。“一带一路”倡议不仅造福中国人民，而且造福各沿线国家和整个人类，不仅将推动沿线国家乃至全球的经济社会发展和变化，而且将会推动中国与沿线国家乃至全球的信息交流与文化碰撞，让世界真真切切地感受中国。“一带一路”不仅是实现中华民族振兴的伟大构想，也是沿线各个国家的共同事业，使经济互补、地缘毗邻、文化趋同的国家间形成紧密的合作关系。“一带一路”蓝图的设计，向世界展现了一幅横贯东西的战略布局，为未来的世界发展带来了无限的生机。

与此同时，中国面临的外部环境正在发生巨大变化：传统的政治经济格局、全球治理体系不断深刻调整，尤其是世界多极化、经济全球化、文化多样化、社会信息化日益发展，国际传播的场景和模式都发生了深刻变化，文明交流互鉴面临着新机遇、新挑战，中国价值观国际传播也面临新问题、新需要。传统的全球理论、文化理论、传播理论都逐渐不适应新的时代特征，中国的对外交流和国际传播需要寻求新的理论支撑，从新理论中寻找方向指引、解释工具和应对方案。

三

人类文明千姿百态，文化千差万别。差异形成了人类文化的丰富多彩、博大精深，差异也形成了不同文明、文化间的冲突。

中国文化和西方文化作为人类社会非常重要的两大文化系统，差异性是客观存在的。文化学的解释不外乎三种视角：第一是地理环境，不同民族所处的地理环境不同；第二是种族，认为种族不同，文化就不同；第三是历史，认为文化是在长期积淀中逐渐形成的，而不同的历史背景造就了不同的民族文化。

差异不可怕，人类历史就是各种文化互相传播、碰撞、融合和不断创新的过程。尤其是在全球化、高科技时代，各个文明相互之间的冲突，意味着所有文明的整体毁灭。所以，亨廷顿也说，“在文化间的战争中，受损失的是文化”。因此，文化多元共存是人类可持续发展的需要。文化单一性必然导致脆弱，文化多样性产生稳定性；单一性导致极端性，多样性产生包容性；单一性容易导致文化中心主义，多样性有利于弘扬文化相对论。

文明的冲突归根到底是价值观的冲突。价值观念是指本民族共同坚守的行为道德标准，任何一个民族都希望自己的文化与价值观得到他民族的认同并影响他民族。国家价值观就是人们对自己国家存在意义的估价或最高评价，是人们判断国家存在、发展和变化的根源。每个国家有自己的“核心价值观”。国家核心价值观是一个国家长期形成并经其成员认可的基本价值理念，集中体现了国民的价值追求和行为取向，是社会意识形态最重要的组成部分，对于增强本民族的向心力、凝聚力和软实力极其重要。西方的个人主义价值观和东方的集体主义价值观都有其优秀的一面。

与此同时，人类文明的进步需要各国人民形成并遵循一个共同价值观，而这个共同价值观不仅需要与各国的国家价值观兼容并蓄，而且需要各国价值观的滋养与贡献。吸收和消化不同文化传统中的优长以达到“会通”是人类文化发展的必由之路。正如罗素所说：“不同文明之间的交流，过去已经多次证明是人类文明发展的里程碑”。[①]

20世纪以来，国际社会可谓风云激荡。随着民族意识、民族思想的崛起及其在民众间的普及与深化，第三世界国家和地区普遍寻找话语权，期待发出自己的声音。如何确立自己的文化身份，寻求走向现代化的多元模式和道路；如何有

① 〔英〕罗素：《一个自由人的崇拜》，出自《中西文化之比较》，时代文艺出版社1988年版，第8页。

效展开主体间性，确立不同文明间的对话立场，呼应和平发展、和谐相处的时代主旋律，成为理论界、学术界探索的核心命题之一。

“9·11”后，研究者开始关注文明的冲突，关注跨文化沟通。国际传播的主体是谁？国家、国际性非政府组织、全球媒体和全球公民在哪些层面、哪些场景下互动？信息的跨国流动在不同的文化、制度下带来了哪些问题？文化间或者文明间的冲突不可避免吗？康德所构想的永久和平是否只是一个美丽的梦？

对于理论界、学术界而言，我们必须通过对人与人之间、文化与文化之间、国家与国家之间的深入研究，建设跨文化的学术共同体，通过“行动”和“一起做事”，探讨人类共同问题的解决之道。这也是国际传播研究的新趋势。

四

基于上述理解，我们决定出版这套“中外文化与国际传播研究丛书”。

本丛书的主要内容侧重于跨文化传播，尤其是文化的国际传播，既包括从学术上对文化传播的相关理论进行多视角、跨学科的探讨，也包括从应用上对文化传播的现实路径进行深入、系统的回顾与前瞻；既包括对中国传统文化和当代文化及其蕴含其中的价值理念的阐释，以及对中华文化海外传播历史与现状的检视，也包括对他国文化及其海外传播进行全面、深入的案例剖析。

丛书同时作为国家社科基金重大项目《“一带一路”背景下中国价值观的国际传播研究》（项目批准号：17ZDA285）的阶段性研究成果和延伸性研究成果。阶段性研究成果主要由该项目课题组成员提供，这些成员包括来自中国传媒大学、华中科技大学、武汉大学、复旦大学、北京外国语大学等国内著名高校的资深学者以及来自人民日报、新华社、中央电视台等权威媒体的资深专家。这些成果主要关注中国价值观国际传播的环境演变与理论创新研究、“一带一路”沿线国家对中国价值观的认知与认同研究、国家价值观念国际传播的中外比较研究、人类命运共同体视域下中国价值观的跨文化阐释研究、“一带一路”背景下中国价值观国际传播创新研究等。延伸性研究成果主要由大连外国语大学的教学与科研骨干提供，学科领域包括新闻传播、国际关系、中国文化、比较文学、对外汉语等，主要关注跨文化传播前沿理论研究、中华文化本体研究、东西方文明与中外文化比较研究、中华文化国际传播研究等。我们希望这些学术探索对于促进全球化时代中外文化的交流互鉴、深化“一带一路”背景下中国价值观的国际传播研究等会有所裨益。

最后，感谢大连外国语大学、中国戏剧出版社对本丛书出版的大力支持。

目录
contents

引　言

随着中国日益走近世界舞台中央，国际社会对中国的关注前所未有，中国道路、中国贡献、中国方案等成为各国政府、媒体和公众感兴趣的话题，而蕴含其中的中国价值观自然也受到前所未有的关注，其中有好评、有期待，也有质疑和攻击。而“一带一路”倡议的提出，把中国与世界的关系进一步拉近，从主观上说，中国有必要让世界更好地了解和认识中国，这其中自然也包括对中国价值观的认知和认同；从客观上说，中国有必要回应国际社会的关注，消除各种误解和曲解，充分展示中国价值观与人类共同价值的相连相通。在这样的背景下，“一带一路”中国价值观国际传播的相关研究也随之展开。鉴于此，我们首先有必要对该研究的国内外学术史作以梳理，以便从整体上了解其现存状况与价值。

国内关于“国家价值观”的研究涵盖了中国政治与国际政治、新闻与传媒、思想政治与教育、社会学与统计学、戏剧影视与电视艺术等多个学科范围。截至2019年7月30日，通过对国内最大的文献数据库CNKI收录的文章进行搜索可以发现，以“国家价值观”为主题的文献检索结果为44740篇，通过对结果进行关键词“一带一路”搜索，筛选出其中362篇有关国家价值观传播、中国政治与国际政治、文化塑造与传播的文献。关于“一带一路”发展问题的讨论，在2013年就已出现在国家价值和国际传播的研究范畴中。这一阶段，我国学者普遍认为中国需要和平发展的周边，周边同样需要和平繁荣的中国，“一带一路”的发展与国家命运相连，既是重大发展机遇，同样也是挑战。胡智锋、刘俊在《主体·诉求·渠道·类型：四重维度论如何提高中国传媒的国际传播力》一文中，对当前中国传媒在提升国际传播力的过程中存在的问题进行分析。文中提到，"西强我弱"的国际传播格局极大地阻碍了中国文化"软实力"和综合国力的进一步提升。认为中国传媒在国际传播力提升的过程中可以在传播主体维度、传播诉求维度、传播渠道维度、电视节目传播类型的维度进行突破，实现国家价值观的有效传播。① 阮宗泽在《中国需要构建怎样的周边》一文中提到，当前中国周边环境出现以中国和美国为核心的双中心格局。中国周边外交着眼于塑造友善的国际环境，为此国家应进行良性互动、"一带一路"建设实现中国腾飞，完善体制建设，走和平发展之路。② 王超品在《论"中国梦"与国家认同、文化认同、价值观认同》一文中谈到，"中国梦"与国家认同、文化认同、价值观认同处在一个多维关系的统一体之中，国家认同、文化认同、价值观认同之间的相互关系是构建国家价值的重要环节。③ 袁新涛在《"一带一路"建设的国家战略分析》提到，"一带一路"建设，是构建中国全方位开放新格局的必然要求，是促进亚欧国家共同发展繁荣的必然选择。沿线各国应团结互信、合作共赢，努力打造亚欧利益共同体和命运共同体。④ 钟飞腾在《超越地缘政治的迷思：中国的新亚洲战略》一文中提到，中国"一带一路"重大战略的发展应摆脱地缘政治的制约。中国基于共同发展理念，以"一带一路"建设为核心，积极推进亚洲的基础设施建设，对接亚洲国家的发展战略，适应区域内国家的多重战略目标。⑤ 杨思

---

① 胡智锋、刘俊：《主体·诉求·渠道·类型：四重维度论如何提高中国传媒的国际传播力》，《新闻与传播研究》2013 年第 4 期，第 5—24 页、第 126 页。

② 阮宗泽：《中国需要构建怎样的周边》，《国际问题研究》2014 年第 2 期，第 11—26 页、第 143—144 页。

③ 王超品：《论"中国梦"与国家认同、文化认同、价值观认同》，《学术探索》2014 年第 10 期，第 15—18 页。

④ 袁新涛：《"一带一路"建设的国家战略分析》，《理论月刊》2014 年第 11 期，第 5—9 页。

⑤ 钟飞腾：《超越地缘政治的迷思：中国的新亚洲战略》，《外交评论（外交学院学报）》2014 年第 6 期，第 16—39 页。

灵在《“一带一路”：印度的回应及对策》中，通过研究中印关系在“一带一路”倡议背景下的发展，对如何实现“21世纪海上丝绸之路”、加大文化交流、舒缓和软化双方民意对立面等给出了相应的对策分析，同时对相关沿线国家的制度实施有一定的参考意义。[①]

随着“一带一路”倡议的持续推进，关于当前时期国家价值观的传播、国际关系和国际文化交流等问题的研究也逐渐成为我国学者研究的热点话题。不仅在期刊和书籍中多有相关题材的出现，同时大量的研究机构、学术会议等都将此设置为重要议题进行研究探讨。陈先红、刘晓程在《核心价值观传播的国家公共关系战略构想》一文中，对国家价值观的构建和传播策略进行了深入的分析。作者认为核心价值观传播是一项复杂系统工程，需要在战略与策略上同时筹划与安排，既要做好顶层设计，又要讲好具体故事。[②] 王欢在《全球化视域下中国价值观对外传播与国家形象构建》一文中提到，在全球化语境下，价值观的跨文化传播是国际传播的内核所在。塑造良好的国家形象，文化外交战略将成为我国外交领域的重点。[③] 明浩在《“一带一路”与“人类命运共同体”》一文中，通过对塞缪尔·亨廷顿（Samuel Huntington）提出的“文明冲突”论和“一带一路”倡议的分析得出：“一带一路”的提出并不是由和谐走向对抗，由和平走向冲突，而是由对抗走向共生，由冲突走向和谐。[④] 蒋屹在《世界反全球化运动对“一带一路”战略的影响及应对》一文中深入分析了全球化所带来的问题，预测其未来走

---

① 杨思灵：《“一带一路”：印度的回应及对策》，《亚非纵横》2014年第6期，第51—60页、第126—127页、第132页。

② 陈先红、刘晓程：《核心价值观传播的国家公共关系战略构想》，《现代传播（中国传媒大学学报）》2015年第6期，第25—31页。

③ 王欢：《全球化视域下中国价值观对外传播与国家形象构建》，《新闻研究导刊》2015年第19期，第27—28页。

④ 明浩：《“一带一路”与“人类命运共同体”》，《中央民族大学学报（哲学社会科学版）》2015年第6期，第23—30页。

向及对"一带一路"倡议的影响，提出了策略及建议。[①] 刘江永在《地缘政治思想对中美日关系的影响》一文中谈到，中国倡导共建"一带一路"本身是对传统的西方地缘政治学说的否定。重塑建设性的中美日关系，实现国家价值观的建构和认同，需要从影响决策者利益认知的地缘政治学角度探寻出路。[②] 季鹏、姜辉在《加快推进"一带一路"建设为中华民族伟大复兴"圆梦"》一文中认为共建"一带一路"是中华民族伟大复兴重大战略思想，也是增强政治互信，实现邦交惠容重大举措，为实现中华民族伟大复兴圆梦。[③] 杨煌在《超越"国强必霸"的老路——中国特色大国外交的创新及其意义》一文中指出，随着自身的不断发展壮大，中国能否走出"国强必霸"的怪圈成为一个大问题。和平发展观、安全观、义利观以新的观念表明了中国外交的和平理念，建立以合作共赢为核心的新型国际关系，形成遍布全球的伙伴关系网络，积极推进"一带一路"倡议，成为树立我国国家价值观、提升文化软实力的重要举措。[④] 安虎森、郑文光在《地缘政治视角下的"一带一路"战略内涵——地缘经济与建立全球经济新秩序》一文中指出，目前主导世界空间格局演变的因素已由地理环境、地缘政治逐步过渡到地缘经济，经济规则已超越意识形态成为将各国紧密捆绑的主要力量。我国的"一带一路"倡议通过重塑国内外经济地理，为我国的供给侧改革创造顺利实施的条件，并以此塑造国际分工新格局，实现国家价值观念的有效传播，从而建立

① 蒋屹：《世界反全球化运动对"一带一路"战略的影响及应对》，《人民论坛》2015 年第 32 期，第 252—253 页。

② 刘江永：《地缘政治思想对中美日关系的影响》，《日本学刊》2015 年第 3 期，第 1—20 页。

③ 季鹏、姜辉：《加快推进"一带一路"建设为中华民族伟大复兴"圆梦"》，《党史博采（理论）》2015 年第 4 期，第 51 页、第 53 页。

④ 杨煌：《超越"国强必霸"的老路——中国特色大国外交的创新及其意义》，《当代世界与社会主义》2015 年第 2 期，第 129—133 页。

全球经济新秩序。[①] 刘强在《“一带一路”倡议有助于消除恐怖主义土壤》中指出，“一带一路”战略构想有助于加强中国与沿线国家的联系，也能够消除各国之间的发展鸿沟，增进相互理解，从而提升对我国国家价值观念的认同，消除极端主义与恐怖主义，为“一带一路”倡议建立良性的发展环境。[②] 孙伊然在《亚投行、“一带一路”与中国的国际秩序观》一文中指出，亚投行、“一带一路”的提出和启动，实为中国在 21 世纪国际秩序观之体现。中国必须寻求更大的国际影响力，提升文化软实力，增强国际传播效果，通过培育与其他发展中国家之间的“扩散型互惠”，中国才有可能寻得下一阶段可持续的发展空间。[③] 李晨阳、杨祥章在《“一带一路”框架下的中国 - 周边互联互通》中指出，进入 21 世纪以来，中国需要把握形势，强化合作共赢意识，提升文化软实力，增强自身国际影响力，实现国家价值观的有效传播，持续推进与周边发展中国家的合作，为“一带一路”建设营造良好的周边环境。[④] 王帆在《中国复兴：独特的大国之路》一文中指出，中国复兴也即实现中国梦、国家富强、民族振兴、人民幸福，实现两个百年的奋斗目标。我国不仅要对内实现社会主义核心价值观的建构，同时也需要实现国家价值的对外有效传播，以最终实现我国的和平崛起。[⑤] 宋涛、陆大道、梁宜在《大国崛起的地缘政治战略演化——以美国为例》一文中认为，美国崛起对中国的启示在于：崛起阶段，我国需要通过“一带一路”建设确保中国在欧亚

---

① 安虎森、郑文光：《地缘政治视角下的“一带一路”战略内涵——地缘经济与建立全球经济新秩序》，《南京社会科学》2016 年第 4 期，第 5—14 页。

② 刘强：《“一带一路”倡议有助于消除恐怖主义土壤》，《人民论坛》2016 年第 2 期，第 100—101 页。

③ 孙伊然：《亚投行、“一带一路”与中国的国际秩序观》，《外交评论（外交学院学报）》2016 年第 1 期，第 1—30 页。

④ 李晨阳、杨祥章：《“一带一路”框架下的中国 - 周边互联互通》，《战略决策研究》2016 年第 5 期，第 3—13 页、第 101 页。

⑤ 王帆：《中国复兴：独特的大国之路》，《外交评论（外交学院学报）》2017 年第 2 期，第 1—12 页。

大陆的核心地位；制定中国全面、长期和完善的地缘战略图谱；提升中国的软实力，强化国家价值观的对外输出；加强地缘战略研究智库建设。

关于“一带一路”倡议与国家价值观传播的研究，国外的学者主要将目光集中在地缘政治、中亚关系、南亚关系和国际政治等几个方面。通过对 SAGA 期刊进行关键字和主题的搜索，我们可以发现海外学者针对“一带一路”倡议的研究主要集中在 2016—2017 年，同时针对国家价值观的研究也有比较明显的阶段性特征。Peter T. C. Chang 在 Confucian pluralism and China’s dream of a harmonious world 一文中指出，儒家思想本质上是乐观的，不同文明的冲突并非不可避免。同时，中国和美国的核心价值观其本质是一致的，能够共同维持一个和谐的世界。① Ravi Bhoothalingam 在 The Silk Road as a Global Brand 一文中提到，中国旨在把整个亚洲与欧洲和非洲联系起来，并且会对世界的格局产生影响，同时作为近邻的印度同样也面临着重大的挑战。② William A. Callahan 在 China’s “Asia Dream”: The Belt Road Initiative and the new regional order 中以建构主义的方式探讨了中国新战略对周边外交的作用，认为中国是通过新的治理理念、规范和规则重新建立区域秩序，并最终形成全球秩序。同时，文章中也谈到了“软实力”——思想、机构和行为本身在外交中的连通性，认为中国需要在加强基础建设的同时提升文化传播力。③ Khanindra Ch. Das 在 The Making of One Belt, One Road and Dilemmas in South Asia 中提到，中国的“一带一路”战略在邻近南洋地区有着很强的影响力，同时为复兴丝绸之路提供了可能性。面对机遇和挑战，发展中国家应通过贸易探索互补提升自己的经济条件、促进投资

---

① Peter T. C. Chang. (2014). Confucian pluralism and China’s dream of a harmonious world. *China Information*, Vol. 28.

② Ravi Bhoothalingam. (2016). The Silk Road as a Global Brand. *China Report*, Vol. 52.

③ William A. Callahan. (2016). China’s “Asia Dream”: The Belt Road Initiative and the new regional order. *Asian Journal of Comparative Politics*, Vol. 1.

和增进交流。[①]Chris Devonshire Ellis 所著的 *China's New Economic Silk Road: The Great Eurasian Game & The String of Pearls* 以"一带一路"发展为背景，通过对60多个国家的实地走访和调研，探讨了丝绸之路对亚洲、非洲、中东、欧洲和美国的地区改革、潜在问题、机遇和长期影响，作者认为，中国提出的"一带一路"倡议将对30亿人产生影响，并将以"无与伦比的潜力"团结世界上最大的市场。这一倡议会将中国与欧亚大陆和东南亚重新连接起来，成为中国外交政策的基础，同时通过新设立的银行、数十亿美元的贷款和外交举措确保中国"一带一路"相关产业和项目推进的顺利进行，"一带一路"建设的推进不仅会对本国产生影响，也会为世界经济发展带来重大和深远的影响。[②]Tom Miller 的专著 *China's Asian Dream: Empire Building along the New Silk Road* (2017)，以一种全新的视角对"中国梦"以及"一带一路"倡议提供了多元化的分析，认为我们这个时代的核心问题是中国能否将其经济实力转化为地缘政治影响力，同时这种影响力有可能会打破现有的由西方主导的旧世界。[③]Richard W. Hu 在 *China's 'One Belt One Road' Strategy: Opportunity or Challenge for India?* 一文中探讨了"一带一路"建设对于印度的战略意义。作者认为，以"一带一路"建设为契机，中国和印度应建立一个新型大国关系。两国应扩大合作领域，建立两国人民之间的战略互信，寻求更多的非传统安全问题领域的合作。[④]Howard W. French 通过 *Everything Under the Heavens: How the Past Helps Shape China's Push for Global Power* 一书对中国历史的深入研究和分析，探讨了中国崛起之后对亚洲乃至全世

---

① Khanindra Ch. Das. (2017). The Making of One Belt, One Road and Dilemmas in South Asia. *China Report*, Vol.53.

② Chris Devonshire Ellis. (2015). *China's New Economic Silk Road: The Great Eurasian Game &The String of Pearls*. HK: Asia Briefing Ltd.

③ Tom Miller. (2017). *China's Asian Dream: Empire Building along the New Silk Road*. LON: Zed Books.

④ Richard W. Hu. (2017). China's 'One Belt One Road' Strategy: Opportunity or Challenge for India? *China Report*, Vol. 53.

界的意义。本书的作者从内部和外部两个视角对中国价值观念全球化传播进行了探讨，并分析了中国在价值观念传播过程中与其邻国之间产生冲突的原因。同时，本书作者对东亚的复杂问题有着深刻的见解，并且对中国权力的概念及其在世界上的重要地位进行了深入表述，认为中国的发展将会为世界上其他国家和中国自身带来重大挑战，从而构建出一种多元化的世界秩序。① B. K. Sharma, Dr. Nivedit Das Kundu 来自印度和四川大学联合服务机构的学者与研究人员所合著的 *China's One Belt One Road: Initiative, Challenges and Prospects* 探讨了"一带一路"对外传播时所遇到的机遇与障碍。本书的研究者以跨学科的方法及比较研究的视角，对中国的"一带一路"重大倡议进行了本质化的分析，同时具有一定前瞻性的视角。对"一带一路"建设的分析主要涉及社会、经济发展、政治和文化交流等方面，致力于以国际化的视角对"一带一路"建设进行解读，从而消除"一带一路"建设在传播过程中可能遇到的潜在障碍和困境。同时，本书所采用的跨文化、跨学科的研究方法有助于别国读者对"一带一路"的接受和理解，从而深化中国价值观在国外的传播和影响。②

通过以上对"一带一路"中国价值观国际传播研究学术史的梳理分析，我们可以发现，目前关于此主题的国内外研究主要具有研究结构系统多元、层次循序渐进、内容辐射广泛等基本特征，这些特征共同构建了相关研究的指导框架。在此框架内，研究者们又对国家价值观的内涵与思想理论、国家价值观传播中的国际经验与国家价值观念传播的国际环境和现实基础、国家价值观传播与国家形象建构的关系、"一带一路"对国家价值观传播的意义与价值等具体问题展开研究，这些成果为未来的研究工作提供了很好的借鉴与启示，值得我们进一步关注。

---

① Howard W. French. (2017). *Everything Under the Heavens: How the Past Helps Shape China's Push for Global Power.* NY: Knopf.

② B. K. Sharma, Dr. Nivedit Das Kundu. (2017). *China's One Belt One Road: Initiative, Challenges and Prospects.* DEL: Vij Books India.

第一章 “一带一路”背景下中国价值观国际传播创新研究综述

随着我国“一带一路”倡议的逐步推进和相关产业项目的实施和开展，“一带一路”背景下中国价值观国际传播也成了学界、业界关注的热点问题。“一带一路”与中国价值观的国际传播是一种互生共荣的关系，目前已成了学界的共识。而在“一带一路”的发展过程中，中国价值观的国际传播也迎来了全新的机遇与挑战。中国在“一带一路”中扮演着主导角色，发挥着重要作用，同时古代丝绸之路的良好声誉和文化记忆、“一带一路”沿线国家的经济、利益共同体也为“一带一路”的建设和开展提供了重要条件，这也是中国价值观国际传播过程中的发展新机遇。然而，意识形态、文化、政体等的差异，部分西方媒体的恶意歪曲、部分国家的质疑和沿线地区政治、经济、军事的不稳定因素等为“一带一路”倡议的实施带来了挑战和考验，同时这些因素也不利于中国价值观的国际传播。为此，我国学者围绕着“一带一路”的重大发展背景和机遇，重点关注国际和国内发展两个大局，对“一带一路”理论背景和现实发展意义进行了分析和梳理，并站在国内、国际两个角度对中国价值观的对外话语困境进行了深入探究，同时针对中国国际传播发展现状和存在的问题，进行了“一带一路”中国价值观传播策略的研究，对提升文化软实力，实现中国价值观国际化表达、全媒体传播路径，培养国际传播专业化人才，设立国际传播的受众数据，坚持人本传播，建构国际传播的效果评测标准体系给予了高度关注，并提出了相应对策，从而为

"一带一路"背景下中国价值观的国际传播提供了理论支持，同时也具有一定实践指导意义。

一、"一带一路"理论背景及现实发展意义

2013年9月和10月，习近平主席在出访中亚和东南亚国家期间，先后提出共建"丝绸之路经济带"和"21世纪海上丝绸之路"的倡议，受到国际社会的高度关注。同年12月30日，习近平总书记在中央政治局第十二次集体学习时强调，要加强提炼和阐释，拓展对外传播平台和载体，把当代中国价值观念贯穿于国际交流和传播的方方面面。2016年11月16日，习近平主席在第三届世界互联网大会开幕式视频讲话中提出构建"网络空间命运共同体"理念，得到与会120多个国家的广泛认同。2017年1月18日，习近平主席在联合国演讲中提出的"人类命运共同体"概念也得到各国认同，后来被写入联合国决议文件。习近平总书记的系列讲话及其产生的良好效果表明，讲好中国故事，提出中国方案，贡献中国智慧，对于传播好中国价值观具有重要意义。

在"一带一路"课题不断深入推进的时期，随着"一带一路"相关理论研究和项目的不断升温，伴随而来的是国际舆论的广泛关注和境外媒体的大量报道。2015年3月，习近平主席在博鳌亚洲论坛上发表《迈向命运共同体　开创亚洲新未来》演讲后，"一带一路"更是在全世界引起强烈反响。论坛后的第二天，美联社、路透社、法新社等西方主流媒体纷纷报道，称习近平主席"规划了中国与亚洲的'命运共同体'，'一带一路'将打造亚洲经济、安全新秩序"。《印度时报》、菲律宾《世界日报》、澳大利亚《时代报》等沿线国家的媒体则在报道中直接引用习近平主席的重要判断。可以说，"一带一路"倡议使中国成为世界媒体的焦点。利用好这个难得机遇，我们就可以通过对外阐述自己的价值观，逐渐影响其他国家民众尤其是精英阶层的思维框架、价值取向和思想观，从而真正赢得

国外民众的最大认同[①]，实现“中国话语权崛起”。

基于此背景，有学者认为“一带一路”为中国价值观的国际传播提供了很好的历史机遇。这主要体现在以下几方面：其一，中国在“一带一路”倡议中的主导角色为中国价值观的国际传播提供了有利条件。在现有的国际组织（如世界银行、国际货币基金组织、亚洲银行等）中，中国很少有人在其中担任主要领导职务，更不要说发挥主导作用了。但是在“一带一路”倡议中，中国不但是主要发起国，在其中是主导角色，而且带头为“一带一路”的实施成立了“亚投行”（即亚洲基础设施投资银行，2014 年成立，法定资本为 1000 亿美元，总部设在北京）和“丝路基金”（即丝路基金投资有限公司，2014 年在北京成立，中国出资 400 亿美元），这种主导角色为中国价值观的国际传播奠定了坚实的话语权基础。其二，古代丝绸之路的良好口碑为中国价值观的国际传播奠定了深厚的历史文化底蕴，为当代丝绸之路和中国价值观的国际传播提供了美好的历史记忆和文化想象。1877 年，德国地理学家李希霍芬（Ferdinand von Richthofen）在《中国》一书中，首次把汉代中国和中亚南部、西部以及印度之间的以丝绸贸易为主的交通路线称作“丝绸之路”；其后，德国历史学家赫尔曼（Albert Herrmann）在 1910 年出版的《中国和叙利亚之间的古代丝绸之路》一书中，将丝绸之路的基本内涵延伸到地中海沿岸和小亚细亚，并就此确定下来。不少研究者也给这条道路起名为“玉之路”“宝石之路”“佛教之路”“陶瓷之路”等。从这些名字中可以看到，这条道路所承载的是财富、美好的象征，联通着东西方文化交流和商贸交流的渴望。这些都为当代丝绸之路和中国价值观的国际传播提供了美好的历史记忆和文化想象。其三，沿线国家的现实需要为中国价值观的国际传播提供了较好的地缘政治环境。从经济发展水平来看，“一带一路”的沿线国家大都是发

① 袁赛男：《构建“一带一路”战略视域下的新对外话语体系》，《对外传播》2015 年第 6 期，第 13—15 页。

展中国家，其国内的基础设施大多很不完善，严重影响其国内经济社会发展，对外交流也存在着很大问题。不仅如此，即使是欧洲的发达国家，现在也面临着各种各样的发展挑战，因此对"一带一路"表现出极大的兴趣，就连美国的铁杆盟友英国都积极参与到"亚投行"之中。可以说，沿线国家的发展期待为中国价值观的国际传播提供了难得的机遇。[①]

在这样的发展前提下，"一带一路"倡议就为周边国家乃至全世界提供了这样一个"让世界走入中国、中国走向世界"的机会和平台。特别是在金融危机爆发后，"一带一路"沿线国家普遍希望能够搭乘中国经济发展快车。沿线国家参与进来，共同打造这个由中国主导的"利益共同体"时，必然会在与中国的合作、共处中感受到中国共商、共建、共享的合作理念和中国负责任、有担当的大国形象。因此，做好"一带一路"的对外传播，对"一带一路"的顺利实施、对中国受偏见形象的破除、对中国在世界经济中自主权和发言权的提升都有着重大的现实意义。李辽宁认为，总体来看，主要体现在六个方面。其一，传播中国价值观，表达中国诉求。国家价值观关涉国家的核心利益，是国家行为最根本的指导原则。从对外交往的维度看，国家价值观内含着对国际秩序的价值期待，特别是在国际重大事件中的价值取向和矛盾处置方式。在"一带一路"背景下，传播中国价值观，有利于更清晰地向世界表达中国对国际形势和地区局势的关切，以及对国际关系和热点问题的态度。毫无疑问，中国希望建立稳定和谐、公平公正的国际秩序。一个稳定的国际环境和地区形势有利于"一带一路"倡议的顺利推进。其二，塑造国家形象，营造友好氛围。国家形象是国家软实力的重要组成部分。自古道，"德不孤，必有邻"，"行要好伴，居要好邻"。良好的国家形象有助于结交更多的朋友，赢得更多的国际合作机会。在"一带一路"建设过程中，传

---

① 李辽宁：《论"一带一路"背景下中国价值观的国际传播》，《思想理论教育》2017 年第 6 期，第 52—55 页。

播中国价值观可以塑造中国“热爱和平”“睦邻友好”“有担当精神”“值得信赖”的国家形象。这对于提升中国的国际影响力，进而吸引更多的国家参与“一带一路”建设，具有十分重要的意义。其三，推进文化交流，增进文明互鉴。在当今世界的国际关系中，文化和文明发挥着极为重要的作用。虽然亨廷顿在《文明的冲突》中的观点受到了众多批评，但其中所揭示的文化矛盾在现实世界中真切地存在着，也确实被一些人作为分析和处理矛盾问题的理论工具。因此，推动不同文化和文明之间的交流，成为化解当今世界和地区紧张局势的重要方式。传播中国价值观，可以促进中华文明与“一带一路”沿线国家文明进行多维度的接触与交流，从而增进相互了解、文明互鉴。其四，批判错误观念，澄清事实真相。从“一带一路”倡议的提出到“亚投行”和“丝路基金”的设立，一直存在着对于中国推动该项倡议的动机与能力的疑虑、担心和非议。对于这些现象，应该根据不同情况，采取不同对策。对于心理层面的疑虑和担心，既可以通过传播中国价值观进行说服和劝导，也可以通过现实层面的有效合作予以澄清；对于认知上的误区和偏差，需要进行耐心的解释和说明，用事实说话，以理服人；至于话语上蓄意抹黑中国的，则需要揭露其背后的用心，并予以坚决的回击。[①]

二、“一带一路”对外话语困境的原因探究

学者对国外主流媒体关于“一带一路”的报道进行摘译和梳理，汇集了国外2013年至2015年刊发的100多篇媒体报道，涉及五大洲包括美国、英国、日本、印度、澳大利亚等28个国家的主要媒体。指出，在赢得国外媒体高度赞誉的同时，“一带一路”媒体报道的热点导致了不少误解和质疑，甚至被贴上了

① 李辽宁:《“一带一路”背景下中国价值观国际传播论纲》,《理论与评论》2018年第5期，第15—24页、第2页。

"新马歇尔计划""能源掠夺"等标签。目前以美国为首的西方国家，形成了压倒性的国际话语霸权，处于统治性地位。虽然中国网民总量已经世界第一，但信息流动的国际化程度仍然很低，从发达国家流入发展中国家的信息流量超过从发展中国家流入发达国家的100倍。调查显示，当代国际受众对于中国的了解主要借助于西方媒体，信息获取率高达68%，仅有22%的受众从中国媒体了解中国。而正如胡伟指出的，中国目前在国际上所遇到的困境，主要不是国力增强的结果，而是国际政治传播的工作没有做好，没有获得国际上的集体认同。①

（一）我国价值观对外传播困境的客观原因

我国对外话语传播困境客观原因可以归结为国际竞争、意识形态、历史传统三个主要方面。

第一，中国在国际上长期受到西方话语的攻击。美国和西方由于其"话语特性"与它们强大的"话语能力"，尤其是话语所包含的意识形态和价值的影响力，在总体上拥有强势话语权，与此同时，美国和西方还拥有强势的媒体与传播能力。目前四大西方主流通讯社——美联社、合众国际、路透社、法新社每天发出的新闻量占据了整个世界新闻发稿量的4/5。传播于世界各地的新闻，90%以上是由美国等西方国家垄断的。西方发达国家主导世界新闻舆论和控制世界传媒市场，从而形成了这一平台的话语霸权。②"由于西方国家极力强化话语霸权，同时西方国家占据了道德高地，加之社会主义核心价值观对外传播存在偏差"③，中国在国际社会长期受到西方强势话语的围堵、压制、攻击，在事关中国发展稳定

① 胡伟：《道与术：国际政治传播的战略思维》，《社会科学》2014年第12期，第3—10页。

② 毛跃：《论社会主义核心价值观的国际话语权》，《浙江社会科学》2013年第7期，第155—156页。

③ 李延生：《社会主义核心价值观国际话语权构建的意义与原则》，《求知》2017年第3期，第28—31页。

的若干事件中受到西方媒体、西方国家的话语攻击和不公正待遇，甚至遭遇黑白颠倒。这些负面态度的扩散显然不利于沿线国家对于中国价值观的认知和理解，“近几年，接连不断地针对中国抛出新自由主义、反思改革、民主社会主义、普世价值和茉莉花革命等言论和思想，尤其是普世价值，对中国产生了非常严重的不利影响”[①]。例如，中国在科索沃战争、伊拉克战争等国际冲突中，由于坚持以和平外交手段处理冲突，受到美英为首的西方国家的话语围堵。中国强调要维护国家主权，反对借人道主义之名干涉一国内政的正义主张，由于不符合西方国家的利益和战略，长期遭受其话语围攻、压制。美国为首的西方国家利用其国际话语霸权地位，抢占所谓的人道主义道德高地，长期恶意攻击中国人权状况，在20世纪90年代的很长一段时间内甚至将中国的人权状况与同意给予中国对美贸易最惠国待遇联系起来，完全是“欲加之罪，何患无辞”。[②]对此，张恒军指出，西方国家始终强调国家意识形态之间的对立性，并过分突出大国间战略层面的对抗性，将不同于自己的价值观归入异类，把社会主义制度视为天然敌人，西方中心主义并没有随着“冷战”的结束而结束，有时甚至更加肆无忌惮，尤其是面对中国崛起的威胁，西方世界普遍将中国视为假想敌。[③]张铤则认为，在很长时期，西方资本主义国家主导了“西方中心论”的话语体系，并且凭借其话语权优势在国际舆论上占据“言说者”地位。改革开放以来，随着我国综合国力的显著增强和国际地位的大幅提升，中国发展模式的国际影响力不断扩大，这使“西方中心论”的话语体系受到了挑战。一些西方媒体不但难以容忍中国的发展模式，而且企图以它们的价值观“遏制”中国。它们经常在国际上抛出损害中国形象的话

---

① 毛跃：《论社会主义核心价值观的国际话语权》，《浙江社会科学》2013年第7期，第155—156页。

② 胡宗山：《中国国际话语权刍议：现实挑战与能力提升》，《社会主义研究》2014年第5期，第127—135页。

③ 张恒军：《“一带一路”倡议与当代中国价值观的国际传播》，《传媒》2017年第15期，第85—88页。

题，传播一些对中国不利的言论。[1] 例如，通过"一带一路"倡议实施，能够全面增进中非之间的深层互动，但美国有许多政府官员和学者却指出，"一带一路"倡议并不能有效解决中非经济合作层面出现的问题，包括中国企业"破坏性"投资贸易行为、"一带一路"倡议缺乏具体的执行方案等。甚至有西方媒体指出，"一带一路"实际上就是"中国版的马歇尔计划"，中国试图借此建立以自己为首的"亲中国阵营"。很显然，这些观点相当大一部分是意识形态的偏见。不难看出，这些带有偏见色彩的反对言论对于中国当代价值观的国际传播带来了严重负面影响。[2]

第二，中国长期遭受西方学界部分学术话语与媒体或明或暗的污名化或抹黑。从 20 世纪 80 年代末期以来流行于国际学界的有"历史终结论""共产主义失败论""民主和平论""文明冲突论""新帝国主义论"等思潮，中国几乎都是它们直接或间接的受害者。特别明显的是，近年来，中国明明花费巨资和大量精力开展国际合作，倾力支持非洲和发展中国家发展经济，结果却被西方学界污蔑为在这些国家和地区搞"新殖民主义"。[3] 而部分西方媒体的蓄意歪曲和抹黑为中国树立良好形象带来困难，进而影响到中国价值观的国际传播。一位西方人士曾指出，中国未来发展的最大问题不是经济，而是被扭曲的国家形象。美国等西方反华势力炒作"中国威胁论"，把中国形象作为发力点，恶化我"朋友圈"，就是试图在世界各国民众心目中制造敌视中国的观念，在心理层面强化其他国家对中国的排斥感，构建针对中国的心理防线，从而削弱我外交效力，为中国发展与其他国家友好关系增加难度。目前，美国等西方媒体掌握着全球 90% 以上

---

① 张铤：《社会主义核心价值观国际传播的价值与路径》，《中国广播电视学刊》2017 年第 11 期，第 38—40 页。

② 张恒军：《"一带一路"倡议与当代中国价值观的国际传播》，《传媒》2017 年第 15 期，第 85—88 页。

③ 胡宗山：《中国国际话语权刍议：现实挑战与能力提升》，《社会主义研究》2014 年第 5 期，第 127—135 页。

的新闻信息资源，近 70% 的海外受众是通过美国等西方媒体了解中国的。而一些反华势力不顾事实负面炒作“中国威胁论”话题，恶意丑化和“妖魔化”中国，导致西方国际媒体对中国负面报道很多。反华势力常常把西方核心价值观作为“常理”，恶意解读中国与西方国家存在的社会制度、意识形态和价值观念上的差异，把我国和平发展的意愿和政策贴上“谋取霸权”的标签，在国际上恶意塑造我国“霸权形象”。美国等西方大国执意认为，中国模式之所以成功，是因为“中国通过掠夺国家资源、窃取其他国家知识产权，以及使用欺骗等不道德商业行为实现的”，把我国在国际上正常开展的文化交流与经济合作曲解为“文化渗透”“经济掠夺”“债务陷阱”等等，不断演绎中国的负面形象。[①] 而莫凡、李惠斌则指出：与“中国威胁论”类似，“中国傲慢论”也对中国的国际形象进行各种形式的歪曲。其中，具有代表性的是“哈佛大学教授约瑟夫·奈指责中国变得‘傲慢’‘过于自信’……在哥本哈根气候大会上采取不合作的态度，在联合国安理会讨论如何制裁违反对国际原子能机构的承诺的伊朗时也采取消极态度”[②]。“中国傲慢论”常常宣称中国在世界外交舞台上出台强硬的对外政策，力图颠覆已有的世界秩序。可实际上，中国所一贯坚持的独立自主的和平外交政策从未发生变化。上述言论将中国问题乃至全球性问题说成是中国的阴谋和过错，这些言论本质上都是对事实的恶意歪曲。我们只有在国际上较好地发出自己的声音，增强对外传播的话语权，才能以正视听。当前，世界传媒依然呈现出“西强我弱”的状态，全球话语体系依然主要由西方资本主义国家来掌控，所以积极建构当代中国价值观念的对外话语体系，并将其向世界传播出去就成为一项紧迫的

---

① 吴兢：《以国际合作传播增强“一带一路”软实力》，《新闻战线》2019 年第 1 期，第 83—86 页。

② 崔守军：《中国国际传播的逻辑困境与模式转换》，《国际展望》2010 年第 6 期，第 28—37 页、第 122 页。

任务。[①]各式各样的“中国威胁论”往往是故意渲染中国的经济、军事规模，歪曲中国的国际倡议，认为中国的不断崛起会严重影响国际社会的和平秩序。自2010年以来，新一轮“中国威胁论”开始。新一轮“中国威胁论”，有人制造，有人传播，有人接受，根源在于中国与美国等西方国家之间存在理念性冲突和结构性矛盾，以及与其他国家和地区之间存在新老矛盾。这些矛盾在西方实力衰落、中国实力上升的背景下酝酿发酵，经各类政治势力推动操纵，形成了一股危险的潮流。[②]而“一带一路”倡议正是在这一背景下提出的。从提出之日起，该倡议就被放到西方世界的“聚光灯”下。有人故意贬损，称“一带一路”是华而不实的花架子；有人乱扣帽子，称中国正借助“一带一路”推行“新殖民主义”；有人总是把“一带一路”当“靶子”，随时用来挑起“中国威胁论”；有人惯用“冷战”思维，无端指责“一带一路”是“中国版马歇尔计划”……这些固有偏见、无端猜忌和故意指责，此起彼伏，不断翻新。可以说，西方一些势力从头到尾戴着“有色眼镜”，把“一带一路”倡议搁在“放大镜”下挑刺、摆在“显微镜”下找错。这些现实情况，都给“一带一路”文化交流传播带来持续不断的挑战。[③]究其原因，是西方大国害怕丢掉既有的优势地位，周边国家则对中国和平发展有所误解，担心受到中国的压制。比如，印度的官方、媒体和学者也对“一带一路”持不同立场，其中，印度国家海事基金会的执行主任格雷普特 - 库拉纳认为，中国的海上丝绸之路的实施会在印度洋地区形成一个以中国为轴心的“轴幅”地区架构，印度将被逐步边缘化。印度世界事务委员会的维杰 - 沙胡认为，中国的“一路”让印度战略界感到恐慌，印度担心参加“一路”将促进中国参与

① 莫凡、李惠斌:《当代中国价值观念对外话语体系建构与传播研究》,《中国特色社会主义研究》2014 年第 6 期，第 83—87 页。

② 张晓明、曹延中、洛岩:《新一轮“中国威胁论”透析》,《国防》2018 年第 12 期，第 23—27 页。

③ 吴兢:《以国际合作传播增强“一带一路”软实力》,《新闻战线》2019 年第 1 期，第 83—86 页。

海上合作与扩张。[①] 印度始终没有完全赞同“丝绸之路经济带”，对中国与巴基斯坦的经济走廊（CPEC）心存疑虑，担心中国在南亚地区影响力扩大，进而形成一个针对印度的“包围圈”。[②] 越南也有这样类似的观点，认为“一带一路”意味着中国将会有更多对越南的干预和占领。[③] 这些负面态度的扩散显然不利于沿线国家和地区对于中国价值观的认知和理解。此外，沿线国家和地区的不稳定因素也给“一带一路”和中国价值观的传播带来挑战。从现实情况来看，“一带一路”沿线有些国家（如巴基斯坦、阿富汗、伊拉克等）长期以来深受恐怖主义的威胁，有些国家近年来也因为各种因素而国内政局不稳，要想在这些国家投资兴建铁路、公路和光纤线路等，将面临巨大的安全风险。同时，中亚一些国家的主要领导人年事已高，政治接班人的不明朗及其对“一带一路”的态度直接影响到该倡议的命运。[④]

第三，世界各国文化存在共同性和差异性。自从人类进入群居社会，不管是处于东方，还是在西方，不论生活于古代，还是于现代，时空、地域、习俗和民族的差异，乃至文化上的差异，都不能掩盖人类的特性和需求上的一致性以及所面临的基本生存问题的共通性。这许多一致性和共通性构成了超越时空、地域和民族等界限的人类共同的价值基础。[⑤] 中国道路价值理念即具有这样的普遍性。中国在和平崛起的过程中，始终坚持追求世界和平、国家独立、政治民主、社会平等、人民富裕、司法公正、机会均等以及人的生存权、发展权，这些理念是人类的共同目标。但是世界各个国家由于不同的地理资源条件、不同的国家规模、

① 曹卫东：《外国人眼中的“一带一路”》，人民出版社 2016 年版，第 164 页。

② 王灵桂：《外国智库看“一带一路”》，社会科学文献出版社 2015 年版，第 26 页。

③ 国家信息中心“一带一路”大数据中心：《“一带一路”大数据报告（2016）》，商务印书馆 2016 年版，第 97 页。

④ 李辽宁：《论“一带一路”背景下中国价值观的国际传播》，《思想理论教育》2017 年第 6 期，第 52—55 页。

⑤ 陆佳英：《论中西文化的共同性和互补性》，《广东社会科学》2002 年第 2 期，第 37—42 页。

不同的发展阶段、不同的历史传承、不同的宗教传统，在国际政治、经济中处于不同的地位，又具有差异性。[①] 至于这些差异具体是什么，学者们见仁见智。较为时尚的一种观点是：中国传统文化重和谐，提倡“天人合一”，主张人与环境、人与社会、人与人以及人自身的和谐，而西方文化强调对立；中国传统文化的思维方式是重综合而不重分析，西方文化则重分析而不重综合。也有人认为，中国传统文化与西方文化相比，其特征是重人伦而不重实证，重整体而不重个体，表现为保守性、封闭性、非科学性等。这些观点，表面上看来，似乎都有一定的道理，但仔细推敲一下，就会破绽百出。因为，用以反驳这些观点的材料和用以支撑它们的论据一样充分，甚至更有说服力。所以，泛泛地、抽象地谈论文化的民族差异，往往容易曲解文化本身，从而导致理论上的虚妄。事实上，文化的差异性主要表现在各民族的生产活动和交往活动中。就文化存在的空间来说，各民族在生产活动和交往活动中，所面临的外部自然环境虽然相同，但是，在这一大范围之内，存在着差异，甚或很大的差异。这些自然环境的差异对各民族活动方式，特别是生产活动和交往活动的影响是巨大的。尤其是在人类的早期，都是如此。就文化的时间性来说，各民族在生产活动和交往活动中，其文化进步并非是同步的。由此产生的差异有时非常明显。这突出表现在同一时代存在着几种不同形态的文化。各民族间文化进步的不平衡性的原因是复杂的、多方面的，这些原因既有各民族文化产生时间上的差异，也有其存在、累积、传递方面的差异，而主要是由于各民族经济发展，特别是生产力发展水平的差别造成的。而各民族生产力的发展水平是与自然环境的状况和交往活动的方式密不可分的。此外，文化的民族差异还与民族间文化交往有关，当一个民族文化保持开放的态势，主动与其他民族文化进行交流，特别是主动与先进的民族文化进行交流，虚心借鉴其一

① 武力：《“请进来”与“走出去”——关于中国价值理念国际传播应注意问题的思考》，《北京联合大学学报（人文社会科学版）》2013 年第 4 期，第 67—69 页。

切有价值的东西，加以吸收、消化时，其文化与其他民族之间的差距就会不断缩小；反之，闭关自守、盲目排外，实行关门主义的锁国政策，必然拉大这一差距，并终将自食其果。[①] 而共同理念是形成共识、相互理解、实现合作的基础。要在宣传普遍性中，理解特殊性，增加相互了解、相互信任。中国的发展目标与世界的发展目标是一致的，所遵循的理念也是一致的，这可以从中国历来积极贯彻联合国决议，参与其他许多国际组织上看出来。因此，我们在对外介绍中国的价值理念时，应突出和强调共性。[②] 中国道路所蕴涵的价值理念，与世界各国发展中所包含的价值理念，其共同性和普遍性大于差异性和特殊性。这应该成为我们认识中国对外关系，开展与外部世界政治、经济、文化交往的基本思想。

（二）我国价值观对外传播困境的内在原因

从我们自身来讲，由于历史和现实的影响、国际化程度不高，对外开放水平有限，我国国家层面上的对外整体公关和宣传力度仍然不够，效果仍然有限。学界普遍认为，在我国对外传播的困境中，内因通常比外因更重要。如偏重传播官方意识形态浓厚的国际新闻，过度强调国家正面形象的塑造等，这些都与国际信息生产的规律相背离。

第一，我国媒体的国际传播力不高。正如张恒军所指出的：“因自身国际传播能力有限，中国媒体没有形成足够强的影响力，这就导致中国无法向国际社会推介真实的中国，无法对‘一带一路’的国际负面报道进行有效纠正，也无法及时回应国际舆论对中国的蓄意歪曲和无理攻击。面对‘西强我弱’的国际舆论格局，面对西方媒体的狂轰滥炸，中国媒体或选择沉默，或因宣教色彩浓厚而缺乏说服力，根本原因就在于中国国际传播能力整体偏低，而这势必会影响到当代

---

① 陆佳英：《论中西文化的共同性和互补性》，《广东社会科学》2002 年第 2 期，第 37—42 页。

② 武力：《“请进来”与“走出去”——关于中国价值理念国际传播应注意问题的思考》，《北京联合大学学报（人文社会科学版）》2013 年第 4 期，第 67—69 页。

中国价值观的国际传播效率与效果。"[①]同时，国内媒体的信息生产带有浓厚的官方意识形态色彩，在叙事时直接诉诸国家主义、文化民族主义之类的意识形态说教，信息来源单一。我国有七个对外传播的国家级渠道（新华社、CCTV、国际台、《人民日报》（海外版）、中新社、China Daily、外文局），其中新华社和CCTV是我国向世界说明自己的主要渠道，这两家媒体，资源丰富、覆盖面广，拥有信息发布的优先权，承担着对外传播的主要责任。然而，尽管它们的信息绝对一手、权威，且时效性也较高，却从一开始就打上了浓重的官方烙印，外国民众对仅仅来自政府的信息抱有天然的怀疑态度；长期以来只有这么几家官媒说话，使得外国民众加深了这种不信任感。China Daily是中国最大的英文报纸，但在对在华外国受众进行的调查显示，他们中真正相信该媒体的人数只有24.2%，60%的人持谨慎态度和不想发表意见。可见，我国对外传递的信息认可度较低，其话语自然分量不足。[②]胡宗山同样认为，中国的对外新闻报道、国际宣传和文艺作品在表达、表现的内容、形式上仍然拘泥于中国国内话语体系的窠臼之中，存在着"自说自话""自娱自乐"的缺陷，其风格、语境、范式不接地气，还不能适应国际受众的需要。总起来看，具有"三多三少"的特点：在内容比重上，对中国传统文化报道、宣传、介绍得多，而对中国社会主义现代化建设和发展道路的正面宣传报道在比例上来说要少，特别缺乏将中国改革的发展历程前后对比这一类的宣传。在对外文化的传播中，对器物层面如中式建筑、中式服装、中医中餐、中国武术、汉语汉字等推介较多，而对于传统文化的价值与理念，现代中国的社会主义理论制度、发展道路、核心价值涉及较少。由于没有正确的价值观为指导，"戏说"或演绎的成分又居多，导致一些输出到海外的文艺作品，如各

① 张恒军：《"一带一路"倡议与当代中国价值观的国际传播》，《传媒》2017年第15期，第85—88页。

② 陈力丹、梁雨晨：《向世界说明中国——论中国的国际话语权问题及策略》，《新闻传播》2010年第11期，第11—13页。

类“宫斗”剧就容易给外国观众造成“中国女人原来这么好斗”的不良印象。虽然中国已经在海外开办了370多所孔子学院，但在孔子学院的日常教学中，重语言，轻文化现象比较突出。在形式或风格上，输出海外的无论是新闻报道、电视作品还是文艺作品，都偏爱“高、大、上”一类的宏大叙事，对中国的象征性符号使用过频过密，容易让国际受众审美疲劳。在宣传方式上，受国内话语影响较大，突击性宣传多，对外宣传话语的政治意味偏强，话语刚性有余，柔性不足，以致能够引起共鸣的艺术形式，讲述普通老百姓故事的作品的比重要小得多，对外话语作品的可读性、可听性、可看性不强。在地理和族群分布上，聚焦于东部沿海地区和大城市的推介多，而对于中西部地区和农村的关注相对较少；关注少数民族地区的相对较多，而关注汉族地区的相对反而较少，关注文体明星、名人富人的多，关注普通人、劳动者的少；介绍中国国家故事的相对较多，而关注普通国民生活的内容相对少。[①]而陈汝东指出，政治宣传模式依然在视觉传播中延续。强制性的政治叙事及其叙事模式没有大的改观，先入为主、立场先行的报道比比皆是。此前几年，在有些“走转改”节目中，底层化、故事化描写有所增加。但是，近来政治化、指令性宣传又死灰复燃了。居高临下的“教育”“填鸭式”传播方式，依然大量存在。主题先行、图解政治、以政治观点代替新闻事件的现象依然是主要传播理念。以媒代党、以媒代政、以媒代法，自以为是、自说自话、居高临下的传播姿态依然是主流。党政媒体依靠政党和政府权势来宣传政治意志依然占主导地位。媒体在传播中多以政党和政府的口吻进行传播，缺乏公共立场，甚至干预司法。比如中央电视台的“焦点访谈”、2013年的“陈永洲事件”和“薛蛮子事件”、2014年的“郭美美事件”等，就是典型的以媒体审判代替司法程序的案例。这些案件尚在刑事侦查阶段，还没有进入诉讼、审判程序，

① 胡宗山：《中国国际话语权刍议：现实挑战与能力提升》，《社会主义研究》2014年第5期，第127—135页。

主流媒体就进行公开报道，进行"舆论和道德审判"。这既有违司法公正，也有干扰司法程序的嫌疑。

第二，我国对外国受众的价值观、文化需求、思维方式没有准确的认识和把握，对外传播基本是单向宣传。正如吴海燕强调的，与国内传播受众相比，国际传播受众分散在世界各地，文化背景、价值观念、思维方式、语言习惯等各不相同，其广泛性、复杂性、跨文化性十分突出。当代中国价值观念国际传播受众同样具备这些特点，尤其是他们在文化价值观方面与我的差异性是当代中国价值观念国际传播过程中需要充分考虑的因素。此外，当代中国价值观念国际传播受众的重要程度还呈现层级差异性。一般而言，国家领导人、政府官员、知名人物等在国际社会中扮演的角色和发挥的作用比较重要，其一言一行对其他国际受众能够产生比较直接的影响，是当代中国价值观念国际传播中的重点受众。坚持受众本位，就要对不同层级的受众给予不同程度的关注，对国外政治精英、知识分子、普通老百姓等不同层次的受众，着力点也应该不同。然而，多数情况下，我们在将蕴含当代中国价值观念的文化产品"送出去"的时候，基本上是按照自己的主观意愿和自身标准来设计和选择的，缺乏对海外文化市场情况的深入调研，更是缺乏对国际受众文化需求、价值观念和消费习惯等的全面了解和把握，更谈不上根据当地受众的实际情况对传播出去的文化产品进行个性化、因地制宜的加工。这种内容与形式的严重脱节、主观想象、闭门造车必然导致文化产品难以符合海外民众和消费者的习惯，这就难免造成文化价值观传播的"水土不服"，也就很难得到当地受众的真正理解和欣然接受。而在思维方式上，中国人和西方人也有十分明显的差异。西方人讲究直来直去，尽量将复杂的问题简单化。但是我们的许多对外传播工作人员却没有充分意识到这一点，他们反而将明明很简单的问题人为地复杂化，制造了许多"弯弯绕"。著名对外传播专家费利克斯·格林（Felix Green）曾不无感慨："我坦率地说，你们的对外宣传是失败的，你们的对外宣传没有说服力，有的反而会引起外国人的误解。从事国际传播的每一个作者、翻译和编辑，都应该在他的写字台上放一个写着‘外国人不是中国人’标语牌。”[①] 这一批评看起来毫不客气，却道出了一个不争的事实、释放了一个重要的信号，那就是我们在国际传播活动中对受众思维方式的忽视。的确，外国人不是中国人，外国人不可能像中国人一样思考问题，外国人的文化传统、价值观念、心理特征等有的甚至与我们有着巨大的差异。在当代中国价值观念国际传播的过程中这种忽视国际受众的情况同样存在。[②] 这样的单向宣传主要体现在具体案例上。比如，胡伟指出，国内主流媒体特别重视宣传中国经济发展的成就，显示中国的强大，尽管是想借此达到营造中国良好形象的目的，但在国际上可能产生的是另外一种效果，甚至可能会加重“中国威胁论”的扩散。一个国家展示自己的强大，对于国际受众来说，如果是朋友或者是同类可能产生一种积极的效果；如果别人把你看作是异类甚至是敌人，这种展示则适得其反。这就是国际关系理论中“建构主义”（constructivism）所揭示的道理。而决定同类与异类、朋友与敌人的，恰恰是一种观念上的建构，或者说是价值认同和道义力量。[③] 目前国内一些人总以为西方之所以打压中国，是因为中国强大了。实际上，强国之间并不一定相互打压，如西方国家之间；强国与弱国之间也不一定不发生冲突，如历史上西方列强对中国的战争，以及当今世界美国对中东一些国家的军事干预。[④] 而刘佳、刘昊凝则认为，我国当前文化软实力传播存在单一性困境，即战略主体单一——过度依赖对外汉语教师，战略内容单一 ——过于依赖语言与儒家文化，战略形式单一 ——过于依赖知识传授形式，战略对象单一 ——过于关注学生群体；

---

① 刘洪潮：《怎样做对外宣传报道》，中国传媒大学出版社 2005 年版，第 66 页。

② 吴海燕：《受众本位视角下当代中国价值观念国际传播策略研究》，《云南社会主义学院学报》2016 年第 3 期，第 99—102 页。

③ Alexander Wendt. (1992). Anarchy is What States Make of it: The Social Construction of Power Politics. *International Organization*, Vol.46.

④ 胡伟：《道与术：国际政治传播的战略思维》，《社会科学》2014 年第 12 期，第 3—10 页。

这也引发了一些实践障碍，如质量困境——单一性主体导致的实践障碍，速度困境——战略过程单一导致的实践障碍，环境困境——战略客体单一导致的实践障碍，[①]这种单一性的困境正是对外国受众的价值观、文化以及思维方式缺乏了解造成的。

第三，缺乏对国际受众表达习惯、表述方式的充分了解。徐稳、张翠艳认为，在以往的传播活动中，传播者往往不区分受众层次，采取“满灌”式的传播方式，不能满足各个层次受众的需求；传播方式注重宣传，不能引起受众的注意；传播内容注重表面，缺乏对其内涵的深入挖掘，受众即使注意也难以理解和消化。社会主义核心价值观的传播由于没有遵循受众接受和认同规律，忽视了受众的重要地位，故不能激起受众内心的情感体验与情感认同，难以取得良好的传播效果。[②]吴海燕也认为，在我们的国际报道中，经常充斥着华丽的辞藻、晦涩难懂的官话和行话以及“我们必须”“我们一定要”“务必做到‘人无我有、人有我优’”这一类“首长指示”式的语言，打“官腔”的现象十分频繁。这就造成我们只顾自说自话、把自己想说的都说了，但是外国受众想知道的我们却并未表达清楚。此外，很多时候，我们的一些直白笼统甚至生硬的翻译和介绍令英语语境的受众摸不着头脑、不知所云。可以说，中国缺乏那些能够被世界所认同的、行之有效的文化叙事方式。我们通常只是将内蕴当代中国价值观念的信息进行简单的符号化处理，并且用生硬说教的方式传达给国外受众，而缺乏比较有效和具有针对性的叙事方式，更缺乏对这些叙事的有效编码，采用单向不可选择的编码方式，直接“施压”给受众，没有解读的空间，从而造成“灌输”思想的嫌疑，

---

① 刘佳、刘昊凝：《中国文化软实力传播的单一性困境及对策——以中国文化软实力在美国传播的实证调查为视角》，《国家行政学院学报》2016年第3期，第108—112页。

② 徐稳、张翠艳：《试论社会主义核心价值观传播的问题与对策》，《山东青年政治学院学报》2016年第2期，第92—97页。

也就很容易遭到西方受众的抵制。[①] 其中，语言是促进双方交流与理解的工具，无法冲破语言障碍，我们就很难实现中国故事的国际表达。陈希认为我国的外语智库建设存在缺陷。我国尚未从国家战略层面完善外语政策，仍然停留在“重外语教育功能、轻外语战略使命”的初级阶段。英语以普及性教育为主，非通用语数量不足、覆盖不广，外语智库建设严重不足，系统构建和智力转化机制尚未健全，远远不能满足新型外交战略需要。特别是“随着我国国际地位的不断提升，我国的国家战略利益已经不再局限于传统的安全利益和政治利益，而越来越多地涉及区域性的经济利益和文化利益。这就意味着，新型的外语人才必须是能够致力于对象国及区域问题研究，具有跨文化沟通能力的复合型高端人才”。[②] 语言与文化差异，造成了跨文化交流的天然屏障，是制约“讲好中国故事，传播好中国声音”的重要阻碍。建设新型外语智库，是国家外语能力建设的必然要求和重要组成部分。落实到应对国际传播的新形势、新任务，我国在对外语言能力建设方面迫切需要突出语言战略意识，加强顶层设计，瞄准国家战略需求，打造对外话语体系，发挥复合型外语人才作为国际传播队伍生力军的支撑作用，成为提高国际传播能力的重要源头。[③] 杨希燕也认为，考虑到社会主义核心价值观国际传播的特殊性，当前促进社会主义核心价值观国际传播最为紧迫和重要的是加强外语人才的培养。外语人才是促进社会主义核心价值观国际传播的重要支撑，因为外语人才对于他国语言、文化习俗、民族心理、价值观的了解都有助于价值观的国际传播。[④]

---

① 吴海燕：《受众本位视角下当代中国价值观念国际传播策略研究》，《云南社会主义学院学报》2016 年第 3 期，第 99—102 页。

② 彭龙：《外语教育需要的战略思考》，《光明日报》2015 年 3 月 31 日第 13 版。

③ 陈希：《国际传播新形势下新型外语智库建设》，《传媒观察》2015 年第 12 期，第 39—41 页。

④ 杨希燕：《论社会主义核心价值观国际传播的人才支撑》，《思想理论教育导刊》2017 年第 4 期，第 79—82 页。

第四，中国对外宣传队伍综合素养需要加强，专业能力亟须提升。由于部分新闻从业者政策理论水平低，对中国的国情、制度缺乏理解，在对外传播中往往容易受到西方强势媒体的话语影响，容易出现盲目转发西方新闻报道的毛病。新闻传播领域的另一个问题是，国际评论能力不强，对国际事件和国内事件难以在第一时间给出立场鲜明的原创性评论和观点并使之输出到国际社会中，难以实现对西方传媒的反击、反制。[①] 而张恒军则指出当前我国国际传播人才培养的问题主要体现在以下若干方面：一是专业设置的针对性不强。目前，尽管我国的大部分高校都已经开设了国际传播相关的专业，但是由于教育部并没有对此规定明确的专业，因此造成目前高校对国际传播专业的定位不明确、不统一。有的高校将其划归为英语专业，有的高校将其划归为新闻专业，更有甚者将其划归为汉语言文学专业，这种情况非常不利于我国国际传播能力的建设。二是人才培养目标不明确。这一问题主要出现于目前研究生阶段的国际传播人才的培养。迫于当前的形势需要，研究生阶段的人才培养，应当以培养能够适应国内外环境要求的、具有较高价值取向和追求的、具有较强实践能力的综合型国际传播人才为主要培养目标。但就目前我国研究生阶段的国际传播人才的培养而言，其主要的培养目标偏于新闻传播实践能力的培养。三是课程设置缺少专业性和层次性。相比于国外的一些一流高校相关专业设置倾向于新闻素养和新闻道德伦理等方面的培养来说，我国高校的课程设置主要倾向于新闻传播实践以及操作能力等方面的培养。这就不可避免地造成了我国国际新闻伦理道德相对薄弱的现象，而研究生阶段的人才培养仍以新闻实践能力的培养为主，则人才培养存在明显短板。四是理论联系实际能力不高。虽然目前的国际传播人才培养模式偏重应用，但是理论联系实际的能力不足依然是一个亟待解决的问题。在具体的实践中，主要表现为：缺少

---

① 胡宗山:《中国国际话语权刍议：现实挑战与能力提升》,《社会主义研究》2014 年第 5 期，第 127—135 页。

有效引导学生进行课外新闻实践的导师和相关专业团队，缺少理论与实际结合完美的教学队伍。五是业内资深人才短缺。目前，我国的国际传播人才结构比中，后起之辈要远远多于资深人才。要想成为一名合格的、优秀的国际传播人才，没有长时间的沉淀和积累是不可能的。但就目前我国的国际传播人才来看，年轻化趋势比较明显，平均年龄一般在 30 岁上下，这些人从大学毕业时间不长，在新闻传播方面的知识储备还不算很深厚。导致这种问题产生的主要原因在于很多媒体看重的是这些年轻新闻工作者在英语方面的优势，而那些资深新闻工作者大部分已经转至其他管理岗位。六是外语和新闻专业出身的远远多于其他专业出身的人才。由于国际传播对外语的要求非常严格，因此导致大部分的国际传播人才都出身于外语专业，这在一定程度上导致了国际传播人才在知识结构方面的单一化，外语和新闻专业占有绝对的比重和优势，而其他专业，如经济、人文、社会、体育以及艺术等专业的人才相对较少。可以说，这在很大程度上削弱了我国国际传播的对外渗透力。七是外籍人才的引入力度不强。目前，我国国际传播人才中，外籍人才的数量要远远少于国内人才的数量。相比于国内人才，外籍人才在语言、文化以及民族风情方面具有明显的优势，充分发挥外籍人才的作用，将会对我国国际传播的有效性有着深远的影响。虽然，我国的某些重点传播媒体在外籍人才的引用上已经形成了固定有效的引用机制，但是引入的大部分外籍人才被分配到新闻编辑领域工作，很少一部分进行新闻的采编工作。相比于西方媒体，我国由于处在媒体海外本土化的发展阶段，在外籍人才引入的数量和质量方面仍有很多的不足之处。[①] 李舒则认为，我国在文化的国际传播中还存在实力不强、商业转化程度不高、传播效果有限等突出问题。解决这些问题的根本还在于人，优秀的人才是增强国家“软实力”的“硬支持”，面对国际传播领域“西强

① 张恒军、章彦、宁晓晓：《加强国际传播人才培养的思考》，《新闻界》2013 年第 3 期，第 56—60 页。

我弱"的态势，人才培养必须在培养结构、培养目标、职能定位、培养模式等方面及时作出相应的调整。[①] 总体来看，在综合素质人才急剧短缺的情况下，我国对外价值传播很难实现文化"走出去"，被国际受众广泛接受。

第五，以文化与价值观所体现的软实力方面的建设明显不足。一个国家的文化软实力，从根本上说，取决于其核心价值观的生命力、凝聚力、感召力，"它不像'硬实力'那样需要花费大量金钱来打造，也不像军事实力的竞争那样给人以巨大的压迫感，它需要的是思想智慧的强烈吸引力"[②]。改革开放以来，中国的经济政治实力迅速提升，但在国际舆论、对外传播、宣传等方面面临西方强势话语的阻击，"在西方媒体里仍是负面报道占主导地位，中国对外传播面临严峻挑战"[③]，难以形成与综合国力相称的国际话语权。然而，目前国际社会的话语权主要掌握在以美国为首的西方国家手中。西方国家一般是通过硬实力胁迫、限制对方选择以及通过同化和吸引三种方式来施展和掌握国际话语权。但无论是哪种方式，其设置和争夺话语权的基础都是西方的价值观。西方国家也十分明白要师出有名，要君子爱财，取之有道；也明白得道多助，失道寡助的道理。比如，美国等西方国家以人权高于主权、结束科索沃人道主义灾难为理由发动科索沃战争，以伊拉克拥有大规模杀伤性武器为理由发动伊拉克战争等。从国际传播的角度，从国际话语权争夺的角度来看，都是先造势，取得道义支持，强调师出有名，然后再采取行动。从而在尽量不损害或有利于其国家形象的基础上，实现其国家利益。[④] 这就要求我们应把提升中国文化软实力的战略任务提到现实中，向世界展

---

① 李舒：《文化国际传播战略下的人才培养》，《中国党政干部论坛》2013 年第 8 期，第 99—100 页。

② 莫凡、李惠斌：《当代中国价值观念对外话语体系建构与传播研究》，《中国特色社会主义研究》2014 年第 6 期，第 83—87 页。

③ 郑苒：《专家学者聚焦中国文化翻译与传播》，《中国文化报》2014 年 5 月 22 日第 9 版。

④ 陈枫：《构建中国国际话语体系提升国际传播能力》，《中国广播电视学刊》2015 年第 8 期，第 76—79 页。

示一个追求富强、民主、和谐、进步的现代文明国家形象。俞思念、苏阳认为，当今中国社会在改革开放耀眼的光环背后，存在着精神、文化层面的不足。拜金主义、享乐主义、诚信缺失的盛行让青少年个体面临丧失理想信念的危险，无良的网游、虚假的言论、躁动的心态很容易将人们推向精神空虚的沟壑。思想麻木、信仰缺失、道德沦丧等，当下全球性的社会病态离我们并不遥远。贫穷落后固然可怕，但当一个国家或民族一旦失去理想和信仰，内心没有了约束，行为无所顾忌，那么再多的外在强制，也不免“法令滋彰，盗贼多有”；离开了核心价值的引导，失去了文明的行为准则，抛弃道德底线而不顾，无论多么丰裕的物质生活，也难免“金玉其外，败絮其中”。国家的强盛离不开精神的支撑，坚定的信仰方能彰显民族的文明。所以，习近平总书记在论及这一点时说：“核心价值观，其实就是一种德，既是个人的德，也是一种大德，就是国家的德、社会的德。国无德不兴，人无德不立。”[①] 余文霞、冯涛同样指出，当前我国社会处于转型时期，社会改革处在攻坚期和深水区阶段，由于多种因素所致，社会必然会滋生出许多道德矛盾和问题，甚至会陷入重重道德困境之中，深刻影响着经济发展和社会和谐。社会转型时期的道德困境主要表现在分配不公、贫富悬殊、诚信缺失、信任危机、道德评价标准模糊和道德价值选择紊乱等方面。社会转型时期道德困境产生的原因是多维度的，主要有道德发展相对滞后、法制不全保障不力、市场经济负面影响、党风政风不良影响和道德教育缺乏实效等因素。[②] 时伟则具体指出了互联网时代中国人精神层面存在的问题。互联网开辟了精神文明建设的新时代、新空间。网络诚信缺失、网络暴力盛行、网络理性不足、网络道德失范等问题制约着网络虚拟社会精神文明建设。克服网络虚拟社会的无序与失范，加

---

① 俞思念、苏阳：《社会主义核心价值观的坚守与国际话语权的提升》，《社会主义研究》2015 年第 2 期，第 1—5 页。

② 余文霞、冯涛：《社会转型时期的道德困境及破解对策探讨》，《求实》2015 年第 12 期，第 50—55 页。

强网络虚拟社会精神文明建设，应树立正确的网络价值观，提升网络舆论引导能力，建立完善的网络法律法规体系，构建健全的网络道德体系，进一步完善网络安全技术管理手段。[①] 与之相对，喻国明指出了网络伦理规范构建的着眼点和着手处。在着眼点上，他认为，网络伦理规范在进行顶层设计时，应当遵守界限原则、底线起步原则、复杂性原则与网络作为社会生活基础设施的评价原则。在着手处，即实践的起点设计和启动方式方面，他认为伦理道德应该是人们基于自身社会归属的认同基础之上的一种行为规范与准则的内省。有两个关键的要点是：伦理的诉求点是基于认同的自我完善；伦理既然是一个共同体的内在关系与行为规范，关系认同与情感共振的力量，便成为启动有关伦理社会实践的第一推动力。[②] 概言之，中国的发展必然要以硬实力为基础，在此之上，我们也要适应当今世界的潮流，在社会的全面发展、在生态文明建设和文化建设上做出实绩。[③]

三、“一带一路”中国价值观传播策略

“一带一路”的顺利推进，离不开沿线国家对于中国价值观的理解和接受，并在相互尊重的基础上达到合作共赢。因此，研究中国价值观及其国际传播策略，是实施“一带一路”过程中树立中国良好形象，进而实现国际价值观传播的重大课题。

---

① 时伟:《网络虚拟社会精神文明建设的困境及其破解》,《理论月刊》2013 年第 12 期，第 146—149 页。

② 喻国明:《网络伦理规范构建的着眼点和着手处》,《青年记者》2017 年第 12 期，第 9—10 页。

③ 俞思念、苏阳:《社会主义核心价值观的坚守与国际话语权的提升》,《社会主义研究》2015 年第 2 期，第 1—5 页。

（一）增强文化软实力，构建国际话语体系，提升国际传播能力

社会主义核心价值观的对外传播，是树立中国良好的国际形象，提升中国的话语优势，加强社会主义意识形态的主导权和话语权的需要。当前中国与西方话语权之间的对立，究其本质是意识形态之间的对立，是试图将世界纳入西方价值体系的努力和马克思主义价值观的扩展的努力之间的对立。

第一，加强我国文化软实力建设，是提升中国价值观国际传播能力的重要举措。国际传播是一个以大众媒体为载体，力图吸引国外受众的注意，促进国家之间相互理解的跨疆界的信息交流过程。在当今世界的话语权表达中，核心价值观无疑是一国文化软实力的重要体现，表示出国家意识形态（包括核心价值观）在国际上的影响力，“通过核心价值观，一个国家要向外界表明立场，即如何处理与其他国家的关系，自身通过什么发展强大等”[①]。正如美国政治学家汉斯·摩根索指出的，当今国际政治“不仅以传统的政治压力和武力方法进行，而且在很大程度上是争夺人心的斗争”[②]。所谓文化的竞争，本质上，就是价值的比拼，是核心价值观念的较量。一国的核心价值观念，作为文化软实力的基本资源要素，成为国家话语权确立与提升的基本依托。当前，在世界各种思想文化交流、交融、交锋日益频繁的背景下，谁占据了文化发展的制高点，谁拥有强大的文化软实力，谁的核心价值观念便赢得更多认可和支持，谁就能在国际舞台上拥有稳固的国际话语权，就能在国际竞争中赢得主动权。[③]因而，在中共中央政治局第十二次集体学习讲话时，习近平总书记明确提出：提高国家文化软实力，要努力传播当代中国价值观念，要加强提炼和阐释，拓展对外传播平台和载体，把当代中国

---

① 李延生：《社会主义核心价值观国际话语权构建的意义与原则》，《求知》2017 年第 3 期，第 28—31 页。

② 〔美〕汉斯·摩根索：《国家间的政治：寻求权力与和平的斗争》，徐昕等译，中国人民公安大学出版社 1990 年版，第 115 页。

③ 毛跃：《论社会主义核心价值观的国际话语权》，《浙江社会科学》2013 年第 7 期，第 155—156 页。

价值观念贯穿于国际交流和传播方方面面。中国发展到当前阶段，急需把影响力从经济影响力转换到价值观影响力，要从主要依靠“经济硬权力”调整为“文化软权力”（其核心是价值观）和“经济硬权力”并重。作为当今世界为数不多的社会主义国家，中国的发展具有双重效应：其一，中国是最大的发展中国家，中国的发展对广大发展中国家具有一定的示范作用；其二，中国特色社会主义现代化建设的巨大成就具有意识形态效应，它表明一个国家在选择发展道路的时候，一定要符合本国国情，而不是一味地唯西方国家马首是瞻。正是后者，体现了国家价值观的影响力。也正是在这个意义上，我们要不断地创造机会，更好地向国外讲述中国故事，贡献中国智慧，传播中国价值观。“一带一路”为我们提供了一个千载难逢的好机会。“一带一路”与中国价值观的国际传播是一种共生互荣的关系：一方面，“一带一路”倡议的顺利实施离不开沿线国家的合作，但这种合作不能仅靠经济利益来驱动，还需要情感认同和价值观认同；另一方面，“一带一路”倡议本身彰显着中国价值观的魅力，其实施过程更是为中国价值观的国际传播提供了广阔的舞台。正因如此，在实施“一带一路”过程中要充分考虑国际因素和国内因素，加紧研究“一带一路”倡议的实施与中国价值观国际传播的良性互动机制，拓展中国价值观的国际传播渠道，充分认识和客观评估其中的机遇与风险，为中国价值观的国际传播提供及时、精准、全面的参考与借鉴。①

当前我国在世界信息流通体系中的话语权还十分有限，在文化国际传播领域处于严重的“入超”地位。这一现实提醒我们：国家的文化软实力不是自我认定的，而是在文化交往、交流过程中客观呈现的；拥有悠久的历史文化并不意味着可以在文化的竞争与输出上占有优势，文化软实力只有经过现代性的转化与传播才能实现。软实力（soft power）是 20 世纪 90 年代美国学者约瑟夫·奈提出的

① 李辽宁：《论“一带一路”背景下中国价值观的国际传播》，《思想理论教育》2017 年第 6 期，第 52—55 页。

概念。他认为，一个国家的综合国力，既包括由经济、科技、军事实力等表现出来的“硬实力”，也包括通过文化创造、政治价值观以及对外政策等体现出来的“软实力”。“文化软实力”是由“软实力”演化出来的一个具有中国特色的概念，是“软实力”的中国话语。关于“文化软实力”这一概念，我国学者将其阐释为文化对内对外产生影响、吸引、感召和凝聚的无形力量。“文化软实力”的外在形态，不仅表现为对内的文化引领力，而且表现为对外的国际影响力，即一个国家和民族的文化对其他国家和民族人们的思想、行为以及对国际文化规则、秩序影响的能力。① 而习近平总书记指出：“核心价值观是文化软实力的灵魂、文化软实力建设的重点。这是决定文化性质和方向的最深层次要素。一个国家的文化软实力，从根本上讲，取决于其核心价值观的生命力、凝聚力、感召力。”习近平总书记关于文化软实力的论述更是凸显了软实力的重要作用，特别是在当今中国经济社会发展进入攻坚克难的关键阶段，各国之间的竞争越来越表现为软实力竞争，能否打破西方话语霸权，建立自身的话语体系，提升中国的国际话语权，直接关系到能否实现中国特色社会主义的科学发展和中华民族的伟大复兴。②

第二，将中国道路的实践创新凝聚、升华为对外话语体系的新表述，进一步提升我国国际话语权。话语体系是思想理论体系和知识体系外在的表达形式，一定的思想理论和意识形态内容总是通过相应的话语体系得以表现的，任何思想理论的创新都蕴含着话语体系的优化和发展。话语体系是对一个社会发展道路的映照，是对一个国家文明传承发展的积淀与汇集。话语权是话语体系的保障，有了话语权，话语体系才能更深入地传播和践行，反过来话语体系是话语权构建的基础，是话语权的载体，只有有了自己明确的话语体系，再加上有利的传播和明

---

① 方爱东：《提升社会主义核心价值观国际影响力的思考》，《理论建设》2014 年第 1 期，第 8—11 页、第 22 页。

② 李延生：《社会主义核心价值观国际话语权构建的意义与原则》，《求知》2017 年第 3 期，第 28—31 页。

确的引领世界文化前进的方向，话语权才能逐步得到加强和取得各国民众的共识。[①]构建国际话语体系，是在国际传播中设置和争夺话语权、提高国际传播能力的重要组成部分。国际话语体系的构建成功、完善与否，直接关系到在世界上国际传播能力的大小、强弱。因此，李延生认为，对于社会主义核心价值观的对外传播，依靠的形式和手段还是依附在核心价值观上的话语体系，要有相应的话语体系作为支撑。如果对外仅仅是宣传我们的核心价值观，效果自然好不到哪里去。我们要传播价值观而不是宣传价值观，这点必须搞清楚。需要注意的是，不能简单地套用西方话语体系阐释我们的价值观。两种价值体系有区别也有联系，虽然价值观都是历史性的概念，但人类在漫长的历史过程中形成了一些共同文明成果，也可以说是人类追求的共同价值。正如习近平总书记2015年9月在联合国大会上发表讲话时指出："和平、发展、公平、正义、民主、自由，是全人类的共同价值，也是联合国的崇高目标。"我们需要做的就是充分阐释社会主义核心价值观中符合人类基本价值理念的思想，找出我们的价值理念中西方人可以认同的地方，同时也要找出我们的价值理念中高于西方价值理念的地方，把这些共同的、先进的、能够对人类的发展起到引领作用的思想、理念、观念梳理出来并用西方人能够接受的方式让他们慢慢接受，这样才能提升我们的价值观的影响力，逐步掌握话语制造权、道德制高点和舆论主导权。在此基础上着力打造融通中外的新概念、新范畴、新表述，逐步建立中国独特的话语体系。[②]

话语体系是思想理论体系和知识体系外在的表达形式。话语权是话语体系的保障。而话语权则如福柯所说是话语产生的权力，即人类与世界的关系只是一种“话语”关系，“话语即话权力”，人通过话语赋予自己权力。[③]有了话语权，话语

① 李延生：《社会主义核心价值观国际话语权构建的意义与原则》，《求知》2017年第3期，第28—31页。

② 同上。

③ 庄琴芳：《福柯后现代话语观与中国话语建构》，《外语学刊》2007年第5期，第94—96页。

体系才能更深入地传播和践行。所谓国际话语权，即一国由话语产生的权力，该权力能以非暴力、非强制的方式改变他人、他国的思想和行为，是国家文化软实力的重要组成部分。众所周知，战争时期，武器是最重要的权力，谁的武器先进和强大，谁能在战争中取胜，谁就具有最大的权力。和平建设时期，国际话语权就成了最重要的武器，谁在国际上有资格说话，谁说的话最有影响力和号召力，谁就掌握了最大的权力。[①] 而话语权构成要素包括：概念的创新能力、议题的设置能力、规则的制定能力、话语的说服能力、价值观的对外传播能力、对外传播的被接受能力等，以及基于上述这些能力之上的话语引导能力。因此我们说话语权的成功与否关键在于话语质量。当前对我们来讲首先就要更新马克思主义话语，做到让老百姓愿意听、听得进、听得懂。我们说要坚持马克思主义的立场、观点和方法，但这并不意味着我们一定要通过固守马克思主义传统话语的方式来坚持它。在马克思主义中国化的过程中我们一直坚持实事求是、与时俱进，反对教条主义。实际上，把新的话语、新的词汇、新的表达方式引入马克思主义的经典话语殿堂中，用新的时代话语讲述马克思主义，使之更接地气、更富时代性，这既是马克思主义时代化之必需，又是对马克思主义的重大理论贡献，更是让普通大众愿意接受马克思主义的必由之路。如果固守马克思主义的传统话语，那么普通大众可能听都听不懂，更别提去接受它。这在我们的核心价值观国际话语权构建中同样如此，面对世界国际交流日益增多，各种思想文化交流、交锋、交融不可避免的新形势，我们必须树立创新话语体系的自觉意识，在我们中华优秀传统文化和社会主义核心价值观的基础上，构建新的对外传播的话语体系，打造融通中外的新概念、新范畴、新表述，改进双方沟通的渠道，讲好、讲活、讲深中国故事，增强社会主义核心价值观的国际影响力，提升社会主义核心价值观的国

① 毛跃:《论社会主义核心价值观的国际话语权》,《浙江社会科学》2013 年第 7 期，第 155—156 页。

际话语权。[①]

美国学者阿尔文·托夫勒（Alvin Toffler）指出："我们终将见到，'政治的最根本问题'不在于谁统治着工业社会的最后的年月，而要看谁能为新文明的迅速兴起作出规划。"[②] 亨廷顿曾强调："没有一些意识形态，只有一种意识形态。这就是我们民族的宿命。"[③] 因此，推进"一带一路"倡议需要不断完善话语体系，任何国际组织的活动规则都蕴含着某些重要的价值观念和原则，只有这样才能构筑一个共同的价值群体。其次，中国国际话语体系的构建既要有所借鉴，更要有所创新。既应照顾本国、本民族的历史、文化和文明，也应兼容其他国家、民族和文明。这样的国家价值观既是历史的也是现实的，同样是未来的。再次，我国理论工作者要吸收走出中国道路的人民群众的创新智慧，用理论思维的各种方式、方法提炼，凝聚、升华这条道路所展现出来的价值观念，并且结合世界人民的接受能力，考虑语言转化方面的具体问题，最终打造出可行、公认的价值观念对外话语体系。

（二）坚持中国特色、加强学术交流与创新

我国应逐步加强国际传播的科研力度，探索具有中国特色的国际传播建设。这就要求我国的学者应具备世界眼光，关注国际社会的新变化、新发展，并且密切跟踪、研究这些新的亮点与进展。话语构建必须具有开放性，关注国际社会的新变化、新发展，并且密切跟踪、研究这些新的亮点与进展，把握中国进一步融入国际竞争的新问题、新对策，加强与世界其他文明的价值观交往，对国外优秀价值观念进行批判、扬弃，丰富和发展当代中国价值观念对外话语体系。从中国特色来看，应将"马克思主义与中国实践和中国文化相结合……既坚持马克思主

---

① 李延生：《社会主义核心价值观国际话语权构建的意义与原则》，《求知》2017年第3期，第28—31页。

② 〔美〕阿尔文·托夫勒：《第三次浪潮》，黄明坚译，新华出版社1996年版，第11页。

③ 〔美〕塞缪尔·亨廷顿：《失衡的承诺》，周端译，东方出版社2005年版，第29页。

义基本原则，又具有时代特征”[①]。在国际局势瞬息万变的大背景下，洞察中国人民发展经济、文化的独到智慧，结合全面深化改革的伟大实践，考察中国梦的文化内涵，形成与国外价值观念话语体系既有区别又有联系的中国价值观念对外话语体系。就学术创新来说，构建新的话语体系应以中国学界的学术底蕴为支撑，在理论研究中有意识地升华出新的范畴与术语，以具备创造性和合乎规范的科研成果打牢构建对外话语体系的理论基础。这需要当代的中国学者静下心来，以严谨治学、“甘做铺路石”的精神稳步推进中国文化软实力的建设。[②]

中国的国际传播要想在国际上站稳脚跟，就必须要在充分和国际传播市场接轨的同时，加强我国国际传播人才培养的科研力度，不断加强相关理论的探讨和研究。胡宗山提出，从学术创新的角度来说，学术研究是提高国际话语质量的根本所在，是提升中国国际话语权的核心支撑。要在国际社会发出中国的声音，使中国人说话具有影响力，除了国力的增强之外，根本的一点还是要提高中国话语的质量。话语质量取决于我们的概念、表述、主张是否言之成理，是否符合事实，是否能引起共鸣。要提高话语质量，更重要的仍然是提升中国的学术研究水平。西方国家之所以据有国际话语霸权是与西方发达的学术研究提供的较高的学术话语质量分不开的。发达的学术研究体现在很多方面。例如，提出能够概括新颖事实的新概念、提出能够解释反常现象的新范式、理论命题或表述逻辑严密，论证有力、深刻总结最新前沿的新观点、新命题、新表述。

要提高中国学术研究的水平，原创性和逻辑性是关键。要实现原创，需要树立中国本位意识，强化中国问题意识，或以中国历史和现实中的经验事实为原材料，或以中国人的思维逻辑方式为研究方法，或反映中国社会特有的人文情怀

---

① 郭建宁：《打造与中国道路相适应的话语体系》，《人民论坛·学术前沿》2012 年第 11 期，第 6—10 页。

② 莫凡、李惠斌：《当代中国价值观念对外话语体系建构与传播研究》，《中国特色社会主义研究》2014 年第 6 期，第 83—87 页。

和价值观念，或立足于中国的国家利益和原则立场，其最终归宿就是发展出中国特色、中国风格、中国气派的哲学社会科学作品。与此同时，又不能缺乏国际视野，不能在自造的封闭体系中坐井观天。我们不能片面地理解“越是民族的就是越是世界的”，民族性只有与世界通行标准和人类共同正义相沟通，才能在国际舞台上产生影响力，才能据有国际话语权。封闭保守的学术成果只能陷入自说自话的恶性循环之中。逻辑性，就是使原创作品真正实现概念严谨、逻辑自洽、表述科学、观点鲜明，没有经过严格学术逻辑考验和理论验证的所谓新观点、新主张不是低水平的重复，就是贻笑大方的打油诗。只有经过严密研究、科学论证的话语作品才能被国际社会真正接受，只靠宣传上的密集轰炸，辩论中的强词夺理是不可能真正令人心服口服的。

如何生产出既有原创性又有逻辑性的中国话语作品呢？要将打破与借鉴相结合，打造与创造相结合。打破，就是要打破对西方社会科学话语、标准、概念、范式的盲目迷信，破除西方话语霸权在中国学界的统治地位，着力于建设中国本位的哲学社会科学体系，发展中国立场的哲学社会科学话语。自主性、独立性是原创本土作品产生的前提，当前，西方学术话语在中国学界具有相当浓厚的影响，甚至其具有统治地位是不争的事实，但是要形成中国原创本土作品，我们就不能跟在西方的学术标准后面人云亦云，唯其马首是瞻。

对西方话语应该采取什么态度呢？就是批判继承，洋为中用，不预设立场，既不是西学为体，也不是中学为体，而是以解决中国问题为目标，以实现中国利益为立场，科学借鉴古今中外一切有用的东西。如果西方的理论、范式已经被实践证明不适用于中国的国情，那么就要毫不迟疑地予以摒弃。如果经过初步论证，可以局部使用，那么就应该结合中国实际加以批判、改进、完善后发展成具有中国特色的理论、观点为我所用。还有一种情况，就是如果的确有一套西方理论能够解释得通中国的问题，并经过反复的理论证明和实践验证，那么完全可以借鉴，没有必要弃之不理。我们反对的是全盘照搬西方整套的经验、制度、话语模式，但对其适合中国实际的局部经验、机制、制度应该坚决地“拿来”，学习借鉴不等于盲目迷信，科学批判也不等于全盘否定。

打造，是指运用社会主义国家的优越性，在推进中国原创作品方面发挥国家意志，统一规划，整体部署、分步实施，协同攻关，打造中国特色的各类原创话语、理论、观点。全国一盘棋是中国的优越性。马克思主义理论研究和建设工程典型地反映了统一打造的国家意志，此外，诸如孔子学院项目、各级各部门的社会科学基金规划项目也是政府统一打造、推进意识形态控制力重点工程的体现。在注意统一打造的同时，更需要注意的是优秀原创学术作品的自然发生。打造典型地反映了团队协作，创造则更多凭借个人灵感的迸发。打造与创造并不矛盾，事实上，作为人文学科来讲，更需要学者建立在激情、灵感基础上的自发自为的创造。就当前阶段来说，中国在国际话语领域中所希冀的影响力，更多希望成为一家之言，展现自己的存在，这就为更多个体式的学术研究成果带来了更大的机会。

要激发灵感创造的活力，就需要国家在统一打造的同时，注意放水养鱼，给广大哲学社会科学学者创造更多的机会，创造宽松的学术氛围，让天才的思想充分涌流。国家可以通过政策、资金的引导进行宏观上的规划，但不应进行具体的微观干涉。就当前来说，除了厚基础的一般性学术研究之外，中国可以在以下国际话语领域着力深耕，形成影响。

在国际事务中，中国广大哲学社会科学研究者可以更多研究公共性的国际议题，产生更多关于这些问题的新概念、新表述、新观点，甚至严谨的理论范式。例如，在全球化、全球治理、人权与人道主义援助、维和、反恐、核不扩散、减贫、环境保护、气候变化上都可以逐步表达我们的主张，发出中国的声音。更重要的是，在针对中国的若干国际议题中，中国一定要推出高质量的研究成果，打好涉华领域的国际话语权争夺战。这些涉华议题包括：反驳所谓的“中国威胁论”“中国崩溃论”等荒谬言论；深入挖掘阐述“和平与发展”“中国梦”等中国优势话语；正本清源，准确传播西藏、新疆、人权、劳改产品、政治民主、香港政改等问题的历史由来和现实状况，系统阐述中国政府在这些问题上的正确主张，并通过各种手段争取国际社会的了解、理解和支持。①

同样是中国话语研究的学术体系研究，施旭则提出了自己对当代中国话语理论创新的看法。作为“文化话语研究”的有机组成部分和具体实践，当代中国话语研究在跨文化和跨历史的学术对话与反思基础上，提出了一套中国思维、视角、观念、策略、手段、议程，并将实证研究和对策研究衔接中国的现实需求。比如，哲学框架强调整体辩证的话语概念，理论框架强调言不尽意、平衡和谐的话语原则，方法框架强调多元材料、本土立场的分析策略，问题框架强调对于和平与发展事务的关怀（如城市发展、贸易纠纷、人权事业、国家安全）。但是，学术体系不能停止发展，中国话语及其国际语境更不会停止不前。恰恰相反，当代中国话语的发展及世界风云的变化呼唤理论的不断创新。因此，他提出体现在当代中国话语中最为普遍的境况、变化、原则、策略，即要以“衰落的国际霸权秩序”为话语环境，以“动态发展”为话语常规，以“和平发展”为话语原则，以“天下融通”与“虚实相生”为话语策略来建立中国话语研究的学术体系。②

（三）求同存异：实现中国价值的国际化表达

提高国际政治传播效力，重要一环就是要了解国际主流价值和国外民众的一般偏好，注重运用国际社会容易理解接受的方式介绍中国。把握国际受众心理、审美观和价值观，洞悉人类历史发展的方向和规律。

第一，国际传播必须注意采取国际上接受的话语体系和符号，减少“文化折

---

① 胡宗山：《中国国际话语权刍议：现实挑战与能力提升》，《社会主义研究》2014年第5期，第127—135页。

② 施旭：《（逆）全球化语境下的中国话语理论与实践》，《外国语（上海外国语大学学报）》2018年第5期，第90—95页。

扣”。熟知国际受众的价值观念，是传受双方在价值观方面实现理解、对话、交流和互动的前提。我国在进行对外宣传时，应淡化官腔，通过著名人士、海外华文媒体传递中国声音，举办文化年、文化讲座、文化展览等项目来推进公共外交构建国家形象。王茂森认为，我们在充分肯定政府力量在社会主义核心价值观国际传播过程中不可替代作用的同时，要充分鼓励更多的力量参与进来，进而建构由政府主导多方参与的社会主义核心价值观的国际传播主体格局。其一，社会民间组织是社会主义核心价值观国际传播的一支重要力量。社会民间组织作为沟通党和政府与人民群众的桥梁，由于其具有非营利性和公益性等特征，使得它在国际传播中所宣扬的价值和理念容易得到认可和接受。但是相对于发达国家而言，我国社会民间组织仍处于初步发展阶段，这与中国已经变化了的国际身份极不协调。因此，我们要从政策和资金等方面大力支持中国社会民间组织的壮大发展，学会“借嘴说话”。其二，爱国华人华侨、到境外求学的中国学生和出境旅游的中国游客，亦是社会主义核心价值观国际传播的一支重要力量。定居海外的爱国华人华侨虽然国籍发生了变化，但是在文化心理、价值认同和行为举止上仍保留着国内的习惯，他们践行社会主义核心价值观的一言一行，势必会对所在国民众产生积极影响。同时，现在每年都有大量的中国留学生和中国游客走向世界各地，他们在境外的言行举止，无疑也是传播社会主义核心价值观最直观的媒介。所以，每一个爱国华人华侨和每一个到境外活动的中国人，都应该充分意识到自己的使命担当，认识到社会主义核心价值观国际传播对于当代中国的重要意义，从而把自己真正打造成为社会主义核心价值观国际传播的“形象大使”。其三，来中国进行各种交流的境外组织和境外人士也是社会主义核心价值观国际传播中一支不可忽视的力量。随着中国国际地位的提高，近年来越来越多的海外组织、学者、留学生和普通游客等来中国考察、交流和学习，他们在中国生活和学习期间对社会主义核心价值观的直观感受，必然会对他们自身乃至所属国民众产生重要影响。因此，我们应该通过鼓励更多的境外组织和人士来华考察、交流和学习，学会"借力传播"。[①]

第二，要注重翻译问题，最好能够用纯正外语来表达，减少因语言、历史背景、文化传统、社会制度的差异所带来的"文化折扣"，同时利用中国元素彰显民族特色以保持民族差异性，获得观众的好奇心和认同感。对此，刘玮提出，其一，在观念层面唤醒自身的"文化自觉"意识，主动做好"西学东传"的工作，让东西方文明以平等的身份对话，并树立对外翻译工作的信心；其二，在技术层面既要认识到"中译外"与"外译中"在本质、工作机制及目标效果等方面有很大的差异，也要参照历史上外国文化向外传播的成功经典案例，还要充分重视中外译者合作的方式；其三，在政策层面既要培养人才，达到既留住现有人才同时又打造新人才的目标，也要依靠政府的力量来完善翻译作品的传播机制，还要依靠国家从文化史、思想史和翻译史的角度重新梳理我们的文化家底，有计划、有步骤、分阶段、分层次、分类别地遴选、推介我们的文化产品。[②]而在各种翻译工作中，外宣翻译作为"全球化背景下以让世界了解中国为目的、以汉语为信息源、以英语等外国语为信息载体、以各种媒体为渠道、以外国民众（包括境内的各类外籍人士）为主要传播对象的交际活动"[③]，对国际政治传播尤其重要。张健在国际传播的视阈下，对外宣翻译的特点进行分析，并提出相应要求。外宣翻译的严肃性要求其在翻译过程中对敏感词语的选择不仅关系到价值判断，而且也关乎对外传播的成败得失，在"择语"上应该慎之又慎。外宣译者不仅要具有扎实的语言功底，还要有良好的职业道德和行为，不能篡改原话原意，不能随心所欲瞎写、瞎译，不能随个人好恶而有所改变和取舍，也不能偷工减料、随意删改。

① 王茂森：《新时代社会主义核心价值观国际传播需精准发力》，《毛泽东思想研究》2018年第4期，第150—153页。

② 刘玮：《传播视角下"中译外"的观念与路径》，《现代传播（中国传媒大学学报）》2016年第10期，第160—161页。

③ 张健：《国际传播视阈下的外宣翻译特点探析》，《西南政法大学学报》2016年第6期，第110—115页。

传播语言的准确性则要求以英语作为外宣翻译的工具时，必须熟悉其性能特点，因为这工具对我们来说，毕竟是外来的，我们对此难于完全熟悉。唯一的办法只有一条，还是一句老话，熟能生巧。在外宣翻译的实践中，事实的准确性和语言的准确性的关系极为密切。力求语言工具的准确性，实在是再怎么强调也不太过分的事。而语言的灵活性则要求增加有效信息或者删除不必要的信息，这既是加强文化信息的传递，同时也是出于交际的需要，其中一定的灵活度是必需的。唯有让输出语言的风格与语言文化在输入语文化中找到某个立足点，外宣翻译才能达到其传播效果。但对灵活性应当有清楚的认识，这种灵活的处理手段多限于那些带有鲜明中国文化特点、与中国政治背景息息相关的术语。[①]

第三，议程设置是国际传播中的关键环节。美国著名政治学家拉斯韦尔（Harold D.Lasswell）在1948年发表的《传播在社会中的结构与功能》一文中，提出了著名的5W传播模式。他认为大众传播虽然不能决定人们对某一事件或问题的具体看法，但可以通过供给信息和安排议题来有效左右人们的关注点。对于日常性的传播来说，以什么样的形式发布什么样的信息，在什么时间推出什么内容，都需要通过传播主体的预先精心设计，才能在国际传播中赢得主动。[②] 例如，张发林就提出提升国际议程设置的能力是化解“一带一路”威胁论的重要路径。他认为“一带一路”倡议作为解决国际发展失衡问题的“中国方案”，其提出、传播和执行的过程便是一个国际议程设置的过程。国际议程设置分析为“一带一路”倡议提供一个新的解释视角，并因此将相对零散的问题、事件、政策和争论纳入一个整体的分析框架中，为“一带一路”从国内到国际、从理念到实践、从构想到制度的发展提供较为系统的解释，为化解“一带一路”威胁论提供了有效

---

① 张健：《国际传播视阈下的外宣翻译特点探析》，《西南政法大学学报》2016年第6期，第110—115页。

② 〔美〕哈罗德·拉斯韦尔：《社会传播的结构与功能》，展江、何道宽译，中国传媒大学出版社2013年版，第35—36页。

的方法。此解释和方法包含国际议程设置的三个相互关联且存在先后顺序的过程：议题形成、议题传播和议题制度化。国际问题的选择和议题的制定决定了可能获得国际共识的程度，有效的国际传播可以更加清晰地阐明动机，获取共识，制度化可以通过建立约束获得更多的信任。①吴瑛则以南海争端为个案，在国际比较视野下，分析了近6年来中美菲越四国智库如何设置南海议程，从而对中国智库设置国际议程的能力进行研究。研究发现，中国智库已经发出有力的“中国声音”，但与政府的互动落后于其他三国，“旋转门”专家人数少、级别低。举办的国际会议数量大，但在会议策划，以及与国际媒体的互动上有待加强。中国智库研究成果丰富，但有国际影响力的专家数量仍显不足。她提出，中国智库需要创新国际议程设置机制，在专业领域打造一批明星专家，不仅要设置中国议程，也要为国际社会提供公共知识产品，要完善议程设置机制，通过会议和活动、研究报告、著作、论文、媒体发布等多元方式提升国际影响力。②

第四，实施“分众性”传播策略。所谓分众传播，是指针对不同国家的受众特点开展传播，即我们必须区分话语对象，根据话语对象的国别、环境、身份、职业、知识结构、政治阅历等特点选择传播方式。③在文化领域，传播主体的竞争力本质上是“赢得受众关注”的能力。当前，中国对外文化传播的受众并不明确，文化产品的内容具有一般化倾向，少年人、青年人、中年人、老年人皆可“读”。但是，“分众”的理念已经被西方传媒广泛接受并运用，例如，部分西方传媒一直将其传播的对象界定为18—40岁年龄段的受众。原因在于，这些人在价值取向上仍然具有可塑性，较易认同外来的新思维和新话语。过去，西方对华

① 张发林：《化解“一带一路”威胁论：国际议程设置分析》，《南开学报（哲学社会科学版）》2019年第1期，第146—155页。

② 吴瑛：《中国智库的国际议程设置能力研究——对中美菲越四国智库的比较》，《太平洋学报》2018年第11期，第87—100页。

③ 朱霁：《论社会主义核心价值观的对外传播及其实践路径》，《马克思主义研究》2016年第8期，第102—107页。

宣传的重心在广播领域，如今已逐步转入互联网领域，这一转变很大程度上也是基于“分众”理念的。中国的对外传播并不带有西方那样的“敌意”，但是“分众”的理念也应当在中国媒体中推行。可喜的是，中国的众多传统媒体，如中央电视台、新华通讯社等，也纷纷开通网络节目，争夺互联网受众。需要进一步优化的是，其网络节目不但要在国内受众上下功夫，还要充分调研国外受众的兴趣喜好，向外延伸中国媒体的影响力。①同时，加强国际分众传播，应精确发力、精准传播，不仅要“内外有别”，而且要“外外有别”，因地制宜、因人制宜、因语制宜，这样才能增强我们对外传播的针对性和有效性。例如，习近平总书记的对外演讲就是准确把握了中国与他国之间的内在关联性，激发了受众的共鸣，蕴含着重要的外宣理念，是中国与世界对话的新范本。如在越南，他用中国科学家屠呦呦的主要研究成果青蒿素是源于20世纪60年代中国为支援越南而开展的抗疟疾药物，来说明中越两国的历史渊源；在法国谈文化时引用法国作家雨果说的“世界上最宽阔的是海洋，比海洋更宽阔的是天空，比天空更宽阔的是人的胸怀。对待不同文明，我们需要比天空更宽阔的胸怀”，展示了中国厚重的文化底蕴孕育出的博大的文明胸襟以及宽广的大国视野。②此外，中国媒体的传播对象还应当更多关注西方社会里的各个底层群体，以及发展中国家的众多民众，应当根据其心理特点对传播内容、路径作相应调整。③一些群体因为缺乏对中国文化的了解，甚至认为中国文化是“特洛伊木马”，要求民众共同抵制。美国政府就曾指控美国德州大学达拉斯分校的孔子学院从事间谍活动，认为该机构已对美国国家安全构成威胁。有学者认为，可以将资源投入由学校向社区转移，将20—29岁

① 莫凡、李惠斌：《当代中国价值观念对外话语体系建构与传播研究》，《中国特色社会主义研究》2014年第6期，第83—87页。

② 朱霁：《论社会主义核心价值观的对外传播及其实践路径》，《马克思主义研究》2016年第8期，第102—107页。

③ 莫凡、李惠斌：《当代中国价值观念对外话语体系建构与传播研究》，《中国特色社会主义研究》2014年第6期，第83—87页。

群体及高学历群体纳入传播对象。同时加强国别研究，为中国价值观的国际传播提供精准的传播对象和高效的传播方式。

（四）打造国际传播体系的全媒体路径

在当今社会，各类媒体的有机融合已是大势所趋。这种融合要求整体性的战略设计，调动全部媒介的力量为某一目标服务，从而为当代中国价值观念对外话语体系的传播服务。

第一，强化互联网思维，媒体传播与多种形式相结合。综合传播是当前世界主流媒体的重要特征和标志，媒体传播、影视传播、文化传播等只有齐头并进，形成合力，全面推进中国国际传播力建设，才能让中国的价值、中国的文化、中国的理念被越来越多的外国人认可和接受。杨晶、吴文艳认为，新闻网站、社交媒体与视频网站成为当代中国价值观国际传播的三大重要新媒体平台。具体来看，在对外传播价值观的过程中，新闻网站结合跨文化传播的特点采取的多是客观视角和基于语言的沟通方式来进行隐性传播。中国媒体在新闻网站上积极主动设置议题，引导海外受众正确看待中国的发展战略。在设置议题时，媒体主动将中国的价值观与经济发展战略紧密联系在一起，例如，《中国日报》英文版新闻网站在策划"一带一路"倡议的相关报道时推出了 For a world plagued by protectionism, China shows how to share success 等文章，在策划精准扶贫时推出了 Making poverty reduction inclusive 等文章，向海外民众展现追求富强、民主、文明、和谐的大国形象，致力于自由、平等、公正、法治的社会形象，崇尚爱国、敬业、诚信、友善的百姓形象。社交媒体是人们彼此之间用来分享意见、见解、经验和观点的工具和平台。在海外，Twitter 和 Facebook 是使用较为频繁的社交媒体。2009 年，《中国日报》在 Facebook 开设了账户，2012 年，新华社在 Twitter 开设了 @XHNews 账户，海外社交媒体成为国内媒体对外传播的经营阵地。2015 年，中国外文局依托中国网全力打造的全球新闻时事中英文评论节目正式开播。2017年元旦,《中国三分钟》在Facebook平台创建官方账号CHINA MOSAIC，向海外观众讲述中国故事、阐明中国观点。例如，第128期的《世界掀起“汉语热” 中文究竟有何魅力？》、第137期的《中国“厕所革命”初战告捷》、第148期的《中国为什么能保持社会的安全稳定？》等节目，向世界展现了中国社会独特的魅力，增进了国际受众对安全中国、文明中国、文化中国的了解。第141期《假字幕颠倒黑白 篡改中国大使视频》等节目及时应对国际媒体制造的负面舆论，自塑中国良好形象，用事实真相来彰显当代中国价值观。视频网站是一种社交网站与视频信息传播相结合的新媒体，它改变单一的文字信息共享的方式，通过可视化的视频信息深化用户的互动能力。YouTube是世界上最大的视频共享网站，也是最受海外用户欢迎的视频网站。该网站于2005年2月在美国创建，它运用Adobe Flash视频和HTML5技术为用户提供上传、浏览和共享视频等功能。新华社于2013年底在YouTube注册了账号，在2015年统一更名为New China TV账号。在该账号上，新华社通过不间断推送大量两分钟以内的短视频向海外受众传播中国的故事，主要题材涉及中国功夫、中国的科技进步、中国的外交政策等，通过这些视频故事展现中国政治、经济和文化发展中的价值元素。①

第二，打造有影响力的传媒品牌。通过培育和扶持一批代表互联网发展方向的企业和集团，瞄准互联网发展的前沿，整合互联网多用的功能，从而在未来的网络传播竞争中占据主动。传媒品牌是一种识别标志、一种精神象征、一种价值理念，是品质优异的核心体现，受众通过储存在记忆中的联想来反映传媒品牌，传媒产品是它的基础，而与受众的链接才是它真正的核心。如果从生产关系上说传媒品牌是传媒产品和受众链接的中介，从精神层面上说传媒品牌是一种感情上

---

① 杨晶、吴文艳:《中国价值观国际传播的新媒体平台构建策略》,《中国广播电视学刊》2018年第9期，第99—102页。

的驱使，它跨越空间、时间乃至心灵，在人们的心里留下深刻的印象，赢得受众的情感认同、理念认同和价值认同，让人情不自禁去追捧。品牌是传媒最重要的资产，传媒竞争已经从质量竞争进入品牌竞争时代，强势品牌具有较好的溢价功能和较高的认知品质，竞争力也较强。品牌竞争力能够使传媒扩展自身潜力，因为它具有不可替代的延展力、竞争壁垒构建能力和差异化能力。媒体通过创造和扩大品牌价值能提高“注意力主体”的忠诚度，提升影响力，从而赢得更大的发展空间。传媒品牌的建构是一项复杂的系统工程，是一个长期积累、渐次推进的过程，依据公共性、文化性与认同性三原则来建构传媒品牌，以使传媒运作能注入持久的动力与生机。目前，我国的传媒品牌建设已经取得一定成就。2014年9月9日，由亚洲品牌协会、人民日报社《环球时报》、亚洲电视台、国家发改委《中国经济导报》主办的第九届亚洲品牌盛典发布了《2014亚洲品牌500强》排行榜。在这份亚洲品牌500强排行榜中，中国传媒有8家，排名依次是CCTV（36名）、腾讯（57名）、百度（59名）、凤凰卫视（62名）、电视广播有限公司（101名）、新浪（277名）、网易（285名）、中国出版集团（396名）等。从品牌价值角度分析，这些品牌已经迈进世界级品牌阵营。[①]

第三，全球传播与本土传播相结合。全球传播是指媒体依托高新技术，在全球范围内进行信息传播和运营活动。[②]全球传播是中国媒体参与国际舆论竞争、增强国际舆论引导能力的必由之路。[③]全球传播的任务是完善传播平台的全球化布局。这方面西方国家领先我们一步。世界著名媒体在信息采集、信息覆盖、机构设置等方面，早已面向全球进行信息产品生产和销售，实现传播资源最佳配置和影响最大化。中国目前也正在加快步伐。2009年，中央大力实施国际传播能

① 邢彦辉：《基于核心价值观的传媒品牌建构》，《前沿》2015年第7期，第135—137页。

② 胡正荣、李继东、姬德强：《中国国际传播发展报告》，社会科学文献出版社2014年版，第94页。

③ 同上。

力建设工程，从政策环境、资金投入等方面，对重点媒体增强国际传播能力给予空前重视和支持保障。中央重点媒体的海外传播中心数量显著增加。国际台也始终将建设海外媒体、抢占海外阵地作为提升国际传播能力的根本举措，加快由“本土媒体”向“跨国媒体”转变，逐步构建多语种、多媒体、跨平台、广覆盖的国际传播体系。本土传播是通过建立植根于本土的运营与管理机制，雇用本土人才，进行内容贴近性强的生产和传播，以达到最佳传播效果。[①]即加强针对性，在传播内容、专业人才和经营管理方面实现前移，落实本土化。近年来，国际台坚持把“本土化”摆在重要战略位置，推进节目制播本土化、内容产品本土化、管理运营本土化，实现外宣“三贴近”。国际台目前在境外共建设有8个地区总站，分布在非洲、西欧、北美、中东、亚洲、拉美、东欧和澳洲；成立23家节目制作室，雇用380多名海外本土工作人员，日制作本土化节目达130多小时，逐步形成了本土化采集、编辑、制作、发布、互动的新格局。[②]

（五）优化传播模式，实现受众本位传播

在媒介多样化、传者多元化、信息海量化、受众个性化的传播新环境下，有学者认为社会主义核心价值观人格化传播效应的塑造，要加强引导，合理融入日常工作和生活当中去。实现人本传播，具体可以从以下两方面展开。

第一，塑造传播方式的人格化效应。人际传播，指的是两人或两人以上借助简单的媒体进行沟通和交流，如书信、信息、电话等非大众媒介而展开的交流活动。社会主义核心价值观人际传播有两种形式，一是传播者和接受者面对面交流，用语言进行社会主义核心价值观的交流。二是用书信、电话等媒介进行交流，在交流中传递和践行社会主义核心价值观。社会主义核心价值观的传播以传

---

① 胡正荣、李继东、姬德强:《中国国际传播发展报告》，社会科学文献出版社2014年版，第95页。

② 陈枫:《构建中国国际话语体系提升国际传播能力》，《中国广播电视学刊》2015年第8期，第76—79页。

播者和接受者的人格交往为前提，是以人为本的传播。人类社会价值观的传播活动是在人际传播的基础上形成的，在推进价值观的传播活动中，人际传播始终处于主导地位，在人类文化的延续、社会的发展中有着不可代替的作用。因此，在社会主义核心价值观的传播中，人际传播依然是重要的传播方式。[①] 中国的国际传播机构可以将社会主义核心价值观有机渗透到网络的社交圈子之中，拓展社会主义核心价值观日常人际传播的新境界，增强传播效果。而加强社会主义核心价值观的人际传播，可以从以下四方面着手：一要阐述传播内涵，提高传播力度。社会主义核心价值观应亲民化、大众化，力争与社会公众的情感需求相符，与公众的人情伦常相互渗透，用亲切和生活化的语言传播核心价值观的内容，并通过大众载体积极地进行传播，大力地鼓励和支持全民践行社会主义核心价值观，从而真正推动我国的发展，实现中国梦。二要培养意见领袖，注重传播效果。意见领袖要主动担负起自身的职责，积极、主动地传递社会主义核心价值观的内涵，充分发挥自身榜样的作用，让更多的受众践行核心价值观。同时对于表现优异的意见领袖，应给予相应的奖励，奖励以精神为主，这样才能调动起意见领袖的工作积极性和主动性，从而重视社会主义核心价值观的传播。三要满足信息技术发展需求，积极占领网上传播阵地。随着信息和计算机网络技术的快速发展，社会主义核心价值观的传播，应充分利用网络技术及网络传播规律，在网络的宣传、服务中体现核心价值观的内涵，用先进的文化、正面的声音占领网络阵地，要大力支持主流新闻网站，将知名的商业网站与社会效益进行有效的结合，在网络上形成良好的舆论环境，从而推动大众正确认识社会主义核心价值观。四要营造良好人际传播环境，确保领导干部以身作则。在大力弘扬核心价值观的过程中，应始终保持人际传播大环境朝着正确的方向发展。积极构建企业文化、社区文化、

---

① 秦圣阳：《论社会主义核心价值观的人际传播》，《新闻战线》2016 年第 14 期，第 10—11 页。

家庭文化的良好氛围，定期或不定期地开展社会主义核心价值观的宣讲会，从而让社会主义核心价值观被更多的大众所熟知。唯有这样，才能充分发挥社会主义核心价值观的作用。另外，领导干部的综合素养是我国公民素质的集中体现，对他们进行社会主义核心价值观的培育和践行尤为关键。

第二，研究国外下一代受众，精准施行个性化传播，建立受众反馈机制。其一，当今时代，信息技术的发展突飞猛进，各种新兴传播媒体不断涌现，特别是网络媒体的出现，使得从主体到受众的直线、一维和被动的传播方式不再奏效，反之，我们要秉持非线性、多维、立体、互动传播的理念。当代中国价值观念的国际传播同样要顺势而为，不仅要充分利用好书籍、报纸、杂志、广播、电视等传统媒体，还要构建以传统主流媒体为依托的网络媒体。强化互联网思维，适应新兴媒体平等交流、互动传播的特点，树立用户观念，改变过去媒体单向传播、受众被动接受的方式，注重用户体验，满足多样化、个性化的信息需求。[①] 同时，研究国外“下一代受众”（出生于20世纪八九十年代的人群）的审美习惯、心理特点、新媒体使用情况，将承载当代中国价值观念的信息借助合适的新媒体呈现给这些受众，针对这一代年轻人的需求倾向，创作适合他们口味的电子杂志、微电影、网络游戏等作为传播当代中国价值观念的新媒介和新载体，吸引其注意力，激发其了解当代中国价值观念的兴趣，增强传播效果。其二，当代中国价值观念的国际传播坚持受众本位，就要制定精准化个性传播策略。因为受众不同，其思维方式、叙事方式、欣赏习惯、心理需求、媒介使用习惯等均不相同。当代中国价值观念的国际传播需要充分考虑这些不同，对具体受众进行具体分析，推出更多为不同受众量身定做、适销对路的产品，实现精准化个性传播，这种精准施策是对受众本位最真切的遵守和坚持。当代中国价值观念的国际传播坚持受众

① 刘奇葆:《加快推动传统媒体和新兴媒体融合发展》,《人民日报》2014 年 4 月 23 日第 6 版。

本位，不仅要重视传播之前对国际受众的细分调研，还要注重传播之后对受众反馈进行调查。受众的反馈是传播效果最直接、最真实和最权威的检验和衡量标准。离开了受众反馈，传播效果就无从谈起，传播者也就容易陷入自说自话、孤芳自赏的境地。只有建立受众反馈机制，传播主体才能在接受反馈信息后，对传播方式方法等进行及时的改进和优化。① 其三，大力发展虚拟传播途径，实现中国文化软实力的传播。信息时代，以互联网为代表的虚拟传播途径的优势开始凸显，通过虚拟传播可以更轻松地实现一对多的传播，传播的速度和范围都急剧扩大，而相应的传播成本则缩减。因此，中国文化软实力的在美传播有必要改变目前以实体传播途径为主要方式的惯性，大量加强网站、电台、APP 等信息技术传播途径建设，同时结合不同群体设计不同的虚拟传播方式，例如对于年轻群体可以投资开发体现中国文化特色的虚拟游戏，推广中国特色的音乐等，寓教于乐。而对于低教育群体和职业较封闭群体可以将学校扩展到虚拟空间，开设远程中文、中国文化、中国建筑、中国烹饪等多种网络课程和互动社区，满足上述两个群体的学习需求和社交。②

（六）加强教育改革，为中国价值观的国际传播培养大量专业型、国际化人才

近年来，随着中国经济的快速发展以及国际地位的不断提高，中央政府适时提出加强国际传播能力建设的要求。习近平总书记 2016 年 2 月在党的新闻舆论工作座谈会上强调：媒体竞争关键是人才竞争，媒体优势核心是人才优势。但是综观我国国际传播领域的现状不难发现，目前最突出的问题是从事国际新闻报道的人员及其管理者的价值观、大局观、问题意识与职业敏感等战略层面的问题。

---

① 吴海燕：《受众本位视角下当代中国价值观念国际传播策略研究》，《云南社会主义学院学报》2016 年第 3 期，第 99—102 页。

② 刘佳、刘昊凝：《中国文化软实力传播的单一性困境及对策——以中国文化软实力在美国传播的实证调查为视角》，《国家行政学院学报》2016 年第 3 期，第 108—112 页。

在当前形势下国际传播人才需要具备出色的语言能力、过硬的专业技能、娴熟的文化沟通技巧、现代的国际传播理念等基本素养。具体策略我国学者认为可以从以下几个方面展开。

第一，设立独立于其他专业之外的国际传播专业。张恒军指出，相比于其他新闻专业以及传播专业来说，国际传播专业有着其本身不可替代的特点，可以说，它是一个复合型特别强的专业。国际传播作为独立的专业而单独开设的话，将对具备较高新闻素养、较高的外语应用能力、宽广的国际视野以及全能型的国际人才的培养有着重要的影响，为我国国际传播软实力的建设打下坚实的人才基础。另外，还将有利于人才培养的规范化，形成真正意义上的中国特色的国际人才培养模式。[①] 陈云萍则认为，国际传播课程的教学理念应以能力建设为中心，以培养高层次、复合型新闻传播人才为目标。通过该课程的学习，学生能够接受国际理念、拓宽国际视野、了解西方思维方式、掌握国际传播的专业知识、了解国际传播最新趋势和动向、了解国际媒体发展现状等，提升外语水平和跨文化交际能力。在课程设置上应充分体现本科教学改革的理念，在教学理念上把握最新的国际传播前沿和发展趋势；在教学方法上，采用启发式教学、互动式教学、案例分析法等；在课程内容上，邀请外国专家、外教、有留学经验的教师做专题讲座；课堂上采取小组讨论、自由讨论等多种形式；教材采用中文和英文相结合的教材；教学手段上采用最新的多媒体技术。[②]

第二，完善人才培养目标，建立完整的教学体系和培养模式。张恒军认为，在国际传播人才培养目标的制定上，要特别强调三方面：其一，要结合国内外具体的经济、政治和文化环境；其二，形成较高层次的价值追求；其三，进行广义上的国际新闻传播实践能力的培养。具体的人才培养方面，本科阶段要重点进行

---

① 张恒军、章彦、宁晓晓：《加强国际传播人才培养的思考》，《新闻界》2013 年第 3 期，第 56—60 页。

② 陈云萍：《全球化时代国际传播教育研究》，《新闻知识》2017 年第 2 期，第 67—69 页。

新闻、外语以及相关专业知识的通才教学，以基本理论知识教学为主，以新闻实践能力和科研能力的培养为辅[①]。在研究生阶段，应更加重视专业化教学，在理论和实践划分的基础上，增设一些其他专业的教学，如经济学、管理学、国际营销学等专业。博士阶段，则要强调科研能力的培养，以培养思想性、科研型的高水平人才为培养目标。[②]金勇等则提出以"四轮驱动"模式打磨一流国际传播人才。即一要有扎实的语言功底，可采取"英语 + 小语种"的复合型人才培养模式。二要有过硬的新闻业务，其首要前提是具备新闻敏感，善于发现并抓住新闻，然后利用笔头功夫产出内容，最后以创造性的方式呈现新闻。整体核心是要掌握新闻传播技巧，追求传播效果的最大化。三要有宽广的国际视野，需要传播者具备国际关系基本知识。不懂国际关系的国际传播者，很容易成为西方国家的"小喇叭""应声筒"和"跟屁虫"，沦为西方免费的宣传工具。在中国面临复杂国际局势的当下，媒体拥有正确的国际观十分关键。作为国际传播者，还要时刻保持对中国文化的自信心，如此才能在对外传播时坚定中国立场，不卑不亢。四要具有深厚的文学底蕴，深厚的中国文学底蕴是一流国际传播人才的必备要件。不少名校毕业生写出的文章索然无味、宛如白水，很大程度是因为文学功底不深。国际传播者应通过"诗、词、歌、赋、曲"增加文学功底，这样不仅可以使报道增添色彩、简洁明快，亦可以增强中华文化的国际传播力、影响力。[③]

第三，加强国际传播的科研力度，探索具有中国特色的国际传播建设。程曼丽提出，尽管我国国际传播能力建设在实践方面不断取得了突破性的进展，但理论研究总体偏弱，能够在较长时间段内对媒体的国际传播实践活动进行潜心开掘的研究成果更不多见。总的来看，中国的对外传播经历了从硬件设施建设到核

---

① 刘娜：《国际传播中的民间力量及其培育》，《新闻界》2011 年第 6 期，第 36—39 页。

② 张恒军、章彦、宁晓晓：《加强国际传播人才培养的思考》，《新闻界》2013 年第 3 期，第 56—60 页。

③ 金勇、崔玉娇、李正荣：《"四轮驱动"打造一流国际传播人才》，《传媒》2016 年第 24 期，第 79—82 页。

心能力打造，再到护航“一带一路”的发展阶段，这同时也是中国媒体国际传播能力建设由追逐硬实力到重视软实力，由自说自话到寻求共同话语的一个转变过程。在发现问题、解决问题并提升国际传播能力建设的过程中，新闻传播研究需要考虑将中国实践理论化的可能性。[①] 而正如张恒军所认为的，中国的国际传播，要想在国际上站稳脚跟，就必须要具有自己的思想和灵魂。如果说，在经济方面的崛起，要依靠产品的质量和价格，那么国际传播要想崛起和发展，就必须依靠产品的文化价值和内涵。任何阶段的国际传播人才的培养目标，归根结底是要培养具有思想的人才，高校应不仅仅是技能的培养基地，更重要的是学术和思想的培养基地。在充分和国际传播市场接轨的同时，必须要加强我国国际传播人才培养的科研力度，不断加强相关理论的探讨和研究，如何以更加有效的方式和途径，快速提升我国国际传播所带来的国际话语权和渗透力，适应国内外环境的变化，以及我国和平崛起的战略要求。[②]

第四，逐步推进多向培养的新型培养模式。李舒指出，我国目前的国际传播人才培养计划，可以实行由单向培养向多向培养的转变。其一，学校应充分调动校内资源。哥伦比亚大学新闻学院的双硕士学位项目采用跨学科联合的方式培养传媒人才，颇值得借鉴。研究生可以同时参加新闻学和法学、工商管理、国际关系、地球与环境科学、宗教学等任意两所学院的学习，并可获得相应的两个硕士学位。相比较而言，国内的文化传媒教育在借助学校内部的学科、资源优势，培养复合型创新人才方面做得还十分不够。其二，实施校际人才联合培养。2012年，教育部、文化部联合发起“动漫高端人才联合培养计划”，将北京师范大学、中国传媒大学和北京电影学院三所高校的优势资源组合起来，建立“动漫高端人

---

① 程曼丽：《国际传播能力建设的实践研究与意义——兼评〈新媒体跨文化传播的中国实践研究〉》，《新闻与传播评论》2019 年第 1 期，第 123—128 页。

② 张恒军、章彦、宁晓晓：《加强国际传播人才培养的思考》，《新闻界》2013 年第 3 期，第 56—60 页。

才联合培养实验班"，探索"三校一体、四年一贯、校企合作、协同育人"的动漫人才培养机制。总的看来，这类校际联合培养在实践中还十分有限，需要相关部门在更高的层面上进行推动，使各类优势资源能够得到更好的配置，共同为人才培养服务。其三，推进高校与企业的联合培养。2010 年中影集团根据数字电影产业转型对特定专业人才的需求和集团的发展战略要求，面向全国院校开展了"中国影才计划"，该计划已在全国数十家高校建立了联合培养基地，在数字影视高级专业人才的有序培养、选拔、认定等方面进行了积极有益的探索。一些高校与传媒机构、文化企业建立联合培养计划，在传媒机构、文化企业建立实践教学基地，采用"学术导师 + 行业导师"的双导师教学模式，选拔优秀学生参加行业实践等。无论是企业主导还是学校主导的联合培养，都推动了理论与实践的有效对接，必将对培育具有较强实践创新能力的文化传媒人才产生积极作用。其四，大力推行国际化办学，"走出去"与"请进来"并举。近年来，文化传媒教育的国际交流与合作逐渐增加，但多集中在双方院校师生的短期交流或项目合作上，还未拓展到中外合作办学层面。国际化的人才离不开国际化的培养环境，国家鼓励中外高等教育机构合作举办教育机构，高校应加快引进国外优质教育资源的步伐，尽快在国际合作办学、培养国际化人才方面有所突破。其五，从长远来说，海外文化传媒人才的培养以及交流培训等对于提升我国对外传播的影响力也具有重要意义。2011 年教育部和商务部联合发起的"发展中国家硕士项目"中新增了"发展中国家国际传播硕士项目"。该项目面向亚非拉 40 多个发展中国家招收政府官员及传媒高级管理人员，是全英文教学的硕士专业学位教育。项目开办两年来，有力地提升了传媒教育的国际化水平，招收对象的特殊性更是扩大了文化国际传播的效果和影响力。[①]

① 李舒：《文化国际传播战略下的人才培养》，《中国党政干部论坛》2013 年第 8 期，第 99—100 页。

第二章　国家价值观念国际传播经验综述

价值观念是指本民族共同坚守的行为道德标准，任何一个民族都希望自己的文化与价值观得到他民族的认同并影响他民族。国家价值观（National Value）就是人们对自己国家存在意义的估价或最高评价，是人们判断国家存在、发展和变化的根源。每个国家都有自己的“核心价值观”。国家核心价值观是一个国家长期形成并经其成员认可的基本价值理念，集中体现了国民的价值追求和行为取向，是社会意识形态最重要的组成部分，对于增强本民族的向心力、凝聚力和文化软实力极其重要。因此，任何国家都非常重视核心价值观传播和教育认同。国家价值观的国际传播能够帮助国家树立良好的国际形象，增加国家话语权，促进国际对本国价值观念的理解，并最终利于国家开展广泛的外交，提升国家的综合实力。历史上，任何一个国家都积极传播自己的国家价值。尤其是进入近现代以来，随着全球化和信息化进程的迅速发展，国家形象受到世界各国前所未有的重视，其战略地位日渐提高，国家公关时代业已来临。我国在国家形象的塑造和国家价值观念传播方面还比较落后。我国积极正面的国家形象却并未能赢得国际社会，特别是西方国家的普遍认可，认知偏差甚至误读现象时时出现，这与我国经济、政治实力极不相配，成了我国国际竞争力提升、和平崛起与民族复兴的严重障碍。[①] 诚如美国学者乔舒亚·库珀·雷默（Joshua Cooper Ramo）所言，国家

① 黄静、张雪:《跨文化传播视域中国家形象塑造的路径选择——基于马莱茨克模式的分析》,《西南民族大学学报（人文社会科学版）》2015 年第 3 期，第 204—207 页。

形象对于当代中国来说是最为根本的问题，假如把这个问题解决好了，那么许多其他困惑和难题都可以迎刃而解。而解决国家形象问题，必然离不开国家价值观念的传播。[①] 为了更好地传播我国国家价值观念，树立良好国家形象，笔者对国内外相关文献进行了梳理，以了解各个国家在国家价值观传播方面所取得的经验和教训，从而更好地推动我国国家价值观念的传播。

一、国家价值观传播内容相关研究

传播内容是国家价值观念传播的根本所在，即首先要明确我们应该传播什么这一问题。因此，国家观念传播内容的研究是学者们关注的重点。一般情况下，学界认为西方国家价值观的核心内容源自西方文化中的"个人主义"思想，与其相对的则是东方文化中的"集体主义"思想。在此基础之上，每个国家又各有自己的核心价值观，同时各个国家在不同的历史时期，核心价值观的内容又有所不同。每个国家现行的价值观念也不是凭空产生，而是在继承创新、吸收融合的基础上形成的。各个国家在不同的历史时期，核心价值观的内容有所不同。许多国家都很注重从传统价值观中寻找核心价值观的根源，同时有机融入时代元素来加以推动。

美国的"价值观输出"是指美国要求或强迫与美国文化不同的国家接受美国式的民主政治制度、自由市场经济体制和美国的人权标准。这是美国独特的社会历史赋予美国外交政策的一个独特特征，就如基辛格所说："美国的价值观使美国人自认为有义务向全世界推广这些价值观"。进行价值观输出在美国的对外关系史上始终以核心要素为主，并根据时代要求以不同形式存在。这对美国国家

① 〔美〕乔舒亚·库珀·雷默：《中国形象：外国学者眼里的中国》，沈晓雷等译，社会科学文献出版社2008年版，第12页。

利益的实现起到了重大的作用。大陆扩张时期，区别于欧洲的先进的“共和民主制”政体成为美国在美洲扩张的旗帜；海外扩张时期，提出“理想主义”外交来与欧洲的强权政治竞争，力图登上世界霸主的宝座；“冷战”时期（1946—1991）“自由”“民主”是美国“遏制”和铲除共产主义的工具。“冷战”后，美国更加重视以“美国式的自由民主价值观”来整合（integrate）社会主义国家和广大发展中国家，价值观输出成为美国全球战略的一部分。①

中国的国家价值观念和意识形态的形成，更是经历了一个漫长的发展阶段。在先秦时期我国的国家意识形态已有雏形，并在不同历史阶段突出了价值观念和意识形态的不同要求。如夏朝在社会尚处蒙昧之时更加突出法禁性，将平民、奴隶等纳入暴力性、惩罚性法制体系，强调以暴制暴。商朝则突出神权统治，将市民和奴隶等纳入神权轨道，以宗教迷信方式禁锢百姓，少了一味暴力性镇压，有效化解了部分社会矛盾。周朝则更加推崇礼教约束力，更多削减了暴力性成分，将社会纳入严密的等级制度和礼教制度，重视意识形态教化作用。春秋战国时期诸侯争霸的相互制衡状态，造就了意识形态的多元性、私塾性。知识精英在民间的力量得到增强，思想的百家争鸣和百花齐放，形成了意识形态的相对开明性和容纳性。但意识形态领导权却分散于诸侯手中，难以形成政治合力，直至秦朝统一才逐步实现一统性、官方性的过渡，中国封建社会至此也有了意识形态主心骨，正统性得以确立维护、继承延续。西汉采纳董仲舒“大一统思想”更加深了后继者对意识形态领域一统性的理解和认同，成为历代统治者的思想核心。总体上封建社会意识形态领导权体现了创置性与专制性、兼容性与禁闭性的统一。辛亥革命虽然让民众摆脱了封建帝制统治，却没有扫清旧社会意识形态的困顿，未能成功输入新型带有革命性、“接地气”的意识形态，特别是没有将其渗透融入

---

① 布庆荣:《美国“价值观输出”的历史考察》,《湖北社会科学》2008 年第 1 期，第 133—135 页。

社会底层。直到中国共产党运用马克思主义，才实现了群众思想的民主与集中，真正满足了大众意识形态的诉求，也完成了中国共产党对意识形态的坚定领导。进入新时期以来，中国共产党不仅坚持"全面深化改革"，而且秉持"创新、协调、绿色、开放、共享"的发展理念，这就从根本上保障了意识形态领导权的稳固性、社会性和创新性。同时，中国共产党将意识形态领导权与党的领导、人民当家作主、依法治国统一起来，与新型工业化、信息化、城镇化、农业现代化整合起来，与开放性、有序性、协商性、民主性涵容起来，更好地发挥出意识形态领导优势和制度优势，从而巩固和完善中国特色社会主义。①

韩国非常重视儒家文化的传承，将儒家文化中的"忠""孝""礼"等思想作为社会共同的道德标准，又以开放的姿态吸收现代文明成果；既在儒家文化的基础上培养韩国民众的民族主义、爱国主义，又吸收和推行民主、法治、人权、正义等价值观。②而韩国影视剧的热播，不仅将韩国的传统道德观、家庭伦理传播到世界，也充分展示和演绎了韩国的时装、美容、美食等时代元素，让国内外观众在不知不觉中了解了韩国的孝顺父母、珍惜家庭、宽容体谅和诚信为本等传统价值观念。③与韩国一样，日本受中国儒家文化影响深远。战后，经过美国的民主改造，日本在尊重和继承儒家传统文化的基础上，吸收现代文明的民主、宪政、自由等价值观，同时融合本民族特有的国家崇拜、等级崇拜、神道教文化，形成了重义、重秩序、知礼、爱国以及追求自由、民主的社会核心价值观。在日本，传统道德是核心价值观的重点，无论是通过在学校讲授行为规范、道德法则、公德品质和做人的道理，还是通过集体活动等形式培养学生的社会公正感、

---

① 殷亚天：《中西方意识形态领导权发展路径研究》，《法制与社会》2016年第2期，第150—151页。

② 曾凡星：《韩国构建社会核心价值观的做法与启示》，《党政论坛》2012年第3期，第59—60页。

③ 吴琼：《国外核心价值观传播管窥》，《中国社会科学报》2014年7月2日第B04版。

正义感和人道主义，以及通过传统节日、全家团聚等培养爱家乡、爱民族文化的感情，都是在对社会核心价值观进行相关阐释。[①]同时，为吸引更多的人了解和喜爱日本，日本政府也常以动漫、音乐、电影等蕴含时代流行价值观的文化因素为载体推广其核心价值观，同时将传统文化元素根植于现代流行文化中，全方位展现日本的流行文化产品的独特民族气质。[②]

二、国家价值观传播力量相关研究

国家价值观的传播，需要有现实力量作为支撑，而如何发挥和利用好这些力量，促进国家价值观的传播也显得十分重要。目前学界对于国家价值观传播力量的相关研究主要集中在官方，即政府和政党，与民间，即非政府组织，两个领域。

（一）政府和政党的力量

在国家价值观传播过程中，政府力量和政党力量的干预是不可忽视，至关重要的。因此要重点研究如何发挥和利用国家政府、政党团体、政治领袖在国家价值观念传播方面的作用。

欧美国家推进核心价值观的传播之所以卓有成效，执政党的鼎力倡行是重要原因之一。正由于社会核心价值观是该社会占统治地位的意识形态的重要组成部分，是国家文化软实力的鲜明体现，因而执政党都非常重视对社会核心价值观的引导、传播和国民认同。尤其是近现代以来，随着时代的发展，政党逐步取代宗教成为构建和倡行主流意识形态的主体，在社会核心价值观传播上起着不可替代的主导作用。欧美国家执政党倡导和推行社会核心价值观主要通过以下两种方

① 曾凡星：《韩国、日本与新加坡构建社会核心价值观途径研究》，《上海党史与党建》2012 年第 3 期，第 60—62 页。

② 吴琼：《国外核心价值观传播管窥》，《中国社会科学报》2014 年 7 月 2 日第 B04 版。

式：一是执政党精英的言论推动。以执政党领袖为代表的政治精英往往是社会主流意识形态和核心价值观的发起者和倡导者，他们常常通过竞选演讲、工作报告、节庆讲话、记者招待会等方式向社会大众传播社会价值观。例如，尽管美国历届总统发表演讲时的社会背景不同，但总贯穿着政治鼓动、爱国宣传和价值灌输的意味。美国前总统奥巴马在2008年的就职演说中指出，"共和党是建立在自强自立、个人自由以及全民团结的价值观上，这也是我们所有人都珍视的价值"，直接向社会宣扬自强自立、自由、团结等价值观，不仅加深了对民众的影响力，也加强了在国际社会的传播。[①] 而作为第一夫人，米歇尔·奥巴马在一定意义上也代表着国家领导人的形象。她在2012年的国会演讲不仅仅是为夫选举，同时也体现了美国例外论以及区别于他国的价值观。在米歇尔的拉选票演讲中，她将奥巴马的政治形象塑造得非常符合美国的根本利益，并通过美国梦的价值观来重新燃起美国民众对传统价值观的共鸣。奥巴马既是黑人，也是从基础做起的草根一族，他这样的奋斗形象在美国大选中深得人心。他毅然拒绝高薪工作，深入社区为普通百姓改善生活而努力。美国是多民族移民国家，不存在对先人文化的继承与发扬，所谓的国家认同来源于追逐美国梦色彩的利益价值观。而无论是美国民众日常生活还是美国大选的豪言壮语都与实现美国梦息息相关。人民的价值取向，政府及非政府组织的决策和该国的外交战略和外交政策取向都是在稳固、坚实的国家认同基础之上的。美国例外论正是美国国家身份认同的一种具体表现形式。它是广泛的全民意识，即美国人普遍信奉的文化传统和文化价值观。[②] 由于政党精英有着良好的社会形象和较高的社会声望，因此他们的这些政治主张中所渗透的核心价值观，往往更容易被广大公民所接受和认同。二是政党纲领的价值

---

① 陈延斌、牛绍娜：《欧美核心价值观的传播路径及其对我国的启示》，《吉首大学学报（社会科学版）》2013年第2期，第24—29页。

② 林杨：《平民外交的实践者——美国第一夫人米歇尔北大演讲解析》，《现代交际》2016年第5期，第72—71页。

观蕴藉。正如恩格斯指出的：“一个新的纲领毕竟总是一面公开树立起来的旗帜，而外界就根据它来判断这个党。”欧美国家的执政党主要通过政党本身的政治纲领、政党领袖的政治主张和执政党政府重要的决策、理念等，引导形成若干核心价值观，构成“元素”或理念表述。例如，1963年底继任美国总统的约翰逊，几个月后就发表演说，提出了以解决社会公正问题为目标的“伟大社会”的施政纲领，强调崇尚公正、保障民权并向贫穷开战，以消除苦难、不公、失业、肮脏不堪的城市贫民窟和社会动荡，宣传社会公平正义等价值观。又如，2003年，时任德国总理施罗德在议会发布题为《勇于维护和平，勇于进行变革》的政府声明，在这个经长期酝酿的施政纲领中，施罗德把解决低收入作为新政的核心，推行主要偏重低收入阶层的税收改革，在维护社会稳定的同时也弘扬和传播了公平正义的社会价值观。①

从国家公关的角度看，国家承办的文化、体育等重大活动与赛事以及政府主导制定的国家政策等，都是传播核心价值观的重要方式和平台。例如，韩国则通过举全国之力成功举办1988年“汉城奥运会”，实现了核心价值观的成功传播，给世界留下整洁的城市、清新的环境、井然的社会秩序和谦虚热情、彬彬有礼的韩国印象，从而全面提升了韩国的国际地位和形象。②同时，正如时任韩国奥运会组委会委员长朴世直所说，东亚民族有极强的家国意识，大韩民族尤其充满着如同劲草般刚强不屈的好胜心，有把那些诅咒、讥笑当苦药吞下去，不达目的不罢休的韧劲儿。这种精神力量正是韩国社会核心价值观的体现，而对其进行深入挖掘，使其得以向世界成功展示，则是汉城奥运会最大的成果。③又如，欧

---

① 陈延斌、牛绍娜：《欧美核心价值观的传播路径及其对我国的启示》，《吉首大学学报（社会科学版）》2013年第2期，第24—29页。

② 吴琼：《国外核心价值观传播管窥》，《中国社会科学报》2014年7月2日第B04版。

③ 钟青：《汉城奥运会：一个国家文明的拐点》，《中国商界》（上半月）2008年第8期，第94—98页。

美国家政府通过政策倾斜、政治施压等方式间接控制传媒业，通过操纵新闻记者和新闻报道来对社会核心价值观进行规范和引导，以建立社会核心价值“主题网站”、打造国际电视频道、出版具有国家本土特色的刊物与著作以及拍摄国家形象片、承办各种社会核心价值推广活动等行为，来大力宣传本土文化，提升国家形象。[①]再如，几乎所有国家均重视核心价值观的构建和培育。例如美国、韩国和新加坡等国在培育核心价值观的实践中，各自基于本国国情，通过注重政府引导、重视教育熏陶、倡导社会参与、提供法制保障等各种手段、方式及措施，把传统文化、爱国主义与公民意识很好地糅合起来，从而构建起了本国的核心价值观。[②]

（二）非政府组织的力量

随着全球化进程的开展，非政府组织的兴起也日益成为传播社会核心价值观的重要力量。非政府组织是在地方、国家或国际级别上组织起来的自愿性、非营利性的公民组织。随着时代和社会的发展，尤其是20世纪下半叶以来，非政府组织日益兴起。[③]正如选举制度国际基金会欧亚区主任查德·威克瑞指出的，非政府组织有三方面作用和角色，分别是合作者、工作者和贡献者。在政府的大型政策的推进中，非政府组织在私营企业和国家之间建立联系，为被帮助方提供量身定制的服务，给各方都带去便利和帮助。在全球化背景下，非政府组织在国际舞台上可以更好地符合全球标准，可以派出更多的专家推进全球理念，也能更好

① 徐霖杰、王鑫：《国外媒体社会核心价值观传播的策略研究》，《科技传播》2015年第5期，第188—189页。

② 刘康、韩建旭：《国外培育核心价值观的实践及其启示——以美国、韩国和新加坡为例》，《探索》2015年第4期，第175—179页。

③ 陈延斌、牛绍娜：《欧美核心价值观的传播路径及其对我国的启示》，《吉首大学学报（社会科学版）》2013年第2期，第24—29页。

地得到被帮助方的信任。[①]

近年来，欧美国家非政府组织已经成为推动社会核心价值观传播的重要参与者，甚至成为某些领域价值观的倡导者和捍卫者。在这一过程中，社会核心价值观也伴随着全球化得到传播。[②]以美国为例，美国向世界各地输出民主的主要渠道就是通过各种非政府组织来进行的，而美国的非政府组织数量之多、牵涉领域之广、参与人群阶层之宽，也使得美国国家政策的制定无法逾越这个群体。而且大部分的非政府组织很活跃，组织建设也较完善，为美国民众积极参与政治提供了一个沟通对话、增信释疑、平衡各方利益的渠道。与政府组织相比，它的优越之处主要体现在：（1）公信力。美国非政府组织发展是源于美国古典自由主义的传统，主张“小政府、大社会”，从立国起便对政府权力严加限制，这是美国政治传统中的主流观念。因此，民间主导的慈善基金会、思想库等各种形式的非政府组织比政府有着更多的公信力，更容易得到认同。（2）专业性。非政府组织可以长期集中其大部分资金在一项工作上，而政府的决策受多方政治和利益的影响，非政府组织的针对性则要强得多，更具专业性。（3）创新性。非政府组织在实施项目时所受的限制较小，工作方式更为灵活，更容易采取创新的方式来推动相关政策。[③]从历史发展来看，美国利用非政府组织输出意识形态的做法由来已久。早在19世纪40年代末，美国国会就通过了一个关于对外宣传的《史密斯—蒙特法案》(*Smith-Mundt Act*)。该法案明确规定应最大限度地发挥民间组织的作用。从该法案实施以来的实践看，在意识形态输出方面，美国政府与各类民间智库、基金会在提供经费、制定政策乃至人员交流等方面都有着至为密切的合作关

① 陶非奇：《“非政府组织与美国对外关系”研讨会综述》，《美国研究》2012年第4期，第148—152页。

② 陈延斌、牛绍娜：《欧美核心价值观的传播路径及其对我国的启示》，《吉首大学学报(社会科学版)》2013年第2期，第24—29页。

③ 陶非奇：《“非政府组织与美国对外关系”研讨会综述》，《美国研究》2012年第4期，第148—152页。

系，结成了一个政治目标一致的利益共同体。[①] 从实践层面来看，长期以来，非政府组织代替美国政府以海外援助、传教、环境保护、资助办学、技术培训、医疗救助、科研合作、讲学等名义在国外开展活动，数以万计的非政府组织构成遍布世界的巨大网络，事实上为美国价值观的传输提供了现成的平台。[②] 据统计，美国对外文化交流项目的经费投入主要源自 6 万多家与美国政府价值观完全一致的民间基金会，其资金总规模超过 1600 亿美元，如福特基金会在全球共资助 9000 多家机构。这些机构源源不断地向世界各国输出精神文化产品，传播其主流意识形态，推广美国的民主价值理念。在亚洲尤其是中亚地区，美国政府积极推进各种非政府组织在中亚从事经济、文化活动，以此将中亚国家吸纳到美国治下的“民主社会”中，甚至在“颜色革命”中扮演了重要角色。[③] 以洛克菲勒基金会为例，其通过资助研究、人员交叉任职等方式，影响了美国对拉美外交政策的制定，是美国在拉美实行公共外交的有利渠道。基金会凭借其非政府形象，替代政府在政治敏感地带开展工作，既实现了基金会的慈善目标，也传播了美国的价值观，体现了美国的软实力，契合了美国的国家利益。[④]

在欧洲，有组织的对外文化交流最初是由非政府组织发起的。19 世纪和 20 世纪欧洲国家公民大举移居海外，但他们普遍希望其子女能够延续其母国的文化血脉，因此产生了让他们在海外也能够接受母语教育的强烈需求，在这种背景下各种各样民间创办的“法语学校”“德语学校”等应运而生，初衷就是服务于这些生活在海外的国民以保持统一的文化认同意识。但人们很快发现，不仅移民的

---

① 董德：《论美国对华意识形态输出途径的多样性》，《江海学刊》2012 年第 6 期，第 50—55 页。

② 吴琼：《国外核心价值观传播管窥》，《中国社会科学报》2014 年 7 月 2 日第 B04 版。

③ 董德：《论美国对华意识形态输出途径的多样性》，《江海学刊》2012 年第 6 期，第 50—55 页。

④ 陶非奇：《“非政府组织与美国对外关系”研讨会综述》，《美国研究》2012 年第 4 期，第 148—152 页。

子女，而且很多当地人也非常愿意到这样的学校就学，通过学习法语或者德语语言，当地人有机会接触法国和德国文化，从而增强了对这些国家的了解，进一步产生了对这些国家的好感，因此这些学校开始向当地居民敞开了大门，由此导致了世界各地对这些学校的需求急遽上升。为了满足这些需求，一些民间机构纷纷建立。例如，在英国，非政府组织担任着对外文化交流的主角，英国对外交流的策略及其实施都由非政府组织负责，但政府通过外交部向这种组织提供资金支持，以保障它的正常运作。如英国文化协会，它实际上充当一种媒介，它的一端连接着英国的大学、研究机构、艺术团体和职业精英等等，另一端是它从事对外文化交流活动的对象国和地区的政府机构、学术单位、艺术团体，参与活动的群体和个人等，把两者链接在一起的是文化协会的组织架构和运行模式。[①]同时，英国也存在着其他众多的非政府组织，如社区民间组织和慈善组织，这些组织以慈善为宗旨，强调社会公益，为社区带来了很多方面的服务，范围涉及扶贫救济、教育援助、社会及社区福利、环境保护和生态改善等领域，这些组织都在社会生活领域践行和传播着“博爱”的价值观念。英国政府也非常重视与非政府组织的合作，对这些组织的公益事业和慈善事业给予了很大的鼓励和支持，非政府组织在教化人心、落实英国核心价值观、保持社会稳定和增强社会凝聚力方面起了重大的推动作用。[②]德国于1881年在柏林成立了民间机构“保持海外文化认同德意志学校联合会”。为了进一步整合相关的工作，1925年在慕尼黑大学成立了德国学院，主要的工作形式也是开设德语语言培训班，以此为平台向世界各地的人们传播德国文化。德国学院于1945年关闭。1951年联邦德国成立后，在慕尼黑成立了培训外国德语教师的专门教育机构歌德学院，但它并非一个全新的

① 唐虹：《非政府组织和对外文化交流——以英国、法国和德国的经验为例》，《欧洲研究》2009年第2期，第51—60页、第160页。

② 陈延斌、牛绍娜：《欧美核心价值观的传播路径及其对我国的启示》，《吉首大学学报（社会科学版）》2013年第2期，第24—29页。

机构，而是原德国学院的延续。同时，德国的非政府组织也得到了政府的大力支持。德国外交部设有文化关系司，负责对外文化交流政策的制定，但具体的操作则交由非政府组织，如著名的歌德学院和德意志学术交流中心等，不过政府会与这些组织签订双方进行合作的框架协议。根据这种协议，歌德学院近年来在海外的工作主要集中在三个方面：促进国外的德语语言教学；从事国际文化合作；通过介绍有关德国文化、社会以及政治生活等方面的信息，展现一个丰富多彩的德国形象。但在此框架内，歌德学院独立展开工作，拥有非常大的自主权。这些从事文化活动的组织的资金也大部分由政府提供。①

不同于欧美的对外输出，在新加坡，政府对社会组织的总体理念是："在保安和稳定及公众期望之间维持一个平衡点，容许民间团体生长，鼓励发展公民社会"，其实质是为了传播新加坡公正平等、和谐有序、注重责任等社会核心价值观念，以促进全社会共同发展。近年来，随着社会快速发展、变革，新兴的志愿服务机构、慈善社团等非政府组织大量涌现，社会或宗教团体在政府的支持下，参与社会建设，为民众提供各种社会服务，并开展丰富多彩的活动，在这一过程中引导广大公民的价值理念。政府对此高度重视并注重引导，在建立完善法制框架基础上，对非政府组织实行自律性管理，鼓励其参与社会治理，通过资金援助、人才培训等提升其专业能力，由其承接政府部分社会服务功能。例如，人民协会是新加坡重要的非政府组织，依照《人民协会法》成立于1960年，其主要职责在于促进种族和谐、社会团结，培养领导力，提供社会公共服务并促进政府与民众沟通交流等。人民协会具有八十余个团体会员，三个合作伙伴。如今，人民协会已成为全国社会基层组织的总机构。它通过其下属的众多社会基层组织，联系了绝大部分，尤其是中下层民众，做到"上情下达，下情上传"，成了政府

① 唐虹：《非政府组织和对外文化交流——以英国、法国和德国的经验为例》，《欧洲研究》2009年第2期，第51—60页、第160页。

与民众之间的桥梁。在新加坡的慈善事业的发展中，活跃的慈善团体发挥了至关重要的作用。1968 年新加坡国会通过法案，国家福利理事会（NCSS）成为各慈善团体的总福利机构。它的救助帮扶工作遍及残障人士、灾民、老龄人、青少年等诸多群体，其社会服务的丰富性与专业性广受好评。[①]

三、国家价值观传播工具相关研究

国家价值观的传播不仅是一个理论层面的问题，也需要看得见、摸得着的实际举措，即如何利用好传播工具。从目前来看，学界对于传播工具的研究是多层次、多方位的，包括媒体、语言、体育、宗教、教育与国家法治等多个方面。

（一）媒体与国家价值观念国际传播

媒体作为一种传播工具和信息载体，不仅反映着特定国家或社会的意识形态和某种特殊价值观，而且能够有效地引导受众潜移默化地接受其价值观，并试图使其养成相应的行为习惯和行为方式。

第一，影视产业是西方跨文化发展与价值传播效果最显著的领域。艺术无国界，但影视文化产品的主旨和思想必定是有国界的，影视文化产品的输出过程同时也是主流意识形态的传播、辐射及影响过程。西方影视作品在迎合观众消费口味的同时，也在潜移默化中改变着人们的思想行为、价值观念。[②] 覆盖面广、传播速度快的影视作品在号召和推行社会核心价值观方面具有强大的优势效应。当今世界，各个国家都非常注重影视手段对国家价值观念的传播作用。

美国通过电影电视、书籍报刊以及网络等大众媒体，将“自由与民主”的

---

① 何晓裴:《新加坡社会组织考察》,《群文天地》2011 年第 6 期，第 263—264 页。

② 周凯:《西方国家如何通过文化产业传播核心价值观》,《红旗文稿》2016 年第 1 期，第 35—36 页。

价值观传播到世界上每一个角落。好莱坞电影成为推销美国核心价值观的重要工具。[①] 美国大片蕴涵着深层的文化价值立场，高扬个性解放和个人主义等价值观，对各国受众产生了深刻的影响。[②]《纸牌屋》《绝命毒师》《摩登家庭》等多元题材的美剧，也在世界各国吸引了大批观众。美国的电视综艺节目类型更是层出不穷，《美国偶像》《急速前进》等节目版权被售卖到世界各地。多样化的影视文化产品能够吸引到不同年龄层次、不同兴趣爱好、不同价值观的受众，为传播美国核心价值观奠定了基础。[③] 值得注意的是，有很多影视作品表面看来是秉承批判和反思的立场，揭露美国政治、社会中存在的黑暗现象，但在最后往往巧妙地转化为正面的价值判断，采取"欲扬先抑"的叙事策略从而取得事半功倍的传播效果。[④] 韩国亦借助韩剧的力量，细致地表现了众多韩国普通老百姓的日常生活，传达出传统的伦理思想，使民众强化对家庭的认知，树立深厚的"家国"情怀，并将民族文化持续地对外输出，有效传递出韩国文化及其核心价值观。打开韩剧，不管是古装剧还是现代剧，触目所及都是对韩国民族文化、国家形象的独特表达。在古代剧中，韩剧以历史悠久、文化深厚来展现其国家形象。在现代剧中，韩剧则利用另外一种方式来塑造其国家形象。借助影视剧的大肆渲染，韩国的汽车产业、手机品牌、风景名胜等得到了很好的宣传，不仅侧面影射出了韩国民众对本国工业的支持，对本国文化的认同和自豪，也向世界树立了一个外在环境优美、文化内涵深厚、现代科技发达、国民素质较高的国际形象。细看各类韩剧，都会有意无意地突出强调韩国的优秀和韩国人对本国的热爱和支持。随着韩

---

① 吴琼：《国外核心价值观传播管窥》，《中国社会科学报》2014 年 7 月 2 日第 B04 版。

② 陈延斌、牛绍娜：《欧美核心价值观的传播路径及其对我国的启示》，《吉首大学学报（社会科学版）》2013 年第 2 期，第 24—29 页。

③ 周凯：《西方国家如何通过文化产业传播核心价值观》，《红旗文稿》2016 年第 1 期，第 35—36 页。

④ 卢衍鹏：《"中国梦"的对外传播与国家形象的重建》，《学术论坛》2017 年第 1 期，第 150—154 页、第 180 页。

剧的对外输出，越来越多的外国观众对韩国产生好感。[①] 日本则常以动漫、音乐、电影等蕴含时代流行价值观的文化因素为载体推广其核心价值观。尤其是在日本动画产业中，许多作品的主题融合了东方文化与西方文明、日本传统文化与现代文化，成功地传承和发展了日本的传统价值观，也增强了日本核心价值观的辐射力和吸引力。[②] 法国则是电影生产大国。多年来，法国制作了众多观众耳熟能详的影片。为促进电影对国家价值传播的作用，法国自 1948 年开始便颁布政府令，规定国家对电影业的生产、发行和放映等各个环节给予扶持性资助；政府还通过国家电影中心对电影业进行政策指导、法律监督、行政管理和财政资助。德国每年也会举办众多的戏剧节、音乐节和电影节。对于很多德国人来说，戏剧已成为生活不可或缺的一部分；而德国瓦格纳音乐节每年都有 8 倍于座位数的听众来订票；柏林国际电影节则成为欧洲三大国际电影节之一。这不仅促进了国际文化交流和艺术的繁荣，更重要的是将德国的文化价值观不落痕迹地植入大量游客的观览之旅。[③]

第二，移动互联网时代，应积极并充分利用互联网等新媒体来提高社会核心价值观的宣传效果。数字时代，社会核心价值观的传播环境发生了很大的变化，传播内容碎片化、传播方式多样化，这都给传播效果带来了挑战。在此背景下将新媒体与传统媒体有效结合起来传播，充分发挥新媒体在信息传播过程中的优势，可以得到事半功倍的效果。新媒体具有实时传播、融合交流强的特征，这些都有益于价值观的深入传播。[④] 其一，新媒体有利于社会核心价值观传播的具象

---

① 晋爱荣：《韩剧对社会核心价值观传播的启示》，《文学教育》2017 年第 3 期，第 92—94 页。

② 吴琼：《国外核心价值观传播管窥》，《中国社会科学报》2014 年 7 月 2 日第 B04 版。

③ 周凯：《西方国家如何通过文化产业传播核心价值观》，《红旗文稿》2016 年第 1 期，第 35—36 页。

④ 徐霖杰、王鑫：《国外媒体社会核心价值观传播的策略研究》，《科技传播》2015 年第 5 期，第 188—189 页。

化。新媒体强大的传播技术可以融文本、音频、动画、视频等各种信息为一体，形成信息容量大、时效性强的信息库。通过整合网络平台上的各种信息资源，汇集成社会核心价值观教育的"海量素材库"，以文字、视频、图片等多种元素相结合的方式，加强社会核心价值观的宣传，使抽象的理论变成具体、生动形象的图片、视频，增强可读性。其二，新媒体有利于社会核心价值观传播的普及化。新媒体的便捷性、广泛性等传播优势是传统媒体所不具备的，人人仅需要一部手机、一个平板电脑就可以随时接收信息，同时还可以随时随地就自己关注的话题表达观点、发表意见。这种既是"传者"又是"受者"的传播形式，有助于实现信息传播的良性循环，从而强化人们对社会核心价值观的认同。其三，新媒体有利于提升社会核心价值观的传播效果。相对于传统媒体单一被动的"显性灌输"，新媒体能打破空间和时间的限制，极大地提升获得信息的效率。社会核心价值观通过传统的灌输说教模式难以做到"入脑入心"，融合新媒体的多种传播形式，可以将社会核心价值观的内涵融入人们熟悉的生活场景中，使社会核心价值观的内容浸润人们的心田。①

互联网已成为西方价值观出口到全世界的终端工具。②伴随着网络媒体逐渐取代了电视、广播、报纸、杂志等传统媒体的原有的主导地位，在互联网时代，西方努力挖掘网络媒体的传播潜力，充分发挥其传播特点，使其成为传播价值观的新型载体。由于互联网技术发起并兴盛于美国，西方国家在互联网技术、制度、语言等层面的"高位势"，在相当程度上决定了互联网信息的内容、流动方向以及传输速度。③目前，全球 80% 以上的数据库集中在美国。人们一旦进入网

① 吴丹：《新媒体时代怎样传播核心价值观》，《人民论坛》2018 年第 21 期，第 140—141 页。

② 〔英〕安德鲁·查德威克：《互联网政治学：国家、公民与新传播技术》，任孟山译，华夏出版社 2010 年版，第 34 页。

③ 黄会琴：《西方价值观谋取互联网话语权的反思》，《新课程研究（职业教育）》2008 年第 11 期，第 191—192 页。

络空间，实际上就进入了美国设计的文化环境之中。[①] 因此，美国等西方国家以其强大的互联网优势和软件技术优势，以及资本进入模式，一方面利用自己国内的网络媒体，大量刊发、转载、推介与西方意识形态直接有关和间接相关的内容；另一方面也利用其他国家内部的网络媒体，传播西方社会核心价值观。

第三，相比于网络媒体，报纸、杂志等传统媒体在公信力、专业度以及品牌资源等方面集聚较大优势，并且在网络媒体推动下不断改进自身，趋于完善。因而，传统媒体对国家价值观念国际传播的作用依然很大，不可小觑。例如，根据皮尤中心近几年公布的年度《美国传媒产业发展报告》显示，在美国，传统媒体利用新媒体的技术优势，进行数字化转型，着力开发新的媒体平台和内容生产模式，而传统的“新闻专业主义”则重回大众视野。同时，美国的出版业整体上保持了逐年回暖的态势，纸质书的销售额占据较大比重，而出版方式与销售渠道则受新技术影响，更为多样化。毫无疑问，传统媒体经过技术转型与内容创新之后，在美国国家价值观的输出过程中，仍具有重要作用和意义。德国也是世界出版大国，通过五花八门的德国“符号”推销商业、文化、政治、生活方式和价值理念，制造“全球趣味”；通过商业运营和文化资本的渗透，使“德国内容”逐步深入人心。以贝塔斯曼集团为例，1995 年，贝塔斯曼将“书友会”的概念带到中国，在中国的会员一度达到 150 万人，并创建了中国最大的图书俱乐部。贝塔斯曼利用各种合作方式参与图书出版的各个环节，然后通过强大资本达到对出版内容的影响和控制。[②] 同时，德国媒体致力于通过本土特色刊物来传播民族文化，《德国》杂志是德国对外传播的名片，它以 11 种语言在全球 180 多个国家发行，成为德国对外传播的名片，在政治、文化、经济、科学技术等领域树立了国际社会普遍认可的良好的国家形象，也传递了德国开放、包容、自由的核心价值

① 吴琼：《国外核心价值观传播管窥》，《中国社会科学报》2014 年 7 月 2 日第 B04 版。

② 周凯：《西方国家如何通过文化产业传播核心价值观》，《红旗文稿》2016 年第 1 期，第 35—36 页。

理念。[1] 英国同样是历史悠久的老字号出版大国，尽管没有像时代华纳、贝塔斯曼那样全球性的巨型传媒集团，但英国那些规模并不算大的出版机构却始终充满活力，能够在激烈的市场竞争中站稳脚跟，甚至在学术、教育以及经济出版领域，英国一直是国际领跑者。[2] 英国每年出版的新书超过 12 万种，印刷的书籍种类超过 100 万种，这些书籍在全球内流动，无时无刻不在传播着英国文化及其社会核心价值观。[3]

（二）语言传播与国家价值观念国际传播

以本国语言为载体在全球推广文化是西方国家传播价值观的重要策略。语言是文化的载体。西方国家搭载着经济全球化的快车，把本国语言推向世界，强化宣传了自身的核心价值观念。

环视当今世界的话语系统，几乎所有重要的理论话语都来自以美国为代表的西方，整个世界的话语系统实际上是一种以英语为主的话语系统，英语为母语的美国等西方国家掌握着话语的主导权，从而形成英语的话语霸权地位。[4] 早在 1942 年，美国就成立了官方国际广播电台——“美国之音”（VOA），美国之音广播电台作为世界上最大的新闻广播机构之一，虽然不如互联网覆盖面大，然而在互联网普及之前却是美国非常重要的英语传播方式。正如美国前总统尼克松所说：“我们要加强利用可以宣传美国意图的‘美国之音’广播，力图把别国人民政府不愿告诉他们的本国的情况告诉他们……我们还必须保证全世界能广泛听

---

① 徐霖杰、王鑫：《国外媒体社会核心价值观传播的策略研究》，《科技传播》2015 年第 5 期，第 188—189 页。

② 王清、周钦：《英国出版业的新发展》，《科技与出版》2008 年第 10 期，第 22—24 页。

③ 徐霖杰、王鑫：《国外媒体社会核心价值观传播的策略研究》，《科技传播》2015 年第 5 期，第 188—189 页。

④ 朱丽华：《新殖民主义影响下的美国对外英语传播》，《中共福建省委党校学报》2016 年第 6 期，第 97—102 页。

取美国对世界问题的立场和美国的思想和价值观念。”[①] 因而，VOA 在制作英语节目，以“活的教科书”形式带领人们进入“原汁原味”美语世界的同时，也浸染了美式文化与价值理念。此外，为了更好地学习美式英语，青年学子反复观看那些贴近生活、简单易懂的好莱坞电影和美剧，在不知不觉中接受或亲近美国文化及其背后的价值观念。[②] 美国政府还成立了英语语言课程办公室，负责英语语言课程设计和管理，以促进世界范围内的语言学习和英语教学都达到支持美国外交政策的目标。美国政府将促进美国英语在世界各地的学习和教学视为国家的行为，该办公室的职责就是以语言为载体，促进美国人民和其他国家人民之间相互了解。[③] 英国家喻户晓的广播公司 BBC 制作的英文广播节目、电视新闻、经典纪录片等在全球范围内广泛传播并受到热捧，不仅介绍了英国的本土文化，也向世界展示着英国的自由、公正、开放、包容、公平、权利与义务相结合、重视家庭等社会核心价值观，成为英国传递其核心价值观的重要工具。[④] 例如，在著名的 BBC 纪录片“英国文化的七个时代”中，主持人带领观众从艺术的角度来看在英国历史上占有重要地位的历史事件和奇迹，领略英国文化以及英国国家价值观的形成与发展。

除英语之外，法语、德语、西班牙语等其他西方主要语种也各自以不同渠道走向世界。法国政府非常重视法语文化的对外输出。法国对语言和文化推广的重视体现了法国人一向的精神传统，即自法国大革命以来自许的“肩负道义”之使命，作为一个在思想和文化上具有历史底蕴的大国，法国认为有必要将它的价值

① 朱丽华：《新殖民主义影响下的美国对外英语传播》，《中共福建省委党校学报》2016 年第 6 期，第 97—102 页。

② 周凯：《西方国家如何通过文化产业传播核心价值观》，《红旗文稿》2016 年第 1 期，第 35—36 页。

③ 王维佳、翟秀凤：《美国政府是怎样输出价值观的》，《红旗文稿》2016 年第 2 期，第 33—36 页。

④ 徐霖杰、王鑫：《国外媒体社会核心价值观传播的策略研究》，《科技传播》2015 年第 5 期，第 188—189 页。

观念传播给世人。密特朗总统在 1981 年的就职演说中明确声称："一个伟大的国家自然要拥有伟大的抱负。"法语是一门重要的国际语言，曾经在 17—19 世纪成为欧洲上流社会的社交语言，在 20 世纪，法语在经济金融、科学技术领域受到来自英语的竞争。因此，历届法国政府，无论是左派还是右派，一直在法语教学和推广方面不遗余力。①1975 年开播的法国国际广播电台，每天用法语及 19 种外语向全球 24 小时播音。早在 1883 年，法国就建立了负责对外教学和推广、遍布全球的庞大法语教学网络"法语联盟"。现在法国已形成一个由使馆文化处、文化中心、法国学院和法语联盟等上千所机构共同构成的海外文化传播网络。这些机构每年举办艺术节、演出展览、论坛讲座等各类活动达 5 万余次，在促进法国文化产品出口、展示法国艺术成果、增进与各国交流的同时，也在源源不断地输出法国的核心价值理念。法国哲学思想流派等各种理论渊源对于全球精英群体的影响久远而深刻，也是法国核心价值观传播的重要学术载体。

德国建立了覆盖全球的德语文化对外宣传网络。比如，通过开设歌德学院以促进国外的德语语言教学以及国际文化合作。②根据歌德学院在 2014 发布的报告显示，世界上有 11 万所学校开设固定的德语课程，1280 万中小学生定期学习德语。此外，还有 2.5 万人在德国境内外的 160 所歌德学院参加德语培训班。报告显示，为了更好的职业前景，或因对文学影视的兴趣，或者仅是出于对外语的喜爱，世界上数以百万计的年轻人和成年人在积极学习德语。德语在以土耳其为代表的阿拉伯世界加速传播的情况尤为突出，该地区对德语师资的需求持续增大。歌德学院对土耳其 90% 的学校给予师资培训的帮助，2013 年就邀请了 200 名教师到德国进修。同时，歌德学院在南欧的影响力进一步加强，当地处于

---

① 车琳：《法国核心价值观在国内外的传播》，《法语学习》2017 年第 4 期，第 1—13 页、第 61 页。

② 周凯：《西方国家如何通过文化产业传播核心价值观》，《红旗文稿》2016 年第 1 期，第 35—36 页。

经济危机中的年轻人希望通过学习德语来德国寻求更好的职业发展机会。① 除此之外，德国还在世界范围内建立了驻外德国学校、德国学术交流中心分支机构和信息中心、由德国政府资助的外国文化协会、各类研究所等多处机构，它们对于传播德国核心价值观发挥了巨大的作用。② 以德国学术交流中心为例：作为德国最大的学生、学者国际交流的资助机构，德国学术交流中心网络遍布五大洲，有16个驻外办事处和54家信息中心。在德语对外传播方面，德国学术交流中心更多面向国外大学，向国外大学德语机构派遣专家教师，通过多元化支持方式参与国外大学德语专业的建设，并同文化中介机构一起促进德国海外学校建设，实施海外德语伙伴学校扶助计划，推荐和资助国外大学生和研究者在德国大学学习和研究，提供旨在促进国内外德语语言文学专业学术交流的各类奖学金，并为促进德语语言文学机构合作项目提供经费支持，资助国外高校日耳曼学和德语语言专业、区域德语语言文学研究会年会等，每年派遣专家教师到国外高校任教，开设德语、德国文化、德国国情等课程。

相比于法语、德语，西班牙语的应用范围更广，使用人数更多。③ 西班牙语的重要性与拉美及其他西语地区密不可分，西班牙对此有深刻认识。近年来，在评估国内外政治经济形势的基础上，西班牙主张“一体化”和“多边主义”的外交政策，植根“泛西班牙语”理念，参与西班牙语美洲的经济和文化活动，通过塞万提斯学院有针对性的布点，对外推广语言和文化，提高自身文化国际影响力，进而推动西班牙语的全球传播。具体而言，西班牙既试图凝聚西语母语国家，也力争使西班牙语作为一门外语在世界其他国家获得更多的学习者。欧洲各

---

① 罗毅：《歌德学院推动德语在全球范围内加速传播》，《世界教育信息》2014年第3期，第80页。

② 周凯：《西方国家如何通过文化产业传播核心价值观》，《红旗文稿》2016年第1期，第35—36页。

③ 王志强、王爱珊：《德国对外文化政策视角下德语对外传播及其实践》，《德国研究》2014年第4期，第94—111页、第127—128页。

国之间文化距离和语际距离较近，学习西班牙语的难度相对较小，地理优势和文化优势使欧洲国家较容易成为"应用圈"国家。欧洲自然成为西班牙对外文化推广的"大本营"，要走向世界，必先立足欧洲，巩固西班牙语在欧盟应有的位置。目前塞万提斯学院在拉美的 8 个分支机构全部位于巴西。西班牙对巴西的强力语言输出体现了该国希望把整个拉丁美洲纳入语言战略同盟的想法。同时，巴西的邻国是众多西班牙语国家，本身具有与地区文化大环境融合的意愿，这个意愿与塞万提斯学院的活动目标一拍即合。美国是西班牙语言文化推广的重镇，拥有比西班牙本土更多的西语人口，其邻国墨西哥是世界上人口最多的西语国家。2013 年 4 月，塞万提斯学院在美国哈佛大学设立研究中心，专项研究西班牙语在美国的生存状态。西撒哈拉地区虽然拥有西语知识的人数较少，但是由于历史原因，在非洲发展西班牙语教学具有一定基础。此外，从地理位置来看，西班牙是非洲居民进入欧洲的门户，非洲居民强烈期望进入欧洲改善生活，因而具有学习西班牙语的动机。因此，西班牙语在非洲传播具有现实优势。以中国为代表的亚太国家作为另一个潜在"应用圈"地区具有人口众多、经济发展迅速的特点，必然是西班牙对外语言推广中不可忽视的战略高地，塞万提斯学院始终在设法更深地扎根以中国为代表的亚洲国家。其中，菲律宾历史上被西班牙统治 300 余年，具有较好西班牙语基础，因而西班牙计划在菲律宾连开 3 家塞万提斯学院。[①]

（三）体育与国家价值观念国际传播

体育与人们的生活密切相关，同时与政治也具有不解之缘。虽然，体育应当脱离政治、回归体育自身的呼声越来越高，但体育与政治的绝对分离是不可能的，实际上也是做不到的。20 世纪 70 年代，以小球转动大球的"乒乓外交"成为我国外交史上的一段佳话。1980 年莫斯科、1984 年洛杉矶两届奥运会上东西

① 陆经生、陈旦娜：《语言测试与语言传播：以西班牙语全球传播战略为例》，《外语教学与研究》2016 年第 5 期，第 745—754 页。

方相互抵制，也说明了体育与政治的密切关系。在当代，国际重大赛事的举办还在不同程度上受到各种政治力量的影响。[①]体育文化属于重要的文化产业之一，具有经济创收和文化传播的双重作用。因此体育在国家竞争中发挥着重要作用。体育在国家价值观念传播中具有影响力大、隐蔽性强、易于接受的特点而被各国广泛重视。体育与政治、经济、文化的关系，决定了各国的体育报道绝不是价值无涉的话语场，体育报道必然折射着各国的意识形态主张，成为话语权争夺的主战场。[②]

以广受世界关注的奥运会为例。奥运会是权力、资本、技术共同打造的视觉景观，它是国际奥委会、奥运主办国价值观念和意识形态的物态化表达和视觉化建构。通过奥运会系列化的仪式活动，通过运动员挑战极限的表演，通过美轮美奂的视觉设计、奥运景观传播了奥林匹克的精神，强化了各参赛国的民族自豪感，也提升了奥运会举办国在国际社会的国际形象。具体来看，一方面，作为媒介景观的奥运会，是权力、资本和技术联姻的结果，它制造了一整套的文化价值观，传播了组织者的意识形态。景观是一种被设计、被包装、被展示的物态化、影像化、视觉化、美学化的存在。景观制造需要系统输入的观念，需要精心策划的表演，需要搭建传播的舞台，需要疯狂追随的公众，当然更需要雄厚资金的支持。奥运景观是国际奥委会、奥运主办国、单项体育组织、奥运参赛国、各国媒体和赞助商等机构共同的作品，其中国际奥委会与奥运主办国拥有奥运景观的绝对控制权。另一方面，奥运景观是一种“甜蜜的意识形态”，它能够隐性、柔性地控制社会情绪，可以实现意识形态的物化和表象化，进而帮助公众用简化的方式认识世界。奥运会作为全球最大的运动和文化事件，是文化工业时代最重要的媒体资源。在奥运会举办前后，各国媒体帮助奥运会制造戏剧化的悬念，帮助

---

① 陆攀：《体育报道与国家主流意识形态传播——以〈新闻联播〉南京青奥会报道为例》，《廊坊师范学院学报（社会科学版）》2015 年第 1 期，第 93—96 页。

② 同上。

观众熟悉赛事日程和仪式含义。在火炬传递和开幕式表演中，电视采取蒙太奇手法再造媒介事件，蜗居在起居室的观众似乎感觉到他们是最幸运的观众，他们有幸成为重大事件的参与者或见证人，能够比现场观众欣赏到“更加现实、更加完整”的奥运景观。奥运景观拥有很多烦琐的仪式和视觉亮点，它容易感染、震慑现场和电视前的观众，他们沉浸、陶醉在浓烈的仪式氛围中，极其容易产生热情、狂欢、同情和憎恨等情绪，并在无意识状态下顺从、接受了景观传递的含义。[①] 因此，历届奥运会举办国都想通过奥运景观传播民族文化，尤其是通过奥运开幕式书写本民族图像化的文化史诗，以达到传播本国价值观念的目的。

此外，各具特色的体育运动也蕴含着各个民族、各个国家的价值特点。以足球运动为例，足球的风格深刻地植根于人类的种族本性，人们在观看足球比赛的同时，也就在无形中接受了足球运动员所在国的价值观念。德国足球人所展示出来的沉稳心态源自其民族性格。德国足球的冷血作派仅仅是一种表象，其实那里一直蕴藏着一种尊重自我，拒绝革命，维护既有传统的自重、自爱、自觉的稳健派风范。但是，德国的国民性中一直留存着一种看不见的潜流，它随时可以开辟出一方属于德国精神的发展空间，每一个德国公民都会在自己所属的领域内得到一种简单、务实、可行的发展空间。同时，从足球世界总体的发展格局上看，德国足球是一种全方位体现集体主义精神的足球。德国足球向来以整体性见长，在任何时候都维持着其上佳的整体性，整体和谐性也是德国人信奉的一种价值观，其内在蕴含有集体的高度协调的精神。德国足球的整体性源于其对于绝对理念的坚定执行力层面，高度的理性主义思维使得德国人做事一丝不苟，以至于达到一种看似刻板的程度。德国足球队在中国仍旧拥有为数众多的球迷，其中就蕴含着中国人和德国人所共有的守时、克俭、坚韧、自律等特质。荷兰人具有文静而谦

① 骆正林：《奥林匹克运动会的景观制造与价值传播》，《体育与科学》2016 年第 6 期，第 54—60 页。

逊的气质，其优雅的集体性格几乎成为其国民性格中的一种不变的基因。同时，对于哲学家、艺术家辈出的荷兰来说，荷兰人有着超强的思想独立性，天性喜好自由、我行我素的作风始终未改，对权威的服从性比不上其他国家的球员。荷兰人也有着极为固执的传统性格，一直捍卫着华丽足球的神圣性。因此，荷兰足球属于艺术家的足球，它兼具思想家的冷静与巫师的想象力。阿根廷足球更推崇个人英雄主义精神。阿根廷球员有不少是高乔人，以场上作风勇猛、敢于拼搏著称。正因如此，人们经常看到具有铁血精神的阿根廷人。英格兰足球则以其铁血性见长。在全世界足球的范畴内，英格兰足球的铁血性堪与德国足球相提并论，《足球俱乐部》所刊文章就极为认可利物浦队犀利大气的球风。无论是在场内场外，英格兰足球的铁血精神都得到了很好的体现，这种精神也是大航海时代的无畏的探险情结在足球界的延续。①

由此可见，体育对国家价值观念传播具有重要作用。体育作为与政治、经济、文化密切相关的社会活动，可以在无形中传递组织者的意识形态与价值观。同时，人是进行体育运动的主体，因而体育运动也通过运动员体现了民族、国家性格，可以让观众更好地接受其价值观念。

（四）宗教与国家价值观念国际传播

在国外，宗教是培育和传播核心价值观的重要工具。宗教往往是社会核心价值观内容的重要来源，其教化功能主要表现在培养民族精神、对国家忠诚、对世界负责，以及调节社会价值观、维持社会秩序稳定等方面。②

在以色列，犹太教与以色列人集体意识形态内在部分的国家价值观的形成有密切关系。在塑造以色列民族国家的意识形态、国家的价值观上，犹太教的思想起了任何别的事物无法起到的作用。犹太教的核心思想是神在万民中选召出整个

① 路云亭：《足球中的国民性》，《体育与科学》2015 年第 1 期，第 28—37 页。

② 吴琼：《国外核心价值观传播管窥》，《中国社会科学报》2014 年 7 月 2 日第 B04 版。

以色列民族作为他自己的百姓，以色列民族则只敬拜独一的神（The Only One），立约单要侍奉他。犹太教的“地、城、殿”思想由此产生，其内涵是神在世界上选择中东的一个地方作为立他名的地方，与他的百姓以色列民同居，作为看不见之神存在于地上之看得见的标志。他们据此认为世界的中心是以色列地，以色列地的中心是耶路撒冷城，耶路撒冷的最高峰是在锡安山上的殿。以色列民族遵守这与神的约定，就是要保守在独一的“地、城、殿”的立场上，作为神的见证。这样，以色列民族就可以引为全世界效法的中心与楷模，将最高的法则教导列国。而“地、城、殿”精神就是忠信守约、为世界树立模范的精神，践行这精神的关键在于保守人民在“地、城、殿”所在的地方成为一体，不被分裂，也不被分散。这些既是犹太教的基本思想，也逐步构建到以色列的国家价值观中。①

宗教对美国社会存在发展至关重要。早在 17 世纪，深受资产阶级启蒙思想家洛克、孟德斯鸠和卢梭的自由、平等和天赋人权思想的影响，因反对英国圣公会国教的繁文缛节及专制统治而遭到镇压和迫害的清教徒们，怀着对自由、平等的追求和对基督教的虔诚，从英国到马萨诸塞后，发誓要把这块殖民地建成一个没有宗教迫害、没有专制统治的“清白无瑕”的“圣经共和国”。美国建国后，虽然实行政教分离的宪政制度，但宗教信仰却主要是对基督教的信仰。基督教不仅是美国传统价值观念的主要载体，而且是美国社会文化的主要组成部分。基督教甚至成了美国《独立宣言》《联邦宪法》这些建国纲领的精神源泉。《独立宣言》宣布“人人生而平等”，并将这种使命感具体化为“民权神授”“上帝面前人人平等”以及天赋人权不容侵犯的思想。这种源于宗教信仰的社会责任感和使命感赋予了美国人一种不同于其他外国人的“天命”感、正义感。美国的社会制度是以《圣经》精神建立起来的特殊、神圣的民主制度，是把对《圣经》的信仰和

① 郭荣刚、王坚德：《犹太教与以色列国家价值观的形成》，《江汉大学学报（人文科学版）》2009 年第 2 期，第 97—103 页。

对资产阶级启蒙思想家们自由平等、天赋人权思想的信仰融合在一起而构成的。比如被高扬的个人自由或个人至上的价值观，以及人人生而平等思想，就是同基督教中的公义联系在一起的。宗教意识深深植入美国建国理念之中，对其社会核心价值观形成和发展的作用是根本性的。此外，美国教会组织在培养国民核心价值观中的作用也非常明显。托克维尔认为，教会组织将美国人纯粹关心个人私有的利益引导到公共事业中，在公共事业中他们学会了心灵的习性，而心灵的习性有利于民主妥协和对公共利益的关注。例如，宗教团体作为市民社会的重要组成部分，在信徒自由价值观的培育中作用十分显著。宗教自由不仅涉及信仰自由，而且包括言论自由与结社自由，后者成为宗教信徒信仰自由的保障。[①]同时，在美国，宗教不仅与美国文化彼此渗透，也与美国经济相互影响。如果某人因为道德上的过失而被逐出教派，这就意味着他在经济上的信用丧失和社会上的地位降低。[②]

德国是一个拥有众多信教人口的国家，德国人普遍信仰的是基督教。尽管德国并非是一个政教合一的国家，宗教并不参与政治，但由于宗教在德国的历史源远流长，对德意志的形成、发展以及人们的精神生活都有着很大影响，德国在《基本法》中更是明确提出“为上帝负责”。两德统一以后，原东德地区的教堂和其他宗教设施，大都进行着全面整修，目的是使其重现往昔的容光。这反映出德国教会的领导者们，决心不惜代价也要恢复原东德的一切宗教设施的本来面貌，为的是将基督教重新树立为人民的信仰核心。[③]德国也一直重视宗教教化的功能，注重用宗教来陶冶人格和精神，培育和传播核心价值观。德国公立学校开设宗教课，除了培养学生的宗教信仰外，还注重培养他们的责任感、尊严、爱国主义精

① 周斌、陈延斌：《美国核心价值观融入国民教育的方法与途径》，《上海师范大学学报（哲学社会科学版）》2015 年第 4 期，第 146—152 页。

② 吴琼：《国外核心价值观传播管窥》，《中国社会科学报》2014 年 7 月 2 日第 B04 版。

③ 韩秉方：《德国宗教印象》，《读书》2001 年第 2 期，第 71—77 页。

神等，[1]主要教育人们向善、从善，维护纯正的传统伦理道德。

（五）教育与国家价值观念国际传播

教育对民族文化的选择、传播、传承和创造起着重要作用。国民教育的一个重要功能就是传播社会主流价值观，促进个人全面发展和引领社会全面进步。[2]正因为国民教育是传播社会核心价值观的重要渠道，欧美各国都极其重视教育体制和政策在构建和传播核心价值观方面发挥的作用，而在教育政策的制定和贯彻执行中，政府又起到了主导性的作用。[3]

第一，在国内通过教育手段培育国家价值观。英国在2002年提出“公民教育”的基础上，又确定了“英国核心价值观”教育计划，实现核心价值向民众意识的转换。[4]“英国核心价值观”包含的主要内容是“民主、法治、个人自由，以及与持不同信仰和信念的人们之间的相互尊重和宽容”。在2014年初的伯明翰“特洛伊木马”匿名信事件后，作为对其所涉的极端主义思想倾向的回应，英国政府重申了核心价值观，强调了其在学校教育中的重要性，并视其为保护儿童免受极端主义思想之害的必要保障。英国政府认为，学习英国核心价值观要从娃娃抓起，两岁幼儿就应开始以适龄的方式接受英国核心价值观教育，尤其要对受国家资助的托儿所加强监管；并且指出，要把民主、互相尊重、男女平等等价值观植入课程中，以防止对英国核心价值观的意识形态渗入；同时，要求英国教育标准局围绕英国核心价值观的推进情况对所有学校的课程展开监察。在2014年公布的题为《以弘扬英国核心价值作为学校SMSC教育的一部分》的文件中，英国政府要求学校：提升学生的自我认知、自尊和自信；使学生能够辨识正误，尊重英国的民法和刑法；鼓励学生为自己的行为承担责任，懂得如何积极地生活并

① 吴琼：《国外核心价值观传播管窥》，《中国社会科学报》2014年7月2日第B04版。
② 同上。
③ 同上。
④ 同上。

贡献社会；使学生增进对英国公共体制和公共服务的认识和尊重；通过让学生欣赏和尊重不同的民族及其文化，进一步构建不同文化传统之间的宽容与和谐，进而使无论有无信仰或无论信仰是否相同都不会造成偏见或歧视行为；鼓励学生尊重民主并参与民主进程，包括尊重英国法律制定和法律运行的基础。[①]

美国将核心价值观融入教育主题，通过专门的学科教育，增强国民对核心价值观的认知与认同。[②]在具体实践上，美国联邦政府有意识地加强对学校基础教育政策的调整，干预学校价值观、教育政策，呼吁大学在道德和民主的教育中担当核心角色，承担价值教育的使命，增加各州用于品格教育的经费拨款，培养学生明确的品格和价值观。[③]品格教育紧紧围绕核心价值观进行，在课程的开设和教学安排上常把各种历史事件和英雄人物当作范例，强调对传统价值观和美德的习得，培育学生的美好品德和爱国精神；最重要的是美国价值观教育方法多样，包括了正式课程、具体方法、学校教学、规章制度、学校和家庭与社区的协作等渠道，在具体实践中将“价值灌输法、榜样法、价值澄清法、价值推理法、价值分析法”等各种方法都运用到教学中，使学生在不知不觉中学习到美国的主流价值观。在家庭教育上，美国父母一般受过高等教育，更为重视孩子的品格和人格教育。[④]

总体而言，法国是一个非常重视在学校中推行价值观教育的国家，不过在不同的历史阶段，价值观教育的推行力度有所不同。2013年法国教育部《世俗性原则下的道德教育报告》梳理了这一发展历程：“从1882年至1969年，法国

---

① 曲轩：《英国的核心价值观教育及其悖谬》，《国外理论动态》2017年第6期，第93—100页。

② 吴琼：《国外核心价值观传播管窥》，《中国社会科学报》2014年7月2日第B04版。

③ 吕金函：《英、美、澳核心价值观教育的经验启示》，《上海党史与党建》2018年第11期，第62—64页。

④ 刘康、韩建旭：《国外培育核心价值观的实践及其启示——以美国、韩国和新加坡为例》，《探索》2015年第4期，第175—179页。

在小学教育中贯彻了世俗性原则下的道德教育和公民教育"；在经历了60年代末的社会动荡之后，法国进入了一个社会价值多元化的时期，"从1969年之后，道德教育完全从小学教育阶段消失"，直到2000年重新恢复并逐步加强。[①]1980年，瑞典国家教育委员会在《全国课程规划》中规定，学校价值观教育要发展学生的坚韧、宽容、合作、权利平等、利他主义等符合民主社会所必需的价值观，并提出应把培养学生良好的价值观作为全部教学的任务。[②]其中，作为国民教育对象的青少年，正处在世界观、人生观和价值观从萌芽到初步形成的关键时期，且由于其心理和生理的特点，其价值观具有极强的可塑性。[③]因此，瑞典执政党和政府尤其高度重视青少年社会核心价值观教育工作，在教育顶层设计、学业评价体系、课外实践养成和无意识教育等方面形成了一系列行之有效的做法，对提高青少年的思想道德水平，凝聚价值共识，促进社会团结起到了关键作用。[④]

第二，利用教育手段向世界其他国家输出本国的国家价值观念。这在以美国为主导的西方国家显得尤为明显。为了成功并永久地将美国文化植入被殖民国家的知识权力机构，美国大力推行教育现代化，向发展中国家渗透所谓具有普适性的资本主义民主、自由等核心价值观，并建立适应这种价值观的教育体系、教育内容和教育方式。[⑤]例如，美国公共外交和公共事务国务次卿下属的教育与文化事务局设有学术交流项目办公室与全球教育项目办公室。其中，学术交流项目办公室提供博士水平和其他专业水平的国际学习和研究，也包括部分本科和硕

① 车琳：《法国核心价值观在国内外的传播》，《法语学习》2017年第4期，第1—13页、第61页。

② 吴琼：《国外核心价值观传播管窥》，《中国社会科学报》2014年7月2日第B04版。

③ 陈延斌、牛绍娜：《欧美核心价值观的传播路径及其对我国的启示》，《吉首大学学报（社会科学版）》2013年第2期，第24—29页。

④ 戚如强：《瑞典青少年社会核心价值观教育的特色及启示》，《外国中小学教育》2017年第9期，第1—5页。

⑤ 朱丽华：《新殖民主义影响下的美国对外英语传播》，《中共福建省委党校学报》2016年第6期，第97—102页。

士。学术交流项目办公室计划、开发、管理和监测的几大交流活动包括：富布赖特项目、关键语言奖学金计划、全球本科生交换计划、埃德蒙·马斯基研究生奖学金计划，以及美国研究所的研究项目。该办公室还协调年度方案预算，扶持和引导学术交流活动，并负责与其他学术交流活动的赞助商进行沟通。而全球教育项目办公室负责管理并支持教师、学生和非学历专业人才的交流。该办公室还负责监测美国学生在外留学和外国留学生赴美留学的人员流动情况。为了鼓励这种流动，美国教育网络配备了咨询协调员，以促进世界各地高校与美国高校的合作。[①] 这种高校间的合作，其实质是价值观的输出，可以从内在的教育体制以及外在的全球市场两个层面来考察。从高等教育体制层面来说，高等教育是国民教育体制的重要环节，对民族文化的选择、传播、传承和创造起着重要作用。对于各国政府来说，扶植高等教育都是其执政的重点。[②] 但正如阿尔特巴赫指出，第三世界的大学实质上是一种殖民机构，因为它们几乎都建立在西方某种模式上，模仿西方的组织形式，反映西方的价值观念。例如，在越来越多的跨国高等教育和大学的合作活动中，美国一直致力于向发展中国家输入西方的学术体系，包括教学与科研的质量和评价标准等，如美国著名的国际认可机构“美国教育考试服务机构”（Educational Testing Service，ETS）每年在全世界 180 个国家和 9000 个地区举办的 TOFEL 考试，该考试已经成为全世界学子们向往并为之奋斗的黄金标准。参与 TESOL 教学的组织既有美国政府组织也有美国非政府部组织，还有美国的一些名人基金和位于美国的世界性组织。[③] 从全球市场体制层面来说，在当今世界，教育以产业的面貌出现，高等教育逐渐变成民族国家和权力的附庸，

---

① 王维佳、翟秀凤:《美国政府是怎样输出价值观的》,《红旗文稿》2016 年第 2 期，第 33—36 页。

② 杨梓涵:《现代西方价值观传播视角下的文明冲突分析》,《江西社会科学》2013 年第 5 期，第 227—230 页。

③ 朱丽华:《新殖民主义影响下的美国对外英语传播》,《中共福建省委党校学报》2016 年第 6 期，第 97—102 页。

随着全球教育市场的逐步形成，教育特别是高等教育被纳入全球市场体制。西方发达国家在这个市场中处于优势地位，它们拥有更多的教育投入、开放的教育理念、现代化的管理模式和高级人力资源，自然能够吸引非西方社会的人才流入。这些来自非西方社会的留学生，在接受西方高等教育的过程中，不能排除地接受了带有西方价值观的思想意识，并被培养成为符合西方社会需要的人才。随着留学生的归国，他们在带回先进科学技术的同时，也或多或少地带回了西方价值观。[①]

（六）国家法治与国家价值观念国际传播

科学严谨的法律尤其是宪法或宪法性文件是国外传播和建设核心价值观的基本手段和重要保障。[②]西方国家都很重视在法治建设过程中体现核心价值观的要求，用法律的权威来保障和推动核心价值观的传播。

在美国，其一，政府对新闻出版及人们的言行进行了法律上的规范，一旦其超出法律规定或违背资本主义意识形态，就会遭到法院的起诉。其二，《独立宣言》及宪法也处处体现着核心价值观的要求。[③]宪法是美国的核心以及美国人心目中最神圣的权威，它包含着他们公认的自由平等公正。宪法规定"任何一州都不得制定或实施限制合众国公民的特权或豁免权的任何法律……"这一条被称为"法律的正当程序"条款和"平等保护"条款，最高法院可以依据该条款宣布联邦和许多州的法律违宪，并颁布各种法律规范推进核心价值观的构建，从而保护了公民的自由权。[④]其三，为了确保联邦政府官方对外宣传机构美国之音更有

① 杨梓涵：《现代西方价值观传播视角下的文明冲突分析》，《江西社会科学》2013年第5期，第227—230页。

② 吴琼：《国外核心价值观传播管窥》，《中国社会科学报》2014年7月2日第B04版。

③ 刘康、韩建旭：《国外培育核心价值观的实践及其启示——以美国、韩国和新加坡为例》，《探索》2015年第4期，第175—179页。

④ 吴琼：《国外核心价值观传播管窥》，《中国社会科学报》2014年7月2日第B04版。

力地传播美国价值观，“有效地阐明美国的政策”，早在1976年7月12日福特总统就签署了《美国之音宪章》这一带有法律性质的文件，以确定美国之音的使命和确保美国之音节目的完善。[①]《美国之音宪章》规定，美国之音的节目必须符合以下原则：“作为一个一贯可靠的、权威的新闻来源，美国之音播送的新闻必须准确、客观、全面；美国之音将代表整个美国，而不是美国社会的个别阶层。所以，美国之音将平衡、全面地反映重要的美国思想和体制；美国之音将清晰而有效地展示美国的政策，以及关于这些政策的负责任的讨论和意见。”由此可见，美国之音是一个带有意识形态标志的国际广播电台，代表的是美国整体形象，明确传播的是美国价值观。

在法国，正如卢梭所强调的“唯有法律才能使人们获得公平与自由。这个体现公众意愿的有益机构在法制上建立人们之间与生俱来的平等”，法国人同样通过建立法律机制来实现和保障自由、平等、博爱的社会核心价值观。现代法国的价值观经历了漫长的形成过程。早在法国大革命时期，平等、自由、安全、财产权就被写入1793年宪法。法国大革命在约20年中波澜起伏，在之后的半个世纪中，共和国和帝制反复更替。1848年，法兰西第二共和国宪法终于将“自由”“平等”“博爱”并列书写在前言第四条中：“它（法兰西共和国）的原则是自由、平等、博爱。它所依赖的基础是家庭、劳动、财产权和公共秩序。”从此，这三个词语所代表的法兰西共和国核心价值观才不仅从文字上而且从法律意义上确定下来。尽管“二战”期间的维希政府曾经一度以“劳动、家庭、祖国”替换之，并印刷在当时发行的钱币上，但最终，第四共和国宪法（1946）重新确立了“自由、平等、博爱”作为法兰西的精神象征和核心价值观。[②]

---

① 陈延斌、牛绍娜：《欧美核心价值观的传播路径及其对我国的启示》，《吉首大学学报（社会科学版）》2013年第2期，第24—29页。

② 车琳：《法国核心价值观的内涵及辩证关系解析》，《法语国家与地区研究》2018年第2期，第15—24页、第91页。

德国对于社会核心价值观的重视在法律层面也有所体现。德国社会公认的核心价值观体系被称作“自由民主的基本秩序”，这一概念在德国《基本法》中两次被提及（第 18 条、第 22 条）。因此，也有学者称德国的核心价值观为“自由民主的基本价值”。此处需要指出的是，作为国家根本大法的《基本法》是德国核心价值观的总体性纲领，所有具体的价值元素都应以《基本法》为导向和根基。除《基本法》是德国核心价值观体系的总体性纲领之外，价值观教育也植根于德国各联邦州的学校法中。需要指出的是，有些联邦州的学校法中，价值观教育理念是以文字形式明确可见的，另一些联邦州的学校法虽未出现“价值观教育”字眼，但是该理念是植根其中的，即价值观教育理念以内含的方式存在于法律中。此外，德国社区层面的法律法规也有涉及青少年价值观教育的相关内容。①

新加坡是一个高度法治化的国家，其法治建设为世人所赞誉。1991 年，新加坡颁布《共同价值观白皮书》，提出了国家的共同价值观，即“国家至上，社会为先；家庭为根，社会为本；关怀扶持，尊重个人；求同存异，协商共识；种族和谐，宗教宽容”。② 多年来，共同价值观的内在精神成了新加坡制定法律规则的重要指南，而这一共同价值观的践行又得益于新加坡严谨的法律。新加坡高强度的法治化建设不仅是新加坡维持社会稳定与安全的重要工具，更是其提高共同价值观宣传教育工作实效性的有效工具。新加坡实行严刑峻法，通过严格的法律规范人们的行为，促进共同价值观的普及。大到国家管理，小到乱丢垃圾、随地吐痰、擅闯红灯、公共场所吸烟等公民个人行为，均做了严格规定。对于违反法律的，不仅会处以罚款，情节严重的甚至处以绞刑或鞭刑，有效震慑了犯罪行为。另外，值得一提的是，为了培育共同价值观，新加坡政府对大众传媒进行了

---

① 周海霞：《试析德国核心价值观体系与价值观教育》，《比较教育研究》2017 年第 11 期，第 81—86 页。

② 吴琼：《国外核心价值观传播管窥》，《中国社会科学报》2014 年 7 月 2 日第 B04 版。

有效控制，例如制定并不断修改《报章与印刷出版法令》，禁止传播与共同价值观不符合的内容，任何媒体一旦违反，会处以重罚。这样，将大众媒介纳入了法制和政府监督的轨道，为共同价值观的教育创造了良好的社会环境，有助于公民共同价值观的养成。[①] 新加坡实行的鞭刑对阻碍犯罪的收效也颇大。严格的法治不仅提高了公民的道德素质，净化了社会风气，也保障了核心价值观的有效实施。[②]

韩国于1968年颁行《国民教育宪章》，将教育纳入法制化轨道。1982年颁行《社会教育法》，使社会教育法制化。韩国政府对公务员要求很严，将道德作为衡量公务员称职与否的标准之一。韩国宪法不仅规定公务员对国民负责，还规定公务员履行职务前必须向宪法宣誓，甚至宪法第69条还规定了总统宣誓的内容，包含了法治与自由、爱国与和平的价值理念。在公务员反腐方面，韩国自20世纪八九十年代起出台了一系列法规，如《韩国公职人员道德法》《公职人员伦理法》《惩戒适情性提高方案》《公务员非法事件处理规定》《公务员行动纲领》等，严厉处罚腐败行为。这一系列法律法规将公务员的道德纳入法律教育当中，使腐败势头得到遏制。此外，韩国通过一系列法律建立了公务员财产登记申报制度，包括总统在内的公务员都必须申报自己的财产。1993年起韩国实施了“金融实名制”，凡金融资产都必须由所有权人用真实姓名持有。正是利用金融实名制，1995年查处了韩国前总统卢泰愚的腐败案。可以说，公务员财产登记申报制和金融实名制以及相关的法律法规，为反腐提供了保障，促使公务员提高道德水平与加强自律。[③]

---

① 刘康、韩建旭:《国外培育核心价值观的实践及其启示——以美国、韩国和新加坡为例》,《探索》2015年第4期，第175—179页。

② 吴琼:《国外核心价值观传播管窥》,《中国社会科学报》2014年7月2日第B04版。

③ 曾凡星:《韩国构建社会核心价值观的做法与启示》,《党政论坛》2012年第3期，第59—60页。

四、国家价值观传播策略方面的相关研究

国家价值观的传播，还需要抓住重点策略，有针对性地进行传播，以达到事半功倍的效果。目前，学界关于传播策略的研究，主要集中于传播渠道、传播方式、传播技巧、理论指导等层面。

（一）开发多元化的传播渠道

随着社会的发展和科学技术的进步，当今世界已经进入文化多元化，人们的思维方式、审美取向以及受众需求多元化，媒介融合及多元化传播的时代，任何单一的传播手段都难以顺利达到传播效果。国家价值观念作为一项重大而长久的"工程"，离不开有价值的内容和易于接受的形式，需要多元化的传播方法和传播渠道。正如上文所述，欧美国家之所以在国家价值观传播中取得显著成效，就在于欧美各国融合了多种传播力量、多种传播手段。在传播过程中，不仅依靠执政党的鼎力倡行和非政府组织的助推，也利用宗教教化和大众媒体传布的作用，同时也注重国民教育的渗透及法治的保障。①

以美国为例。"冷战"结束以来，美国政府逐渐把向世界传播、输出美国价值观作为巩固其全球霸主地位的重要手段。特别是 2001 年"9·11"事件后，美国将文化价值观输出和意识形态安全放在了更加突出的地位。在政府层面，形成了以美国国务院分管公共外交和公共事务的国务次卿为具体职能领导的庞大机构；② 在非政府组织层面，形成了与政府相互支持、默契配合、互不干涉、追求共同目标的关系，即美国政府对各类非政府组织的支持是这些组织存在与发展的

---

① 陈延斌、牛绍娜：《欧美核心价值观的传播路径及其对我国的启示》，《吉首大学学报（社会科学版）》2013 年第 2 期，第 24—29 页。

② 王维佳、翟秀凤：《美国政府是怎样输出价值观的》，《红旗文稿》2016 年第 2 期，第 33—36 页。

主要动力，而非政府组织与政府的配合则是美国对外文化事务取得成就的重要因素。[①] 同时，美国也通过自身的经济与科技优势，利用媒体、文体活动等传播工具进行具体的价值观传播。其中，这种多元化的传播渠道与传播方法，在以语言传播价值观方面体现得尤为明显。在旧殖民主义时代，美国对其殖民地的控制先是通过军事扩张达到物质上的控制，然后是通过传播《圣经》和创办教会学校等方式达到精神和文化上的控制，通过上述过程，美国的对外英语传播得以实现。如果旧殖民主义的对外英语传播更多靠的是直接和显性的传播，到了新殖民主义时代，美国的坚船利炮再也无法轻易打开独立民族国家的大门，基督耶稣也无法骑着炮弹轻易飞到这些国家。于是美国开始大力推行一种间接隐性的对外英语传播方式。例如，继续加强宗教的传播，然而方式变更为现代和隐蔽，如“电子教会”等；继续加大政治的干涉，然而借口更为堂而皇之，如打着“民主”“人权”“自由”等旗号；继续提高军事方面的威慑力，名目更为繁多，如“美日安全同盟”“北约”军事集团等。除此之外，新殖民主义时代的对外英语传播还采用了其他更多隐蔽和多样的方式，如商业传播、教育传播和大众媒体传播等。[②]

（二）创新现代化的传播方式

在现代技术的支持下，传播方式也逐渐发生着革新，最典型地体现为传播方式的现代化。原本的传播内容和途径已经不再保持固有的单一关联，内容和途径之间也不再有明确的归属关系。媒体呈现出融合的趋势，观众获取信息的方式越来越多，不再集中于特定几个方式上，观众的注意力明显被分散。因此，国家价值观念需要实现立体化、跨平台的传播。这就需要改进传播方法，让传播方式更加现代化、科技化。现在各个国家都比以往更加关注科技的力量。在传播媒介

---

① 陶非奇:《“非政府组织与美国对外关系”研讨会综述》,《美国研究》2012 年第 4 期，第 148—152 页。

② 朱丽华:《新殖民主义影响下的美国对外英语传播》,《中共福建省委党校学报》2016 年第 6 期，第 97—102 页。

上，"互联网 +"概念被很多业界人士和学者所认同，因为未来的传播方式必定打破国界、语言等一系列的束缚，新媒体传播的重要性日益突出，促使跨文化传播的无国界趋势更加明显，[①] 因而各国也更为关注新媒体和互联网等新兴传播媒介的作用，从而保证自己的国家价值观念更快更好地传播。

例如，《今日俄罗斯》能在互联网时代跨文化传播中异军突起，并取得瞩目的成绩的一个重要的手段就是充分发挥了新技术的优势。《今日俄罗斯》基于新技术和平台，大量使用社交媒体的力量，比如 YouTube、Facebook、Google+ 等社交网站平台提供文字、图片及视频。《今日俄罗斯》的视频新闻社 Ruplty，提供了大量珍贵而独家的视频素材，也是完全基于互联网新技术建立起来的，传送、收集视频以及直播，都建立在网络和社交媒体上。具体来看，《今日俄罗斯》具有以下两种传播方式：一是融媒体手段播出模式。《今日俄罗斯》不仅在电视上播出，还利用卫星形成电视网覆盖播出，同时也在《今日俄罗斯》官网上在线播出，或利用社交媒体网站间接传播。截至 2013 年初，"今日俄罗斯"在 Twitter 上的观看人次已经超过 10 亿，超过位列第二的福克斯新闻频道。2014 年初，"今日俄罗斯"已经上传 1.5 万个视频，超过 100 个视频拥有 100 万次以上浏览量。作为 Twitter 最大新闻供应商，《今日俄罗斯》每年来自 Twitter 的收入超过 150 万美元。二是立体垂直播出模式。2014 年 11 月俄罗斯打造了俄罗斯卫星新闻网。"'卫星'新闻通讯社将在 30 个城市开设'新闻中心'，包括华盛顿、伦敦、柏林、巴黎、里约热内卢和众多苏联加盟共和国首都。"该集团业务包括通讯社、电台、网站、手机终端和社媒体等。一些新闻中心拥有多达 100 名员工。到 2017 年底，"卫星"新闻通讯社在 34 个国家用 30 种语言"发声"。"卫星"新闻通讯社的前身是俄罗斯新闻社外语部和"俄罗斯之声"电台。2015 年

① 李宏：《新媒体时代跨文化传播研究——以〈今日俄罗斯〉为例》，《传媒》2017 年第 3 期，第 60—62 页。

12月，“俄罗斯之声”经历了一次大规模整改。俄罗斯新闻社的俄语内容仍保留这一品牌，而它的外语网站和社交媒体网站现在转向了“卫星”新闻通讯社。新集团的重点是广播和网络，每天以4种语言——英语、汉语、阿拉伯语和西班牙语——播报的内容将超过苏联时期的外语电台莫斯科电台。①

（三）采取隐蔽化的传播技巧

国家价值观传播的特殊性决定了传播的困难性和复杂性。为了更好地传播国家价值观，西方国家在传播手段上越来越隐蔽化。长期以来，西方新闻界奉“言论自由、采编独立”为圭臬，标榜“去政治化”“去意识形态化”“无价值观”的原则，向公众提供“客观、公正、平衡”的报道。实际上，这种“去政治化”和“去意识形态化”的理念恰恰是一种最为鲜明的政治和意识形态，标榜“无价值观”或“价值观中立”则是开展价值观传播的有效手段。对于包括美国在内的西方国家来说，其特定媒介体制的构建和运行并非“空中楼阁”般独立存在，而是由其政治制度、社会结构及文化价值观的演进长期塑造出来的。从传播政治经济学的视角来看，媒介的信息传播活动本身即是意义的一种社会交易，其结果往往是某种特定社会关系的界定与构建。传播不再仅仅局限于数据或信息的传输，而是一种“组成某种关系的意义的社会生产”。由此可见，西方媒体自称的“去政治化”本身恰恰是一个“再政治化的意义交换”的过程。在这轮标榜“去政治化”的思潮中，媒介作为与公众沟通、社会启蒙、政治运作不可分割的重要领域，在维系和传播核心价值观中发挥着不容忽视的作用。一方面，20世纪70年代末以来，新自由主义成为西方社会的主流意识形态，主张个人权益至上、市场万能，反对国家干预，为市场经济向文化、政治等其他社会领域的全面渗透提供了一种“合理的”“去政治化的”“自然生成的”表象。在这样的经济社

① 李宏：《新媒体时代跨文化传播研究——以〈今日俄罗斯〉为例》，《传媒》2017年第3期，第60—62页。

会图景之下，虽然美国媒体一再宣称自己"去政治化""无价值观"，实却始终未能摆脱其所承担的维系与传播核心价值观的使命。换言之，号称"客观、公正、平衡"的美国媒体实质上仍然是传播其核心价值观的主要载体，它们正是以这些"美国价值观"来解读和评判国内和国际事务，在新闻生产的过程中维系和夯实这些核心价值观，并使之"恒久化"，代代相传下去，并输出到全球其他国家和地区。值得注意的是，这些核心价值观深深植根于美国的历史传统和社会共识之中，不因政治社会的变迁和媒介形态的演进而发生剧烈变动。另一方面，从新闻传播史的角度来看，高度政治化和意识形态化的"国际传播"（international communication）作为"冷战"时期的产物，早已被一个更具包容性和广泛性的概念——"全球传播"（global communication）——所取代。诚然，从概念和理论上来界定，全球传播是指文化产品、价值观念、意识形态和行为模式在全球范围内做跨越民族—国家边界的共时性流动。这一过程仍然受到"符号化权力"（symbolic power）的操控，其本质是"软包装、硬内核"——以媒体文化作为外包装，意识形态和价值观念作为核心。换言之，美国不仅是在政治、经济、军事等领域对全球进行强制性的"征服"（coercion），更为重要的是利用媒体与文化产品等塑造和传播其核心价值观，在全球范围内制造"共识"（consent），进而达到"说服"世界的目的。[①] 另外，美国的大众媒体侧重于将社会核心价值理念通过非正式的教育、传播形式传递给受众，通过将这些大众文化要素渗透于大众环境中去，以潜移默化的方式渗透到公民日常生活之中，并逐渐将其演化为公民们自身的价值观念。

在对外传播过程中，美国等西方国家还擅长以学术形态、文艺作品形态、生活方式形态、国际贸易活动、外交形态等形式传播，这些传播手段也都具有多样性与隐蔽性的特点。其一，西方的学术研究喜欢把学术与意识形态、价值

① 史安斌、廖鲽尔：《"去政治化""去意识形态化"的神话——美国媒体价值观传播的历史脉络与实践经验》，《新闻记者》2016 年第 3 期，第 4—9 页。

等截然分开，宣称“价值中立”与“非意识形态化”。兹比格涅夫·布热津斯基（Zbigniew Brzezinski）鼓吹“社会主义失败”论、弗朗西斯·福山（Francis Fukuyama）在其学术著作《历史的终结及最后之人》中把西方的“自由民主”称为“普世的和有方向性的历史理念”，认为这种理念已经作为社会进步的常识而被世人所普遍接受，把西方自由、民主、人权等价值和理念包装为“普世价值”。但是“社会思潮是围绕变革时代对社会历史走向的诉求而展开的，所以它的本质是一种政治思想”。其二，西方国家一向善于利用文艺等形式传播其价值观念，因为通过艺术形式传达一定的世界观、价值观的表现手法，具有更加直观、生动和易于被大众接受等特点，成为传播社会思潮最为便捷和有效的方法和形式。在苏联解体的过程中，各种否定社会主义制度，宣扬西方资产阶级价值观念的文学、文艺作品铺天盖地地传播，冲垮了苏联人心中对社会主义的信仰——思想基础的崩溃使苏联共产党的倒台和苏联解体成为必然。对中国，西方国家也如法炮制。伊朗文化部副部长贾瓦德·沙姆嘉德里认为，好莱坞是“美国霸权主义政策”，“好莱坞的电影在向世界各地炫耀着美国的优势，并试图通过这种渠道达到其文化征服的目的”。其三，核心价值观的传播也贯穿在西方国家的外交活动之中。美国《时代周刊》网站的一则报道就明确地提及：“美国希望中国将发展成民主国家的这个观点，一直是美国对华政策的基础，是美国与一个不以为然的独裁政权保持密切联系的主要原因。”除此之外，核心价值观通过国际贸易的方式“配售”美国价值观念和生活方式，影响外国民众的思维方式和价值观念。[①]

（四）采用科学的理论指导

科学的理论指导是保证国家价值观念传播的关键。基于传播学科的前沿性和交叉性，在传播实践中采用单一理论的指导是不够的。因此，现有研究中所涉及

① 沈贺：《美国文化霸权与“普世价值”在我国的传播》，《思想教育研究》2017 年第 1 期，第 37—42 页。

的理论也都是多元的，有的是一元多辅，有的是多元多辅。以下就主要学科的理论及理论指导下的国家价值观念传播实践研究进行简要介绍。

第一，传播学理论的科学指导对国家价值观念传播具有重要作用。比如，美国在国家价值的传播过程中，就精心研究了传播理论，并建构出一套国际战略传播方案，主要内容包括：其一，塑造“真实可信”的传播者。即基于信息本身的真实性，通过言行同步与精心运作的接触和传播的策略包装，来建立可靠性、熟悉度与亲近感。这样不仅有利于调动受众参与传播过程的积极性和主动性，帮助美国根据反馈信息跟踪评估传播效果，及时调整传播策略；还能巩固“美国话语”真实可靠的形象，增强其影响力与说服力，从而帮助美国实现战略传播目标。其二，明确定位，找准目标受众。美国国家宣传的成功很大程度上就归功于对受众的重视和对目标群的细分与选择，即“要针对具体受众，并运用最合适、最有效的媒体”，美国政府与外国公众沟通和接触的努力，也“取决于针对关键受众的信息、研究和分析”。而细分目标受众、根据定位实施针对性传播的前提是全面、准确的情报的搜集。因为传播谋略能否得到合理的运用，并产生理想的传播效果，与运筹和决断是否科学有着密切的关系，这就需要在进行策划和决断之前尽可能集中地围绕传播目标，广泛搜集各种真实可靠的情报信息，做到“知己知彼”“知天知地”，明察现状。其三，利用信息的力量，充分发挥媒介作用等。美国无论媒体数量还是网络覆盖范围在全世界都是首屈一指，为其传播影响力提供了最坚实的保障。美国政府对媒介力量十分重视，并能通过有效策略使媒介在战略传播中的作用充分发挥。总之，与传统的信息传播而言，美国的“战略传播”具备三方面的突出特点：一是强调多种机构的联合与协调运作；二是强调对目标受众的选择、分析、定位以及建立长期的双向联系与沟通；三是强调对事件全面而快速的反应，尤其是在媒介上占取先机与话语权。[①]

① 吴飞、边晗、毕研韬：《美国国际传播战略的几个关节点》，《新闻界》2013年第8期，第26—33页。

再如英国传教士艾约瑟（Joseph Edkins）之所以能成功地在中国和西方进行跨文化传播活动，与他所采取的传播策略有很大关系。这些策略主要包括：其一，主动适应本土文化。艾约瑟认真学习中国的语言，通过语言了解文化，注重研究中国的文化，融入中国的社会环境，减少文化的对立与冲突，使自己能更顺畅地与中国人交流，从而更好地进行跨文化传播活动。其二，淡化传教主题。艾约瑟在传教过程中，逐渐意识到，单纯的布道很难被普遍接受，只有与传播科学事务相结合，才能慢慢扩大影响。而创办报刊，用书面方式传播，是他进行跨文化传播的重大策略之一。其三，与本土学者合作。在中国传播科学知识，艾约瑟凭借一己之力是无法达到传播目的的，他在翻译西方科学知识的时候，往往需要中国文人的帮助，借助知名学者的能力与影响力，与他们共同合作，加强对受传者的吸引力，精进自身知识储备，提高自身翻译传播水平，才能使跨文化传播活动事半功倍。艾约瑟为了能够更好地传播西学和教义，与许多当时知名学者结交成友。其四，良好的沟通技巧。艾约瑟在传教过程中，并没有以居高临下的姿态进行跨文化传播，从他善与人交的性格特点和中国学者对他的评价就可以看出，艾约瑟温良宽裕，谨慎廉节，平如秋水，在进行跨文化传播活动时，是平易近人的，是以平等的心态与人交流。其五，关注教育与培养人才。艾约瑟对中国的教育及改革十分关注，他也是最早提出应尽快效仿西方兴办各类学校的传教士之一。艾约瑟来华时，创办过一所寄宿学校，他通过西方的教学方式，来教育中国的孩子，让他们自小便学习英文和西方现代科学知识。艾约瑟在中国女子教育和文盲教育上，都作出了自己的贡献。[①] 此外，一些学者根据自己的研究分析了传播学理论对国家价值观念传播的指导作用。黄静、张雪利用马莱茨克模式（Malecki Model），总结并科学分析了传播活动中四个基本要素所受到的诸多

① 陈滨琼、李志红：《简论艾约瑟的跨文化传播策略》，《自然辩证法通讯》2015 年第 6 期，第 9—13 页。

影响，给国家形象跨文化传播提供了重要启示，所涉路径选择主要有：其一，明确编码目标，准确定位国家形象，即国家战略形象的确定需要在立足国情的基础上，充分契合世界时代主题。其二，坚持与时俱进，树立新的编码理念，即只有树立“对外传播”“内外有别，外外有别”以及“开口要谈”等新的编码理念，才能确保跨文化传播活动的顺利开展。其三，突破旧有格局，实现编码主体及媒介多元化，即国家在编码主体上既要重视政府的作用，也要重视企业、民间团体及个人等非政府主体的优势；而在媒介多元化上既要重视以大众传媒为载体的硬传播，应高度重视以非大众传媒为载体的软传播，其涉及的途径主要有公共外交的开展、大型国际活动的举办、文化产品的出口等。其四，调整编码讯息，提高内容的针对性，即既要解决“立”好形象与“破”坏形象的问题，也要以“信、雅、达”的高水准翻译来确保高质量编码讯息。其五，巧用他者传播，提高编码技巧，具体包括搞好与国际知名媒体、机构及专家学者的公共关系，鼓励国际“友好城市”的建立与民族化的内容、国际化的叙事等。其六，跟进译码反馈，完善形象危机预警机制与快速反应机制，即既要及时收集受众的译码反馈信息，并进行分析识别，科学评估潜在的破坏因素及其后果，把握主动权，力求转危为安甚至转危为机；也要在发生突发性国家形象危机事件时，及时掌握危机信号，分析原因并果断采取补救措施，力求将国家形象耗损降至最小范围内。[①] 袁敏嘉利用新闻学、传播学及广播电视学等原理，对《大长今》与《甄嬛传》剧中人物性格、文化、价值观等建构与对外传播进行对比分析、研究，对比分析这两部剧中所构建的不同的文化价值观形象，借鉴两部剧中对各自文化价值观构建与传播的优势方面，对利用电视剧进行主流文化价值观塑造与对外传播有一定的启

① 黄静、张雪：《跨文化传播视域中国家形象塑造的路径选择——基于马莱茨克模式的分析》，《西南民族大学学报（人文社会科学版）》2015 年第 3 期，第 204—207 页。

示。[①] 陈薇从结构主义出发，认为国家之间的关系是被建构的，国家的身份定位与认同是社会互动与社会承认的结果，是在彼此交流与认同中赋予这种认知情境以意义并采取行动的。因此，一国的国家形象不仅包括"自我形象"，也包括该国在国际社会与他国互动中通过观念共享、社会活动和语言符号体系而建构生成意义的"他者形象"。从这个角度来说，大众传媒对于国家形象的塑造也分为"自塑"和"他塑"两个层面，这两个理论视点在国家价值观念传播中的作用十分重要。在自塑的层面，国内媒体和政府机构通过形象塑造的过程，引导和影响着社会公众对国家价值的认知与情感归属，从而有助于实现对本国的国体、政体和文化价值观的共识与认同。在他塑的层面，科学的对外传播体系通过在全球信息环境中培养并影响着国际公众对信息传播国形象的认知与态度，从而形成有利于信息传播国利益的国际关系与互动行为。[②]

第二，社会学与传播学密切相关，社会学理论对于国家价值观念传播的指导作用很大。骆正林采用了景观社会的部分理论，融合批判学派和经验学派的两种研究方法，一方面从批判视角研究权力、资本和技术在奥运景观建构中的重要作用；另一方面从经验视角客观看待奥运景观，探索奥运景观在传播文化意识形态中的重要作用。[③]

共情（empathy）理论是社会学重要理论之一。在国家价值传播中应着重寻找不同国家、不同民族间的共同价值所在，并以此为依托带动本国价值观的传播是实现国家价值观有效传播的重要途径。事实上，在国际传播中有意识、有针对性地建构价值观认同是各国通行且有效的做法。为改善因反恐战争、强推民主而

① 袁敏嘉：《〈大长今〉与〈甄嬛传〉的文化价值观构建与传播对比研究》，暨南大学硕士学位论文，2015 年。

② 陈薇：《东方"他者"的中国形象——韩国纪录片〈超级中国〉的形象建构与跨文化传播》，《中国电视》2016 年第 5 期，第 96—99 页。

③ 骆正林：《奥林匹克运动会的景观制造与价值传播》，《体育与科学》2016 年第 6 期，第 54—60 页。

在阿拉伯伊斯兰世界造成的反美情绪，美国曾在阿拉伯国家发起“共同价值观运动”，萨瓦电台、自由电视台、《嗨》杂志等媒体以来自美籍穆斯林的亲身经历为素材，介绍其生活的方方面面，诸如移民问题、家庭生活、教育状况、宗教活动、就业情况、社会地位等，目的在于说明美国与阿拉伯伊斯兰世界拥有共同的价值观，强调文化与阿拉伯伊斯兰文化在和平、宽容、多元、亲情等方面的共同性。实际上，在美国中东政策没有发生大的变化的情况下，阿拉伯人的反美情绪不大可能发生根本转变，但美国以柔性方式宣传美国文化、营造美阿共同价值取向的做法，的确使很多阿拉伯人乐于将美国对外政策与美国文化区分开来，阿拉伯国家知名网站“穆斯林网”在对《嗨》杂志进行研究后认为，“由美国国务院资助的《嗨》杂志虽然明显带有推销美国文化和价值观的痕迹，但的确激发着阿拉伯人的美国梦”。再如，“法国 24 小时”阿语新闻频道在筹建之初便强调，该频道的主要职责是以不同的视角报道全球新闻，向阿拉伯国家传递法国独特的价值观。该频道发起人、法国前总统希拉克说：“一个像法国这样的大国应当拥有自己对于世界的观点，并且把这种观点传播出去。”事实上，法国各类媒体都在以各种方式向阿拉伯国家传播法国追求独立、正义、批判、文明多样性的价值观，强调法国不同于英美试图以“盎格鲁—撒克逊”文化建立单一世界的主张。①

移情（transference）作用在文化交流中起着十分重要的作用，我们可以通过这一方法，改变自己的角度，站在别人的角度上去看待问题，这样能够获得更好的感受。例如，中国和阿拉伯国家同属东方文明，在历史上有相似遭遇，现在又共同面对发展重任，在诸多方面有着交流互鉴的良好基础。我们应当充分利用这一优势，达到移情作用，获得中亚各国对中国的友好理解，从而达到中国与阿拉

① 刘欣路：《中阿价值观认同建构与正确义利观的传播》，《对外传播》2015 年第 5 期，第 15—16 页。

伯国家共同观念的有效传播。从现实环境来看，在“一带一路”背景下，阿拉伯人认识到打造中阿利益共同体和命运共同体对洗刷阿拉伯世界两百多年来的屈辱、实现期盼已久的复兴能够起到巨大的推动作用，认为中国与阿拉伯世界拥有相互扶持、共同进步的基础和条件。随着中阿关系的发展、“一带一路”倡议的推进，中国对阿传播应当在价值观认同建构上有所作为，从而推动中阿关系的长远发展。“正确义利观”作为我国优秀传统文化的重要内容以及新中国外交的鲜明特色，是中国文化的宝贵财富，也是对阿拉伯世界构建价值观认同的重要资源。对此，中国对阿传播工作应当有意识地、有策略地开展正确义利观的阐释和传播，一方面应避免抽象化、概念化，增强对外话语的创造力、感召力、公信力，既要讲清道理，更要讲好故事，以润物无声的方式传递给阿拉伯受众，另一方面应当主动回应阿拉伯受众关注的热点和心中的疑虑。[①]

此外，左为东还从社会政治学的角度，考察体育电影是如何传播意识形态话语的。当受众带着窥视心理，进入电影叙事想象框架的诱导，被人物富有感染力的外观所吸引时，情感最终与电影的主旨不谋而合。体育电影就像是狂欢节日庆典，它能通过电影角色身体的释放，来消除人们过多的能量，缓解紧张的社会情绪，这些都是上层建筑意识形态的主宰者所愿意看到的景象。体育电影的身体成为中西方政治意识形态的表达，是有显而易见的差异的。西方电影做得或许更隐蔽，因为它单就只呈现纯粹的物质肉体，并用各种电影语言将其升华为“美”的理念。如《火战车》(1981)所谓“君子之争”的高格调就是典型代表。西方体育电影将运动员（演员）肉体的训练或伤痛，化作悲剧色彩，比赛中的伤痛和挫折呈现仪式的美感，深深打动人心。电影《洛奇》(1976)之所以受人关注，是因为史泰龙强健的身体是个不可或缺的看点，这种富有朝气和力量的躯体正映射

① 刘欣路:《中阿价值观认同建构与正确义利观的传播》,《对外传播》2015 年第 5 期，第 15—16 页。

出美国文化的自豪感，代表美国人民蓬勃向上的朝气。所以，西方体育电影的肉体之美，美在超意志力，美在不可战胜、无坚不摧的强大精神力。①

第三，传播学和符号学的关系密切是毋庸置疑的事实，两个学科出现的时间相当，研究内容和研究方法上也有许多相似之处。因此，符号学理论对国家价值观念的传播具有重要指导作用。部书锴、王文博从传播符号学切入，以韩剧文本为例，从符号分类、文本叙事、符号消费等不同角度对韩剧进行解析，探讨韩剧热播的秘密。显然，韩剧通过偶像、饮食、道具等符号能指建构所指，通过朴素的叙事与受众产生共鸣，加之大众媒体又为受众提供了话语权，文本的共享意义得以合作生成。而这个话语场又成为韩剧符码背后的男权制度和消费主义意识形态的展示场，带给我国影视剧海外传播以深思与启迪。具体来看，韩剧中的符合图景既包括偶像、体态语、道具、场景等视觉符号，也包括对白、音效等听觉符号。而韩剧文本的模式则包括二元对立的分析模式、隐喻和转喻表意模式以及"内涵—外延"神话系统。通过这些符号图景与文本模式，我们可以看到，韩剧关注受众真实的感情诉求和审美取向，以受众为主，体现出正确的价值取向。同时，也在展示韩国社会变迁以及当下社会爱情、亲情与权利利益关系，而这些现象恰恰也反映出传统儒家文化思想和现代个性自由之间的冲突与调和，社会之间权利关系的变迁；并试图对外输出韩国文化与韩国价值观，即在充满消费特征的时代中，影像作为消费符号更多的目的在于满足受众的消费心理和期望。对美艳时尚的偶像符号、美轮美奂的自然风光、前沿炫目的时尚元素的挖掘和包装，这些符号构成了资本社会的奇观，不断刺激着人们的消费欲望，体验符号消费的快感。这些消费符号的背后，更是韩国文化对中国生活方式的浸透和冲击。②

---

① 左为东：《身体与政治：社会学视阈下体育电影的意识形态话语研究》，《湖北体育科技》2015 年第 5 期，第 393—395 页。

② 部书锴、王文博：《韩剧热播的传播符号学解析》，《现代视听》2014 年第 11 期，第 10—14 页。

李岗结合拉康符号学思想，以美国豪华轿车凯迪拉克在中国最新的广告片《66号公路》为样本，分析跨文化传播符号的建构。文章结合样本中镜头构成、画面结构、段落组合，以及音乐、字幕等的分析，认为在跨文化传播中，符号通过大跨度的聚合进行跨文化符号替换和符号链重组，即根据传播目的要求在能指层面处理目标国文化和本国文化关系；在能指的滑动过程中，由于能指和所指的断裂阻止了原有能指和所指的接近，从而导致能指在滑动过程中产生跨文化的价值关联，构建新的意义域；新的意义域作为新的能指一经形成，就已经被引导入一个与原有符号所指不同的意义价值体系，多个属于同一价值体系的意义域在继续的滑动中指向一个意识形态，从而完成意识形态的跨文化传播。也就是说，当有目标地进行跨文化传播时，符号要承载传播，更加重要的是，要有目标国的元素在其中，如语言、画面、音乐等，但是应当清醒地意识到，以这些元素构建的符号只是跨文化传播的手段，根本的是传播意识形态，这是跨文化传播的本质。①

戴晶钰、陈泽冰则从符号学的角度来解读纪录片《Baraka》。文章认为，纪录片《Baraka》取材跨越极广，观众遍布世界，可谓一部跨文化之作。影片通过“文化—自然”的二元对立与宗教这一异常类别来建构意义，利用隐喻和提喻手法消解传递意义时的文化误读。而这些表层意义背后，隐含着影片的价值观，即反对文化对自然的暴力征服、推崇信仰的指导力量。也就是说，在自然与文化的冲突对立间，宗教是可能的缓和剂。在这种意义的背后，影片偏向于文化消极面、注重自然和宗教积极面，这反映了影片的价值观取向，即反对盲目现代化的发展观、推崇回归自然和传统、主张信仰指引心灵。而影片利用隐喻提醒观众、利用提喻构建真实感，则保证了其本意和主导价值观取向得以跨越文化背景、避

① 李岗：《滑动的66号公路：跨文化传播符号建构》，《当代电影》2015年第6期，第137—140页。

免文化误读，自然潜在地传递给观众。[①]

第四，文化观念的传播是国家价值观念传播的重要内容。因此，文化学理论指导下的实践研究也是值得我们关注的要点之一。

文化产业的开发能够开拓国家价值观念的传播渠道。文化是价值观念的主要载体，[②]而文化产业是意识形态的"具象化"展示，意识形态是文化产业的价值内核。文化产业的快速发展为意识形态的传播提供了广阔的平台，文化产业的意识形态功能也越来越凸显。文化产业具备经济和文化的双重属性，经济属性决定了文化产品的生产与经营以追求利润最大化为目的，文化属性决定了文化产品的生产要遵循意识形态的统领，承担起传播和建构意识形态的功能。[③]因此，一个国家发展文化产业，不仅可以带来可观的经济利益，还能在"润物细无声"中传播本国核心价值观和主流意识形态。多年来西方国家正是通过将其价值观念全面渗透到文化产业链中，使核心价值观与文化产品进行有机融合和高效传播，从而达到向其他国家推销其核心价值观的目的。文化外交对于国家价值观念的传播具有重要的作用。[④]以俄罗斯为例，普京总统在2014年4月签署命令，确定2014年为俄罗斯文化年，组建俄罗斯文化年活动组委会，并制订详细的活动计划。普京总统呼吁全球、全社会关注俄文化发展，保护历史文化遗产。此举不仅展示出俄文化在全世界的作用，也加强了俄罗斯社会核心价值观在全球的传播。俄罗斯通过文化年各种活动的举办大力宣传了本国文化，提升了国家形象和影响力。它主动向全世界人民展示本国的文化创意产品，加强了俄罗斯在世界

---

① 戴晶钰、陈泽冰：《纪录片〈Baraka〉的符号学解读》，《新闻研究导刊》2016年第13期，第193页、第211页。

② 周凯：《西方国家如何通过文化产业传播核心价值观》，《红旗文稿》2016年第1期，第35—36页。

③ 熊姝闻：《论文化产业的意识形态功能》，《当代教育实践与教学研究》2018年第11期，第235—238页。

④ 周凯：《西方国家如何通过文化产业传播核心价值观》，《红旗文稿》2016年第1期，第35—36页。

人民心中的印象。①

此外，从文化产业传播和建构意识形态的功能表现来看，主要有以下几方面：一是文化产品为传播意识形态提供了物质载体。意识形态作为一种思想观念，它的传播需要借助一定的物质载体，文化产品就是最直接、有效的载体。最成功的案例就是美国，依托其强大的文化产业，将其生产的电影、电视、音像、印刷、娱乐、游戏等文化产品源源不断地推向世界各地，将西方倡导的“自由、民主、人权”等“普世价值”，以及“个人主义”“享乐主义”“拜金主义”等思想隐含在文化产品中，借机将其意识形态推销到全球各个角落。在文化产业快速发展的今天，意识形态借助文化产业获得了新的传播途径和存在形式，以更快的速度和更高的效率在更广的范围内进行传播和渗透。二是文化产业改善了传播意识形态的方式。意识形态是高度理性化的理论形态，主要表现为概念判断、逻辑推论或理论体系。这一本质特征决定了意识形态传播速度和辐射广度的局限性，受众群体认知能力的不同决定了其接受程度的差异性。当意识形态借助文化产业进行传播时，这种局限性和差异性就会得到有效解决。在文化产品中，意识形态由抽象的理论逻辑体系转化为感性的话语表达，并借助市场交易进行广泛传播。文化产品以图像、影视等群众喜闻乐见的形式传播意识形态，克服了单纯以文字形式传播所受到的接受者语言水平、阅读能力和理解能力等方面的限制，有效降低了意识形态的接受难度，同时避免了民众对于强行灌输意识形态的抵制，实现了意识形态的传播方式由理性向感性转化。三是文化产业增强了传播意识形态的效果。依托新媒体技术的快速发展，文化产品的生产、传播和消费突破了传统的时空限制，意识形态的传播方式、存在形式和作用方式也发生了深刻变革。文化产业不仅大大拓展了意识形态传播的渠道，而且增强了意识形态传播的时效性。

① 徐霖杰、王鑫：《国外媒体社会核心价值观传播的策略研究》，《科技传播》2015 年第 5 期，第 188—189 页。

文化产业的发展带动了文化产品质量的不断提升，文化产品的内容和形式越来越丰富多彩，依托文化产品进行的意识形态传播也越来越具有隐蔽性。受众在消费文化产品的同时，不知不觉地接受了其所承载的意识形态。从欧美文化产业发展的历程中不难看出，意识形态传播的隐蔽性会随着文化产业的发展不断强化并呈现出更加高级的隐蔽。四是文化消费促进了受众价值观念和社会意识形态的建构。文化产品在生产的过程中，就已经将生产主体的思想观念和价值取向内化其中，具备了意识形态属性。通过文化消费，消费者不仅满足了个人的精神需求，而且其思想观点、价值立场、人生态度、情感取向等也都受到影响，久而久之，其世界观、人生观、价值观都会被文化产品中蕴含的意识形态所改造。法国当代社会学家布迪厄提出一个关于文化消费的框架——"结构产生惯习，惯习决定实践，实践再生结构"。在他看来，个人所有的文化实践其实质都与行动者的阶级关系密切联系，并在此基础上形成了特定的消费品位。文化产品在迎合消费者消费品位的同时，也可以塑造和提升消费者的消费品位，文化产品质量提升和消费者消费品位提升是一种相互促进、良性互动的关系。文化消费者消费品位与文化产品价值理念的高度契合，体现了消费者对于文化产品所蕴含的意识形态的认同，从而在客观上促进了社会意识形态的建构。①

① 熊姝闻：《论文化产业的意识形态功能》，《当代教育实践与教学研究》2018 年第 11 期，第 235—238 页。

第三章 人类命运共同体视域下的国家价值观与国际传播研究综述

世界进入了一个空前全球化的时代，国家、民族、区域之间的联系、依存愈发紧密，地方性事务往往溢出时空的界限，成为全球事件。在“利益共享”的同时，各国家和民族也必须面对“命运共担”的局面，正如乌尔里希·贝克（Ulrich Beck）所说：“全球化首先是对人类共同命运的意识，世界所有国家和民族已经被纳入一个休戚与共、相互依存的‘风险共同体’。”[①] 中国提出了“人类命运共同体”的全球治理理念，这是对全球“普遍联结”“价值关联”发展特征的凝练概括，是中国特色国际传播的生动表述。“人类命运共同体”理念“反映命运与共的价值理念，诠释共同生活的价值模式，抽象共同体行为的价值标准”[②]，有助于建立一套共建、共赢、共商、共享的国家关系和国际传播文化。

约瑟夫·奈（Joseph Nye）提出了软实力的概念，认为它是一种无形的力量，“来自诸如文化和意识形态吸引力、国际机制中的规则和制度等资源要素”[③]。要想推进国家软实力建设，必须挖掘和重构民族的文化与价值观，并寻求

---

① 〔德〕乌尔里希·贝克、约翰内斯·威尔姆斯：《自由与资本主义——与著名社会学家乌尔里希·贝克对话》，路国林译，浙江人民出版社 2001 年版，第 104 页。

② 詹小美：《“一带一路”文明互鉴的关系共演》，《内蒙古社会科学（汉文版）》2016 年第 6 期，第 1—6 页。

③ Joseph S. Nye. (1990). *Bound to Lead: The Changing Nature of American Power*. NY: Basic Book.

国际社会的通约性和吸引力。"文化的对外传播，如果在核心价值观缺席失语的情况下进行，……就会总是停留在浅表化、碎片化的状态"[①]。因此，如何提炼和表述核心价值观，增强其对全世界的阐释力、说服力和渗透力，成为国际传播和国家形象建设的重中之重。王庚年认为中国国际传播包括三个境界："中国内容、中国表达""中国内容、国际表达""全球内容、中国价值"。[②]这意味着中国国际传播要在国际舆论竞争中占据主导地位，就必须突出自己的核心价值，努力争取、争夺中国在日益复杂的全球事务中的解释权和话语权。

中国传统文化中的"和而不同"与共享观念，恰如其分地成为"人类命运共同体"以及"民心相通"的价值观注脚。而当代中国价值观，则既包含了中国优秀传统价值观，又涵盖社会主义核心价值观以及"中国梦"等体现时代精神的内容。党的十八大报告提出了我们所倡导的社会主义核心价值观，即"倡导富强、民主、文明、和谐，倡导自由、平等、公正、法治，倡导爱国、敬业、诚信、友善"，并且号召人们积极培育和践行社会主义核心价值观。中国应当通过广泛的文化对话与传播，在"人类命运共同体"的情感互通作用下，使中国价值观成为人类共享价值观的组成部分。在对以社会主义核心价值观为代表的国家价值观的对外传播方面，研究者进行了较为细致的分析和阐述，主要集中在对核心价值观提出的背景、内涵、意义和对外传播策略等几个方面。

一、背景：全球化、多元化、信息化

当代中国的国际传播活动正是在全球权力秩序结构的重构以及多元价值纷争

① 蔡惠福、刘大勇：《如何对外阐释社会主义核心价值观》，《对外传播》2014年第7期，第47—49页。

② 王庚年：《中国国际传播的三重境界》，《中国广播电视学刊》2013年第11期，第29—31页。

的情境下进行的。诸多研究者对国际传播的价值问题进行了审视与展望。

第一，全球化增加了国家和民族之间的相互依存性。根据历史唯物主义的世界历史逻辑（或资本主义逻辑），全球化可以看作是劳动分工、商品市场、资源交换、科技创新、人际交往在全球范围内以前所未有的深度和广度不断扩展。全球化使得当代世界的发展呈现出跨经济、政治、社会和文化等领域的多维度进程。[①] 在这一进程中，世界经济一体化程度也因此日益加深。据黄金华、秦成逊的总结，经济一体化是一个从低级到高级、从松散到紧密、从局部到整体的发展过程，经历了以下的发展形式：（1）特惠关税区（Preferential Tariff Areas），如“美加汽车产品协定”和“非洲木材组织”；（2）自由贸易区（Free Trade Areas），1994 年由加拿大、墨西哥和美国结成的北美自由贸易区（NAFTA）便是典型的例子；（3）关税同盟（Customs Unions），如 1948 年建立的比荷卢关税同盟（BENELUX）；（4）共同市场（Common Markets），如南方共同市场（South American Common Market），简称“南共市”（MERCOSUR）；（5）经济同盟（Economic Union），如欧盟（EU）。而从目前经济一体化的发展情况和趋势来看，经济一体化在世界各地的发展进程呈现出以下的一些趋势：区域自由贸易协定成为多边贸易体制中最重要的特征；经济一体化组织成员的同质性减弱；经济一体化组织出现多层次性和交叉性；经济一体化地理空间空前扩大；经济一体化各成员间合作与竞争关系将长期存在；经济一体化的制度化和规范化良性循环机制逐步形成。[②] 李宁则具体分析了经济一体化对国家间关系的影响。数百年来，全球化的发展经历了资源贸易、产业间贸易、产业内贸易和产品内贸易的不同阶段，国际分工不断细化，世界经济一体化程度日益加深。市场经济体制在世界各

---

① 吴畏：《人类命运共同体构建与全球“元”治理范式》，《华中科技大学学报（社会科学版）》2019 年第 1 期，第 7—16 页。

② 黄金华、秦成逊：《世界经济一体化最新趋势与特征研究》，《经济问题探索》2012 年第 2 期，第 30—34 页。

国受到普遍认同，意识形态和国家制度不再成为经济要素流动的主要障碍。经济全球化广度不断提高，各国凭借自身的资源优势在大的国际产业链和价值链中组织生产和贸易。各经济体之间不断进行资源与合作方式的重组，寻求最佳组合以适应国际市场的变化。各国的产业结构和经济发展模式受到其他经济体影响的程度越来越大，相互依存的一体化程度越来越深，不能适应国际分工变化的国家逐渐失去增长的动力。这种经济全球化深刻影响了世界格局，财富的积累转移造就了新的世界力量中心。"冷战"结束后，美苏两极分化的格局崩塌，美国力图运用强大的国家实力构建单极世界。但是二十几年来的现实表明，美国力不从心。世界格局在美国的单极主导与美、欧、日、中、俄的多极并存之间摇摆动荡。虽然目前阶段美国的综合实力仍然远居其他各极之上，但是未来的世界必将向多极化的方向逐步演进。这取决于以下几点：一是世界经济发展始终是不平衡的，经济全球化加速了这种不平衡。二是世界文明的多样性提供了竞争和选择的多元性，单一的西方文明无法取代多样性这一历史发展规律。三是单极世界架构无法满足多极化形势下世界秩序的需要。多极化的基础就是包容共存、相互合作。[①]同时，全球化也具有两面性。因此，吴畏提醒我们：如果把全球化作为一个经验事实来看待，一方面，它带来了全球范围内的经济发展、生活质量提高、产品的极度多样性、文化相得益彰、为解决世界性问题增进相互理解和提升合作层次等积极后果；另一方面，它也带来了国家利益分化加剧、不平等日益增加、霸权主义盛行和对国家主权和民族认同的削弱等消极后果。[②]

第二，多元化的发展态势造成了国内外价值观的震荡。所谓多元化，强以华认为，从世界性的广泛意义来说，是知识经济的到来造成的。自从知识经济的

① 李宁：《构建命运共同体推动中国价值观》，《国际经济合作》2015年第8期，第50—53页。

② 吴畏：《人类命运共同体构建与全球"元"治理范式》，《华中科技大学学报（社会科学版）》2019年第1期，第7—16页。

到来对人们价值观多元化的推动作用表现在很多方面，但主要表现在以下三个方面：（1）历史的时间进程说，知识经济是相对于农业文明和工业文明的后工业文明，如果说农业文明中人与人以及人与自然之间主要表现为一种朴素的和谐关系，而工业文明中人与人以及人与自然之间主要表现为分裂对抗的关系的话，那么，在后工业文明中，人与人以及人与自然之间又开始走向新的自觉的和谐关系。这就是说，人与人之间开始摆脱赤裸裸的金钱关系而寻找人性关系，人与自然之间开始摆脱征服与被征服的关系而寻找生态伦理关系。价值关系主要表现在人与人以及人与自然之间，当一种新的社会时代到来而引起人与人以及人与自然之间的关系普遍调整时，必然会出现社会整体的价值观新旧并存的局面，导致价值观的普遍多元化。（2）从历史的空间结构说，知识经济的最根本特征之一就是经济一体化。经济一体化表现在地区与地区之间、区域与区域之间、国家与国家之间，甚至表现为整个国际经济的一体化。这种经济一体化把拥有不同价值观的各个地区、各个区域、各个国家和各个民族结合在一起，使各种文化背景和意识形态下的价值观相互共存和交融，其结果必然会导致价值观的多元化。（3）知识经济的内在品质说，创新是知识经济的灵魂。知识经济时代以经济为核心，知识经济时代的经济以高新技术为核心，知识经济时代的高新技术以创新为灵魂。高新技术的创新不仅是科学技术本身的创新，而且是以思维创新为前提、以文化创新为基础、以环境（制度、体制、管理模式等等）创新为保证的创新，因此它是整体社会的创新，这种创新的过程必然是新的价值观不断取代旧的价值观的过程，因而也必然会导致价值观的多元化。[①] 具体到中国的现实语境：一方面，当代中国社会处于转型期，既有儒释道思想等传统价值，又有马克思主义、毛泽东思想、邓小平理论、“三个代表”重要思想、科学发展观、中国梦等富有时代性和政治性的价值观，这些思想观念都成为国际传播的价值渊源和基础。除此之

① 强以华：《价值观多元化刍议》，《湖北大学学报（哲学社会科学版）》2002 年第 4 期，第 50—54 页。

外，“还活跃着其他多种社会思潮，如新自由主义、民主社会主义、历史虚无主义、新左派、文化保守主义、民族主义等。这些社会思潮都表达着各自的主张和诉求”①。其中，由于中华民族的伟大复兴必须要有文化价值观的精神支撑，必须具备既能体现人类文明共性又具有中国文化个性的价值观力量，十八大报告融合了东西方文化精髓，系统提出了中国价值观体系与社会主义核心价值观。社会主义核心价值观“是特指改革开放背景下实现社会主义现代化时期的价值观”，包含了“国家目标”“社会进步”和“个人道德”三个层次。②另一方面，世界上的价值体系也并非一统天下，即不是非黑即白，而是多元化的。各种价值体系的影响范围和深度也并不一致。廖雷认为，如果以东西方的对比角度，西方作为“他者”，其价值体系大致涵盖民主、宗教、家庭等各个范畴。美国皮尤研究中心曾发布报告，研究美国 1987—2012 年期间的价值观变化趋势，其中包括了环保、机会平等、宗教、国家安全、政府职责、政治参与等各种价值观。③

第三，新时期社会转型与信息网络的交互作用使得社会价值更加多元、思想更加开放、舆情更加复杂。④随着“后工业时代”和“信息时代”的到来，传统社会架构处于以信息化和碎片化为特征的激烈变革之中，⑤对于中国来说，中国互联网信息中心发布的《第 33 次中国互联网络发展状况统计报告》表明：截至 2013 年 12 月，我国网民规模达 6.18 亿，其中手机网民规模达到 5 亿，10—39 岁的网民高达 79.2%，互联网普及率高达 45.8%，人均每周上网时长达 25 小时，

① 郭丽双：《多元化思潮对苏联社会主义核心价值观的解构及教训》，《当代世界与社会主义》2014 年第 6 期，第 169—175 页。

② 俞新天：《中国价值观的世界意义》，《国际问题研究》2013 年第 4 期，第 44—56 页。

③ 廖雷：《从边缘到核心——浅议国际传播中的价值观传播》，《对外传播》2014 年第 6 期，第 45—47 页。

④ 刘红凛：《信息时代的话语权与核心价值观的中外认同度》，《理论学刊》2014 年第 10 期，第 52—57 页。

⑤ 廖雷：《从边缘到核心——浅议国际传播中的价值观传播》，《对外传播》2014 年第 6 期，第 45—47 页。

如今我国已进迈入信息社会。信息网络作为一种新型媒介，以微电子技术、信息技术、现代通信技术为基础，同报纸、广播、电视等传统媒介相比，信息网络具有开放性、自由性、交互性、快捷性、丰富性、虚拟性等特点，具有即时更新、信息量大、覆盖面广、传播速度快、功能全面、成本低廉等优势。信息技术作为生产力与生产方式革命，其所带来的社会影响远比工业革命深刻，工业革命作为一场机械技术革命，用机器解放了人的四肢，使人们从繁重的体力劳动中解放出来；信息革命作为一场智能革命，用人工智能解放了人脑，使人们从智力劳动中逐步解放出来。信息社会作为人类社会的一种文明形态，具有多样化、综合化、非同时化、分散化、分权化、民主化等显著特点，必然对工业社会所具有的规模化、专业化、同时化、集权化等产生极大的挑战，必然引起人们思想观念、思维方式、生活方式、交往方式、消费方式的巨大变革。一方面，信息网络技术的普及，云计算、大数据以及博客、微博、微信等的广泛运用，使信息资源大众化，信息公开化、平等化、全球化，人人可以成为“信息人”“自媒体”，人们更加独立、思想更加开放、个人本位更加突出，既有的自上而下的信息传播模式、信息垄断、思想垄断必然被打破。另一方面，信息公开化、大众化等，导致网络思潮多元化、世俗化、大众化乃至草根化，网上思想交锋、话语权争夺日趋激烈；同时也使网络语言大众化、草根化、“煽情化”、碎片化，“官话”、官方文本、主流话语体系以及传统意识形态的控制力等受到空前挑战。另外，信息网络的发展，使得全球信息共享、国外各种思潮可以蜂拥而至，国内思想文化更加多元、价值观念碰撞更加激荡；同时也导致西方国家利用信息技术优势进行文化渗透、思想渗透、价值渗透更加便捷，资本主义的思想价值观可以迅速传播、潜移默化地影响我国民众。这无疑会对党的意识形态建设、建树社会主义核心价值观等形成巨大而空前的挑战。①

---

① 刘红凛：《信息时代的话语权与核心价值观的中外认同度》，《理论学刊》2014 年第 10 期，第 52—57 页。

从全球意义上来说，正如李继东、胡正荣所言：“新兴经济体和互联网等新技术正在重构着全球信息传播秩序，世界政治经济秩序正在调整。”①值得注意的是，在这一重构过程中，碎片化的社会与秩序的调整，并不意味着力量的绝对分散。通过互联网等载体和工具，分散的个体在政治、经济、文化等各种新凝聚力的作用下再度集聚，在全球不仅形成了前所未有的产业链、金融链、信息链，更重要的是为新价值网络的形成与勾连提供了条件。这使得拥有共同认知与价值的人群或机构，获得更多机会通过新的全球价值网络联合起来，形成强有力的新社会空间乃至实体，甚至具备与其他实体博弈的资格与实力。②

二、内涵：“东西并济”“顶天立地”

核心价值观的表述历来是一个复杂的系统工程。赫伯特·甘斯（Herbert Gans）将美国新闻媒体所维系与传播的核心价值观归纳为八类：民族优越感、利他的民主、负责任的资本主义、小城镇田园主义、个人主义、温和主义、社会秩序与国家领导权等。③对于中国国家价值观的表述，在十八大提出的“富强、民主、文明、和谐，自由、平等、公正、法治，爱国、敬业、诚信、友善”24字社会主义核心价值观的基础上，不同学者从不同面向出发进行了分析，总体观之，大致包含几个方面的考量。

（一）传统文化的传承与萃取

总体来看，正如江畅、蔡梦雪认为的，当代中国价值观并不是无中生有，而

① 李继东、胡正荣：《超越与回归：谈国际传播的价值问题》，《中国广播电视学刊》2013年第4期，第5—7页。

② 廖雷：《从边缘到核心——浅议国际传播中的价值观传播》，《对外传播》2014年第6期，第45—47页。

③〔美〕赫伯特·甘斯：《什么在决定新闻》，石琳、李红涛译，北京大学出版社2009年版，第52页。

是中国传统价值观的当代转换和中国价值观的当代形态，与中国历史上其他形态的价值观有着内在的、不可分割的联系。中华民族自从进入文明社会以后就逐渐形成了自己民族或国家的价值观。中国价值观在约 5000 年的漫长历程中历经沧桑，其中也有着某些内在一脉相承的精神和内容。中国价值观的演进与国家政治的状况有着直接关系。一般来说，国家统一的时候，就有占主导地位的国家价值观，而国家分裂或动乱时，就会出现价值观纷纭杂呈的局面。纵观整个中国历史，中国价值观经历了三个相对稳定统一的历史阶段和两个相对动荡分裂的时期，而在相对动荡分裂的时期都孕育了价值观的变革和新时代的出现。从结束“五帝”战乱、初步建立统一国家的夏代开始到西周时代，逐渐形成了中国价值观的最早形态，即宗法封建主义价值观。诸侯割据称霸、社会四分五裂的春秋战国时期，社会没有统一的社会价值观，但出现了儒家、道家、墨家、法家等诸子百家争鸣的局面，特别是形成了儒家的价值观。秦始皇统一中国后，西汉实行“罢黜百家，独尊儒术”政策，于是以儒家价值观为依据形成了中国价值观的第二个统一形态，即宗法皇权主义价值观。从鸦片战争到中华人民共和国成立的约一百年的时间里，中国的价值观再次陷入纷纭杂呈的局面。与春秋战国时期不同的是，这次的多元复杂局面主要不是中国国内土生土长的不同价值观的争鸣，而是许多人所接受的西方不同价值观之间以及它们与中国传统价值观之间的论争。中华人民共和国成立后，社会主义（马克思主义）价值观被确立为主导价值观，这就是中国价值观的第三个统一形态。社会主义价值观经历了两个时期：前一个时期是“文化大革命”之前以计划经济为基础的社会主义价值观占统治地位的时期，这个时期的价值观可称之为传统社会主义价值观；后一个时期是自实行改革开放后逐渐形成的以市场经济为基础的社会主义价值观占主导地位的时期，这个时期的价值观即中国特色社会主义价值观。由此看来，当代中国价值观作为中国价值观的当代形态具有深厚的历史根基和丰富的文化底蕴，是历史上不同形态价值观的创造性转换和创新性发展。[①]

在中华传统文化的层面，作为一个有着五千年悠久历史文化的国度，辉煌灿烂的华夏文明积淀着中华民族深厚的精神诉求，体现着中华民族独有的价值标识，包含着丰富的价值文化遗产。社会主义核心价值观的不少成分是植根于中华优秀传统文化的深处的。中华传统文化中的讲仁爱、重民本、守诚信、崇正义、尚和合、求大同等思想也体现出恒久的时代价值，“具有超越时代的、永恒解决人类问题的智慧，为社会主义价值观的现代性生长提供了文化滋养。它们在解决现实问题方面是‘智慧共通’的，这构成了两者‘内在契合’的时代必然”[②]。江畅、张景指出，改革开放以来，特别是实行社会主义市场经济以来，党中央高度重视弘扬中国优秀传统文化对于当代中国价值观构建的极其重要意义。中共中央印发的《关于培育和践行社会主义核心价值观的意见》指出：“中华优秀传统文化积淀着中华民族最深沉的精神追求，包含着中华民族最根本的精神基因，代表着中华民族独特的精神标识，是中华民族生生不息、发展壮大的丰厚滋养。”习近平同志也明确指出：“中华文明绵延数千年，有其独特的价值体系。中华优秀传统文化已经成为中华民族的基因，植根在中国人内心，潜移默化影响着中国人的思想方式和行为方式。今天，我们提倡和弘扬社会主义核心价值观，必须从中汲取丰富营养，否则就不会有生命力和影响力。”“中国人民的理想和奋斗，中国人民的价值观和精神世界，是始终深深植根于中国优秀传统文化沃土之中的，同时又是随着历史和时代前进而不断与日俱新、与时俱进的。”当前我国主流价值观的构建正在着力弘扬中国传统优秀文化，努力将当代中国价值观融入中国悠久的文化传统之中，使之实现伟大的复兴。当代中国价值观与传统社会主义价值观

① 江畅、蔡梦雪：《“当代中国价值观”概念的提出、内涵与意义》，《湖北大学学报（哲学社会科学版）》2016年第4期，第1—7页、第160页。

② 王新刚：《论中华优秀传统文化与社会主义核心价值观的内在契合》，《思想理论教育导刊》2018年第12期，第76—81页。

的重要区别之一，就在于它在对传统文化开放的过程中正在融入中国文化传统，开始自觉从优秀传统文化中汲取养分，正在成为中国式的（而非苏俄式的）、有中国特色的。当前我国的主流价值观构建的重要任务之一就是要使当代中国价值观真正植根于中国文化传统的沃土之中，使它在其中生根、开花、结果。①

具体到传统文化对当代中国价值观的影响来看，卢黎歌等人认为“古代‘仁者爱人’‘己所不欲，勿施于人’的仁爱价值思想，‘和而不同’‘求同存异’的和谐文化思想，‘天人合一’‘道法自然’的人与自然融洽相处思想，‘天下兴亡，匹夫有责’的社会责任感，‘言必信，行必果’的诚信品质，‘重义轻利’的利益思想，……无不反映出我国人民对和谐、文明、爱国、诚信、友善等的价值追求。”② 同时，黎昕也认为社会主义核心价值观充分体现了对中华优秀传统文化的继承和发展。中华文明绵延数千年，有其独特的价值体系。中国古代历来讲格物致知、诚意正心、修身齐家、治国平天下。这种以天下为己任的责任伦理，强调个人、家庭的命运与社会、国家、天下的命运紧密相连，要求每个人必须承担个人、社会与国家的多重责任。从某种角度看，格物致知、诚意正心、修身是个人层面的要求，齐家是社会层面的要求，治国平天下是国家层面的要求。社会主义核心价值观，把涉及国家、社会、公民的价值要求融为一体，继承了中华优秀传统文化，体现了社会主义本质要求和时代精神。中华文化强调“民惟邦本”“天人合一”“和而不同”；强调“天行健，君子以自强不息”“大道之行也，天下为公”；强调“天下兴亡、匹夫有责”；强调“君子喻于义”“诚者，天之道也；思诚者，人之道也”“言必信、行必果”“人而无信，不知其可也”；强调“仁者爱人”“己所不欲，勿施于人”“老吾老以及人之老，幼吾幼以及人之幼”“出入相

① 江畅、张景：《当代中国价值观源流探析》，《山东社会科学》2015 年第 2 期，第 28—32 页。

② 卢黎歌、吴欢、兰美荣：《社会主义核心价值观大众化探析》，《郑州大学学报（哲学社会科学版）》2015 年第 6 期，第 5—8 页。

友，守望相助""扶贫济困""不患寡而患不均"等，这些具有鲜明民族特色的思想和理念对社会主义核心价值观的不同层面都有着深刻影响。①

在24字社会主义核心价值观中，"和谐"是儒家思想的核心，强调了和而不同、求同存异的和谐发展思想。"和而不同"反映的是一个国家或民族对待不同文化的包容性，"万物并育而不相害，道并行而不相悖"（《礼记·中庸》）。求同存异的文化心态有助于理解与沟通，以实现费孝通先生所说的"各美其美，美人之美，美美与共，天下大同"。谋求人与社会的和谐发展，注重群体利益，坚持和平发展的道路，这奠定了中国与世界共同对话的思想基础。中国历来讲求"睦邻友邦"，所以中国尚王道不尚霸道。世界理应相信，中国强大但是不会称霸世界。这种谋求人与社会的和谐发展，注重群体利益，坚持和平发展的道路，奠定了中国与世界共同对话的思想基础。而《周易·乾·象传》中"天行健，君子以自强不息"的进取精神则是中华民族的脊梁，反映了各族人民在社会历史实践中不断抗争与奋斗的历程，是实现中华民族伟大复兴的精神力量。同时，中国文化历来讲仁爱，重民本，重视社会的道德教化，强调人的自省，注重自律，提倡"修身、齐家、治国、平天下"，以修身为本，注重人格的自我完善。重道德修养是中国传统文化迥异于西方文化的重要特征，也是中华民族精神的重要组成部分。以德服人，以德立国构成中华文化的基因。表明中国在国际上注重以道德等软实力让人折服，而不是以武力让人屈服。这种价值观更加符合当今世界发展的现实需要。②

（二）西方文化的吸收与借鉴

核心价值观是一项"内外兼顾"的系统工程，既要面对国内民众价值观的选

---

① 黎昕：《用中华优秀传统文化滋养社会主义核心价值观》，《光明日报》2018年7月12日第6版。

② 骆萍、孔庆茵：《当代中国价值观：内涵、意义与传播策略》，《探索》2015年第4期，第153—157页。

择，又要迎接国际其他国家和文化价值观的挑战。因此，核心价值观传播对内要起到凝聚人心、引领国民观念之功能；对外要发挥对话交融、倡导世界普遍价值之作用。

在人类历史上，西方资本主义社会经过几百年的艰辛探索，首先对民主、自由、平等、法治等价值观进行了现代化的提炼，构建了近现代的资本主义价值观，较好地适应并极大地推动了现代化的进程。[①]随之，西方列强又在开辟殖民地时将这些价值观传播到全球各地。殖民地各民族在推翻殖民统治后建立了新兴国家，主动走上现代化道路，进一步学习和借鉴西方文化价值观，并使这些价值观在适应当地情况的同时带上了本地特色。这种价值观的融合与再创造，使原有的价值观获得了更加丰富多彩的表现和广泛深刻的内涵，这实际上可视为共同创造的过程。例如，亚、非、拉各国在采纳民主政治制度时都有了相当的发展，使民主制更加丰富多样、生机勃发。因此，这些价值观既具有鲜明的西方文化根源和特色，又成了人类共同的文明成果。[②]社会主义核心价值观具有包容并蓄、求同存异的气度，不断吸收世界各国各方面积极成果，蕴含有丰富的世界优秀文明因子。因而，项久雨、吴海燕提醒："我们必须承认这样一个客观事实，即西方近现代价值观中有不少与市场经济、民主政治、现代法治、现代科技相适应的东西，这些东西我们都可以进行批判性地吸收、借鉴，为我所用。"[③]

从当代中国价值观构建的具体语境来看，江畅、张景认为，当代中国价值观构建是在我国实行改革开放的历史境遇中进行的。西方近现代价值观对我国当代主流价值观构建具有直接的"触媒"作用。在实行改革开放国策之初，我们感到

---

① 项久雨、吴海燕:《论当代中国价值观念的时代特性和世界意义》,《学校党建与思想教育》2015 年第 6 期，第 4—6 页。

② 俞新天:《中国价值观的世界意义》,《国际问题研究》2013 年第 4 期，第 44—56 页。

③ 项久雨、吴海燕:《论当代中国价值观念的时代特性和世界意义》,《学校党建与思想教育》2015 年第 6 期，第 4—6 页。

必须要解放思想、更新观念。当时虽然意识到我国要实现现代化，必须实行经济体制改革以及其他体制的改革，但并未清醒地意识到要从更深层次上更新和重构我国主导的价值观。我国国门打开之后，西方现代文明的高度繁荣使我们深感自己国家的贫穷和落后，也使我们逐渐感到西方近现代文化和价值观的强大力量和给我国社会生活带来的巨大冲击，这使急于实现现代化的中国人感到要全面深化改革，同时也感到要全面深化改革就需要构建与日益变化的社会体制和社会生活相适应的现代价值观。

西方价值观对于我国构建当代主流价值观不仅具有“触媒”作用，并且具有许多其他方面的作用。其一，它给我们提供了许多现代价值观的思想资源。我们大量地译介西方的学术著作，进行日益广泛深入的文化教育交流，在中国大地上掀起了一波又一波的西方文化热潮。我们不能否认，西方近现代价值文化的资本主义性质，也不能否认其中有很多糟粕，但是我们也必须肯定其中有不少与市场经济、民主政治、现代法治、现代科技相适应的东西。这些东西为当代中国价值观构建提供了丰富的可供选择和借鉴的内容。其二，西方近现代价值观及其构建也给我们提供了构建主流价值观的经验教训。西方近现代价值观和文化是西方资产阶级自觉构建的结果。西方近代以来的思想家提供了各种可供选择的价值观理论方案，西方近现代政治家则从这些方案中选择了自由主义理论作为主流价值观，并将其付诸实践，使之现实化。西方近现代价值观的构建使我们意识到在现代文明条件下自觉构建主流价值观的必要性和重要意义，意识到与计划经济相适应的价值观不适应市场经济，市场经济需要与之相应的价值观；另外，西方近现代价值观及其构建的局限性和难以克服的各种难题，也使我们力图避免西方近现代价值观建设走过的弯路和已经显现的偏颇。

正是鉴于这种经验教训，我们意识到我国不能走西方近代构建价值观的老路，不能搞“全盘西化”，而必须坚持走社会主义道路，当然这种社会主义不是传统的社会主义，而是有中国特色的社会主义。正因为改革开放以来党中央正确地意识到了西方价值观对我国主流价值观所具有的意义，所以我国不断扩大对外开放，由改革开放之初的“被冲击”到自1992年邓小平南方谈话开始的“主动引进”。在这个过程中，我们也走过一些弯路。例如，20世纪80年代开展的“清除精神污染”“反对资产阶级自由化”等，就是力图用传统社会主义价值观抵御西方思想文化的冲击，虽然也起到了一定的作用，但事实证明这是不能完全奏效的。20世纪90年代我国实行市场经济体制之后，改变了以前的被动应对的策略，在更自觉更主动地对外开放的同时，开始适应全面深化改革开放和建立社会主义市场经济的需要，自觉主动地构建当代中国价值观，特别是社会主义核心价值体系和核心价值观。这种自觉主动的价值观构建不再对西方近代价值观采取敌视的和简单抵制的态度，而是吸取其中有价值的合理内容，真正采取了“洋为中用”的积极开放态度。①

当代中国价值观念在借鉴资本主义价值观合理成分的同时，也实现了对这一价值观的历史性超越。在社会主义制度的前提之下，在中国特色社会主义的语境之中，“民主”“自由”“平等”等均被赋予了新的内涵。“民主”作为一种价值理念，是人类社会共同的文明成果和梦寐以求的政治理想，更是无产阶级始终不渝的价值追求。社会主义民主，就是以多数人和劳动者的民主代替少数人和剥削者的民主，是对人民真正当家作主的肯定，是对资本主义以资本为前提的不彻底民主的否定和超越。社会主义核心价值观的“自由”也不再是基于资本的自由，而是基于人民主权的自由。“平等”也不再仅仅是法权的抽象平等甚或周期性“投票权”的平等，而是人与人之间在经济、政治、文化、社会等诸方面的全面而具体的平等。同样，“公正”也不再是低于资本自由和个人自由的程序性和第二位的价值观，而是规定着社会主义人人平等、共同富裕、反映社会主义本质的核心

① 江畅、张景：《当代中国价值观源流探析》，《山东社会科学》2015年第2期，第28—32页。

价值观。[①]

（三）马克思主义的指导与发展

作为一种世界历史文化，马克思主义是在无产阶级革命实践经验总结的基础上，吸收和改造了人类思想和文化发展中一切有价值的因素而形成的。[②] 正如列宁所说：“马克思主义这一革命无产阶级的思想体系赢得了世界历史性的意义。是因为它并没有抛弃资产阶级时代最宝贵的成就，相反却吸收和改造了两千多年来人类思想和文化发展中一切有价值的东西。只有在这个基础上，按照这个方向，在无产阶级专政（这是无产阶级反对一切剥削的最后的斗争）的实际经验的鼓舞下继续进行工作，才能认为是发展真正的无产阶级文化。”[③]

江畅、张景认为，马克思主义对构建当代中国价值观的作用是不言而喻的，只有坚持马克思主义基本立场、基本观点、基本原则的主流价值观，才真正是马克思主义的，是科学社会主义的。无论是国内还是国外，有不少人认为马克思主义产生于19世纪，今天已经过时。还有些人认为马克思预言资本主义必然灭亡，然而到一百多年后的今天其也没有灭亡，从而怀疑马克思主义的正确性。我们知道，西方今天占统治地位的自由主义一般认为产生于17世纪的英国思想家洛克。自由主义虽然经历了从自由放任主义到国家干预主义的转变，但它的基本立场、基本观点、基本原则没有变。马克思的社会主义产生于19世纪，比自由主义还要晚两个世纪，我们没有理由说它到今天必定过时，而洛克的自由主义不会过时。至于说资本主义到今天尚没有灭亡，并不能表明马克思、恩格斯预言的破产。一方面，资本主义固有的矛盾及其后果依然存在，今天没有灭亡并不意味着它不会灭亡。资本主义今天仍然充满着活力，主要得益于国家干预政策的实施

① 项久雨、吴海燕：《论当代中国价值观念的时代特性和世界意义》，《学校党建与思想教育》2015年第6期，第4—6页。

② 同上。

③〔苏〕列宁：《列宁选集》第4卷，人民出版社2012年版，第299页。

和现代科学技术的发展，这两个方面是马克思主义创始人所未曾充分预料到的。另一方面，我们也不难看出，当代资本主义也正在朝着马克思、恩格斯所预示的方向发展。就是说，由于现代科技的发展和国家干预的实施，今天的资本主义不一定要通过无产阶级革命和无产阶级专政进入社会主义社会，但它的发展方向，乃至整个人类社会的发展方向，都是马克思所预示的以人的全面而自由发展为原则的自由人联合体。今天我国构建主流价值观之所以要坚持马克思主义，就是要使中国走出一条不同于资本主义的社会主义道路，从而达到马克思、恩格斯所设想的人类理想境界。对于已经走上社会主义道路的中国而言，不可能也不应该像苏俄那样回头再走资本主义道路。[①] 谢佳奇、王锦也认为，中国革命和建设能够取得成功，最主要就是坚持了马克思主义。社会主义核心价值观与西方的资本主义价值观以及中国传统的价值观有着很大的差异。最重要的就是“社会主义”一词的限定。依赖于马克思主义的指导，中国人民最终取得了新民主主义革命的胜利，创造出了社会主义建设的伟大成就。社会主义核心价值观是中华民族永恒的旗帜。马克思主义是中国特色社会主义伟大实践的指导思想。自中国共产党成立以来，中国共产党始终坚持马克思主义的指导地位，在不断的革命、建设和改革中，经过反复试验后得出了中国的繁荣和发展离不开马克思主义。这就决定了社会主义核心价值观必须始终坚持马克思主义指导。[②]

因而，在建设中国特色社会主义的过程中，中国共产党以相关文献的形式，科学总结了我国过去社会主义的实践经验，并对构建当代中国价值观提出明确要求。《中共中央关于构建社会主义和谐社会若干重大问题的决定》明确指出：“马克思主义指导思想，中国特色社会主义共同理想，以爱国主义为核心的民族精神

① 江畅、张景：《当代中国价值观源流探析》，《山东社会科学》2015 年第 2 期，第 28—32 页。

② 谢佳奇、王锦：《全球化视域下社会主义核心价值观对外传播策略探析》，《新西部旬刊》2017 年第 4 期，第 5—6 页。

和以改革创新为核心的时代精神，社会主义荣辱观，构成社会主义核心价值体系的基本内容。"党的十八大报告中进一步明确要求，加强社会主义核心价值体系建设，要"推进马克思主义中国化时代化大众化，坚持不懈用中国特色社会主义理论体系武装全党、教育人民"。马克思主义当代中国化、时代化、大众化的最重要成果是中国特色社会主义理论和实践。中共中央印发的《关于培育和践行社会主义核心价值观的意见》，明确把高举中国特色社会主义伟大旗帜作为培育和践行社会主义核心价值观的指导思想。[①]

对此，项久雨、吴海燕认为，当代中国价值观念以马克思主义为指导，还体现了对马克思主义价值观的吸收的发展。马克思主义价值观是科学的价值观，因为它建立在唯物史观的基础之上。马克思主义价值观将生产力的发展作为判断社会进步的重要价值标准，体现了其内在规定性和本质要求。社会主义核心价值观包含三个层面的价值追求，在国家层面的价值目标中，"富强"是排在第一位的，这表明了当代中国价值观念对马克思主义价值观的遵循和发展。此外，马克思主义价值观坚持人民主体论，将无产阶级乃至整个人类的解放视作根本的价值标准。《共产党宣言》指出，共产党人没有自己的特殊的利益并将人民群众视为唯一的、最高的价值主体。当代中国是人民民主专政的社会主义国家，人民是国家的主人，人民的利益高于一切。当代中国价值观念体现了对马克思主义人民主体价值论的丰富和发展。[②]江畅、张景也认为，构建当代中国价值观的过程也就是丰富和发展马克思主义的过程。在当代中国发展马克思主义面临双重的任务：其一，要以马克思主义为指导探索我国现代化建设过程面临的各种新的问题，不仅使马克思主义与中国实践对接、结合，在有效解决当代中国问题的过程中使之

① 江畅、张景：《当代中国价值观源流探析》，《山东社会科学》2015年第2期，第28—32页。

② 项久雨、吴海燕：《论当代中国价值观念的时代特性和世界意义》，《学校党建与思想教育》2015年第6期，第4—6页。

成为中国最先进的价值观，成为价值观多元时代的中国主流价值观。其二，也要以马克思主义为指导探索当代世界面临的各种新的问题，使马克思主义与当代世界实践对接、结合，在有效解决当代世界问题的过程中使之成为世界最先进的价值观，成为价值观多元时代的世界主流价值观。这两个方面不是分离的，而是紧密地联系在一起的。一方面，在全球一体化的新情况下，中国问题与世界问题完全分不开，特别是我国市场经济兴起以来暴露的许多问题与其他所有市场经济国家相似。这种新的情况要求当代中国价值观构建必须将中国问题与世界问题联系起来考虑和研究解决，如果缺乏世界视野，中国问题就不可能得到真正的解决，当代中国价值观也就不可能真正构建起来。另一方面，马克思主义是一种世界性思潮，是近代产生的在今天世界最有影响力的两大思潮之一。中国是信奉马克思主义的国家，而中国是世界上人口最多的国家，也是社会主义事业最兴旺发达的国家。因此，当代中国不仅有解决本国的社会主义现代化问题的责任，而且也肩负着研究解决现代人类面临的世界性问题的重大使命。从这种意义上看，我们要把当代中国价值观作为具有世界意义、全人类意义的价值观来构建，使之成为当代人类最先进的价值观。这种价值观以其先进性可以与西方自由主义价值观相抗衡、相竞争，不仅不被自由主义价值观战胜，相反要通过超越它而最终战胜它。只有这样，我们才真正在当代弘扬和发展了马克思主义。①

项久雨、吴海燕进一步指出，马克思主义价值观将实现人的彻底解放和自由而全面的发展视为终极价值追求，这是共产主义最感召人、吸引人、凝聚人的价值理想的光辉，为当代中国“自由”价值观念的倡导提供了重要参照。马克思对自由的理念十分推崇，“代替那存在着阶级和阶级对立的资产阶级旧社会的，将

① 江畅、张景:《当代中国价值观源流探析》,《山东社会科学》2015年第2期，第28—32页。

是这样一个联合体，在那里，每个人的自由发展是一切人的自由发展的条件"[①]。马克思在其著作中更多的是用这样的话来概括他们为之不懈奋斗的新社会的特征——"自由人的联合体"，"一切人自由全面发展的社会"，如此等等。可见，马克思主义价值观把人的自由而全面发展定位为价值理想，并将这一信念贯穿于整个学说理论体系之中，顺应了世界文明进步的发展趋势。"一切人，作为人来说，都有某些共同点，在这些共同点所及的范围内，他们是平等的，这样的观念自然是非常古老的。但是现代的平等要求与此完全不同；这种平等要求更应当是从人的这种共同特性中，从人就他们是人而言的这种平等中引申出这样的要求：一切人，或至少是一个国家的一切公民，或一个社会的一切成员，都应当有平等的政治地位和社会地位。"[②]"平等应当不仅仅是表面的，不仅仅在国家的领域中实行，它还应当是实际的，还应当在社会的、经济的领域中实行。"[③]可见，马克思和恩格斯主张的平等是全体社会成员之间的平等，平等的内容是全方位的，包括政治、社会、经济领域。当代中国价值观念对"民主""自由""平等"的倡导正是对马克思主义核心价值观的坚守。[④]

（四）实践特色与时代精神

党的十八大把社会主义核心价值观的基本内容概括为"三个倡导"二十四字："富强、民主、文明、和谐"是国家层面倡导的价值目标，也是"中国梦"目标的高度浓缩和概括；"自由、平等、公正、法治"是社会层面倡导的价值取向，是人类几千年来共同的价值追求；"爱国、敬业、诚信、友善"是个人层面

① 〔德〕马克思、恩格斯：《马克思恩格斯选集》第1卷，人民出版社2012年版，第422页。

② 〔德〕马克思、恩格斯：《马克思恩格斯选集》第3卷，人民出版社2012年版，第480页。

③ 同上。

④ 项久雨、吴海燕：《论当代中国价值观念的时代特性和世界意义》，《学校党建与思想教育》2015年第6期，第4—6页。

倡导的价值准则，体现当代中国人和中华民族的道德价值路径。其一，从国家层面上讲，“富强、民主、文明、和谐”是建设现代国家的价值目标，是社会主义国家最基本的价值规定，也是现阶段我国改革和建设的总体目标，其具体表现为经济上富强，政治上民主，文化上要文明，社会和谐。其二，从社会层面上讲，“自由、平等、公正、法治”是对当代社会的价值追求和美好愿景。人的自由全面发展是马克思主义的最高追求。平等是构建和谐社会的理论基础，公正是维系社会关系的基本准则。法治不仅是一种法律制度，更是一种治国方式。一个社会只有实现了法治，才能从制度上给人的自由、平等和社会的公正提供保证。其三，从个人层面上讲，“爱国、敬业、诚信、友善”涵盖了个人如何立身处世的主要方面，是国家公民道德标准的基本要求。①

中国梦的实现离不开道德支撑。我们能够走多远，这并不仅仅取决于物质指标，更根本地应取决于我们能不能立身于人类文明的制高点。应取决于我们创造的文明和价值观是否具有引领人类文明走向的作用。对此，公方彬指出，中国崛起呼唤核心价值观。唯有确立起核心价值观，民族文化尤其是精神创造才拥有了骨干和建设的基础，才会成就为巍峨的精神大厦；整个社会的价值体系与价值坐标才会形成并稳定下来，大众的价值追求才能找到正确的起点和归宿；才能矫正一个民族或集团的思维方式和思想方法，才能保证走向更加理性和成熟；多元价值观才会形成主流精神，才能避免因碰撞而失去和谐；中华民族才拥有了体制创新与科技创新的精神支撑力与推动力。②

施惠玲提出，社会主义在当下的中国是在两个层面存在的：一是作为奋斗目标的理想层面的社会主义；二是我们正在建设着的现实实践层面的社会主义。对

---

① 骆萍、孔庆茵：《当代中国价值观：内涵、意义与传播策略》，《探索》2015 年第 4 期，第 153—157 页。

② 本刊记者：《中国崛起呼唤核心价值观——访国防大学教授公方彬》，《紫光阁》2013 年第 3 期，第 28—30 页。

于我们要传播的社会主义核心价值观，毫无疑问，也就具有了理想性与现实性的双重品格，具有了信仰与意识形态的功能。从受众角度讲，对理想的持有往往依赖的是信仰。信仰需要热情，需要极大的感情投入，所以，传播中要以大量生动形象的“事例”及“榜样”来感化受众。就社会主义的现实性而言，我们需要理性地认识到，社会主义运动并不是一种“自然运动”。马克思指出：“整个所谓世界历史不外是人通过人的劳动而诞生的过程，是自然界对人来说的生成过程。”[①]“并不是‘历史’把人当作手段来达到自己——仿佛历史是一个独具魅力的人——的目的。历史不过是追求着自己目的的人的活动而已。”[②]所谓社会的“自然历史过程”并非脱离人的实践活动自然而然的过程，而恰恰必须通过社会历史的主体活动来实现。因此，资本主义不会自然地被消灭掉，社会主义也不会因为一夜之间的革命就完全得以实现。社会主义的现实性为其是通过艰苦而漫长的社会主义建设即不断地进行改革来逐渐实现的过程。而且，既然社会主义的实践也是主体的一种活动，它就有可能永远不会完全实现预定的理想。但现实与理想的差距不能反过来否定这种理想的现实性，对社会主义的认识也是这样。一部社会主义运动史，在本质性方面，就是一部不断从理想性走向现实性的历史。在马克思主义创始人那里，就已经开始了社会主义理想现实化的过程。改革开放后的中国特色社会主义建设，以及之前的毛泽东社会主义的这种现实性，决定了社会主义核心价值观已经不仅仅是一种社会主义优越性的现实彰显，也是用于引导和约束人们思想与行为的规范性范畴，它要求我们在传播中不仅传播社会主义现实业已创造出的辉煌业绩，更要使受众理性地接受和认同这种核心价值观的规范。[③]

---

① 〔德〕马克思、恩格斯：《马克思恩格斯选集》第3卷，人民出版社2012年版，第310页。

② 〔德〕马克思、恩格斯：《马克思恩格斯选集》第1卷，人民出版社2012年版，第295页。

③ 施惠玲：《社会主义核心价值观传播中的两种张力关系》，《中国特色社会主义研究》2012年第6期，第77—80页。

陈先红、刘晓程认为：核心价值观是一项“顶天立地”的全局工程，既要有顶层设计的全面铺开，又要有循序渐进的落地执行。其一，核心价值观的传播是一套整体导入工程，需要作出顶层设计。比如，中国社会主义核心价值观的12个主题词，涉及国家、社会、公民三个不同层面，是一种系统性的完整表述。其传播当然也需要在整体和全局的层面上展开，形成一个国家、社会、公民的有机体系。但由此也造成一种困难，即“捆绑式”的宏大铺排就像各大城市街头的宣传标语一样，只能达到“灌输式”的识记结果（有时连这一点都难以实现），无法真正实现“接地气、入民心”的传播效果，甚至无法在国际社会上找到“整体对话”的对象。其二，社会主义核心价值观传播更需要从每个具体的关键词入手，围绕某个具体的价值观念开展更有针对性的传播塑造，甚至要在现有表述的基础上，进一步提炼国家核心价值观的真正内涵，在“复杂与简单”“共性与个性”中强调“极简式传播”和“个性化表达”，使其真正符合国家品牌传播的基本要求。[①] 其中，由中国梦所激发的关于民族的信念和时代精神，构成了当代中国价值观的发展维度，或者说未来发展的方向。而其鲜明的实践特色，又体现为其与经济、政治、文化、社会生活及国际关系的息息相关。正如周菲、李艳春指出的，中国梦说到底就是建设富强、民主、文明、和谐的社会主义现代化国家的梦想，是全体中国人民的梦想，是集体的梦。作为集体的一分子，每个人都有自己的梦想和价值追求。无数个体追求个人幸福和实现个人价值的努力，汇集成实现集体梦的伟大合力。个人梦想和价值的实现是实现集体梦想的基础和前提，个人的梦想和价值只有通过集体梦想的实现才能真正得以实现。只有坚持以社会主义核心价值观为统领，才能深刻认识和准确把握这一重要价值关系。中国梦也体现了社会发展规律性与党的宗旨价值性的高度统一。人民群众是历史的主体和创

① 陈先红、刘晓程：《核心价值观传播的国家公共关系战略构想》，《现代传播（中国传媒大学学报）》2015年第6期，第25—31页。

造者，是推动社会发展的根本力量，社会发展离不开人的实践。中国梦是全体中国人共同的梦，每个人为实现共同理想而自觉实践的过程就是推动国家和社会发展进步的过程。中国梦是全体中国人共同的梦，人民群众既是“梦中人”，也是“追梦人”，更是最终受益的最广大的“圆梦人”。倡导以社会主义核心价值观为统领，推动伟大中国梦的实现，既遵循了社会发展规律性，即坚持人民主体地位、发挥人民主体作用建设中国特色社会主义，又坚持了党的宗旨，即依靠人民、服务人民的政治立场和价值追求，实现了二者的高度统一。[①] 对此，陈先红、刘晓程提出了核心价值观传播的金字塔战略构想：以“国家核心价值观”为主轴，在明确国内外战略传播对象的前提下，建立多重话语空间的和谐对话机制，通过接触、交流、教育、授权四种战略路径，重点建设开发“人民、产品、媒体、文化、旅游”五大资源载体，进而系统化、针对性地塑造出责任中国、品牌中国、文化中国、创新中国、美丽中国、诚信中国的良好国家形象。[②]

三、意义：对内凝聚力与对外吸引力

核心价值观堪称国家和民族发展的内在“基因”，具有对内对外的双重意义：对内强调对国家社会内部的凝聚力和向心力；对外强调对于国际社会的吸引力和影响力。

（一）对内凝聚力

第一，核心价值观的建设和传播是自身丰富和发展的需要，也是对执政理念和中国梦的凝练。当代中国价值观把国家、社会、个人的价值要求融为一体，其

① 周菲、李艳春：《社会主义核心价值观与中国梦》，《光明日报》2014年10月6日第6版。

② 陈先红、刘晓程：《核心价值观传播的国家公共关系战略构想》，《现代传播（中国传媒大学学报）》2015年第6期，第25—31页。

终极价值目标就是中华民族伟大复兴梦。骆萍、孔庆茵认为：中国梦涵盖了国家富强、民族振兴和人民幸福的梦想，意味着中华民族和人民的价值体认和追求，既体现了中国历史发展的时代主题，又指明了中华民族的美好愿景，是当代中国价值精神的通俗表达。中国梦的提出，让每一个中国人充满了希望，看到了未来的美好，进而激发出极大的创造未来的激情。中国梦及其激发出的大众创业、万众创新等时代价值表明，中国人有梦想，有追求，充满活力，魅力四射。中国是创造的国度，是创新的国度，不仅历史悠久，更为重要的是还要将这种悠久历史文化推向未来。当代中国价值观就其性质而言是中国特色的社会主义价值观，其核心内容是社会主义核心价值观，实现中华民族伟大复兴的中国梦是社会主义核心价值观的终极价值目标。中国梦等体现时代精神的价值观，构成了当代中国价值观的发展维度，或者说未来发展方向。中国梦的提出和践行表明，当代中国是充满希望、充满生机和活力的希望之乡，当代中国是活力迸发的，当代中国是创新的国度、时尚的国度、魅力的国度。因此，中国梦等体现时代精神的价值观念，是当代中国价值观念不可或缺的重要一环。①

传播是文化及价值观形成发展的展开形式和动力机制。正如段立国指出：在全球化背景下，一国文化及其价值观越来越需要以更加宽广的全球视野推进国际传播。一国核心价值观的建设若仅局限于国内视野，难免会陷入自我封闭状态，甚至导致自我孤立而丧失竞争优势，往往疲于应对外来强势文化侵入的压力；一国核心价值观念唯有在世界范围内进行高层次、深程度的国际传播互动，才能在世界多元文化的激荡中为自身发展注入新活力，“闭门造车”式的核心价值观建设无异于让本国核心价值观念自绝于世界先进文化及价值体系之林。积极推动国际传播，有利于当代中国核心价值观念突破中国本土文化局限，在与世界其他文

① 骆萍、孔庆茵：《当代中国价值观：内涵、意义与传播策略》，《探索》2015年第4期，第153—157页。

化的交流碰撞中汲取养分，涵养价值观建设的内驱力；同时，也有助于提升国人对中华文化的自觉自信，夯实核心价值观念的国民认同根基，筑牢国家意识形态安全的坚强堡垒。①因此，"积极推动社会主义核心价值观'走出去'，使其与其他价值观进行互动与碰撞"②，从而增强其国际话语权和影响力，是促进价值观获得自身成长和发展的动力源泉，也是维护中国意识形态安全，反制西方意识形态渗透的长效化、常态化的有力举措。

第二，核心价值观念是一种文化的精髓所在，作为文化软实力的轴心和深层来源，是统摄文化软实力的"魂"，成为决定国家之间文化竞争成败的关键因素，支配着文化软实力的生命力，决定着文化软实力的性质和发展方向。任何社会都有自己的核心价值观，即占主导地位的价值观，它是一个社会意识形态的主体和灵魂，作用于经济、政治、文化、社会生活的各个方面，从根本上制约、规范着社会的发展方向和道路。③只有一个国家的核心价值观念得到国际社会的广泛理解和认同，进而上升为国际社会普遍仰慕和遵循的价值观念，这个国家才算得上是真正拥有了影响世界的强大软实力。

社会主义核心价值观是"我国文化软实力之'魂'，赋予其精神气质；是我国文化软实力之'核'，构成其最深层次内容；是我国文化软实力之'源'，为其发展提供动力"④，决定着中国文化的社会主义性质、中国特色和发展的方向。换言之，社会主义核心价值观反映了社会主义意识形态的本质要求，同时也规导着我国软实力建设的方向，"为我们发展文化软实力把舵定向，提供科学的世界观、

① 段立国：《当代中国核心价值观念国际传播的战略意蕴》，《探索》2016年第3期，第169—174页。

② 赵丽涛：《全球化背景下社会主义核心价值观的对外传播》，《中国特色社会主义研究》2014年第3期，第75—79页。

③ 闻理：《文化软实力的灵魂》，《河北日报》2014年4月11日第2版。

④ 王学俭、郭绍均：《关于我国文化软实力的思考——基于社会主义核心价值观的视阈》，《内蒙古社会科学（汉文版）》2016年第4期，第18—23页。

方法论和锐利的思想武器，使我们在文化软实力建设中能辨是非、权利弊、明善恶、察优劣、御谬误、扬正气”。[①] 党的十八大以来，习近平总书记多次就文化软实力发展和社会主义核心价值观的培育发表一系列重要论述，为新时代如何通过培育践行社会主义核心价值观助推我国文化软实力发展指明了方向和出路。习近平强调：“核心价值观是文化软实力的灵魂、文化软实力建设的重点。这是决定文化性质和方向的最深层次要素。一个国家的文化软实力，从根本上说，取决于其核心价值观的生命力、凝聚力、感召力。”这就从“灵魂”“三个力”的战略高度，论述了培育社会主义核心价值观对于文化软实力提升的导向性和引领性作用。在国内，核心价值观是社会凝聚力的来源，明确了整个国家运作、制度设计、法律制定、政府决策、文化发展公民教育等方面的内容，确立社会规范准则，给个人价值以指引。在对外方面，核心价值观则是国家和民族重要标志，可以确保在国际交往中保持独特性，核心价值观的牢固树立，能够避免国家和民族被削弱、征服和同化，进而免于走向衰败和灭亡。国家的文化软实力主要表现在一个国家的文化认同和民族认同体现出的凝聚力，以及国民的精神信仰、意志品格等方面，而核心价值观的培育和践行正是一个国家文化软实力内部建构的根本路径。[②]

第三，核心价值观的传播能提升国家形象。国家形象是在媒介和人们心理中的对于一个国家及其民众的历史、政治、经济、文化、生活方式及价值观的综合印象。对于一国形象而言，文化形象是最稳定和持久的，文化外交是向国际社会塑造国家形象的重要途径。而正如段立国所说，“文化外交的核心是价值观外交，根本依托于核心价值观念的国际投射、国际理解与国际影响”。因此，推动核心价值观念的国际传播，成为一个国家打造良好国际形象和维护国家利益的重要外

---

① 闻理：《文化软实力的灵魂》，《河北日报》2014 年 4 月 11 日第 2 版。

② 石泌禾：《文化软实力发展与社会主义核心价值观培育》，《南京社会科学》2018 年第 11 期，第 123—128 页。

交形式。

当代中国核心价值观念的国际传播是中国价值观外交的主轴和打造良好中国形象的重要途径。核心价值观念在当代中国价值体系中的主导地位决定了中国价值观外交必须以核心价值观念为内核，紧紧围绕核心价值观念的国际传播而展开。核心价值观念的国际传播是中国价值观外交的轴心，同时对中国形象的深层塑造发挥根本性作用。任何一个国家的形象总是被打上文化和价值观的烙印，核心价值观成为国家形象的根本标志。英国品牌专家西蒙·安霍尔特（Simon Anholt）曾言：“文化在充实国家品牌形象的过程中发挥着重要作用，它推动国家间从初步的媒介沟通深入到对他国及其价值观的更全面和持久的理解。”当代中国核心价值观念的国际传播增进国际社会对当代中国价值观念和中国人精神世界的深入理解，对提升世界其他国家对中国的文化理解和政治信任具有促进作用，对筑牢中国良好形象的文化根基意义深远。[①]

当代中国核心价值观念的国际传播同时有利于中国应对西方的价值观外交压力，修复受损的中国形象。当前，价值观外交已然成为西方国家在与中国“打交道”时所采用的重要外交手段，中国时常面对西方国家的价值观外交压力。[②]2014年，习近平总书记在中法建交50周年纪念大会上提出：“拿破仑说过，中国是一头沉睡的狮子，当这头睡狮醒来时，世界都会为之发抖。中国这头狮子已经醒了，但这是一只和平的、可亲的、文明的狮子。”如果说“东方睡狮”的比喻代表了近代中国的主要形象，那么习总书记现在提出的“和平的、可亲的、文明的狮子”的比喻，则树立了新的国家形象认知，又诠释了中国坚持走和平发展道路的价值主张。改革开放四十多年，中国在世界上逐渐展示出了“社会主义国家”“发展中国家”“改革开放国家”等国家形象。然而，一些西方媒体却置事

① 段立国：《当代中国核心价值观念国际传播的战略意蕴》，《探索》2016年第3期，第169—174页。

② 同上。

实不顾，屡屡抛出“中国威胁论”等不当言论，妄图“妖魔化中国”。“中国威胁论”实质上是某些西方国家企图制约中国崛起的政治手段之一。事实上，中国的发展恰恰给世界带来机遇，绝不会对世界构成威胁。面对“中国威胁论”的攻击，如何在国际上有力传播中国的核心价值观念，更好地塑造负责任的大国形象，为我国发展创造良好的国际舆论环境，显得迫切而重要。我国社会主义核心价值观既吸收了世界优秀文明成果，又有对中华优秀传统文化的传承，彰显了社会主义的本质要求，无疑是当代中国国家形象的重要体现。扩大社会主义核心价值观国际传播，促进当今世界对中国核心价值观念的认识和认同，不仅可以彰显中国国家精神，而且有利于展示中国的良好国家形象。[①] 其中，当代中国价值观所蕴含的“开放”“包容”“创造”和“以人为本”的内在诉求，以及对世界“和而不同”“和谐发展”的追求是形塑新时期中国形象的重要“柔性”手段，对我国“和平、发展、合作”国家形象的对外传播起着重要的作用。

第四，核心价值观的传播有利于提升国家的国际话语权。由于话语本身内含着特定的价值观，国际舆论总是遵照某种特定的价值观来确定舆论导向。一国强大的国际话语权必然建立在该国话语所内含的价值观念被国际社会广泛认可的基础之上，依靠该国价值观念的有效国际传播予以实现。[②] 因而，加强核心价值观传播是国家意识形态建设的首要任务，也是提高对外话语权的重要途径之一。在很长时期，西方资本主义国家主导了“西方中心论”的话语体系，并且凭借其话语权优势在国际舆论上占据“言说者”地位。改革开放以来，随着我国综合国力的显著增强和国际地位的大幅提升，中国发展模式的国际影响力不断扩大，这使“西方中心论”的话语体系受到了挑战。一些西方媒体不但难以容忍中国的发

① 张铤:《社会主义核心价值观国际传播的价值与路径》,《中国广播电视学刊》2017 年第 11 期，第 38—40 页。

② 段立国:《当代中国核心价值观念国际传播的战略意蕴》,《探索》2016 年第 3 期，第 169—174 页。

展模式，而且企图以他们的价值观"遏制"中国。他们经常在国际上抛出损害中国形象的话题，传播一些对中国不利的言论。[①]中国若局限于西方的话语框架下，遵从西方制定的"话语规则"参与话语权竞争，必然无法掌握话语主动权和主导权，也就难以掌握强大的国际话语权。"当代中国核心价值观念思想丰富、内涵深邃，包含独立的形成逻辑和价值论证，是中国话语的重要话语资源"[②]，我们必须重视当代中国价值观念的国际传播。通过核心价值观念的国际传播，中国面向世界对本国现实生活、社会风貌、伦理道德、价值追求与精神信仰的集中表达，使中国话语更加"言之有物""言之有德"，有助于增强中国话语的国际公信力和感染力，推动中国话语转化为国际主流话语，增强中国话语引导国际舆论的能力。对此，张铤认为，我们一定要树立"四个自信"，夯实社会主义意识形态，加强社会主义核心价值观的国际传播，在世界舞台传播好"中国声音"、讲好"中国故事"。我们要向世界各国广泛传播社会主义核心价值观，努力扩大国际影响力，让我国的核心价值观被世界各国知晓和认可，提升我国的对外话语权，最终超越"西方中心论"的话语体系。[③]同时，吴海燕也指出：我们必须要下大气力加强当代中国价值观念的国际传播，让世界全面了解当代中国究竟走的是一条什么样的道路，真实的中国到底是一个什么样子。要向国际社会讲清楚当代中国价值观念仅仅是世界多元文化、多元价值观念中的一元，从而化解分歧、减少敌意、增进共识，赢得世界对我们的信任和信心，为我国发展营造良好的国际舆论环境。[④]

---

① 张铤：《社会主义核心价值观国际传播的价值与路径》，《中国广播电视学刊》2017年第11期，第38—40页。

② 段立国：《当代中国核心价值观念国际传播的战略意蕴》，《探索》2016年第3期，第169—174页。

③ 张铤：《社会主义核心价值观国际传播的价值与路径》，《中国广播电视学刊》2017年第11期，第38—40页。

④ 吴海燕：《论当代中国价值观念国际传播的必然性》，《决策与信息》2016年第6期，第73—79页。

同时，从当代世界话语体系的建构意义来说，作为其中的一元，社会主义核心价值观的对外传播是为实现自身与当代世界话语体系的对接，从而为社会主义话语体系争取一席之地。中华人民共和国自成立以来，特别是改革开放以来，经济发展突飞猛进，从一个积贫积弱的国家发展成世界第二经济实体大国，我国的经济实力、科技实力、国防实力、综合国力进入世界前列，国际地位取得了极大的提升。社会主义核心价值观的对外传播，是中国寻求与其大国地位相匹配的国际话语权的尝试，从而提升社会主义核心价值观对中国道路的解释力，让世界更好地了解真正的中国。社会主义核心价值观作为中国话语体系的凝练，是精神文明建设的中流砥柱。它对外传播的不是标语、口号，而是背后蕴含的价值观念与价值体系。外交话语是国家在进行外交活动时所使用的话语。它是一国外交政策的体现，也是建构国际话语权的桥梁与通道。实现社会主义核心价值观的高效传播，必须充分利用外交话语，实现中国外交话语与当代世界话语体系的对接。这就要求中国需要坚持和平发展、合作共赢的外交话语核心，构建新型国际关系；也要主动承担国际责任，带动周边国家和广大发展中国家共同发展；还要牢固树立人类命运共同体意识，准确把握全人类的共同价值。①

社会主义核心价值观凝练了中国智慧与世界文明，吸收了和平发展与合作共赢理念，试图对接人类的共同价值。传播社会主义核心价值观不能仅仅单纯地宣传二十四字的口号，需要将其背后的内涵与当代世界话语联系起来，提倡和平发展、合作共赢，为世界经济与发展注入新活力，寻求各方利益的最大公约数，构建人类命运共同体。只有这样，才能实现社会主义核心价值观“走出去”，才能在国际社会中被倾听、被接受，寻求话语优势。作为当代中国精神集中体现的社会主义核心价值观，其对外传播也是中华文化“走出去”的重要内容，是促进世

---

① 孙伟平、孙晓静：《当代中国话语体系建设与社会主义核心价值观“走出去”》，《当代中国价值观研究》2018年第4期，第82—89页。

界读懂中国、提升中国国际话语权的重要途径。[①]

（二）对外吸引力

第一，当代中国核心价值观具有丰富而又深邃的文化与价值内涵，是促进世界发展进步的宝贵文化资源。"无论任何时期，价值观既反映了特定时期的意识形态要求，具有时代特征，同时也反映了人们对美好生活的期待和追求，是现实与理想的结合体。"[②] 因此，"社会主义核心价值观在突出中国'特色'的同时，也蕴含着人类社会'一般'的价值理想"[③]，既反映了当今中国和平与发展的时代期许，表达了全世界人民的共同愿望，同时亦揭示了科学社会主义以及共产主义的根本价值取向。[④] 追求和实现社会的平等、安定、和谐，可以说是全人类共同的价值取向。"社会主义核心价值观反映了和平与发展的时代最强音，体现了共同发展、合作共赢的时代要求，揭示了人类社会历史发展的终极价值取向"[⑤]，对整个世界而言，蕴含当代中国价值观念的中国模式、中国经验无疑是一笔宝贵的财富。具体来看，社会主义核心价值观在突出中国"特色"的同时，也蕴含着人类社会"一般"的价值理想。追求和实现社会的平等、安定、和谐，可以说是古往今来不同国度、不同民族、不同地域人们的共同愿望，也是人类社会历史发展的一种必然趋势。古今中外对这些共同的价值理念都有着非常深刻和丰富的论述。从中国古代思想家"和为贵"等思想的产生，到古希腊思想家对和谐的界

---

① 孙伟平、孙晓静：《当代中国话语体系建设与社会主义核心价值观"走出去"》，《当代中国价值观研究》2018 年第 4 期，第 82—89 页。

② 张军成、赵明明、赵龙：《借鉴与发展：世界文明语境下社会主义核心价值观的中国表达》，《思想教育研究》2016 年第 9 期，第 49—53 页。

③ 项久雨、吴海燕：《论当代中国价值观念的时代特性和世界意义》，《学校党建与思想教育》2015 年第 6 期，第 4—6 页。

④ 张军成、赵明明、赵龙：《借鉴与发展：世界文明语境下社会主义核心价值观的中国表达》，《思想教育研究》2016 年第 9 期，第 49—53 页。

⑤ 同上。

定，再到空想社会主义者对未来和谐社会的向往、描述和追求，直至马克思、恩格斯对未来社会的发展方向所作的科学设想，都说明社会和谐是人类共同追求的价值目标和社会理想。我们认为，只有代表人类历史前进方向的价值才具有世界普遍意义，而和谐就是中华民族贡献给全人类的具有普遍意义的价值。中国人的和谐情怀被外电誉为代表着东方、代表着一个“新世界的可能”。“和谐”理念用东方智慧回答全人类的发展问题，强调人与自然、人与人、国家与国家、文明与文明的和谐相处，体现了人类共同的价值理想追求。①

“自由”也是当代中国价值观念的重要内容，是人类共同的文明成果和价值共识，反映了人类共同的价值理想追求。中国特色社会主义核心价值观念，高扬共产主义价值理想的伟大旗帜——实现“人的自由全面发展”，闪耀共产主义理想的价值光芒。作为一种以马克思主义为指导思想的社会理想、社会形态及制度安排，社会主义以其自身独特的价值魅力吸引、感召着人类社会的价值追求。中国宣扬的“以人为本、集体至上、贵和尚中、兼容并蓄”等思想与西方国家倡导的“个体本位、竞争为贵、适者生存”等价值观相比，更加符合世界文明的多样性发展，更加符合世界各民族人民的共同利益需求，更加有利于和谐世界的构建。②

第二，核心价值观为解决全球性问题提供新思路。和平与发展是当今时代的主题，和平、发展、合作、共赢成为不可阻挡的时代潮流。世界各国之间相互联系、相互依存的程度空前加深，人类生活在历史和现实交汇的同一个时空里，越来越成为你中有我、我中有你的命运共同体。与此同时，世界并不太平，人类依

---

① 项久雨、吴海燕：《论当代中国价值观念的时代特性和世界意义》，《学校党建与思想教育》2015 年第 6 期，第 4—6 页。

② 同上。

然面临着诸多共同的难题和挑战。[①] 经济全球化加深了世界各文明之间的交流融合，多极化则要求各文明之间相互包容共存。包容互鉴的多样性是经济竞争的基础，合作共赢是国际稳定的基石。西方价值观强调个性，忽视文明的多样性和文化的多元性，处理不好个性与共性的关系，提供不了具有广泛认同感的共性价值观。[②] 实则，发展是解决一切问题的根本，和平问题的解决关键也是看生产力的发展。正如马克思所说：“我们首先应当确定一切人类生存的第一个前提，也就是一切历史的第一个前提，这个前提是：人们为了能够‘创造历史’，必须能够生活。但是为了生活，首先就需要吃喝住穿以及其他一些东西。因此第一个历史活动就是生产满足这些需要的资料，即生产物质生活本身。”[③] 邓小平同志指出，社会主义的本质是解放生产力，发展生产力，消灭剥削，消除两极分化，最终达到共同富裕。社会主义本质论从价值观上确立了共同富裕的目标，即社会主义核心价值观的“富强”目标。富强是解决当前中国主要矛盾的根本方法。同样，富强也是解决世界主要矛盾的根本方法，只有一心一意谋发展，中国为世界和平与稳定作出的贡献就愈大。[④] 而“人类命运共同体”理念的提出，正是“中国认识到经济全球化和世界多极化带来的各种国际矛盾冲突，深刻把握世界大势，推动全球治理机制变革，积极促进世界和平与发展而发出的中国声音”[⑤]。

同时，21 世纪之初的严酷危机，令全世界不得不重新反思西方和东方。金

---

① 项久雨、吴海燕：《论当代中国价值观念的时代特性和世界意义》，《学校党建与思想教育》2015 年第 6 期，第 4—6 页。

② 李宁：《构建命运共同体推动中国价值观》，《国际经济合作》2015 年第 8 期，第 50—53 页。

③ 〔德〕马克思、恩格斯：《马克思恩格斯选集》第 3 卷，人民出版社 2012 年版，第 158 页。

④ 项久雨、吴海燕：《论当代中国价值观念的时代特性和世界意义》，《学校党建与思想教育》2015 年第 6 期，第 4—6 页。

⑤ 李宁：《构建命运共同体推动中国价值观》，《国际经济合作》2015 年第 8 期，第 50—53 页。

融危机、社会凋敝、生态破坏、恐怖主义袭击、灾难频仍，东西方文化之间仍然存在严重的冲突、分歧和对立。“以人类整体论和共同利益论为价值导向的、多元行为体平等对话、协商合作，共同应对全球变革和全球问题挑战的”全球治理和世界各国普遍关心的问题。有效的全球治理依托于全球治理价值共识，全球治理价值共识的形成，亟须多元治理价值理念的交融互促。[①] 为此，世界将目光聚焦当代中国哲学。把“和谐”精神推动中国发展的动力提高到精神文化内核的高度，就是要向世界说明中国发展的因素不只是一种振兴中国经济的手段，实际上它蕴含在这种经济高速发展背后的是与中国哲学相结合的精神品格和价值观。社会主义核心价值观反映了和平与发展的时代要求，表达了人类的共同利益，揭示了社会主义社会及未来共产主义社会的根本价值指向。[②] 因此，当代中国核心价值观念负载着中国国家治理现代化的理念，其国际传播对丰富全球治理理念，提供全球治理新思路具有重要现实意义，为全球治理注入新活力，为一系列全球性问题的解决提供创新思路和多元途径。

第三，中国价值观念有利于当前世界文化格局多元化体系的形成。从世界历史看，使用军事的力量可以占领一个国家的领土，使用经济的力量可以占领一个国家或地区的市场，但却无法占领人心。只有优秀和先进的文化，才能占领人心。从这个意义上说，“政治”是暂时的，经济是长远的，文化是永恒的。[③] 世界文化格局是世界各国、各地区、各民族文化的吸引力、影响力和传播力在国际范围内交流、交融、交锋的过程中形成的一种相对稳定的态势和多元并存的状况。世界各国、各地区、各民族基于历史的发展形成了本国、本地区、本民族独

---

① 蔡拓：《全球治理的中国视角与实践》，《中国社会科学》2004 年第 1 期，第 94—106 页。

② 项久雨、吴海燕：《论当代中国价值观念的时代特性和世界意义》，《学校党建与思想教育》2015 年第 6 期，第 4—6 页。

③ 唐双宁：《加快文化“走出去”，构建世界文化新格局》，《中国人大》2018 年第 3 期，第 12 页。

特的文化。近代以来，随着西方资本主义经济的迅速发展，尤其是以西方国家为主导的世界经济科技水平的不断进步，曾经影响东西方、南北半球之间在政治、经济、文化、社会等领域进行沟通与交流的自然地理障碍被逐渐消除，世界各国、各地区、各民族之间的交往和交流得到了极大的促进，其中包括各国、各地区、各民族文化之间的相互碰撞、相互借鉴和相互融合。在这一过程中，不同文化之间在吸引力、影响力、感召力、传播力等方面表现出不同的竞争力。竞争力强的文化在历史发展的过程中，逐渐成为国际上居于主导地位的强势文化，而竞争力弱的文化则逐渐成为退居次要或边缘地位的弱势文化。文化的强势与弱势取决于不同国家经济、政治、军事、科技等硬实力的强与弱。回顾从 15 世纪到 20 世纪的世界发展历史，可以清楚地看到以基督教为基础的欧洲文化以及后来的美国文化，在其强大的经济、政治、军事、科技等硬实力的支撑下，在世界文化格局中逐渐占据了文化主导的优势地位，形成了今天"西风压倒东风"的局面。[①] 不可否认，当今世界文化格局仍是西方文化主导下的霸权格局。重构世界文化新格局，需努力推动多元文化和价值观生存权、发展权的自我伸张。从社会发展来看，进入 21 世纪后，随着中国成为全球第二大经济体，中国在国际各个领域的影响和作用不断上升，世界希望了解中国的需求迅速增加，包括对中国政治、经济、文化、科技、军事、历史、艺术、文学、社会等各个方面。这为中华文化在世界范围内的传播提供了难得机遇和有利条件，同时也预示着中华文化在世界文化格局中的定位将开始发生新的变化。因此，正如习近平总书记指出的，"提高国家文化软实力，关系我国在世界文化格局中的定位，关系我国国际地位和国际影响力，关系'两个一百年'奋斗目标和中华民族伟大复兴的中国梦的实现"。面对 21 世纪以来的新形势新变化，党中央提出了软实力的战略目标。党的

① 陈英明：《变化的世界文化格局与推动中国出版走出去》，《出版发行研究》2016 年第 12 期，第 5—8 页。

十八大以来，党中央对提高国家文化软实力赋予了新的定位和新的内涵。[①] 显然，中华文化是世界多元文化中的重要一元，是构成当前世界文化格局的重要文化体系，而中国共产党在新局势中的新战略无疑将促进这一多元文化格局的形成。

第四，中国价值观念为发展中国家树立了文化价值理念，也增强了社会主义国家的自信和团结。当代中国是目前世界上最大的发展中国家，处理与发展中国家关系是中国外交的基础。但随着中国自身的快速发展和国际体系的加速转型，中国在处理与发展中国家关系时面临一系列重大挑战。面对处理与发展中国家关系的重大环境变化，以习近平同志为核心的党中央领导集体采取的最重要步骤是更新思维，发展出"共同发展、共执命运、共享尊严"的发展中国家外交指导思想。可以认为，这一指导思想事实上系统且全面地回应了中国的发展、中国家外交所面临的利益、认同、影响力挑战，同时又有"共商、共建、共享"的具体操作原则为支撑，将中国的发展中国家外交理论和实践提升到新的高度。[②] 当代中国价值观的提出，为中国处理与发展中国家的关系提供了新的思路。对于世界上的其他发展中国家，中国应当以"中国发展道路"为载体，向发展中国家传播中国社会主义核心价值观。经济发展是广大发展中国家最为关心的问题，中国发展道路既是关注焦点，同样也是传播社会主义核心价值观的最好载体。建议研究广大发展中国家在发展中存在的问题，有针对性地传播中国在发展道路方面取得的经验，更好地传播社会主义核心价值观。同时，向发展中国家展现中国进行经济改革、经济交流方面的价值观，树立并大力传播中国发展的新理念，确立并全面展示中国发展的新动力。中国发展的动力是改革开放和科技创新，并不是对外扩张，扩大内需是中国发展的新空间。中国不但要继续做世界的市场，同样要以世

---

① 陈英明：《变化的世界文化格局与推动中国出版走出去》，《出版发行研究》2016 年第 12 期，第 5—8 页。

② 张春：《新时代中国与发展中国家关系的挑战与应对》，《太平洋学报》2018 年第 7 期，第 1—13 页。

界为市场，与世界各国在经济领域实现互利共赢。[①]同时，作为世界上最重要的社会主义国家，中国以社会主义核心价值观为核心内容的当代中国价值观念符合社会历史的发展规律，指明社会前进的方向，蕴涵着当代中国发展的成功经验，体现自由、平等、共同富裕等社会主义的本质特征，给广大发展中国家以希望和鼓舞，为世界社会主义注入生机与活力。在中华优秀传统文化的丰土沃壤中产生的社会主义核心价值观，强调"和而不同"，尊重世界上存在的社会制度和发展模式的多样性。在当代中国，社会主义核心价值观起到了解放和发展生产力、鼓舞人心和凝聚力量的重要作用。越来越多的国家，特别是亚非拉地区广大的发展中国家，从中国发展进步中得到启发，认识到要想真正获得发展，必须在融入世界的同时，坚定不移地走符合自己国情的发展道路。当代中国辉煌成绩的取得离不开价值观念的指导和鼓舞，这些价值观念同样给广大发展中国家鼓舞，[②]让社会主义国家重新找回文化和价值的自信，有利于社会主义国家的团结。

四、传播策略：载体、内容与方式

尊重对外传播规律，创新传播方法，提高中国特色社会主义核心价值观传播的亲和力、有效性，是摆在当前国际传播形势上的一道难题。赵丽涛认为，核心价值观应当从话语表述、理论系统、文化载体几方面进行系统传播。[③]要推动中华文化真正走向世界，必须从载体、内容和方式几个方面同时着手。

---

① 郭晓明、贺耀敏：《扩大社会主义核心价值观的国际传播》，《人民论坛》2016年第21期，第138—139页。

② 项久雨、吴海燕：《论当代中国价值观念的时代特性和世界意义》，《学校党建与思想教育》2015年第6期，第4—6页。

③ 赵丽涛：《全球化背景下社会主义核心价值观的对外传播》，《中国特色社会主义研究》2014年第3期，第75—79页。

（一）多元载体

中国价值观的对外传播要深入融汇到国际经济、政治外交、人文交流等诸领域，在各类场合向世界发出属于中国的时代声音，清晰地向世界传达中国价值观。

从中国价值观的国际传播能力提升角度，项久雨、胡庆有提出四点建议。一是加快海外阵地建设，建立健全遍布全球的中国国际传媒网络。海外机构的设置和建设有助于扭转我国媒体国际传播的弱势地位，便于及时、准确地采集和发布全球新闻信息，有助于及时、真实地传播、扩散中国设置的重要议题，在新闻信息和言论之争中掌握信息发布权、话语权，夺取国际舆论竞争的先机。二是驾驭信息时代快车，走融媒体发展道路，缔造新型主流媒体。梁德学、唐润华指出，“在影响国家价值观构建、传播及扩散的诸因素中，媒介技术发挥着越来越重要的作用。当前，全球化、网络化和社会化发展的新兴媒体，空前拓展了国家价值观传播的时间与空间，也使得不同国家间价值观的冲突与交锋更为直接和激烈”[①]。近年来，以数字技术和网络传播技术为代表的现代信息传播技术御风而行、一日千里，对新闻信息生产传播方式和全球传媒格局产生深重影响，世界主流媒体纷纷转战媒体融合领域。“推动传统媒体和新兴媒体融合发展刻不容缓。媒体融合发展是传媒领域一场重大而深刻的变革。”[②] 因此，“综合两类媒体的优势，推动运用新媒体技术和平台来传播传统媒体话题内容，传统媒体尤其是像人民日报、光明日报等官方传统主流媒体可以凭借新媒体技术和平台，扩大其影响力，这对于当代主流价值观话语的深入传播是极为必要的”[③]。融媒体渠道可

---

① 梁德学、唐润华：《媒介技术演进与中国价值观国际传播的路径创新》，《国际传播》2018 年第 3 期，第 8—18 页。

② 何东平：《融媒体：缔造新型主流媒体》，《光明日报》2014 年 10 月 25 日第 10 版。

③ 刘勇、方爱东：《当代中国主流价值观话语权建构的四个维度》，《学术论坛》2016 年第 6 期，第 16—20 页。

以作为中国提升国际传播能力的重要突破口。要使传统媒体与新兴媒体二者互相策应、互为支撑，共同为巩固思想阵地、壮大主流舆论、讲好中国故事、传播中国价值服务。然而，梁德学、唐润华也提醒到，"融媒体传播虽然有助于增强中国声音的强度，却不一定显著提升中国价值观的国际认可度。因此，中国对外传播媒体应借助向融媒体机构转型的契机，改变'宣传'的形象，在全球范围内建立公信力和影响力"[①]。三是以中国视角和国际视野打造融通中外的高品质内容，巧妙嵌入当代中国价值观念，创造出能够体现全人类共通的政治诉求、精神追求和心灵依归的产品。在国际传播中，中国应该向全世界传递中华文明精粹，例如"大同世界"的全球眼光，"以人为本"的民本情怀，"和而不同、天人合一"的和谐理念，"己所不欲、勿施于人"的伦理规范，"以德报德、以直报怨"的交往道德，"自强不息、刚健有为"的进取精神等，形成特色鲜明的报道视角和中国品牌，逐步赢得国际理解、认可和接受。四是培养复合型国际传播人才，确保国际传播事业可持续发展。要培养一大批内知国情、外知世界，精通外语、熟练掌握传播技术、懂得产品运营的高端国际传播人才。要通过引进、培训、互换交流等灵活多样的方式，建立专业化、能力强、高素质的国际传播队伍。五是孵化一批具有中国特色的新型国际战略智库，为重点领域课题的破局解题凝聚智慧。加强国际战略类智库建设，刻不容缓。"作为国际战略类智库，应当发挥好决策的参谋作用，具备向社会解读政策、凝聚共识的功能，拥有国际传播能力，能够履行战略对话。"[②]要健全决策咨询制度，打造智库交流合作网络，提升中国智库国际化进程，聚合更多高端人才，为推进中国国际传播事业积蓄智力储备，强劲跨越国际传播"西强我弱"旧格局的藩篱。[③]

---

① 梁德学、唐润华：《媒介技术演进与中国价值观国际传播的路径创新》，《国际传播》2018年第3期，第8—18页。

② 傅莹：《国际战略智库期待"转型革命"》，《人民日报》2015年4月15日第5版。

③ 项久雨、胡庆有：《当代中国价值观念国际传播的意义、问题与对策》，《学习与实践》2015年第7期，第112—120页。

核心价值观的对外传播既是宏观战略，同时也应该落地到日常实践中，政府部门、媒体、高校、企业、非政府组织、公民等实践主体都可以被纳入对外传播的工作中，以构筑全方位的立体传播格局。史安斌、廖鲽尔认为美国擅长利用文化产品等塑造和传播其核心价值观，在全球范围内制造“共识”。他们举例说，NBA 即是美国推行的价值观传播的一个范例。职业篮球着力展示的是超级明星的个人魅力和“绝活”——无论是电视塑造的“乔丹奇观”还是引发社交媒体病毒式传播的“林来疯”（即华裔球员林书豪一夜成名的奇迹），它无疑是电视体育节目最理想的形式之一，也是社交媒体营造“话题”的重要来源。NBA 的赛事节奏快，充满了奇观式的才艺展示——激烈冲撞、满场飞奔、芭蕾舞般的投篮动作，再加上无处不在的慢镜头重放和视频点播，使篮球成了在电视和互联网上最适宜传播的运动项目。2015 年 2 月刚刚卸任、曾执掌 NBA 长达 30 年的总裁大卫·斯特恩（David Stern）在一次演说中宣称：“体育正成为电视最重要的节目来源”。由于体育比赛大多能熔原创性、时效性、娱乐性、观赏性和戏剧性于一炉，因此也就成为现场直播节目的主要内容之一。他还指出，体育也促进了有线电视的普及和电视技术的发展。在全球范围内，以 NBA 为代表的体育产业成为美国最主要的出口“商品”之一，也是对外输出和传播美国偶像、产品和价值理念的“公共外交”的重要手段之一。具体来看，NBA 的价值观传播首先是借助于强大的“明星效应”。迈克尔·乔丹、加索尔、姚明、勒布朗·詹姆斯、林书豪等一代又一代来自各种不同文化背景的 NBA 明星，不再仅仅是职业体育选手，而是被融入美国主导的全球传播体系，自觉或不自觉地充当了美国核心价值观的代言人。此外，NBA 在媒体文化的“软包装”之外，还传播着政治意识形态的“硬内核”。20 世纪 90 年代是美国黑白种族矛盾再度激化的“多事之秋”，美国社会日益坚固的“玻璃金字塔”让身处底层的少数族裔看不到向上流动的希望。这一矛盾的总爆发是洛杉矶一名黑人青年罗德尼·金（Rodney King）遭白人警察暴打，法庭却宣判警察无罪而引发一场大规模的种族骚乱。“乔丹神话”在这个时候适时推出，被媒体渲染为来自贫民区的黑人青年经过个人奋斗实现"美国梦"的典型，从而成为缓和阶级和种族矛盾的一剂良方。因而，NBA 裹挟体育与娱乐的外衣，表面上不涉及国际事务和政治意识形态，易于被来自不同国家和文化背景的受众所接受，连美国的"敌对国家"朝鲜、古巴等国都不乏疯狂追捧的球迷，其本质上蕴含了个人主义、自由主义、消费主义、物质主义、多元文化主义等价值观"硬核"。①

同样，中国的价值观传播也可以通过多种渠道和多元主体进行。杨昕指出在当代中国主流意识形态建设的过程中，我们就可以利用不同意识形态之间可以进行对话的有利条件，着力搭建和铺设与国际社会进行相互对话的平台，以扩大我国主流意识形态的国际影响力。就目前的情况来看，以下几种是进行有效对话的平台，值得有效利用并积极建构。一是联合国的对话平台。在联合国大会、联合国成立 50 周年和 60 周年纪念会议以及联合国其他国际性会议上，中国领导人都不遗余力地介绍和传播中国的内外方针政策和对国际重大问题的原则立场，有力地扩大了中国主流意识形态的国际影响力。二是国际组织举行的会议、论坛等对话平台。在二十国集团、亚太经合组织、东盟 10+3、上海合作组织、博鳌亚洲论坛等国际组织举行的会议和论坛上，中国领导人借助这些对话平台的影响力，同样有力地扩展了当代中国主流意识形态的国际话语权。三是中国与相关国家或组织之间建立的对话平台。如中美战略与经济对话、中欧战略对话、中非战略对话等，都有效地扩大了中国主流意识形态的国际影响力。② 赵丽涛提出从文化情景理论看，社会主义核心价值观"走出去"是"时空转向"条件下的"跨文化"传播现象，这意味着我们不能直接将国内核心价值传播规律套用在对外传播中，

① 史安斌、廖鲽尔：《"去政治化""去意识形态化"的神话——美国媒体价值观传播的历史脉络与实践经验》，《新闻记者》2016 年第 3 期，第 4—9 页。

② 杨昕：《论当代中国主流意识形态国际话语权的建构》，《探索》2013 年第 1 期，第 187—192 页。

而是必须遵循异域价值传播规律，进而达到较好的传播效果。一是建立多元化的对外传播主体格局。当前，社会主义核心价值观对外传播基本上是政府“包办”方式，这固然可以有效发挥政府的主导作用，但却难以调动非官方主体的主动性和积极性。因而，除了发挥外宣办（中共中央对外宣传办公室）、英文频道、中国日报、新华社等政府性质渠道作用外，还要调动学者专家、高校、基金会、文化团体、商业网络媒体、企业等多传播主体的力量，通过主体间的协同互补促进社会主义核心价值观的对外传播。二是创新社会主义核心价值观对外传播方式。通过理论网站、文化艺术节、图书推介会、孔子学院、纪录片、宣传片等隐性传播方式进行情理交融的阐释说明，逐渐达到涵化效果。三是观照国外受众的思维习惯和接受心理。社会主义核心价值观对外传播涉及中外“文化间性”问题，二者的“差异性”是一种客观存在。这就要求我们在对外传播时把握国外受众的思维与心理，尊重他们的文化价值、风俗习惯、宗教信仰等，考虑传播对象的立场、需求和感受。① 陈伟军指出要发挥好公共外交在传播中国特色社会主义核心价值观中的作用。从目前来看，中国在公共外交方面，渠道和手段较为单一，对外传播未抓住主动权，未能把握好宣传与传播的适度张力。公共外交的重要抓手是人文交流，但我们当前的运作理念和方式缺乏创意，在寻找共同话题、共同语言、共同叙事模式、共同价值观方面还有很大的提升空间。对此，他认为中国在公共议题方面要创新修辞和叙述方式，传播中国价值观；在人文交流活动中应该“以人为主”，使中国价值观进入人的心灵。除此之外，陈伟军还指出了从文化交流的角度来看，华人华侨是中华文化和中国价值观有效的传播者，也是跨文化传播主体互动与协同不可或缺的一环。华人华侨能够用当地人听得懂的语言，用中外两种文化融会贯通的方式来讲述“中国故事”，更易被接受。华人华侨在中国

① 赵丽涛：《全球化背景下社会主义核心价值观的对外传播》，《中国特色社会主义研究》2014 年第 3 期，第 75—79 页。

价值观国际传播中发挥中介作用，对促进中国价值观对外传播诸主体的协同创新，为侨务公共外交讲好中国故事，具有独特的角色功能。[①] 张超特别谈到，在跨文化沟通中，留学人员是一个有效弥合跨文化鸿沟的群体。在欧美同学会成立100周年庆祝大会上，习近平鼓励"广大留学人员充分发挥自身优势，加强内引外联、牵线搭桥，当好促进中外友好交流的民间大使，多用外国民众听得到、听得懂、听得进的途径和方式，讲述好中国故事，传播好中国声音，让世界对中国多一分理解、多一分支持"[②]。骆萍、孔庆茵则认为中国典籍可以成为向世界全面展示中华文明的辉煌成就的载体。中国典籍是中国优秀传统思想和文化的结晶，发展中国典籍翻译事业，一方面为世界了解中国灿烂的文化搭建了桥梁，另一方面使中西文化进行平等对话，促进其交融和互补。翻译作为一种跨语际行为，是文化输出的重要手段，能促进中外文化交流。"中国文化能否走出去，能走多远，走出多少，在很大程度上都取决于翻译工作的质量。"[③] 近年来，随着中国文化"走出去"，中国典籍翻译受到高度重视，已上升到国家战略层面。国家先后启动了"大中华文库""经典中国对外出版工程""中国图书对外推广计划""中国文化著作翻译出版工程"等项目。其中规模最大的是"大中华文库"，内容上迄先秦，下至近代，涵盖哲学、历史、政治、文化、经济、军事等领域，甄选资深中国译者和外国专家，以国外受众为导向，从翻译策略上探索典籍传播的最佳途径，开拓中国典籍翻译的国际市场，力图向世界全面展示中华文明的辉煌成就。[④]

---

① 陈伟军：《"一带一路"背景下中国价值观的国际传播路径》，《学术界》2018年第5期，第70—77页。

② 张超：《党的十八大以来习近平的对外传播思想研究》，《对外传播》2016年第8期，第58—60页。

③ 黄友义：《发展翻译事业促进世界多元文化的交流与繁荣》，《中国翻译》2008年第4期，第6—9页、第94页。

④ 骆萍、孔庆茵：《当代中国价值观：内涵、意义与传播策略》，《探索》2015年第4期，第153—157页。

（二）高品质内容

价值观的传播内容既要符合中国国情，有鲜明的中国特色，又要与国际上的话语体系、表述方式相对接。以中国视角和国际视野打造融通中外的高品质内容，巧妙嵌入当代中国价值观念，创造出能够体现全人类共通的政治诉求、精神追求和心灵依归的产品。

习近平总书记地阐释了中国价值观国际传播所应涵盖的四重向度："文明大国形象""东方大国形象""负责任大国形象""社会主义大国形象"。其一，我国是一个文明古国，但近代以来，文明大国形象由于中华文明的衰落和西方文明的冲击而受到损害。中华人民共和国成立后，一代又一代中央领导集体都在为把我国建设成为文明大国作出不懈努力。但在社会转型的今天，仍然存在道德滑坡、诚信缺失等现象，一些人的不健康、不文明心态往往经由不文明举止而放大传播，对中国的国家形象和国际声誉造成不良影响，极不利于实现中华文明复兴大业。因此，重塑中国文明大国形象迫在眉睫。对此，习近平着重强调从"充分发挥中华优秀传统文化的时代价值"与"坚持文化多样性，不断加强文化交流，促进人类文化共同繁荣"两个方面着手。其二，中国自古以来就以政治、经济、军事、文化大国长期雄踞于世界东方，但自鸦片战争以后，在列强的不断侵略下逐渐沦为半殖民地半封建国家，国际地位一落千丈。中华人民共和国成立后，我们党为重塑中国东方大国形象一直在积极作为。今天，习近平结合新时期的世情、国情、党情，对东方大国形象的内涵作出"塑造政治清明的形象""塑造经济持续发展的形象""塑造文化繁荣的形象"与"塑造社会稳定、人民团结的形象"的定位。其三，随着经济全球化和世界多极化发展，做一个负责任的大国已成为大国行为的必然要求。对我国来说，塑造负责任的大国形象，有利于周边地区稳定和发展大国关系，有利于提高国际竞争力。习近平多次向国际社会庄严承诺，中国是一个负责任的大国，中国人民愿意并且能够积极履行一个大国所应尽的责任和义务。负责任的大国最根本的是要坚持走和平发展道路，也体现在对外友好关系上。其四，为了使国际国内社会能够更加了解、认识中国，习近平以"中国特色社会主义"为核心理念，对社会主义大国形象作出新定位——对外更加开放、更具有亲和力，充满希望、充满活力。[①]

中国梦的提出是价值观传播话语融通的一个重要体现。[②]马健永、费聿辉指出，中国梦与社会主义核心价值观是辩证统一的。党的十九大报告以高瞻远瞩的战略眼光作出中国特色社会主义已经进入新时代的重大战略判断。新时代昭示着新气象、新征程、新作为。习近平明确指出："中华民族伟大复兴，绝不是轻轻松松、敲锣打鼓就能够实现的。"在新时代擘画中国梦的宏伟蓝图离不开社会主义核心价值观的精神支撑。二者有着密不可分的内在逻辑关联，并辩证统一于社会主义现代化实践的伟大征程中。中国梦与社会主义核心价值观的辩证统一性集中表现为指导思想的一元性、价值理念的一致性、结构层次的同构性、终极目标的同向性四个方面。从理论层面探讨二者之间的辩证统一关系，有利于巩固全党全国各族人民团结奋斗的共同思想基础，引领社会全面进步，在培育和践行社会主义核心价值观的创造性实践中，凝聚起追逐中华民族伟大复兴中国梦的磅礴力量。具体来看，其一，所谓中国梦与社会主义核心价值观具有指导思想上的一元性是指二者都将马克思主义作为指导一切行动的基本原则，都毫不动摇地坚守马克思主义在人们思想意识中的根本指导地位。马克思主义以实现无产阶级的自身解放和整个人类的彻底解放为根本目标，它既是无产阶级和共产党人正确认识世界和有效改造世界的强大思想武器，又是对整个世界的普遍联系、运动发展规律、辩证统一本质的真理性概括和总结。而作为中国共产党人和社会主义现代化建设事业根本指导思想的马克思主义，既包含由马克思、恩格斯首创的马克思主

① 许建华、王晓荣：《习近平的国家形象观探析》，《中学政治教学参考》2015年第27期，第4—6页。

② 张超：《党的十八大以来习近平的对外传播思想研究》，《对外传播》2016年第8期，第58—60页。

义基本原理，又包括中国共产党人将其与中华优秀传统文化和中国客观现实相结合而开创的马克思主义中国化的科学理论体系。其二，人民群众是历史的创造者，这是马克思主义的基本观点，也是我们党制定一切路线、方针、政策的根本出发点和落脚点。“以人为本”“人民至上”始终是中国梦与社会主义核心价值观所共同遵循的基本价值理念。其三，中国梦与社会主义核心价值观的理论体系都具有三个层次的结构特征。党的十八大以来，以习近平同志为核心的党中央深刻阐述了中华民族伟大复兴中国梦的科学内涵，高屋建瓴地揭示了中华民族的光明前景和当代中国的前进方向，进一步明确了中国特色社会主义更加宏伟的奋斗目标。中华民族伟大复兴的中国梦蕴含着隽永深刻的思想意蕴，是囊括了国家、民族、社会、人民、历史等各个层次的宏大叙事，而其最核心、最根本的内涵便是国家富强、民族振兴、人民幸福。这三个层面的奋斗目标构成了中国梦的鲜明主题。党的十八大首次提出了以 24 字为主要内容的社会主义核心价值观，而清晰鲜明的逻辑层次是社会主义核心价值观最为醒目的结构特征。正确把握社会主义核心价值观的层次性，深入理解其内在逻辑，是我们培育和践行社会主义核心价值观的必要前提。富强、民主、文明、和谐是国家层面的价值目标；自由、平等、公正、法治是社会层面的价值取向；爱国、敬业、诚信、友善是公民个人层面的价值准则。其四，中国梦与社会主义核心价值观都以实现人的全面发展为自己的终极目标。恩格斯在《共产主义信条草案》中指出，共产主义者的目的就是“使社会的每一个成员都能完全自由地发展和发挥他的全部才能和力量”[①]。人的全面发展是相对于人的畸形发展而言的。人的全面发展是指人的各个方面的素质和能力的充分发展、协调发展、均衡发展。[②]此外，张超则从话语表述的角度对

① 〔德〕恩格斯：《共产主义信条草案》，《马克思恩格斯全集》第 42 卷，人民出版社 1979 年版，第 373 页。

② 马健永、费聿辉：《中国梦与社会主义核心价值观的辩证统一性》，《中国石油大学学报（社会科学版）》2018 年第 4 期，第 37—42 页。

此进行论述。他认为：中国梦的话语内涵是国家富强、民族振兴、人民幸福，本质是中国特色社会主义的共同理想。但中国共产党在对社会主义的共同理想进行表述时，改变了以往意识形态浓厚的政治话语表述方式，代之以可亲、形象的中国梦。有学者认为中国梦的提出是中国意识形态领域又一具有划时代意义的话语创新和话语再造。因为话语转换为中国梦体现着一种平等、尊重意识，让中国特色社会主义的共同理想形象化、通俗化，使之更亲和、更清晰、更具体。[①]

在将"中国梦"与国际主流话语对接时，习近平又通过"梦想相通"和"命运共同体"的理念，获得其他国家、民族的理解和认可，充分彰显了当代中国主流价值观对于解决国际问题的适用性。[②]所谓"梦想相通"，即是指中国梦与世界其他国家人民的梦想的关系，也就是中国梦将给世界带来什么。对此，习近平总书记多次宣示：中国梦是和平、发展、合作、共赢的梦，与世界各国人民的美好梦想相通。在俄罗斯、在非洲、在拉美、在美国、在东南亚、在欧洲，他一再重申这一重要理念，把中国人民期待和平与发展的美好愿景传递给各国人民，把中国发展带来的机遇展示给全世界。一方面，中国梦是追求和平的梦。中国梦需要和平，只有和平才能实现梦想。中华民族历来就是爱好和平的民族。天下太平、共享大同是中华民族绵延数千年的理想，中国历史上曾经长期是世界上最强大的国家之一，但没有留下殖民和侵略他国的记录。近代以来一百多年间，中国内部战乱和外敌入侵循环发生，中国人民对战争带来的苦难有着刻骨铭心的记忆，对和平有着孜孜不倦的追求，十分珍惜和平安定的生活。中国人民怕的就是动荡，求的就是稳定，盼的就是天下太平。我们将坚定不移走和平发展道路，既努力争取和平的国际环境以发展自己，又以自身的发展促进世界和平。中国不认同"国强必霸"的陈旧逻辑，决不会称霸，决不搞扩张，中国越发展，对世界和平与发

① 张超：《党的十八大以来习近平的对外传播思想研究》，《对外传播》2016年第8期，第58—60页。

② 同上。

展就越有利。2014 年 3 月 27 日，习近平总书记在中法建交五十周年纪念大会上的讲话中指出："中国这头狮子已经醒了，但这是一只和平的、可亲的、文明的狮子。"另一方面，中国梦不仅造福中国人民，而且造福各国人民。"穷则独善其身，达则兼济天下。"这是中华民族始终崇尚的品德和胸怀。作为一个十三亿多人口的发展中大国，中国一心一意办好自己的事情，实现国家发展和稳定，本身就是对世界的巨大贡献。中国坚持合作共赢，越来越多的国家正从中国的发展中受益。二零一三年中国经济增长对世界经济增长的贡献率接近百分之三十，今后五年中国进口商品将超过十万亿美元，对外投资将超过五千亿美元，出境旅游将达五亿人次，将给世界其他国家带来巨大的商机。随着国力不断增强，中国将进一步发挥负责任大国的作用，在力所能及的范围内承担更多国际责任和义务，为人类和平与发展的崇高事业作出更大贡献。①

"人类命运共同体"理念是当代中国价值观的重要组成部分，其"站在人类发展的高度，以辩证唯物主义历史观为依托，提出了'和平、合作、发展、共赢'的全球化设想，旨在构建更加民主、开放、自由、规范的国际新秩序，推动人类社会的共同进步。从文化层面来看，人类命运共同体理念所提倡的文化构建既是历史命题，又有现实意义，是对西方文化霸权的抗衡与消解，也是对后现代文明冲突的协调与消弭，同时是对文化全球化发展的前瞻与预判"。② 正如于洪君所指出的，共同体本来是一个社会学词汇，但随着全球化的发展，"共同体"与"相互依存"等概念一道，逐渐进入世界政治话语。当前，世界多极化、经济全球化深入发展，发展道路多样化、社会信息化持续推进，各国逐渐形成你中有我、我中有你的利益交融格局。每个国家，每个团体，甚至每个人，都同时隶属

① 《〈习近平总书记系列重要讲话读本〉连载之三：二、全体中华儿女的同共向往——关于实现中华民族伟大复兴的中国梦》，《光明日报》2014 年 7 月 3 日第 7 版。

② 张恒军、唐润华：《中国价值观全球传播的新契机和新逻辑》，《社会科学战线》2018 年第 3 期，第 151—157 页。

多个共同体，拥有日益多元的身份，扮演日益多样的角色。我们所生活的世界，已逐渐形成“牵一发而动全身”的立体网状结构，联动效应无处不在，“蝴蝶效应”时有呈现，一荣俱荣、一损俱损已成为对现实的真实写照。因此，我们的确需要将人类命运共同体意识内化到心灵深处，并将责任共担、利益共享、远近兼顾、相互包容等理念转化为各国的自觉行动。[①] 张恒军、唐润华指出，之所以要将“人类共同价值”作为人类命运共同体视域下国家价值观构建的基本原则，主要是基于以下的考虑：其一，“人类共同价值”是人类命运共同体的“灵魂”和精神支柱。正如上文所述，“人类共同价值”是指事物的全人类化普世价值，体现了不同国家、民族和地区的正当利益诉求，超越了多层次文化、政治、经济等主体界限的价值标准、信仰与取向。某种意义上讲，“人类共同价值”包含了人类命运共同体的整体设计目标、原则和路径，是人类命运共同体未来建构的思想内核和精神支撑。其二，“人类共同价值”是不同国家、地区和民族通过多维交往互动而凝聚在一起，具有共同价值诉求、较强内在逻辑的国际性组织，以合作共赢的方式解决全球性问题，能够真正意义上实现国际秩序的公正公平。其三，“人类共同价值”是不同国家、地区和民族统一的价值评判标准和行为准则模式。具体来讲，“人类共同价值”是不同国家、地区和民族进行价值选择、行为决策的重要依据，是判断是非好坏、利益得失的思维依据。所以，培育和践行“人类共同价值”，是不同国家、地区和民族深入合作、协作发展、打造人类命运共同体的先决条件。可以说，打造人类命运共同体的战略构想，不仅体现了中国积极融入全球的主观需要，而且反映了全球追求和平发展的价值诉求。[②]

唐润华、曹波从具体实践的角度阐释了人类命运共同体理念对中国价值

---

① 于洪君：《树立人类命运共同体意识推动中国与世界良性互动》，《当代世界》2013 年第 12 期，第 12—13 页。

② 张恒军、唐润华：《中国价值观全球传播的新契机和新逻辑》，《社会科学战线》2018 年第 3 期，第 151—157 页。

观传播的启示。其一，中国价值观传播应秉持具有全球视野的担当意识。当今时代是一个互联互通的时代，任何一个国家都不能独立于世界之外。中国提出的人类命运共同体理念基于对全人类共同命运的考量，基于全球化的宽广视野，基于辩证唯物主义的历史观，主张走“和平、合作、发展、共赢”的国际交往道路，以推动国际秩序朝更加合理、有序的方向发展，实现人类社会的整体进步。其二，中国价值观传播要具备兼收并蓄的包容意识。当今世界，全球范围内的价值体系更具多元化，各种价值体系的影响范围和深度也不一致。民族主义思想激化，国际社会利益博弈频繁，霸权主义阴云不散，这些都给全球治理带来重大难题。人类命运共同体理念的提出为国际社会提供了新的话语体系和新的社会治理。其三，中国价值观国际传播须有坚定不移的自信意识。中国希望通过价值观的传播改变世界对中国崛起的误解，从而达到提升软实力的目的。但是在由西方意识形态主宰的世界舆论格局中，中国提升软实力之路显得异常艰难。当前，世界对中国的误读、西方文化中心主义、中西方文明的竞争、自身软实力与话语权不够强等现实存在的问题，严重影响着中国价值观的国际传播。在这种情况下，国家大力推进文化强国步伐，不断增强国内民众的文化自信心，提升民众的文化自觉性，积极推动中华文化“走出去”，大力提升中国文化的国际影响力。自党的十八大以来，党和国家高度重视中华文化的传承和传播，出台一系列文件鼓励中华文化和中国价值观的传承与传播，积极制定中华文化“走出去”的方针、政策。2016 年 11 月 1 日，习近平总书记主持召开中央全面深化改革领导小组第二十九次会议，会议审议通过了《关于进一步加强和改进中华文化走出去工作的指导意见》，强调要加强和改进中华文化“走出去”工作，要坚定中国特色社会主义道路自信、理论自信、制度自信、文化自信，加强顶层设计和统筹协调，创新内容形式和体制机制，拓展渠道平台，创新方法手段，增强中华文化亲和力、感染力、吸引力、竞争力，向世界阐释、推介更多具有中国特色、体现中国精神、蕴藏中国智慧的优秀文化，提高国家文化软实力。这也提示我们在中国价值观国际传播过程中，要有坚定不移的自信意识，不能被西方的舆论攻势吓倒；要能立足本我，逐步发展，不断突破西方话语体系的封锁，继而建构和谐公正的世界话语格局。人类命运共同体理念传承和弘扬了中华优秀传统文化，体现了中国人民对中国道路、理论、制度和文化的自信。人类命运共同体理念启示我们，在价值观传播过程中，要有坚定的自信心和良好的心态应对国际上对中国价值观传播不利的话语环境。同时要积极促进中华文明与世界文明的交流互鉴，用蕴含符合人类共同利益诉求的"中国智慧"唤醒世界对中国的新认识，从而通过积极和良性的方式提高国际话语权，实现中国价值观国际传播的理想诉求。最后，中国价值观国际传播应坚持与时俱进的创新意识。文化差异带来的"文化折扣"是阻碍中国价值观国际传播的重要原因之一。中国文化价值体系与他国文化价值体系之间始终存在较大的差异。这些差异使中国文化在输出过程中产生了变异和流失，导致文本失真现象严重，给中华文化和中国价值观念的传播带来了困难。①

（三）国家叙事与个体叙事

刘勇、方爱东认为，要将透彻学理式言说与大众通俗式言说相结合，将宏大叙事式言说与具体感知式言说相结合，一方面要对核心价值观进行学术化、严密化论证，使接受者能够有系统、全面的理解。当代中国主流价值观话语是典型的分层复合型话语，涵盖终极价值目标话语、核心价值观话语以及基本价值观话语。通过透彻学理式的言说，深刻阐述并揭示这种分层复合型话语的内在关联与逻辑性，能够论证出主流价值观的科学性以及现实性，能够提高当代中国主流价值观话语理论说服力，对于当代中国主流价值观话语权的建构极为有利。另一方面也要用简单、易懂、受众喜闻乐见的方式，注重言说的细腻性、生动性。对于

① 唐润华、曹波：《人类命运共同体理念对中国价值观国际传播的新启示》，《中国出版》2018 年第 20 期，第 41—46 页。

普通大众而言，学理式言说往往过于抽象与深邃。由于受教育水平、家庭环境、思维方式与认知水平等方面的不同，学理式言说方式往往难以遵循大众心理认同的一般规律。尤其是在当今网络化、信息化时代，去中心化、分散化、碎片化的生活特征日益明显，民众更加喜欢通俗化、生活化的语言与表述。因此，对于普通民众来说，主流价值观话语言说还需要采用大众通俗式的方式，要着眼于民众的喜好，力求言说简单、易懂、喜闻乐见。当然，大众通俗式的话语言说要遵循一定的原则，不能走向庸俗化、媚俗化、低俗化，应力求保持话语的精准性与科学性。① 因而，“使用的文字要口语化、浅显化；要少一些假、大、空，多一些人道、人性、人情色彩……力求生动活泼，灵活多样，追求实效和长效。”②

讲好中国故事是将宏大的国家叙事和个体叙事相结合的一种话语策略。黄良奇认为，讲好中国故事是习近平关于对外传播工作的系统思想，是我国文化自信的重要价值表征，是我国加强国际传播能力建设的积极手段，对当下我国有效开展对外传播工作有着十分重要的意义。他具体探究了习近平的缘起和价值表征，即讲好中国故事的思想来源于马克思主义经典作家们的“时代观”“群众观”与“国际观”与历代中央领导集体做好新闻宣传工作的“人民性原则”以及习近平个人长期关心和指导新闻舆论工作的思想结晶，而“讲好中国故事”是对我国文化自信的重要价值表征，我国文化自信涵盖着对优秀传统文化、伟大革命文化、社会主义文先进化的三重自信。提出要在对外传播工作实践中创新故事内容、创新讲述方法、创新传播渠道，即在传播内容上讲好中国共产党人励精图治、奋勇向前的故事，讲好中国各民族人民和谐共处、团结奋斗的故事，讲好中国普通民众为实现中华民族伟大复兴而努力的故事；在传播方式上要改变生硬、抽象、刻

① 刘勇、方爱东：《当代中国主流价值观话语权建构的四个维度》，《学术论坛》2016 年第 6 期，第 16—20 页。

② 欧祝平：《论马克思主义意识形态优势话语权的重建》，《求索》2014 年第 7 期，第 4—7 页。

板说教的话语方式，把握国外受众的思维习惯，运用对象国容易理解的语言和可接受的讲述方式，构建有中国特色的对外传播话语体系，打造融通中外新概念、新范畴、新表述，变宏大叙事为以小见大，正面发声，齐声合唱，准确表达，做到从传统到当下以古鉴今，从官方到民间以知促行，从孤立到融合以同化异，从相识到相交以心换心；在传播渠道上要明确多元行为主体是讲好中国故事最为活跃的渠道，而在传统媒体寻求与新兴媒体有效融合的路径中，多种媒体尤其是新媒体多层次、全方位、立体化的创新载体仍然是讲好中国故事的主流渠道。①

陈先红梳理了目前有关讲好中国故事的类型，主要可以分为四种：其一，"讲好国家故事"，特别强调用中国概念（中国特色、中国道路、中国制度、中国理论、中国立场）讲好中国故事。这种观点强调中国发展模式是中国故事的中心内容。这类研究多以官方话语为主导，多来自媒体报道和领导人讲话。其二，"讲好媒体故事"，特别强调官方主流媒体和网络新媒体。这类研究多以媒体话语为主，主要来自新闻传播学界和业界。其三，"讲好国民故事"，特别强调讲好中国人的生活故事。这类研究多以学术话语为主，多来自科研课题和学术文章。其四，"讲好全球故事"，特别强调以自主品牌、电影电视、音乐、体育、民俗节庆、孔子学院、故事城市等多模态叙事为主，积极针对信息需求，选取全球内容，更加接近世界各国不同地区受众心理、文化需求，用对方能够听得懂、愿意听的故事来开展交流、施加影响。这类研究多以市场话语为主，主要来自市场营销、公关广告等学科研究成果。②

从具体实践来看，国际传播经验表明，"外国的受众容易接受来自民间的、

---

① 黄良奇:《习近平"讲好中国故事"思想探析》,《中国井冈山干部学院学报》2018 年第 2 期，第 23—31 页。

② 陈先红:《用中国话语讲好中国故事的回顾与前瞻》,《对外传播》2017 年第 1 期，第 16—18 页。

具体的、渐进的交流，排斥自上而下的、抽象的、突兀的宣传”[①]。因此，刘艳房、朱晨静谈到，近年来，中国对外传播机构，在传播内容的“去政治化”方面作出了很大调整和努力，然而，在传播效果上仍然不甚理想。据调查，中国日报、人民日报海外版、中央电视台国际频道等国际传播媒体至少50%以上的内容，政治色彩浓厚，灌输性强、渗透性差，不符合国外受众的接受心理和接受特点。相反，《舌尖上的中国》《红色中国》《青春躁动的中国》等几部纪录片，以故事性话语，讲述了当代普通中国人在政治、经济改革中的日常生活、不同际遇和奋斗历程，反映了当代中国人价值观的冲突和变化及其对真、善、美的坚守和追求，不仅中国观众喜欢，也赢得了国外受众的共鸣和好评。[②]

李曦珍论述了融媒时代讲好“中国故事”的文化价值取向。其中，在对外传播的文化价值取向上，他认为，“中国故事”首先是中国传媒界对外宣传“中国形象”这一国家外交战略形象的一个策略性的跨文化传播学概念。如何对外讲好“中国故事”，这不单纯是一个如何讲好故事的方法问题，而且还属于精心选好令人感兴趣的精彩故事的内容问题，以及与受众思想观念和价值取向相吻合的文化价值问题。那么，什么样的“中国故事”才是有文化价值的和精彩动人的故事，才是能够讲得好和传播得广的故事？这就促使我们需要认真思考美国影片为何在已经过去的整整一个世纪里，既能吸引全球人眼球、赚取巨额的票房外汇又能讲好“美国故事”，更能传播好以“美国梦”为载体的熔炉文化和价值观念背后的传媒理念。法国哲学家让·波德里亚在其游记性著述《美国》中说：“整个国家都像是电影，这是美国最迷人的魅力之所在。你所穿越的沙漠像是西部片的布景，都市像是一个符号和程式的屏幕”；“在那里，电影没有将街道和整个城镇

① 郑路：《共同价值观与中国价值理念的有效国际传播》，“中国发展道路中的价值理念及国际传播研究”课题组秘书处编《中国道路与国家形象》，中国人民大学出版社2013年版，第62页。

② 刘艳房、朱晨静：《国家形象建构与中国价值的国际传播》，《河北师范大学学报（哲学社会科学版）》2014年第4期，第145—148页。

包裹在一种神秘的气氛中，这就是电影真正吸引人的地方"[①]。诚如媒介理论家所言，每一种传播媒介都有"把自己当作信息强加给世界"的倾向，就是说，每一种媒介都以其特有的意象形态充当着媒介所有者的意识形态扩充器角色。电影、电视、电脑在全球传播中完成了文化的"视觉转向"，使得全球化传播的媒体变成了传播"视觉文化"的媒体，此类视像媒体所呈现的"意象形态"就是吸引大众眼球的视觉符号或影像符号。因而"中国故事"在融媒时代全球化传播的文化价值取向，就是能够成功对外传播"中国声音"和"中国形象"的意象形态符码价值，即中国融媒体视觉文化的生产和传播就是基于意象形态的视觉符号或影像符号的生产和传播，其中最能彰显中国文化价值的视像或音像符码，就是中华"龙"意象符码和"中国梦"意象符码。[②]

姚旭、展姿认为，讲好中国故事是塑造国家形象不可缺少的叙事手段，要想使公众对于国家形象的理解、认同和获得好感，还需要讲好具体、形象、生动的中国故事。中国故事，就是关于中国的政治、经济、文化、社会、民族等一系列真实事件的讲述，它是一个内涵丰富、复杂而又系统地在一个序列上紧密相连又有一定规律的事件。而国家形象"就是国外公众通过传播媒介对一国情况的总体认知和总体评价，是一个国家在国际间的政治、经济、文化、军事、科技等各个方面相互交往过程中给其他国家及其公众留下的综合印象"[③]。具体来看，讲好中国故事可以化解公众的误解，消除"中国威胁论"等负面声音；可以提高国家文化软实力；还可以提高国际话语权。[④]

---

① 〔法〕让·波德里亚：《美国》，张生译，南京大学出版社2011年版，第94页。

② 李曦珍：《融媒时代讲好"中国故事"的文化价值取向》，《甘肃社会科学》2018年第6期，第30—38页。

③ 苏淑民：《公共外交与中国国家形象的塑造》，《教学与研究》2008年第1期，第73—77页。

④ 姚旭、展姿：《讲好中国故事塑造国家形象》，《新闻爱好者》2017年第2期，第79—81页。

第四章　民心相通与国家价值观国际传播研究综述

从古至今，民心通则事顺通。

中国在推动“一带一路”建设过程中，在教育、文化、科技、旅游、卫生、救灾援助和减贫等人文交流合作方面，为“一带一路”建设构筑了深厚的民意基础和社会根基。民心相通是指“一带一路”沿线国家和地区的人民在目标、理念、情感和文明方面的相互沟通、相互理解、相互认同。作为一项沟通多元文明、众多族群和国家的合作倡议和战略，“一带一路”顺利推行的前提就在于“民相亲、心相知”，它应是一种能够得到国际社会认同的价值观，须结合中国本身的经验，在和外界世界（既包括西方世界，也包括发展中国家）的互动过程中产生。民心相通，其文化所承载的作用，在“一带一路”国际传播的意义愈加明显，如何通过民心相通实现不同的国家之间形成共同的目标、相近的理念、深厚的情感和包容的文明，与沿线国家共同打造政治互信、经济融合、文化包容的利益共同体、责任共同体和命运共同体，日益受到重视。

为此，国内外学者围绕着“一带一路”的重大发展背景和机遇，围绕民心相通在“一带一路”国际传播领域展开了丰富的探讨，关注民心相通在“一带一路”国际传播中的意义以及对具体实践路径的可能进行了梳理和研究。尤其是民心相通中所涉及的理念相通、情感相通以及文明相通等如何在合作共赢、互学互鉴、互利共赢层面对“一带一路”国际传播所产生的巨大影响，对同时针对民心相通在国际传播中具体实践所存在的不足与问题进行了对策研究，这对“一带一路”倡议更好地“走出去”，尤其是“走进去”提供了大量的理论支持，同时，在具体实践过程中具有一定的指导意义。

一、内涵：民心相通，如何通

“一带一路”建设所强调的互联互通，包括“政策沟通、设施联通、贸易畅通、资金融通、民心相通”这五方面，“一带一路”不同于西方全球化最重要的是互联互通，就是鼓励和召唤当地人的参与，鼓励有不同价值观的人也参与到这个共同事业中来。这是它的优势，也是它的困难。困难之处在于，它不是一个单方面可以主导的，而是需要寻找一个协调机制来创造和扩展共同的空间。在传统的单一性框架下，恐怕没办法达到一个完整的答案。现在世界许多地方的身份政治、认同政治，都是把多样性的共同价值向单一性方向引导。随着“一带一路”的深入推进，从长远来看，作为规划中五个重点合作方向之一的民心相通逐渐成为专家学者热议的话题。

在《推动共建丝绸之路经济带和21世纪海上丝绸之路的愿景与行动》（简称《愿景与行动》）中，民心相通强调“国之交在于民相亲”，“一带一路”倡议的核心是合作共赢，需要沿线国家对“一带一路”倡议价值体系达成共识，所以要想真正实现互联互通，必须得到各国人民的支持。民心相通强调目标通、理念通、情感通以及文明通，应通过广泛开展文化交流、学术往来、人才交流、媒体合作等，加强人民的友好往来，除了分享信息，也不断加强情感互通，增进相互了解和传统友谊，传承和弘扬丝绸合作精神，实现不同文化的和谐共处与文明互鉴，为“一带一路”国际传播、区域国家合作奠定坚实的民意基础和社会基础。

关于“民心相通”的内涵，郭宪纲、姜志达认为，“民心相通”是指“一带一路”沿线国家和地区的人民在目标、理念、情感和文明方面的相互沟通、相互理解、相互认同。不同的国家有了共同的目标、相近的理念、深厚的情感和包容的文明，“民心相通”就可以实现。其一，目标通。所谓“目标通”，就是沿线国家认同“一带一路”的建设目标。“一带一路”建设的目标，就是在沿线国家实现“五通”（政策沟通、设施联通、贸易畅通、资金融通、民心相通），并通过“五通”打造政治互信、经济融合、文化包容的命运共同体。“命运共同体”意味着共同的使命、共同的利益和共同的责任，它要求各国在相互尊重、平等相待的基础上，同舟共济、共克时艰、互利共赢，不断扩大利益交汇点，把经济的互补性转化为发展的互助力。其二，理念通。所谓“理念通”，是指沿线国家对“一带一路”倡议的价值取向达成共识。而“一带一路”倡议的价值取向就是中国倡导的新型国际关系，核心是合作共赢，通过发扬“和平合作、开放包容、互学互鉴、互利共赢”的“丝绸之路”精神，实现沿线各国的共同繁荣。相较过去你输我赢、你失我得的零和博弈思维，合作共赢使双方或多方在合作中互惠互利、相得益彰，从而实现各方共同利益。其三，情感通。人是有感情的，人与人的交流，除了分享信息外，也存在情感的沟通与交流。情感相通是基于人性共通的基础上的，即中国和“一带一路”沿线国家人民对获取财富、追求幸福、关心孩子、重视食品安全以及喜怒哀乐情绪等方面都有共同点。通过新闻媒体积极报道沿线国家普通人的普通事，展现他们的喜怒哀乐，可以促进具有不同宗教、不同文化的民众之间建立良好的情感，激起不同国家的民众情感上的共鸣，拉近“丝绸之路”沿线国家民众之间的距离。此外，雪中送炭式的援助，也可加强中国与沿线国家民众的感情。其四，文明通。由于“一带一路”沿线的国家具有多种文明、数十种语言并存，巨大的文化差异使他们之间往往容易产生误解和摩擦。中国要与沿线诸国互利互惠、共同发展和实现共赢，将充满挑战，也有变数。作为这一战略的发起国，中国愿以平等、友善、互助、合作的姿态与沿线各国民众交往、交流，并对沿线国家持“文化包容”的气度。通过“一带一路”倡议的实施，可以促进沿线各国人民之间的文化交流，实现不同文化的和谐共处、文明互鉴。[①] 而李自国指出，民心相通并非"一带一路"专有，它一直是中国对外政策的重要内容。"一带一路"中民心相通应有"丝路特色"，应以"和平合作、开放包容、互学互鉴、互利共赢"的"丝路精神"为抓手，服务于"一带一路"建设。因此，"民心相通的"内涵可以从以下几个方面来理解：其一，民心相通的目标和载体。民心相通中的"通"应有三个"境界"：一是增进彼此了解。我们要深入了解其他国家的方方面面，也要让国际社会全面深入了解中国。二是在了解的基础上形成好感，建立友谊，深化互信。三是争取对全球治理模式，特别是中方倡导的合作共赢理念形成共识，共建人类命运共同体。上述每一层都包含庞杂的内容，都是艰巨的任务。但民心相通并非空洞的概念，它体现在每份文件、每次交往、每声问候之中。其载体绝不只是"高、大、上"的官方活动、体现人道主义关怀的灾害救助，更包括一次普通的个人旅行、一声简短的问候。民心相通融于交往中的点点滴滴。其二，民心相通的主体及相互关系。民心相通即人心相通，"民"不仅仅指普通百姓，而是指所有人，既包括社会精英，如各级官员、媒体人士、专家学者、企业家，也包括普通民众，人人都是友谊的传播者。精英在民心相通中起先导作用，广大民众是后盾。就"一带一路"建设而言，社会精英对中国倡议最先了解、最先反应，是合作的规划者和执行者。民心相通第一步是与各国社会精英的沟通，然后自上而下传导至普通百姓。在普通人理解和受益后，会形成自下而上的社会支持。如果上层决策得不到普通百姓的支持，最终会停下来；如果合作使老百姓得到了实惠，即使高层变更，新领导层也会顺应民心，继续推动"一带一路"合作。其三，"一带一路"民心相通的最低和最高目标。"一带一路"民心相通除了加深了解、增进友谊等基本内容外，还要有"一带一路"属性。最低目标是对"一带一路"倡议形成共识。当前，各方对中

---

① 郭宪纲、姜志达：《"民心相通"：认知误区与推进思路——试论"一带一路"建设之思想认识》，《和平与发展》2015 年第 5 期，第 1—11 页、第 114 页。

方倡议有欢迎、有质疑、有不解、有期待，对“一带一路”的解读和理解并不一致，需要民心沟通，解决“一带一路”是什么、怎么建等基本问题。只有对“一带一路”形成共识，才不会产生误判，才能形成合力。最高目标则是让共同体意识深入人心。习近平主席在周边外交工作座谈会上提出“让命运共同体意识在周边国家落地生根”[①]。《愿景与行动》中提出，要通过全方位务实合作，“打造政治互信、经济融合、文化包容的利益共同体、命运共同体和责任共同体”[②]。共同体建设是一个漫长的过程，需要在周边和“一带一路”区域先行实践，逐步深化共同体的内涵。其四，“一带一路”民心相通的重要抓手是“丝路精神”。“和平合作、开放包容、互学互鉴、互利共赢”的丝绸之路精神明显有别于西方的“零和博弈”“弱肉强食”思想，它是处理国家关系、开展文明对话和进行全球治理的一个新理念。对习惯于“丛林法则”的国家来说，“丝路精神”有太多的理想主义色彩，但对丝路沿线国家来说，它们都是古丝绸之路的受益者，对这种理念比较容易理解和接受。“一带一路”民心相通就是要传播“丝路精神”，使合作共赢理念深入人心。遵循“丝路精神”才能在复杂的欧亚地区寻找到各方利益的最大公约数。[③]

关于“一带一路”中“民心相通”的基本内容与形式，黄端、陈俊艺也作出了相应的阐释。从基本内容来看，“民心相通”主要包括以下四点：一是人民相亲。国之交在于民相亲。民相亲就是要推动沿线国家和地区民众之间在各个领域的密切往来，通过交流交往实现彼此之间相识相知，消除隔阂，弥合分歧，增

① 《习近平：让命运共同体意识在周边国家落地生根》，2015 年 10 月 23 日，新华网（http://news.xinhuanet.com/2013—10/25/c_117878944_2.htm）。

② 《推动共建丝绸之路经济带和 21 世纪海上丝绸之路的愿景与行动》，2015 年 3 月 28 日，中华人民共和国商务部网站（http://zhs.mofcom.gov.cn/article/xxfb/201503/20150300926644.shtml）。

③ 李自国：《“一带一路”愿景下民心相通的交融点》，《新疆师范大学学报（哲学社会科学版）》2016 年第 3 期，第 67—74 页。

进理解，相互信任，在身份上相互认可，在血缘上互相融合，在不同国家和地区的民众中形成一个你中有我、我中有你的人文格局。二是情感相融。“一带一路”建设，要按照睦邻、富邻、安邻的要求，以诚信为标准严格要求自己，以真心真诚广结天下朋友，以包容的情怀促进不同国家、不同民族、不同文化的民众跨越历史恩怨、政治纷争、宗教分歧等障碍，激起情感上的共鸣，建立良好的友谊，拉近“丝绸之路”沿线国家和地区民众之间的心理距离。三是理念相通。中国倡导“一带一路”建设，核心价值取向就是秉持和平合作、开放包容、互学互鉴、互利共赢的理念，全方位推进务实合作，打造政治互信、经济融合、文化包容的利益共同体、命运共同体和责任共同体。理念相通，就是沿线国家在该价值取向方面达成共识，实现政治互信，携手努力，共同打造绿色丝绸之路、健康丝绸之路、智力丝绸之路、和平丝绸之路。四是文化包容。“一带一路”贯穿亚欧非大陆，沿线存在多个民族、多种文明、多种语言，各国人民思想观念、行为方式各有差异，这就需要我们坚持和谐包容的原则，倡导文明宽容，尊重各国发展道路和模式的选择，加强不同文明之间的对话，求同存异、兼容并蓄、和平共处、共生共荣，注重在人文领域精耕细作，尊重各国文化历史、风俗习惯，传承和弘扬丝绸之路友好合作精神，实现不同文明的并存互补。

在主要形式方面，则是包括以下四点：一是国家与国家、人民与人民之间直接的相互往来。这是国家与国家、人民与人民之间相互往来最基本、最常见的形式，也是最低度层级的、交往认同感最低的形式。在和平时期，除极少数国家或地区外，绝大多数国家或地区都能够做到。目前，我国在对外开放方面基本上实现了全方位开放。二是国家与国家、人民与人民可以相互在对方境内安居乐业。这是国家与国家、人民与人民之间相互往来更进一步的形式。与第一种交往形式相比，这种交往在人员往来方面不仅有交往，而且要求能够在对方境内安居并就业，但仍保留原居住国或地区的身份。这种在对方境内安居并就业，并保留原居住国或地区的身份人就构成了侨民。这部分中国人在境外的称为华侨，外国人在中国的称为外国侨民。中国是一个华侨数量众多的国家，这些华侨是“一带一路”建设的宝贵资源。三是国家与国家、人民与人民可以相互在对方境内形成一个族群。这是国家与国家、人民与人民之间相互往来最高的形式。与前一种交往形式比较，这种交往在人员往来方面不仅能够在对方境内安居就业，而且要求能够取得居住国或地区的身份。这种在对方境内安居就业并取得居住国或地区身份的人就构成了所在国或地区的族群或族裔。这部分中国人在境外称为华人，而外国人在中国取得这样身份才刚刚起步。从目前看，华人华裔在世界各地人数众多，是一支不可忽视的力量。历史上外国人融入中国也不少见，今天在福建泉州就有宋元时期来福建经商的波斯、阿拉伯人后裔约 5 万人，这是中国与世界各国人民能够友好相融的经典范例。四是国家与国家、人民与人民之间文化的相互包容、相互融合。这是国家与国家、人民与人民之间相互交流的核心。贯穿于上述三种人员交流交往形式中的一条主线，就是对不同国家、不同民族、不同文化的相互包容、相互融合。这种交流一方面使外来族群融入当地文化，另一方面也使外来族群的文化融入驻在国的生活习俗当中。可见，实现民心相通的核心是在于文化层面的相识、相容、相融。历史上的“一带一路”都成功实现了这种文化的交流融合。以海上丝绸之路的福建为例，宋元时期波斯、阿拉伯人在泉州留下了大量的伊斯兰文化，而走出去的中国人也将妈祖文化、客家文化以及陈靖姑文化等带到了海丝沿线国家和地区，成为今天促进“一带一路”文化认同和凝聚共识的基础。①

关于如何理解民心相通，常非凡则认为，大致可以有全球体系、国家、个人三种视角，从全球体系视角看，它是国际社会新的合作方式；从国家视角看，它是不同国家的人民之间的社会交往；从个人视角看，它强调不同种族文明的彼此理解与心灵上的感同身受。“国之交在于民相亲，民相亲在于心相通”，三个视角

---

① 黄端、陈俊艺:《民心相通是“一带一路”建设取得成功的关键点和落脚点》,《发展研究》2017 年第 5 期，第 4—7 页。

正好对应“国相交、民相亲、心相通”的三个层次。一是从全球体系的“国相交”角度讲，民心相通是第四次工业革命的全球化浪潮里国家之间共商、共建的交往与合作新方式。当今世界经济体系建立在超大集群工业化基础上，需要在更高水平上推动世界资源的全球配置。三方市场投资组合、多边经贸互利共赢，“中国方案”带动新的区域经济发展方案，也必然推动社会交往模式形成新发展规律。“一带一路”建设不仅是物质生产的经济体系，不仅是市场全面开放、内生创新增长和义利有机联动的“经济方案”，更是一个照顾各方国民关切和社会利益，履行民生和社会事业大国责任，发展为民、成果惠民的治理方案。它推动沿线国家的健康、卫生、教育等发展水平，致力于造福“一带一路”沿线各国人民，体现出中国特色社会主义进入新时代在全球治理与社会、民生发展责任上的“中国担当”。二是从“民相亲”角度讲，民心相通重点体现在“民的交流”，即人民之间的交往与沟通，这构成了“一带一路”的“社会根基”。民心相通不仅是一种“以人为本”的全球治理与发展模式，同时也是一个世界人民的社会与文化交往体系，是全球性、务实性、包容性、互惠性的社会交往联通平台，以增强参与感和获得感，消除危机感和隔阂感，响应各国民众的发展诉求和追求美好生活的意愿，既包括物质生活的富足，也包括个人精神层次和文化生活要求的提升。三是从“心相通”看，民心相通应当最终落实在“心的相通”，人们的思想会“因为平等交流而变得丰富多彩”①。实现不同文明间包容、不同民众间彼此信任，思想和文化高度融合理解，构成“一带一路”建设的“民意基础”。《推动共建丝绸之路经济带和21世纪海上丝绸之路的愿景与行动》提出“打造政治互信、经济融合、文化包容的利益共同体、命运共同体和责任共同体”②。政治高度互信

① 《习近平出席中阿合作论坛第六届部长级会议开幕式并发表讲话》，2014年6月5日，新华网（http://www.xinhuanet.com//photo/2014—06/05/c_126583882.htm）。

② 国家发展改革委、外交部、商务部联合发布:《推动共建丝绸之路经济带和21世纪海上丝绸之路的愿景与行动》（http://www.china.org.cn/chinese/2015-09/15/content_36591064.htm）。

的基础是民之交心换心，“人之相知，贵在知心”。沿线国家民众，特别是普通百姓对“一带一路”所知有限，为避免误读“一带一路”，要统一解读和认识，消除不解和隔阂，打消顾虑和犹豫，才能抵御风险流言，赢得广泛支持，凝聚更大共识，发挥最大合力，缔结更深友谊，实现“地缘相近、人缘相亲、文缘相通、命运与共”[①]。

二、民心相通在“一带一路”国际传播中的意义研究

中国文化的国际传播以及中华文明与其他文明的互利互鉴，“民心相通”打造“文明之路”，我们应有文化自信、思想自信和行动气魄，应在世界尺度中践行中国哲学中推崇的“知行合一”，将中国文化的国际传播进行具象化的、实践性的推广，以实际行动回应历史使命和社会关切。[②]习主席在主旨演讲中指出：“‘一带一路’建设要以文明交流超越文明隔阂、文明互鉴超越文明冲突、文明共存超越文明优越，推动各国相互理解、相互尊重、相互信任。”这其中包含了中华民族独特的历史经验，既有宏观战略的清晰构想，又有具体行动的扎实落地。

中国讲的“一带一路”，实质上是讲一个不同于西方全球化的全球化模式。最重要的一个是互联互通，就是鼓励有不同价值观的人也参与到这个共同事业中来，不能搞成以中国为中心，而要保持多样性的共同价值理念。“一带一路”倡议要真正得到相关国家的理解和支持，达成共识、密切合作及共同参与建设，关键取决于中国与沿线国家的增信释疑，这实质上就是实现民心相通的过程。民心相通为“一带一路”建设提供了精神上的动力，形成“心往一处想，劲往一处

---

① 宋涛：《同筑民心之桥 共建“一带一路”——在“一带一路”国际合作高峰论坛之“增进民心相通”平行主题会议上的主旨讲话》，2017 年 5 月 14 日，人民网（http://cpc.people.com.cn/n1/2017/0515/c164113—29275350.html）。

② 常非凡：《理解与推进民心相通 建构人类命运共同体》，《人民论坛·学术前沿》2018 年第 22 期，第 116—119 页。

使"的氛围。这是保证"一带一路"事业攻坚克难、持续推进的动力来源。民心相通工程的顺利推进，将为"一带一路"提供强大的信念支撑和动力源泉。

（一）"民心相通"是中国公共外交思想的发展与提升

民心相通，民才可以亲。而民心相通的"民"，不仅仅是对象国的普通公众，也同样包括所在国的人民百姓。相通的"相"是互相，相通的"通"是沟通达成的理解与认同。这样，民心相通不仅具有公共外交的精髓，也更加丰富了这一概念的内涵。它本身既是目标诉求，也是行动路径。

王景华、韩振丽认为，多元文化交往对于民心相通意义重大。当前，在复兴丝绸之路时通过加强各国多元文化交往来促成民心相通，就是要延续和扩大这种开放包容的人文交流，增进中国和其他相关国家的相互了解和传统友谊。具体来说，多元文化交往对于丝绸之路经济带建设主要具有以下几方面重要意义：其一，多元文化交往是沿线各国互利合作，共同推动丝绸之路经济带建设的基础和动力。丝绸之路经过亚欧大陆30多个国家和地区，涉及不同种族、不同信仰、不同文化背景和不同生活方式的近30亿人口，促进各国之间的多元文化交往不仅有利于各国在认知和理解他国文化基础上，彰显和保持本土文化的特色和优势，学习和借鉴其他不同文明中的合理因素和优秀成分，克服本土文化固有的不足，推动本土文化不断丰富完善和创新发展；而且有利于增强彼此之间的亲和力和依存感，从而形成共同的文化理念、思维模式、行为规范，推动他们不断扩大和深化彼此在经济、政治、文化等领域长期稳定的合作，共同推动丝绸之路经济带不断向前发展。尤其是在全球化时代，随着丝绸之路沿线各国在经济、政治等领域交流与合作的扩大和深入以及各国越来越多的资金、技术、人员、信息与货物的跨国流动，各国文化不断相互碰撞，推动各国人民对他国的民族、国家、人民身份及其角色、商品等的认知、理解和认同，推动各国多元文化交往，也有利于促进各国人民对于丝绸之路经济带利益共同体的认知，使他们更加明确地认识到自己是这个利益共同体中的一员，从而增强他们对这个利益共同体的“依存感和归属感”①，为共建丝绸之路经济带奠定坚实的社会基础。其二，各国多元文化交往也有助于夯实丝绸之路经济带建设的战略基础和民意基础。丝绸之路经济带东起充满活力的亚太地区、中间贯穿资源丰富的中亚地区、向西通往欧盟发达经济体，各国经济发展互补性很强，互利共赢的合作潜力巨大。②把他们各自的经济、文化特色和优势发挥出来，实现合作共赢，可以顺利推动丝绸之路经济带建设不断发展。多元文化交往还有利于加强各国之间战略思维、战略理念的沟通，在不断增强他们之间的战略发展共识、推进战略发展决策的民主性和科学合理性的同时，增强彼此的团结互信，促进共同安全，消除恐怖主义、分裂势力和极端主义等“三股势力”生存的社会基础，有效管控分歧和争端，减少地区冲突，确保丝绸之路建设不被冲突打断而具有相对的稳定性。其三，通过促进各国多元文化交往可以使相关各国清晰了解中国倡导的共建丝绸之路经济带构想有别于以往其他国家提出的类似计划（日本的“丝绸之路外交”计划、美国的“新丝绸之路”计划以及“北南走廊”计划），③这一构想的实施只是努力建设“经济贸易通道、能源安全通道和文化交流通道”，推动区域经济和平发展，其目标旨在“让自己富裕，让邻居也富裕”④，而无意于谋求地区事务的主导权，扩张中国的势力范围，“不搞排他性合作，不追求利益最大化”⑤，从而使这些国家消除对于中国倡议共建丝绸之路经济带的疑虑和担忧，共同推动沿线国家的发展。⑥其四，胡

① 韩震:《论全球化进程中的多重文化认同》,《求是学刊》2005 年第 5 期，第 21—26 页。

② 华益文:《两条丝路一样精彩》,《人民日报海外版》2013 年 9 月 13 日第 1 版。

③ 何茂春、张骥兵:《新丝绸之路经济带的国家战略分析——中国的历史机遇、潜在挑战与应对策略》,《人民论坛·学术前沿》2013 年第 23 期，第 6—13 页。

④ 甘钧先:《“丝绸之路”复兴计划与中国外交》,《东北亚论坛》2010 年第 5 期，第 65—73 页。

⑤ 华益文:《两条丝路一样精彩》,《人民日报海外版》2013 年 9 月 13 日第 1 版。

⑥ 王景华、韩振丽:《丝绸之路经济带建设中的多元文化交往与民心相通研究》,《新疆社会科学》2015 年第 6 期，第 117—121 页。

文涛、林煜浩进一步认为文化外交是民心相通的重要推力。文化外交是增进国与国之间民众相互了解和凝聚共识的重要推动力。[①] 在国际无政府状态下，国家间关系的发展需要双轮驱动，既要经贸合作的“硬助力”，更要文化外交的“软推力”。如果运用得当，软推力可以对硬助力起到巨大的乘数效应，达到事半功倍的效果。古典现实主义学派代表人物汉斯·摩根索（Hans Morgenthau）在其经典著作《国家间政治——权力斗争与和平》中也曾提到“优越文化和更富有吸引力的政治哲学的说服力”显然要比诉诸军事、经济手段更有效，因为“它的目的不是征服领土和控制经济生活，而是征服和控制人民的心灵，以此作为改变国家之间权力关系的手段”[②]。国之交在于民相亲，民相亲在于心相通。中国在古代丝绸之路上丰富多彩的文化外交，拉近了与亚非欧国家人民心灵上的距离，增进了彼此的友好互信，深化了相互的交流与合作，也使得丝路文化在沿线国家落地生根，形成深厚的民心基础。古代丝绸之路上中外合作的建筑、壁画等都记录着昔日的繁荣盛景，并深受当地人民的尊崇与惜护。正是通过这些文化产品，不同地域的民众更加理解、尊重、互鉴和共荣了，也塑造了可为不同地域文化普遍接受的文化价值理念，打造了民心相通工程的共同基点。“古代丝绸之路”尽管是始于政治军事，盛于经贸交通，但其本质意义在于促进了民心相通和人类文明的交流与进步。他们进而提出，“一带一路”国家走向民心相通的现实路径就是推展文化外交：其一，文化外交能为民心相通和“一带一路”的顺利开展奠定坚实的社会基础。文化外交，能增信释疑和疏通民意，为“一带一路”倡议的顺利实施筑就坚实的社会基础。“民心相通”是政策沟通、贸易畅通、道路联通、货币流通的重要保障。要想搞好其他“四通”，少不了沿线国家人民的认同和支持，这

① Cummings, M. C. (2003). *Cultural Diplomacy and the United States Government: A Survey.* WDC: Center for Arts and Culture Press.

② 〔美〕汉斯·摩根索:《国家间政治：权力斗争与和平》，徐昕等译，北京大学出版社2013年版，第98页。

需要通过加强人民友好往来、共同举办相关展览演出等文化外交手段来增进相互了解和传统友谊，为开展区域合作奠定坚实的民意基础和社会基础。根据国务院参事汤敏的分析，“一带一路”至少涉及44亿人口，占全球人口的63%，这意味着其不仅需要沿线国家、政府和企业的认同和参与，也需要各国社会和国民的广泛参与。如果实施方案不能使沿线国家全面客观地认知，就会导致社会群众基础不稳，共同建设的积极性不高，从而减慢“一带一路”的建设速度和影响目标的实现。可见，“一带一路”建设的障碍和不确定因素主要是来自沿线有关国家的疑虑。而文化外交能够有效弘扬“和平合作、开放包容、互学互鉴、互利共赢”的“丝路精神”，使不同国家的民众深入了解彼此，减少疑虑，促进外交战略的有效执行。因此，可以通过文化外交加强人民友好往来、增进相互了解和友谊，展现新时期“亲、诚、惠、容”的中国周边外交理念，为开展区域合作奠定坚实的民意基础和社会基础。其二，文化外交能为民心相通和“一带一路”的顺利开展提供无形的安全支持。文化外交，能化解不同文明间的冲突，为“一带一路”倡议的顺利实施提供无形的安全支持。当今世界的民族矛盾、宗教分歧、领土争端，乃至军事冲突，除了通常的政治和经济因素以外，绝大多数还包括了深刻的文化因素。文明的冲突与交融是当代国际关系的重大主题。美国著名学者亨廷顿提出的“文明冲突论”就曾认为，文明的冲突是一种比经济与政治冲突更加全面的冲突，会主导未来历史的发展。当今全球化引发了各国民族主义及国家意识形态的增强，再随着西方文化中心主义和文化霸权主义的兴起，全球范围的“文明冲突”成了一种新常态。“一带一路”沿线六十多个国家的历史、文化、宗教和语言等方面都有显著差异且利益诉求不一，存在着由多民族、多宗教纷争派生出的动荡和冲突，导致各类传统与非传统安全危机相互交织，比如持续不断的巴以冲突。文化上的障碍是政治和经济冲突的更加内在的深层次原因，还极大地拉升了当事国间的交易成本。但是，文化外交能够使处于文明冲突的国家消除偏见，恢复彼此间的信任。可以通过文化外交倡导共同、互信、协作的“新亚洲安全观"，与丝路沿线国家的政界、学界与媒体开展广泛的交流和合作，推动不同文明间的和谐发展。其三，文化外交能为民心相通和"一带一路"的顺利推进树立良好的国家形象。文化外交，能修正观念和消除误解，为"一带一路"倡议的顺利实施建构良好的国家形象。当前西方的一些报道和评述，通常带有恶意的渲染和严重的误导，试图证明中国从文化本质上是寻求霸权和具有威胁的。21世纪以来，作为最大的发展中国家，中国经济实力的上升引起了国际社会的关注。对此，一些西方国家出于对中国崛起的担心，发出了一系列歪曲事实的论调，如"中国威胁论""中国新殖民主义论"，以及把当前的"一带一路"布局描述成"中国版马歇尔计划"，导致部分国家信以为真，对今后"一带一路"的开展带来了不利影响。西方世界往往认为国强必霸，认为守成大国与新崛起大国之间必有一战，但是中国的传统理念里没有这种"修昔底德陷阱"，我们的传统是"和为贵""和而不同"的儒家精神。但是，观念是可以通过文化交流与对话而改变修正，达到互相的认识，或者产生新的观念。而媒体是文化交流传播的重要载体。埃及《华夫脱报》前副主编阿德尔·萨布里曾表示，很多埃及人是通过第三方媒体认识中国的，其中不乏曲解和误解，加强媒体通联与合作能促进报道的客观高效以及民众的相互了解。因此，应根据沿线各国不同文化的特性，适时地调整跨文化传播的话语策略，通过文化外交加强国际传媒合作，用中国自己的声音向世界传播中国的文化，修复或树立本国在国际社会上真实客观的形象，从而赢得广泛的理解和信任并营造有利于本国发展的国际环境。①

在具体实践层面，张艳秋、张耀兰就非洲新公共外交，尤其是中非民心相通的现实挑战与困境、民心相通的媒体路径与建构提出了一定的见解，强调新公共外交强调主体的多元和开放，以民心相通为目标和思想框架，在促进非洲民众认

① 胡文涛、林煜浩：《发挥文化外交作用力促"一带一路"民心相通》，《战略决策研究》2016年第2期，第87—98页。

识中国和理解中国人的传播沟通中，我们的媒体不仅需要在非洲讲好中国故事，同时也要对国内讲好非洲故事及中非合作故事；中国媒体不仅要向非洲百姓讲好中国故事，还需要非洲媒体一起参与讲好中国故事，以“互动”和“双向”为路径，建构彼此间的民心相通。①

一方面是讲好中国故事，让非洲人心通中国。其一，中国国家媒体向非洲百姓讲好中国故事。在以新公共外交为导向的对非传播中，做好中国文化的传播，讲中国普通人的故事尤为重要。中国国际广播电台近年来以非洲本土母语译制的电视剧在非洲的播出，成为其对非本土化、贴近性传播的增长点。自中国电视剧《媳妇的美好时代》斯瓦希里语版在坦桑尼亚广播公司播出获得好评后，国际台先后推出了一批以非洲本土语言译制的中国优秀影视剧，将中国现代社会家庭伦理生活等内容带入了非洲平常百姓的视野之中。习近平主席在2013年访问坦桑尼亚时提到这部电视剧，并认为“这部电视剧使坦桑尼亚普通百姓关注了解到中国老百姓家庭生活的酸甜苦辣”。显然，讲百姓生活故事，是彼此间人民最快捷也是最直接的沟通路径。在向公共外交为导向转型的传播实践中，我们的国家媒体的对非传播在着重报道中国改革开放进程、扭转西方传媒对我负面报道的同时，加强传播内容的平民化、生活化取向，是对新公共外交所倡导的“公众到公众”这一路径的有益尝试。《中国日报》非洲版在内容上巧妙回避政治类新闻，而是以经贸、文化等内容为主报道中国及中非合作，封面故事多关注中国在非洲的经济活动。为让报纸在形象及内容上更加接地气，评论版面往往邀请非洲相关专家撰稿，配以撰稿人的头像，拉近与非洲读者距离。该报人物版面所涉及的人物包括在非的中国籍援非志愿者、企业家、华商、中国工人、艺术家以及在中国的非籍非洲歌星演员、商人、留学生等；其生活版面主要以社会文化类话题为主，

---

① 王景华、韩振丽：《丝绸之路经济带建设中的多元文化交往与民心相通研究》，《新疆社会科学》2015年第6期，第117—121页。

向非洲介绍变化中的中国社会及中国人，点滴间增进非洲人对中国的认知与理解。其二，中国民营媒体贴近非洲人讲好中国故事。新公共外交理念强调传播主体的非官方化及多元化。相比于中国官方媒体，中国民营媒体在非洲传播中国内容和讲述中国故事时，更加润物无声。秉承"让每一个非洲家庭都买得起、看得上、看得好数字电视"的宗旨，四达时代传媒集团自2007年开始在非洲投资，一路开拓下来，至今已发展成为泛非地区最具潜力的数字付费电视运营商，并通过国际化而非中国化的定位实现和打造其本土化公司形象，节目制播均以服务对象国观众的需求而定，包括尽可能争取体育赛事的直播，以满足非洲人对体育节目的需求。四达集团通过搭建自己的配音译制团队将现有的优秀国产电视剧传播到非洲，并已在肯尼亚首都内罗毕建设了影视剧译制中心，借助当地非洲人力资源，译制、配音、播出更多的国产影视剧。其中，四达译制的《奋斗》《我的青春谁做主》中有关中国小人物在社会中挣扎奋斗的心路历程引发了同样处于发展阶段的非洲人民的共鸣，对于打通中非民心起到了与官方媒体不一样的传播效果。这种市场化传播媒体的独特身份及发展需求，使得其在传播中国内容的同时更加紧贴地气，也因此充满生机。其三，非洲媒体人对非洲讲好中国故事。受西方国家的影响，非洲的媒体理念与传媒体制更亲西方而远离中国。因此，非洲媒体，尤其是最为活跃的私营媒体，多倾向于批判性审视中国走进非洲，造成了非洲本土媒体与西方媒体一同呈现负面中国的情形，进而带来了非洲人对中国的认知偏差与误读。中央电视台非洲分台开始在本土化发展策略的指导下，以采编播人员的雇用本土化为抓手，广泛雇用当地媒体编采播人员加盟，让非洲人讲中国故事、让非洲人讲自己的故事。受制于资金短缺，大多数非洲媒体记者没有机会来到中国直接观察和报道真实的中国国情民生。为此，我国公共外交协会自2014年开始已连续四年邀请非洲国家的记者来华，依托中非新闻交流中心展开为期十个月的在华采访报道，向非洲报道和讲述非洲人自己看到的中国。此项目的参与人员大多为当地媒体的主编或高级编辑、高级记者，讲中国故事时，他们的话语更有说服力和可信度。在非洲舆论话语建构中，除新闻媒体人员外，非洲的媒体学者的话语声音不容忽视。非洲的媒体学者享有较高的学术自由，比非洲新闻媒体人员具有更高的话语自主性，在高校及政府部门等具有较强的话语扩散力。他们不仅在媒体课堂、学术会议及学术发表中传播媒体学术主张，更频频在广播电视访谈、报纸专栏中传递个人观点，其学术的话语权威性往往促成其享有较高的社会公信力及辐射力，在各种社会场域中及公共空间中产生影响力。然而，受限于非洲本土高校的研究经费，非洲的媒体学者大多难于开展深度系统的涉华传媒研究。因此，在对非的公共外交规划中，我国应把引导和影响非洲本土媒体学者纳入人员交流议程。

另一方面是讲好非洲故事，让中国人心通非洲。在新公共外交视域下，民心相通突出了国家间公众与公众沟通的平衡对等。以此，该理念也打破了传统公共外交中重视影响对象国人员，忽视对本国民众就外交政策及国际合作行动的认知与引导的盲区，无疑这是对新公共外交的丰富与发展。外交是内政的延展，内政是外交的保障。中国媒体如何对内讲好非洲故事，关乎中国公众对国家、对非外交的理解与支持，也关乎中国人在非的言谈举止、行为规范。一个正向的、全面的国内涉非舆情，对于中非合作有着至关重要的意义。长期以来，中国媒体中有关非洲的新闻报道表现为政经内容为主，3D 内容（death、disease、destruction）及猎奇内容为辅。这势必带来中国人对非洲人的刻板印象，并进一步阻挡中非民心相通的中国入口。以人民日报社旗下的《环球时报》为例，2015 年，该报纸的涉非报道中，正面报道占比 15.9%，中性报道占比 42.3%，负面报道占比 41.8%。其中负面报道中以恐怖主义为最多，占比 63.6%，治安问题占比 19.3%；正面报道主要由文化风俗和自然风光类组成。[①] 在中国的主流媒体的英文报道中，

① 吴文彬：《中国新闻媒体涉非报道特点分析——以〈环球时报〉2015 年的报道为例》，《新闻研究导刊》2016 年第 12 期，第 350—251 页。

学者在对2008年至2010年间的新华社和《中国日报》的涉非报道进行分析后发现，两家媒体的涉非叙事框架大体分为以下四类：非洲国家处于危机之中；非洲不安全；健康水平在下降；非洲国家需要进一步发展。在这些涉非报道中，正面报道占22.86%，负面报道占33.16%，中性报道占26.18%，其他无法明确定性的报道占17.8%。[①] 总体来看，我国媒体的涉非报道在叙事方式和框架设立上都还局限于相对狭窄的话题范围，没有能够为国内受众描绘出一个全面而生动的非洲普罗大众的生活场景。在“一带一路”倡议的推进中，我国媒体的涉非传播须进行反思和警醒。以民心相通为诉求，我国媒体能够做出的改进空间还很大，在重视报道中非外交、经济往来的同时，必须要超越非洲旅游与动物世界等传统话题，更多地关注非洲普通民众的生活状态，同时融入如非洲体育、音乐、艺术、宗教、习俗、人文等领域的话题，打开中国人的非洲世界与非洲视角。事实上，我国媒体对展示多元的非洲，已做了有益的尝试。例如，2011年3月，由旅游卫视播出的30集纪录片《非洲十年》以自由摄影师梁子的十年非洲旅行足迹向中国观众呈现出苦难与幸福并存的真实非洲；2016年春节在中央电视台新闻频道播出的《中国人在非洲》则通过讲述在非洲生活的中国人的故事，表现出中非人民跨越文化和种族的局限共同成长的写实经历。这些纪录片超越了纯粹展现非洲自然风光与人文风情的框架，记录了共处同一时空下的中非人民的生活百态，也让我们看到了我国媒体朝“民心相通”方向所做出的努力。在“一带一路”框架下，我国与非洲各国的友好合作需要新公共外交的理念及方法论去加固、传承和创新。习近平主席提出的民心相通，既是对我国民间外交思想的一次升级，也为我国媒体开展公共外交指出了努力方向与建构路径，是对新公共外交理念的一次丰富和完善。民心相通超越了传统公共外交的单向性，突出了新公共外交的双向性互动与平衡传播，在打造“五通”的软力量建设中，将使一带一路推进得有骨

① Tetteh-Richter Mary：《中国英语媒体中的非洲形象研究》，上海外国语大学硕士学位论文，2012年。

有肉，扎实稳健。“民心相通”视阈下的公共外交更强调双向对话和沟通，将公众视为意义的共同创造者与信息的共同传递者。一是在目标对象上，公共外交的对象不应限于他国精英，而应包括所有普通民众。二是在外交主体上，有别于单向度、重外宣、以推送为主的传统公共外交，“民心相通”视阈下的公共外交更加倡导参与主体的开放性和多元性，非政府机构、企业、研究机构等均可有所作为。借助“公众到公众”这一渠道，“民心相通”视阈下的公共外交可以与传统的由“政府到公众”模式的公共外交形成纵横交错之势，有益于建构更加立体的公共外交网络。文化关系建设与良好公众互动正是公共外交的重中之重，强调双向的、互动的交流与合作。①

（二）民心相通是“一带一路”国际传播中的重要基石

“一带一路”的民心相通相关研究虽然起步时间不长，但在国际传播的意义和实现路径层面上，仍然任重而道远，民心相通面临一个有待破解的命题就是“国强必霸”和“零和博弈”思想。如“一带一路”已经引起大量国外学者的关注，但研究视角多以经济学、国际政治学、军事外交以及国际智库研究为主。关注的文章也多以“一带一路”的政策解读与地缘关系的分析为主。遗憾的是，在国外研究中很少见到从民心相通视角解读“一带一路”构想的专门性成果，尤其是民心相通在“一带一路”国际传播中的意义和实现路径的专门性研究。而中国提出的合作共赢国际关系理论是新事物，需要颠覆“零和博弈”和“强国必霸”等历史逻辑。它是一项长期的、艰苦的、琐碎的工作，需要有耐心、有决心、有毅力、有智慧。但同时它又有基础性、长期性和稳定性特点，一旦建立则收益巨大，影响深远。“国之交在于民相亲”，只有文明互鉴，民心相通，其他领域的合作才能更顺畅。中国重视与“一带一路”沿线国家的互联互通，其中民心相通更

---

① 张艳秋、张耀兰：《民心相通的媒体路径与建构——对非洲新公共外交的思考》，《对外传播》2017 年第 4 期，第 7—9 页。

是其建设的社会根基。正如“人类生活最重要的是保持天人之际、群己之际的和谐”，民心相通从理性出发，通过与“一带一路”沿线国家开展广泛的文化交流、人员交往、学术往来、媒体合作，加深对彼此的了解，汇聚共识，为深化各领域的互利合作奠定民意基础。而在这其中，由于不同的文化背景和历史经验，要求作为传播和沟通“中介”的语言在表达上尽量做到与内容和受众相契合，要注意话语表述适当、信息内容真实准确、态度真诚可信，也就是尽量做到“可理解性、真诚性、正确性、真实性”的要求，才能树立起良好形象和增进互信，顺利推进民心相通工程。

张昆指出，民心相通是丝绸之路经济带建设的当务之急。丝绸之路经济带建设需要政治高度的战略谋划，需要巨大的物资投入，需要解决基础的交通运输设施，但是所有这些都还不够，更重要的还是要解决民心问题，即丝绸之路经济带内各国、各民族人民的心灵相通问题。马克思曾说，批判的武器当然不能代替武器的批判，物质的力量只能用物质的力量来摧毁。在经济带建设中，经济手段、政治手段很重要，但难以解决思想问题。实现民心相通的目标只有借助于信息传播；而一旦民心相通的问题被解决了，其就会变成推动丝绸之路经济带发展的物质力量。①

对于民心相通在“五通”中的定位，习近平指出，国之交在于民相亲，要搞好政策沟通、设施联通、贸易畅通、资金流通，“必须得到各国人民的支持，必须加强人民的友好往来，增进相互了解和传统友谊，为开展区域合作奠定坚实的民意基础和社会基础”②。目前“一带一路”建设率先取得成果的地方，都是民心相通基础好、政治互信水平高的地区，这也表明，政策沟通、设施联通、贸易畅

① 张昆：《传播先行，实现民心相通——服务丝绸之路经济带建设的国家传播战略》，《人民论坛·学术前沿》2015年第9期，第62—72页。

② 习近平：《弘扬人民友谊共创美好未来》，2013年9月7日，新华网（http//news.xinhuanet.com/world/2013-09/08/c_117273079.htm）。

通、资金融通要想走得好、走得远，需要民心相通提供良好的社会环境。因此，李自国认为，“民心相通”的作用主要体现在：其一，有助于增进战略互信。民心相通工作有助于深化沿线国家政府和人民对“一带一路”的认识。只有对中国倡议有更多的了解，才会真心欢迎。如果沿线国家将“一带一路”视为中国的地缘政治战略，而非经济合作倡议，则参与的热情就会大减，甚至阻挠，政策沟通就无从谈起，更不要说“在政策和法律上为区域经济融合‘开绿灯’”[①]。俄罗斯态度的变化是沟通的最好佐证。在“丝绸之路经济带”倡议提出之初，俄顾虑重重，通过各种渠道沟通，俄逐渐改变立场，由疑虑转向有条件支持，进而主张积极对接。“丝绸之路经济带”与“欧亚经济联盟”的对接得益于中俄的战略互信，得益于中俄友好的根深叶茂。中巴经济走廊是最早启动的“一带一路”关联项目，同样得益于中巴“全天候战略合作伙伴关系”[②]，民心相通功不可没。同样，民心不通，则互信不足，会阻碍合作。如中国在缅甸的密松水电站、中国与越南铁路对接等项目的搁置都与民心不通有关。中亚国家间由于互信不足，经常出现经济逆一体化现象。这都说明，民心通，经济合作事半功倍，而民心不通，则会事倍功半。其二，有助于形成更开放的合作理念化的碰撞。“一带一路”沿线国家社会制度多样、宗教多元，经济发展模式、发展理念、与世界接轨程度差别巨大。在中国视为理所当然的事情在沿线国家可能不被接受。经济合作面临的不少问题其实是发展理念的问题，一旦思想通了，问题也就迎刃而解了。在道路联通方面，“要想富，先修路”是中国从实践中得出的结论，也是设施联通的重要内容。但中国当作宝贝的东西别人未必认同。如“中国—吉尔吉斯斯坦—乌兹别克斯坦”铁路已谈了十余年，但吉方仍犹豫不决，原因之一就是吉方认为本国没有

---

① 习近平：《弘扬人民友谊共创美好未来》，2013 年 9 月 7 日，新华网（http//news.xinhuanet.com/world/2013-09/08/c_117273079.htm）。

② 《驻塔吉克斯坦大使范先荣接受塔“阿维斯托”通讯社采访》，中国驻塔吉克斯坦大使馆网站（http://tj.china-embassy.org/chn/xwdt/t1253120.htm），2015 年 4 月 8 日。

多少货物可供运输，看不到铁路对沿线城市乃至整个地区经济的带动作用。吉方的思想认识不到位，就难以下决心“先修路”。在贸易畅通、资金融通方面，投资者常碰到签证难问题，而签证难背后是思想观念保守。如塔吉克斯坦“阿维斯托”通讯社在采访中国驻塔大使范先荣时提出：“有人担心来塔的中国人可能会太多，您怎么看？”① 而实际上，每年赴塔的中国人只有六七千人而已。旅游合作方面，中亚地区有众多的丝路古迹，但中国与中亚国家间的旅游合作很少，取得旅游签证的难度很大。这与欧美、东南亚国家不断放宽对华游客签证，甚至免签证争抢中国客源形成鲜明对比。签证背后折射的是发展理念的不同、开放程度的差异。“一带一路”民心相通将推动各国的思想解放和自我重新定位，加速其参与“一带一路”建设进程。其三，有助于传递一个真实的中国，消除不实言论。“一带一路”是中国提出的公共产品，其成功与否取决于各国对中国的信任度。当前外部对中国有两个主要论调：一是“中国经济崩溃论”；二是“中国威胁论”。前者不断唱衰中国经济，动摇国际社会对中国的信心。如金融大鳄索罗斯公开声称中国经济会不可避免地“硬着陆”。如果不能予以坚决回击，传递中国经济真实状况，“一带一路”资金融通、双边贸易本币结算以及人民币国际化都会受到严重冲击。没有人会将一种即将崩溃的货币列为储备货币。后者则不断“制造”中国威胁论，挑拨地区争端，使邻国对中国产生疑惧，从而对“一带一路”质疑。民心沟通有助于消除对中国的各种误读，传递一个真实的中国。对中国有深入了解的人才会对中国经济有信心、对人民币有信心、对“一带一路”有信心。其四，有助于贸易、投资合理化。在经济全球化的现代社会中，物质财富很大一部分是通过贸易、投资等跨国经济活动创造的。影响经济活动的有软件和硬件两大要素。通常情况下，人们多重视看得见、摸得着的硬件，软件中常强调法律、税收等营商环境，至于文化、习俗、宗教等要素常被忽视。但大量案例表

① 《中华人民共和国和巴基斯坦伊斯兰共和国关于建立全天候战略合作伙伴关系的联合声明》，新华网（http://news.xinhuanet.com/2015-04/21/c_127711924.htm），2015 年 4 月 21 日。

明，哪怕是给企业、产品起个名字，都需要考虑当地的宗教信仰、风俗习惯、消费习惯、社会禁忌等，否则就可能遭到惨败。中国铁建在沙特承建的轻轨项目中出现巨亏，其中原因之一就是文化差异。沙特有独特的穆斯林文化，如要求部分路段非穆斯林不得参与施工，导致施工方穆斯林工程师和管理人员捉襟见肘。按“理”出牌不仅仅是根据经济规律、法律规范，还要根据不同地区的文化传统，考虑当地特点。民心相通不仅可增进友谊，还可以修正企业的经营行为，避免盲目投资。[①]

郭宪纲、姜志达认为，民心相通是推进“一带一路”倡议的社会根基和民意基础。《愿景与行动》指出，“一带一路”建设的主要内容是实现“五通”。“五通”之中，“民心相通”是国家交好的最终体现，是落实其他“四通”的前提与基础。正如习近平主席在提出“丝绸之路经济带”倡议时所指出的那样：“必须加强人民的友好往来，增进相互了解和传统友谊，为开展区域合作奠定坚实的民意基础和社会基础。”[②] 当前，中国将与丝路沿线国家加强 8 个重点领域的合作：一是促进基础设施互联互通；二是提升贸合作水平；三是拓宽产业投资合作；四是深化能源资源合作；五是拓展金融合作领域；六是密切人文交流合作；七是加强生态环境合作；八是积极推进海上合作。这 8 个重点领域的合作，体现出“一带一路”是以经济与人文合作为主线的开放的合作倡议，涉及非常多的经济与人文项目。当然，“民心相通”建设不可能一蹴而就，而是一个渐进的过程，因此“一带一路”的建设目标也是分阶段的：最初目标是建立利益共同体，中期目标是发展共同体和责任共同体，最终目标是建立“命运共同体”。在 8 个重点领域的合作中，“民心相通”为“一带一路”建设提供了精神上的动力，促使“心往

---

① 李自国：《“一带一路”愿景下民心相通的交融点》，《新疆师范大学学报（哲学社会科学版）》2016 年第 3 期，第 67—74 页。

② 习近平：《弘扬人民友谊　共创美好未来》，新华网（http://www.xinhuanet.com//politics/2013-09/08/c_117273079.htm），2013 年 9 月 7 日。

一处想，劲往一处使”氛围的形成，是保证“一带一路”事业攻坚克难、持续推进的动力来源。“民心相通”工程的顺利推进将为“一带一路”提供强大的信念支撑和动力源泉。中国作为发展中国家里的大国，其经济发展的成功模式得到沿线发展中国家的普遍推崇，中国提出的“合作共赢”的国际关系新范式，得到了发展中国家的普遍赞同，中国“共商、共建、共享”的丝路建设原则，得到了沿线国家的热烈拥护，这表明“一带一路”的“民心相通”工作有比较好的基础。①

张广兴等也认为，“一带一路”建设需要政治上的缜密谋划、前期物资的巨额投入，更需要各国人民民心相通。“一带一路”沿线国家民族众多、宗教信仰各异，不同国家的历史与传统共同构成了对外璀璨的多元文化。“文明因交流而多彩，文明因互鉴而丰富”。“一带一路”沿线国家和地区的经济腾飞需要国际间的民心相通。具体来看，推进“民心相通”的重要作用主要体现在三个方面。其一，推进“民心相通”，有助于各国深化战略理解、增进战略互信。民心相通可以深化沿线国家对“一带一路”倡议的理解，增进国家间的战略互信。丝绸之路的历史记忆对中国来说是光辉灿烂的，但在西方媒体有意抹黑中国的情况下，“中国威胁论”正在造成中国与世界的隔离，一些国家对“一带一路”倡议有疑虑甚至反对。②“一带一路”沿线国家数量多，各国社会发展阶段不同，由于历史和现实原因，个别国家与中国有边界和岛礁争端，例如，菲律宾、印度、越南、马来西亚等国与中国的边界或岛礁争议。由于历史和地理环境的原因，俄罗斯视中亚为传统势力范围，中国与中亚各国深化能源合作可能引起俄罗斯的不满。印度同中国同属亚洲发展中大国，“一带一路”战略涉及南亚各国，可能被印度视为对其传统势力范围的威胁。民心相通可以消除沿线国家对“中国威胁论”的疑

---

① 郭宪纲、姜志达:《“民心相通”：认知误区与推进思路——试论“一带一路”建设之思想认识》,《和平与发展》2015年第5期，第1—11页、第114页。

② 金玲:《“一带一路”：中国的马歇尔计划？》,《国际问题研究》2015年第1期，第88—89页。

虑，加强国家间的沟通，有助于增进互信，开展更广泛的合作。例如，俄罗斯在“一带一路”倡议之初，有所顾虑，反应冷淡，但通过双边多渠道沟通，俄罗斯改变立场，将“欧亚经济联盟”与“丝绸之路经济带”对接，积极参与到“一带一路”建设中来。其二，推进“民心相通”，有助于引起沿线国家对“和平发展价值观”的共鸣。改革开放以来，中国经济曾有过较长时间的两位数高速发展，跃升成为世界第二大经济体，国际影响力也不断增强，但发达资本主义国家仍以“民主”“自由”“人权”紧密相连的政治经济体制主导着世界。在“一带一路”倡议实施过程中，中国如果想突破以美国为代表的发达资本主义的围堵，必须提出能引起沿线国家共鸣的“和平发展价值观”，例如天下大同、以和为贵、礼法合治等来应对。其三，推进“民心相通”，有助于维护中国国际形象，保证对外建设项目的顺利实施。当前，在对外项目建设中，部分中国企业重视与当地政府部门的对接，轻视与民众的沟通，认为外交应全权交给中国政府，加之中国企业在当地的一些不负责任的行为，导致中国国际形象受损。因此，中国企业在进入他国市场时应强化企业社会责任，及时与当地民众沟通，增强彼此之间的互信，以有助于维护中国企业的国际形象，保证项目的顺利实施，造福当地人民。①

民心相通不仅是“一带一路”建设的社会根基和民意基础，也是“一带一路”建设取得成功的关键点和落脚点。习近平主席在谈到国与国之间的关系时指出，“以利相交，利尽则散；以势相交，势去则倾；惟以心相交，方成其久远。国家关系发展，说到底要靠人民心通意合”。可见，国家与国家、地区与地区之间的关系，真正长久和起作用的还是民心是否相通，是否推动沿线国家和地区之间的人文交流，实现经济和社会的共同繁荣发展。

在“一带一路”建设中，民心相通地位特殊，既是“一带一路”建设努力

① 张广兴、张晗、张盈盈：《“民心相通”：推进“一带一路”战略的社会根基》，《河北师范大学学报（哲学社会科学版）》2017 年第 2 期，第 119—122 页。

目标的“五通”之一，又为其他“四通”提供坚实的民意和社会基础，还是确保“一带一路”建设顺利推进的重要前提。从内容上看，政策沟通、设施联通、贸易畅通、资金融通等前四通表现形式是有形的、可见的和浅表的，主要聚焦于经济领域；民心相通表现为有形的和可见的之外，还表现为无形的、不可见的和深层的，主要体现为人文和社会领域。从难易上看，一通、二通、三通，乃至四通都相对容易，经过努力也可以做到，它们之间共融性、一致性好；但民心相通则不同，不仅难度大，经过努力也不一定做到，而且与其他四通之间共融性、一致性差，有时甚至是起相反作用，使经济越发展，民众越对立。

同时，民心相通在“一带一路”建设中的作用也十分重要。具体有四点：其一，民心相通是实现其他“四通”的前提和基础。习近平主席在谈到“五通”时说，“搞好上述领域（其他‘四通’）的合作，必须得到各国人民的支持，必须加强人民的友好往来，增进相互了解和传统友谊，为开展区域合作奠定坚实的民意基础和社会基础”。民心相通在于开展多层次、多领域的人文交流合作，推动文明互学互鉴和文化融合创新，努力构建不同文明相互理解、各国民众相知相亲的和平发展格局。从这个意义上讲，“一带一路”能不能畅通，关键在于民心会不会相通。从目前看，在“一带一路”的“五通”建设中，“一通、二通、三通，乃至四通”难度不大，民心相通难度最大。历史上的“一带一路”曾经辉煌过，但有些地方因各种原因中断或消失，主要原因在于人员往来的中断和文化交融的缺失。福建不仅是少有的“五通”俱全的省份，也是少数以不同方式和不同形式延续至今“活着的海上丝绸之路”的重要区域和重要节点，人员往来和文化交融是其延绵不断的主要原因。海上丝绸之路在福建不仅是过去时，而且是现在时，更是将来时。不论从历史还是从现状看，民心相通都是实现其他“四通”的前提和基础。其二，民心相通有利于沿线各国增强政治互信。“一带一路”建设是一个造福沿线各国人民的伟大工程，倡议提出后虽然获得大部分国家的认同，但也有少部分国家有所顾虑和误解，主要原因是有的国家对“一带一路”建设的理念和内涵不了解甚至误读，有的国家担心会挑战现有区域合作机制。这些疑虑是客观存在的，需要我们进一步加强宣传和人文交流，从民心上增进相互信任。另一方面，中巴经济走廊建设能够率先启动，就是得益于中巴两国人民之间深厚的友谊。可见，民心不通，政治不信，“一带一路”建设阻力就大；民心相通，政治互信，合作就能事半功倍。其三，民心相通有利于沿线各国凝聚丝路共建“一带一路”。“一带一路”沿线各国经济发展水平、政治制度、意识形态、社会文化习俗等差异很大，每个国家对丝路精神的理解、对自身战略地位和如何发挥作用认识不一，一步到位建设区域共同体难度很大。有些国家认为得不到实质性的利益，故只在表面上认可，没有具体行动。民心相通，有助于沿线各国进一步了解中国，理解“一带一路”建设的最终目的是造福沿线各国人民；有助于各国减少误读，消除分歧，增强向心力，从而调动大家共建“一带一路”的积极性，使“一带一路”倡议能够顺利推进。其四，民心相通有利于促进沿线各国经济社会的快速发展。随着经济全球化浪潮的推进，开放型经济发展水平已经成为反映一国综合经济实力的重要指标。但跨国投资和跨国贸易不仅受所在国基础设施等硬性环境的影响，也受法律、税收、文化、习俗、信仰等软性营商环境的影响，特别是软性环境存在较大的不确定性和不可知性，常常成为企业投资失败和贸易失败的重要因素。比如现阶段我国企业走出去参与国际投资，在有些发展中国家仍处在无序投资的状态，对所在国环境和人民生活造成了一定程度的破坏，影响了当地人民对中国企业的形象。可见，“一带一路”建设不能只讲经济利益，不讲人文融合。只有民心相通了，人文融合了，跨国企业才能完成融入当地环境，成为当地经济社会发展的一分子，国与国之间的经贸关系才能经久不衰，共同发展、共同繁荣的目标才有可能实现。①

此外，民心相通还有助于克服文化差异，促进“一带一路”深入发展。文化

① 黄端、陈俊艺:《民心相通是“一带一路”建设取得成功的关键点和落脚点》,《发展研究》2017 年第 5 期，第 4—7 页。

的影响力超越时空，跨越国界，潜移默化、润物无声。文化交流合作可以为经贸合作共赢奠定基础。但文化差异则会影响国家间的认知差异，从而增加“一带一路”倡议实施的交易成本，抑制跨境投资与合作扩大；会带来很多信息壁垒和信息摩擦，导致合作双方对未来不确定性风险预期增大，抑制相互投资与合作；会影响国家间和个体间的相互交流，给跨国投资和贸易合作带来风险。为量化“一带一路”沿线国家互联互通的水平与进展，有关单位联合开展相关研究，推出“五通”（政策沟通、设施联通、贸易畅通、资金融通、民心相通）指数。该指数结合各国的基本现状与发展态势，对比分析了“一带一路”沿线国家的政治、经济、文化等方面与中国的联通情况。测算结果显示，“五通”中，民心相通的分数相对较高。该研究也说明，作为一项沟通多元文明、众多族群和国家的合作倡议，“一带一路”能否获得成功，从根本上取决于能否跨越各种藩篱，搭建起民心相通的桥梁和纽带，特别是能否建立起纵横交织的文化融合和社会交流网络，以互联互通的社会网络替代界限分明的民族国家支撑起“一带一路”的区域合作架构。“一带一路”沿线各国的认识理念、文化价值、法律制度都有所不同，只有通过文化交流合作，才能让各国人民增强相互信任，从而更好地加强经贸合作。在推进“一带一路”建设中，要立足现有基础，充分发挥文化的桥梁作用和引领作用，加强各国、各领域、各阶层、各宗教信仰的交流交往，消除偏见、化解歧见、增进共识，夯实经贸乃至社会等各领域交流与合作的人文基础。[①]

三、民心相通在“一带一路”国际传播中的实践路径研究

当今世界，是一个“世界多极化、经济全球化、文化多样化、社会信息化的

① 尚娜娜：《心相通，路平坦：以文化交流促进“一带一路”国家民心相通》，《红旗文稿》2018 年第 7 期，第 38—39 页。

数字媒体时代”①，人类社会的交往更加频繁，方式也更为多样。从马克思主义唯物史观看，“一带一路”也终究是人类交往的时代命题。在这一命题下推动民心相通，正如张昆所说，既要从国家战略的高度来对民心相通进行顶层设计，也要通过实际可行的传播策略②，即落入实践中去。从目前来看，民心相通在“一带一路”中的实践路径研究包括：其一，人文科教：相通推动中国文化在“一带一路”的国际传播。其二，媒体沟通：更好地推动中国话语在“一带一路”的国际传播。其三，从心开始：民心相通与“一带一路”沿线区域国别传播的具体实践分析。其四，民心相通在“一带一路”国际传播过程中的不足与提升路径研究。

（一）人文科教：相通推动中国文化在“一带一路”的国际传播

实践表明，加强民生相通，人文交流合作，推动文明交流互鉴，能够更好地架起心灵沟通的桥梁，使“一带一路”沿线国家人民之间的友谊之树常青，汇聚共建“一带一路”的强大正能量。时任中共中央政治局委员、中央书记处书记、中宣部部长刘奇葆在2016年“一带一路”国际研讨会开幕式中指出：促进民心相通，实现合作共赢。在民心相通合作共赢层面，提出了四点建议：应当坚持互尊互信，筑牢合作共赢基础；坚持开放包容，把握合作共赢机遇；坚持务实创新，激发合作共赢动力；坚持和平发展，守护合作共赢之路。③民心相通是“一带一路”的重要目标，是成败的关键。

赵磊从民心相通中的关键词“文化”出发，从文化的角度谈经济，而且抓住了“一带一路”的本质内涵，即要通过文化、教育、科技等要素实现“一带

① 张恒军、唐润华：《中国价值观全球传播的新契机和新逻辑》，《社会科学战线》2018年第3期，第151—157页。

② 张昆：《传播先行，实现民心相通——服务丝绸之路经济带建设的国家传播战略》，《人民论坛·学术前沿》2015年第9期，第62—72页。

③ 刘奇葆：《促进民心相通实现合作共赢》，《对外传播》2016年第10期，第4—6页、第1页。

一路”的软联通。强调“一带一路”在促进经济“互联互通”的同时，亦能促进沿线各国在文化交流方面的进一步发展，形成丝绸之路文化圈，扩大中外人文交流。[①]

文化经济学，又称痛点经济学，因为找痛点就是读心、暖心、攻心的过程，就是打造文化与经济精品的过程。文化是行走的经济，经济是可持续的美好，美好是认真展现的态度，态度是由内而外的文化。今天，中国西北还有很多不联不通地方，甚至沿海也有不少不联不通的地方，所以要先找准痛点，才能打通痛点。其一，“一带一路”建设需要打造“智慧共同体”，“有思路才有线路”。“一带一路”建设过程是国人自我教育、自我修正、自我完善的过程，当前13亿中国人中的每一个个体开始尝试在思想、知识、心灵领域的互联互通。中国开始真正走向世界，成为世界之中国。几千年来，中国人一直习惯于国际社会主动了解我们，因为我们是中国之世界，我们了解别人的意愿和能力始终不强，但今天，“一带一路”促使中国人上路，在了解这个美丽星球的同时，出现了一批批的“一带一路人”，即老在路上，总倒时差，常换水土，不停找思路，时时被刺痛，但频频被感动的中国学者。“一带一路”建设过程中，取得的成绩固然令人欣喜，但其中存在的“痛点”更值得我们关注，如中国西部投资不足的原因之一是因为物流成本高，根源则是中国西部有太多的物理、心理封闭性，缺乏互联互通。“一带一路”的机遇在哪里，简单的回答：找准体验痛点就找到了商机的盈利点和机制的突破点。我们要敏锐地发现“一带一路”上的体验痛点，体验痛点就是商机的盈利点，就是“一带一路”机制建设的突破点。其二，中国的城市和企业有很多痛点必须找准并加以解决。一方面，丝路城市的成功与否不单纯看经济增长指数的高低，更重要的是看文化建设在社会发展、对外开放中的含金量。“一带一路”对中国城市而言，不仅是经济崛起的良好契机，更是中华民族文明

① 赵磊：《文化经济学的“一带一路”》，大连理工大学出版社2016年版。

型崛起的自我鞭策:“一带一路”不会一蹴而就，需要精耕细作，只有耐得住寂寞、少折腾，才能造得出精品。在“一带一路”建设中，要切实提升中国丝路城市的实力层次。一个城市的实力层次由三个部分组成：第一个层次是“地质圈”实力来源。每个城市在对外宣传的时候，讲得最多的肯定是描述经纬度、面积、资源、古迹等，基本属于有形可见的物理层面、地理层面的实力来源。比“地质圈”高一层次的是“生物圈”的实力来源，这个层次做的不是一件件具体的事情，而是要处理一系列复杂微妙的关系，最核心的是人与自然的关系（生态）以及人与人之间的关系（民生）。比“生物圈”还高一层次的是“思想圈”，就是在教育、媒体、艺术、文化、标准、规范、价值、亲情、信仰、追求等无形的领域发力。在人类社会中，越强大恰恰越无形，“一带一路”建设要提升沿线国家对中国城市的欣赏与认同，必须要在“生物圈”与“思想圈”层次发力。

另外，企业不仅要卖产品，也要卖文化。目前，中国企业的短板是：有企业不一定有产品，有产品不一定有品牌，有品牌不一定有品牌价值；渐进性创新不少，但突破性创新不够。今天，中国企业不走出去也有风险，而且风险可能更大。原来问“中国企业为什么要走出去？”，很多企业家回答“要服务国家战略”，现在的答案往往是“走出去是要解决生存压力”。可见，企业家越来越在商言商，经历着从“要我走出去”到“我要走出去”的转变。因此，“一带一路”建设中，不要过分夸大中国企业走出去的风险，关键是自身要准备好、要把项目选好，要真正具有国际视野和品牌意识。美国、日本和韩国等国的企业没说要做“一带一路”，但他们实际做的就是“一带一路”，即用有“温度”的产品和文化“征服”人心。其实，中国企业的最大风险是中国企业性格的内向性，不走出去，中国企业会越来越被动，会越来越受制于人。关键是在“走出去”的过程中，企业要不断发现痛点、解决痛点，努力开拓运营与管理服务业务，提升高附加值。从长远看，中国企业在丝路基础设施建设中要努力推进“硬联通”与“软联通”的互促结合。“软联通”就是把中国企业的标准、服务、价值观带出去，用文化软实力赢得顾客。①

梁红军认为，推动民心相通关键工作是做好人文交流。一方面要通过不同宗教间的对话交流来推动。“地缘宗教因素尽管并不直接发挥作用，却与地缘政治和地缘经济相互交织共同作用。”② 以拥有共同的信仰追求为纽带，激发古丝绸之路伊斯兰化信仰遗产活力，既可以共同打击“宗教极端势力、民族分裂势力和国际恐怖势力”三股势力，维护国家安全，又可以促进中国与中东、中亚和东南亚等地区的良性互动，实现中国与“一带一路”沿线国家之间的人员往来和民心相通，为长期的合作打下坚实的基础。另一方面要坚持旅游优先，以特色旅游来促进民心相通。旅游是“和平的使者”，是以人员流动带动货物、信息和资金等的流动，实现不同国家和地区民心相通和文化交融的最温和途径。一般来说，旅游肩负着输出优质文化和价值观的潜在使命，在开放、包容和自愿中传播“和平合作、互学互鉴、互利共赢的丝路精神”③。“一带一路”沿线人口众多，文化旅游资源丰富，深入推动沿线国家的旅游合作，为民心相通打下坚实的基础。④ 民心相通是“一带一路”倡议的根本归宿。如何实现民心相通，需要有新的思考、新的向度。“一带一路”民心相通则有“丝路特色”，它以“丝路精神”为旗帜，既要增进了解和友谊，又要助推经济合作。民心相通并非虚无缥缈的，它对人流、物流、资金流等都产生着现实的影响。“一带一路”沿线国家多有丝路情结，易于沟通，但“热点”也多，相互关系复杂。民心相通不会因经济合作深入而自动实现，它是一项长期的基础性工作，须从点滴做起。而要提高沟通效果，还须注

---

① 赵磊：《开放发展合作共赢——“一带一路”的文化经济学视角》，《党政研究》2016年第2期，第10—17页。

② 邹磊：《中国与伊斯兰世界“新丝绸之路”的兴起》，复旦大学博士学位论文，2013年。

③ 陈尚文：《赋予古丝绸之路新时代内涵》，《人民日报》2014年5月13日第23版。

④ 梁红军：《“一带一路”战略的民心相通研究》，《黄河科技大学学报》2015年第6期，第48—52页。

重沟通能力和渠道建设，需要讲究方式方法。[①]

澳大利亚詹姆斯库克大学旅游与营销专业教授 Bruce Prideaux 表示非常看好丝路旅游及西安市场的发展潜力。他认为，发展丝路旅游最重要的是把丝绸之路沿线各个景点串联起来，从亚洲到欧洲，形成整体板块，丰富交流载体。希腊教育部原部长季亚曼托普鲁等提议设立“丝路文化之都”项目，建议每年由一个沿线国家组织文化活动，涵盖文化、科技、展览、经济合作，建立人文交流长效机制，淡化“文化输出”痕迹。目前，欧洲一些国家，如希腊、西班牙等国都表示对主办类似交流活动有浓厚兴趣。德国专家则建议，与有关国家合作编写历史教科书，共同挖掘历史文化遗产，加强文化认同感。同时建议借鉴波罗的海国家民间组织推动城市间人文交流，从而推动政府间合作的经验，从软性的外交中获得持续不断的政治动力，通过软实力外交，消除硬实力的顾虑。中华非物质文化遗产基金会主席陈铭贤指出，香港要成为“一带一路”下中华文化走出去的重要窗口，推动中国文化在全球范围内发挥重要作用。印度和平与冲突研究所高级研究员辛格评价说，“21 世纪海上丝绸之路”可以被看作中国和东南亚国家关于历史记忆的纽带。土耳其安卡拉德兹大学汉学家古莱在接受专访时也说，中土两国渊源深厚，古代丝绸之路将双方连在了一起，“一带一路”建设不仅会加强中土经济合作，也将促进历史与文化交流，增进两国人民的互信。文化价值是难以衡量的，应当深挖“一带一路”的文化富矿。丝绸之路已经成为横跨欧亚的一条遗产大道，文化遗产决定了“一带一路”文化发展的厚重底蕴与发展潜力。在坚持包容开放、互鉴创新的原则下，搭建文化遗产海内外共享的广阔平台，建立长效保护机制。强调中国的文化外交与丝绸之路的和谐发展，应重点关注遗产外交的主题，提出今天中国政府正在投入大量资源来连接现在的社会，通过建立博物馆、展览、节日和非物质遗产的倡议，文化已经成为中国战略的重要支柱，将会起到

---

① 李自国：《“一带一路”愿景下民心相通的交融点》，《新疆师范大学学报（哲学社会科学版）》2016 年第 3 期，第 67—74 页。

独特的作用。①

张恒军、吴秀峰认为，民心相通是“一带一路”倡议的重要内容与人文基础，而民心相通是建立在双方具有共同的文化认同基础之上的。在“一带一路”建设中，由于沿线各国社会制度、生活习惯、思维方式以及宗教信仰等的不同，各个国家间需要通过文化上的交流与合作以产生共同语言，增强相互信任，加深彼此感情，形成一个相互欣赏、相互了解、相互尊重的人文格局。中华文化认同可以使沿线各国人民产生对中华文化的亲近感，从而建立深厚的友好情谊，为“一带一路”建设赢取广泛的民意支持，在推进中华文化认同的过程中，也能够使各参与国的文化潜能和智力资源得到更为深入的挖掘和开发，最终建立充分的信任。

而在“一带一路”视域下推动各国对中华文化的认同，应当科学把握过去几年绘就的“大写意”，聚焦重点、精雕细琢。对此，其一，需要科学理解新时代中华文化认同的时代内涵，即新时代的文化认同，不仅是中华民族的自我认同，也是其他国家对中华文化的认同，还是促进各国在共享共建基础上进行合作的认同，更是人类在新时代对于自我文化身份的认同。其二，也要准确把握新时代中华文化认同的指导原则，包括：一是高度原则，担负责任，着眼人类命运共同体；二是宽度原则，尊重差异，包容他国优秀文化；三是深度原则，深化改革，坚持全面开放；四是温度原则，务实合作，实现互利互惠。其三，切实践行新时代中华文化认同的重点策略：一是主体策略，以人民交往促进文化共鸣；二是工具策略，以语言互通推动认同进程；三是利益策略，以经济纽带筑牢认同基础；四是话语策略，以文化纽带联结认同结构。②

① Tim Winter. (2016). One Belt, One Road, One Heritage: Cultural Diplomacy and the Silk Road. The Diplomat (http://thediplomat.com/2016/03/one-belt-one-road-one-heritage-culture-diplomacy-and-the-silk-road/), 2016-03-29.

② 张恒军、吴秀峰:《“一带一路”视域下中华文化认同的内涵、原则和策略》,《出版发行研究》2019 年第 1 期，第 10—15 页。

（二）媒体沟通：更好地推动中国话语在“一带一路”的国际传播

国家新闻出版广电总局国际合作司副司长闫成胜指出，丝绸之路既是一条跨越时空的商贸之路，也是沿线各国人民的精神纽带。广播电视媒体应当更好地服务国家发展战略，履行“联结中外，沟通世界”的职责和使命，传播丝路精神，促进民心相通。需要我们深刻认识丝绸之路所承载的文化内涵及其传播价值，在内容、形式、方法、理念等方面不断创新，使其成为新时期对外传播的重要支撑和指引。黄会林发起“看中国”项目，邀请中国大学生、外国大学生一起观察中国文化，以纪录短片和师生交流为主要内容。主要介绍了每部纪录片的外国青年导演、中方制片人、海报、短片内容以及参加该活动的中外老师的总结与感受，客观地记录了活动的成果，形象地展示了该项目对于促进中外青年文化交流的积极作用，很好地实践了通过民间文化交流实现国家间民心相通的美好愿景。①

赵瑞琦对《亚洲国家与地区传媒研究丛书》进行述评之后指出，学界应不断探索亚洲传播模式，构建亚洲视野和亚洲意识。通过对亚洲各国传媒的深入研究，全面考察各类媒介形态对国家社会变迁的影响，思考亚洲传播的现实本质，理解并解释亚洲新闻传播中存在的问题和争议，探索亚洲新闻传播的对立和统一，并最终找到各国可以普遍认同的亚洲媒介传播的共通价值观，建立亚洲视野和亚洲意识，以此辅助顶层设计和国家行动，推进“一带一路”下的民心相通。通过对亚洲各国传媒的深入研究，全面考察各类媒介形态对国家社会变迁的影响，思考亚洲传播的现实本质，理解并解释亚洲新闻传播中存在的问题和争议，探索亚洲新闻传播的对立和统一，并最终找到各国可以普遍认同的亚洲媒介传播的共通价值观，建立亚洲视野和亚洲意识，以此辅助顶层设计和国家行动，进而推进“一带一路”建设中的政策沟通、道路联通、贸易畅通、货币流通

---

① 黄会林：《民心相通：“一带一路”看中国·外国青年影像计划》，北京师范大学出版社 2016 年版。

和民心相通。[①]

梁红军认为，加强传媒合作，以好故事的感染是实现民心相通的重要渠道。身处传媒高度发达的时代，“媒介化生存”是我们每个人的生存常态。美国著名政论家、传播学议程设置理论最早的提出者沃尔特·李普曼（Walter Lippmann）认为，“媒介就像是受众身后的火光，将其背后的事物投射到前面的洞壁上形成影像，人们借助这些影像去感知实际的存在，理解现实的社会，并据此做出反应”[②]。由传媒构建提供的社会信息环境，是传媒对信息的选择、加工、二次结构化后向人们所展示的社会生活，这是一种“拟态环境”。作为受众的我们所认知的世界主要是靠传媒来建构的，舆论并不是针对现实世界的反应，而是对媒介创造的“拟态环境”的反应。传媒虽然不能决定受众怎样思考，但却可以左右受众思考什么，它影响着人们对周边世界事件是什么、为什么及对自身产生什么样的作用等的认识和判断。在媒介技术高度发达的今天，传媒在推动“一带一路”沿线国家间的族群融合、民心相通方面具有非常重要的独特作用，在“一带一路”建设过程中扮演着“报道者和反映者”“引导者和塑造者”等重要角色。不同国家传媒之间的交流沟通，可以推动传媒在面对各自的受众群体时能够坚持全面、客观立场，凝聚更多的合作、互信共识。其一，引导和动员“一带一路”沿线各方传媒力量，不断充实和壮大讲好故事的队伍主体。发挥传媒的先锋、先导作用，鼓励、创造条件推动主要媒体创新形式走出去，加强与西方主流媒体和所在国媒体的交流合作，通过节目互换、渠道合作、联合采访及信息共享等在沿线国家开展本土化传播。要持续加大对沿线国家传媒从业人员的培养和历练，造就大量能够全面准确理解目标受众群体、熟练运用外语的国际型传播人才，充分发挥

---

① 赵瑞琦:《探索亚洲传播模式推进“一带一路”下的民心相通——〈亚洲国家与地区传媒研究丛书〉述评》,《中国出版》2015 年第 15 期，第 84 页。

② 〔美〕沃尔特·李普曼:《公众舆论》，阎克文、江红译，上海人民出版社 2002 年版，第 4 页。

讲故事主力军作用。逐步探索培养和提高政府公职人员对外交流能力，在对外交往中主动展示平和、亲切的个人形象，学会讲好故事。要积极发挥国内有能力和影响力的企业、民间社团和公民个人等多元主体的对外沟通作用，在沿线各国有意识培育好故事的代言人，与沿线国家相关组织和机构开展多层次对话活动，培植好感，稳步提升互信水平。要充分发挥侨团侨领作用，重视和挖掘他们在促进所在国与祖籍地间民心相通方面的潜能。要瞄准沿线国家政府高官、智库专家和青年精英等意见领袖，主动加强对话，深耕细作，借助于这些重点群体的理解来引导和重塑沿线国家社会普通民众的认同。其二，做好精准传播，讲有差别性的故事。西方传媒具有无可比拟的全球传播力，在国际传播“西强东（中）弱”不平衡格局下，我们要坚持主体地位，主动出击，敢于发声，做好精准传播。深入研究“一带一路”沿线每个国家的实际情况及中国的利益所在，因地制宜，因时而异，选取各有侧重的传播策略，持续提升传媒讲故事的针对性，最大限度推动民心相通工作。对于域内大国俄罗斯，与其智库、媒体等社会精英阶层加强对话和沟通，突出和平合作共赢。对于域内有重要影响的印度，传媒要从互为重要邻国、同为发展中的人口大国和新兴经济体的现实出发，充分尊重其在区域内的重大关切，阐明在区域经济融合、互联互通、地区安全合作等领域拥有巨大的利益交汇。对于东南亚诸国，则在交通基础设施、救援与防灾合作等民生领域选取优先项目，着力做好惠民、利民和便民实事，推动民心相通。其三，处理好国内与国际两个舆论场的关系。长期以来，由于中西方世界话语体系的不同，基于西方社会的认知框架，中国故事往往被以零散、片面甚至是失真的信息“构造”出来，这就要求我们要迎难而上，主动作为，引导和塑造好国际舆论。建设“一带一路”倡议提出后，虽在短时间里就引起国际社会普遍关注和积极回应，但也受到了一定程度的曲解、误解或误读。在信息高度互联时代，国内舆论与国际舆论很难区分，甚至国内舆论往往会成为诱发国际舆论产生的依据。有学者就深刻指出，国内某些传媒在宣传推介“一带一路”倡议过程中不能够实事求是，“有的调门太高，甚至提出要像当年大唐帝国平定西域一样经略‘丝绸之路经济带’；有的则调门太低，认为‘一带一路’就是‘给别人送钱’”[①]。我们都要做好国内国际两个舆论场的引导、疏导工作，未雨绸缪，为推动“一带一路”沿线地区民心相通创造一个良好的舆论环境。同时，深入推进“一带一路”建设，要善于运用恰当的国际通行话语体系，增强传播内容对海外受众的亲和力。要淡化政治宣示性表述，多使用倡议、合作、共享等软性词汇，突出开放、平等和包容，寻求与沿线国家的价值认同和利益共享。要讲好“一带一路”上的传统友谊故事，更要讲好中外共建“一带一路”不断涌现的好故事，通过讲好这些故事，塑造好中国是合作共赢的倡导者和实践者的崭新形象，从而以民心相通推动沿线国家的共同繁荣。[②]

网络合作也是“一带一路”民心相通重要的助力。因此，在2018年9月7日第九届中蒙新闻论坛上，张璇以中蒙两国为例，围绕“互联互通，网络先行”这一主题提出了自己的意见：其一，资源共享，实现双方内容落地。文章认为，蒙古国与中国内蒙古土地相连、语言相通、习俗相近，双方应当借此难得机会，尝试与蒙古国媒体打造合作共享机制，通过新闻信息互换、共享专家资源等手段，互相补足、互相学习，交换呈现文字、图片、视频等内容。通过这次交流作者发现，中蒙两国的重点新闻网站大多设有英文版。双方可先从英文网站着手，甄选适当内容进行互相转发，是为合作的第一步，之后逐渐深入。对两国媒体而言，一来扩大稿件的广泛性，二来提升本网内容的影响面，一同着力提升媒体报道，尤其是新媒体报道的能力和水平，进一步推进中蒙两国外宣报道和文化交流，共同做好“一带一路”倡议的宣传报道，实现内容“走出去”，进而助力民

---

① 孔根红：《推进“一带一路”宜处理好若干关系》，《中国投资》2014年第10期，第46页。

② 梁红军：《“一带一路”战略的民心相通研究》，《黄河科技大学学报》2015年第6期，第48—52页。

心相通。其二，顺应媒体融合发展，协力讲好“一带一路”故事。文章认为，我们一方面要利用好适应时代发展的传播渠道，围绕用户的体验对内容表现、节目形式进行创新，挖掘自身特色，打造个性化产品；另一方面在对外报道时要注重专业策划、主动设置议题，准确把握热度和角度，以小见大、以事说理。此外，我们双方都应注重培养全媒化全能型记者，一是突破传统新闻表达方式，根据不同媒体产品，灵活掌握语言技巧，如在做微信公众号稿件时，注重语言幽默、轻松，并善于利用 H5、信息图等元素制作传播新闻；二是掌握多岗位的工作要求，编辑记者采编合一，相关人员要会写稿、会摄影、会剪辑、会使用新媒体软件，熟练掌握新应用操作设备；三是形成一种全媒体的思维方式，面对一个新闻题材时可以迅速做出判断与选择，规划出用多种媒体进行报道的方案。两国媒体间更要互相学习、携手发展，使用外国受众更易接受的多样化传播形式、分众化服务形态、生活化话语表达，以此提升对外传播力。其三，全方位的网络媒体合作，为“一带一路”沿线国家的合作树立典范。文章就中蒙新闻论坛举行，提出了对未来的期望。未来，中蒙双方的合作范围应更加广阔，开展更深入的合作，来促进相互了解，从而更好地沟通民心、增强互信，为“一带一路”上的文化建设添砖加瓦、贡献力量。中蒙新闻论坛的举行顺应了媒体间构建紧密关系、推动国家合作的需求，是两国新闻界交流、切磋的桥梁和纽带。双方应当充分利用这个契机，使媒体间通过沟通洽谈形成更广泛的合作共识。双方还可以共同开展网络纪录片拍摄、组织联合采访等，深入当地的民情民意，携手向世界积极讲述中国和蒙古的故事，生动讲述“一带一路”的故事。同时，两国媒体间还可以在新闻从业人员的培训方面紧密合作，让双方都能适应对方报道新闻的方式，促进新闻从业人员的理解和互访，从而使媒体合作从无到有、由点及面，合作成果落地生根、开花结果，从政府机构主导逐步转为各方自发行动，展现蓬勃生命力，释放独特吸引力。此外，对外传播应该以信息传播为主，而不是观念输出为主，在对本国国情和“一带一路”的报道中，应当加强概念阐释，清晰、具体地表述利益点和诉求点，以讲清楚“我们在干什么，我们要得到什么”为基本导向。双方应当共同举办主题交流研讨会，互通有无，共同探讨，并充分利用好会议成果，投入将来的报道工作中。①

（三）从心开始：民心相通与“一带一路”沿线区域国别传播的具体实践分析

“国之交往在于民相亲”，目前国内越来越多学者从具体实践层面关注民生相通在“一带一路”国际传播中涉及具体国别的具体实践分析。

邢丽菊提出，在当今国际形势下，人文外交已经越来越凸显其深厚的国际影响力和竞争力。以习近平主席为首的中国政府非常重视中华传统文化的弘扬和传播。中韩两国互为友好邻邦，同属汉字和儒家文化圈。在长期的历史发展和文化交流中，两国人民互为借鉴，共同发展，谱写了光辉的文化篇章。中韩建交22年以来，两国关系变得越来越紧密，人文交流也越来越频繁。基于相似的文化传统以及切实的努力，两国人文交流在政府机制和民间层面都取得了一系列重要成果。但这些成果的背后，还存在诸多原因导致的相互猜疑、信任不足以及交流不对等问题。对此，我们应该以“感而遂通”“和而不同”“允执厥中”等中国传统文化的智慧来解决这些问题，从而使得中韩人文交流更好地为两国关系的顺利发展作出应有的贡献。相信在历史的延续性和共同的文化基因缔造的“人文纽带”基础上，中韩两国的人文交流在将来会实现“人文共同体”的远景目标。这将是以内部的多样性和差异性为前提的和谐机制，又是一种积极而富有创造力的整合体制。②

吴冰冰、于运全从促进文化沟通、尊重文化差异、推动文化适应三个角度，

---

① 张璇：《网络合作助力“一带一路”民心相通——第九届中蒙新闻论坛的思考》，《对外传播》2018年第12期，第56—57页。

② 邢丽菊：《关于加强中韩人文交流的思考》，《东北亚论坛》2014年第6期，第112—124页、第126页。

选取了俄罗斯、哈萨克斯坦、乌兹别克斯坦等13个国家，结合作者亲身经历及一些中国企业在这些国家经营的实践，对在“一带一路”倡议推进过程中文化领域可能面对的情况、可能存在的风险、需要注意的问题以及值得借鉴的应对方法做了阐述，为中国的企业、机构和人员在“一带一路”建设中“走出去”提供了有益的借鉴。[①]

孙伟认为，东南亚是“21世纪海上丝路”域外第一站，中国与东南亚之间的民心相通情况关系着“21世纪海上丝路”的顺利开局，研究意义重大。中国与东南亚之间民心相通有一定基础，也存在一些问题，值得深入研究。以中国与东南亚为例探讨民心相通的研究思路、研究问题、落脚点等，有利于形成典型性研究框架，可以为其他区域双向民心相通研究提供借鉴。具体来看：其一，研究思路。从研究层次来说，需宏观研究与微观研究、总体研究与具体研究结合，使研究成果、对策建议既有针对性，又有贯通性。从研究结构角度，需要独立研究与协同研究结合。即既要注重以民心相通为核心内容的研究，也要注重与其他“四通”的结合研究。同时，由于沿线国家众多，国情复杂，民心相通需要以调查研究做基础。其二，研究问题。民心相通研究有两大问题：一是如何凝聚以往或其他方面的民心相通积累成果，发挥其对“一带一路”建设的促进作用；二是如何发挥“一带一路”建设对于民心相通的促进效应。其三，落脚点。提出中国与东南亚民心相通相应的机制。一是总结“一带一路”在不同国家民心相通的生长点，提出“一带一路”推进过程中在不同国家进行自我调整的方向性建议；二是提出针对不同国家的公共外交的核心指向、核心渠道、核心载体的机制建议；三是通过梳理中国东盟自贸区建设、旅游行业、文化交流、教育交流等战略在不同国家与民心相通的效应情况，为“一带一路”在不同国家的项目数量、项目领

① 吴冰冰、于运全：《“一带一路”案例实践与风险防范·文化篇》，海洋出版社2017年版。

域等具体指标提出机制建议等。[①]

曹云华针对我国对东南亚人文交流中所存在的"重引进，轻教育；重政府行为，轻民间沟通；重传统文化，轻创意与创新；重形式，轻实效"四重四轻的问题，从民生相通的视角提出了建议：其一，以侨为桥，充分发挥东南亚各国华侨华人的作用。即海外华人是中华文化的海外传播者、耕耘者和守望人，是沟通中国与当地国家的桥梁和使者，而且海外华人的生活方式、价值观、传统文化深刻地影响着当地人民，影响着其所在国家的现代化进程。从中外人文交流的客体看，华侨华人也是中国海外文化输出的主要对象。其二，大力扶持东南亚的华文教育、华文传媒和华人社团。这方面的扶持工作的开展尤其是要注意两点：一是不要带有意识形态色彩；二是不要带有浓厚的官方色彩。其三，加强对东南亚来华留学生的工作。在这方面，我们应该借鉴美国、英国等国家留学生教育的成功经验与做法，尤其是要让外国留学生与中国学生广泛接触，交朋友，还要创造条件，让他们去中国的农村、工厂和居民生活区，更多地了解真实的中国，对中国有一个全面的、正确的认识。其四，改进对东南亚的文化传播工作。要多在文化创新上下功夫，多推出一些新鲜的和有竞争力的文化产品到东南亚去。我们要研究东南亚文化传播对象的新情况和新特点，有的放矢地做工作。新一代东南亚人，包括华侨华人青少年一代，他们需要与城市生活相适应的、短平快的、享受型的文化产品。因此，我们在东南亚进行文化传播工作除了继续向受众宣传中国传统文化之外，更重要的是要创新，提供更多样化、更形象生动、更有活力的新文化产品。[②]

徐绍华、蔡春玲、李海樱通过对中国与东南亚、南亚国家民心相通的对策思

---

① 孙伟：《民心相通研究纲要：以中国与东南亚为例》，《吉林省教育学院学报》2016年第2期，第140—142页。

② 曹云华：《关键是民心相通——关于中国—东南亚人文交流的若干问题》，《对外传播》2016年第5期，第4—7页。

路的分析，在实践层面指出，中国与东南亚、南亚国家的民心相通虽然具备一定的地缘、族缘、人缘、文缘、商缘优势，但由于受战略互信、领土争端、政局动荡、投资保护、大国干预、宗教问题、旅游交往等多种因素的影响，也面临一些严峻挑战。实现中国与东南亚南亚国家的民心相通需要从心开始，通过政府、文化、经济、旅游、制度等路径选择，运用交心（搭建民心相通交流平台）、动心（实施民心相通惠民工程）、凝心（打造民心相通特色品牌）、化心（善用民心相通传播技巧）、合心（发挥民心相通合力优势）等实践策略，才能取得良好的民心相通效果。①

丁俊从中国与伊斯兰国家间的“民生相通”视角出发，提出其所具有的强大的现实动力：“一带一路”建设为双方的民心相通带来了新的机遇，赋予了新的内涵，提出了新要求。中国与伊斯兰国家间民心相通的现状还存在不少问题，与“一带一路”建设的实际需要还有较大差距。进一步促进中国与伊斯兰国家间的民心相通，深化中华文明与伊斯兰文明的对话、交流与互鉴，是一项宏大而系统的文明交往工程，需要深入研究，总结经验，继承传统，开拓创新，确立长期可持续发展的人文交往方略。对此，作者提出了五点建议：其一，进一步开拓人文外交空间，多层次、全方位讲好中国故事，多渠道、多方面倾听伊斯兰世界的声音。其二，进一步加强对伊斯兰国家的全面研究。其三，建立相关机制和平台，进一步推动中华文明与伊斯兰文明的对话。其四，引导民间力量积极参与国际人道救援，特别是中东地区的人道主义救援。其五，有效发挥宗教交往的人文交流作用，引导宗教界积极开展与伊斯兰国家宗教界的交往。②

车向前、郭继荣以跨文化哲学中的“外推”理论为基础，通过选取在“丝

---

① 徐绍华、蔡春玲、李海樱：《从心开始：中国与东南亚南亚国家民心相通的对策思路》，《创新》2017 年第 2 期，第 97—103 页。

② 丁俊：《论中国与伊斯兰国家的“民心相通”》，《阿拉伯世界研究》2016 年第 3 期，第 61—74 页。

绸之路经济带”中具有重要战略地位的中亚地区为例，从语言、价值观、宗教三个层面详细论述民心相通之提升策略。所谓语言外推，一方面，学习好别人的语言，用他们的语言文字与其展开沟通交流；另一方面，加强汉语言的传播、中国文化经典与学术精品的外译。通过传达中华文化与异质文化的差异性和可能的交汇处，才能为更高层次的外推打下基础，用语言之匙打开民心门，帮助双方客观理性地看待世界，包容友善地相处。所谓实践/价值观外推，就是将中国文化传统与“一带一路”的“取向体系”——文化价值与先进理念——从我们的实践之中抽取出来，放入中亚具有共性的文化组织脉络中进行对接、传播，加强双方跨文化理解，并论证在实践上所拥有的更高的可普性和共性，以此来保障经贸合作上的活力。所谓宗教外推，关键在于加强以佛教、道教、儒学思想为代表的中国宗教和以伊斯兰教为代表的中亚国家宗教之间的互动，想方设法让民众认同并接受温和与和平的宗教主张。①

此外，叶佳晨通过对塞尔维亚受众进行分析，提出在“一带一路”背景下有效可行的茶文化国际推广策略，指出了茶文化在“一带一路”国际传播中互动交流的重要作用。②《*International Attention-Opinion of China*（国际关注·中国声音）》选取了近年来国际社会普遍关注的九个热点事件，包括伊朗核问题、朝鲜核问题、阿富汗问题、叙利亚危机、斯诺登事件与网络安全、钓鱼岛争端、南海岛礁问题、十八届三中全会与中国的改革、中国梦等，对其来龙去脉、中国的政策立场和事态的走向进行深入浅出的介绍和分析，旨在阐明中国的立场，传达中国的声音。综合学者的相关研究可以发现，在历史的延续性和共同的文化基因缔造的民心相通基础上，中国与“一带一路”沿线国家的人文交流在将来会实现

① 车向前、郭继荣：《跨文化外推视阈下的“一带一路”民心相通提升路径》，《西安交通大学学报（社会科学版）》2017年第2期，第50—56页。

② 叶佳晨：《一带一路背景下的茶文化国际推广受众分析——以塞尔维亚为例》，《茶叶》2016年第4期，第209—211页。

“共同体”的远景目标。这将是以内部的多样性和差异性为前提的和谐机制，又是一种积极而富有创造力的整合体制。①

（四）民心相通在“一带一路”国际传播过程中的不足与提升路径研究

当前在“一带一路”建设中，经济合作与“民心相通”存在“一头热，一头冷”“一只轮子快，一只轮子慢”的现象，而不是经济合作与“民心通”这两只轮子齐头并进。这种现象的存在有其客观因素，但更多是主观上的原因造成的。如果不引起高度重视并予以妥善解决，将对“一带一路”建设产生负面影响。认知决定行动。基于正确认知上的行动往往能够产生理想的效果，相反，认知有偏差或者存在错误，不论主观愿望如何美好，即使付出巨大的努力，结果往往也事与愿违。② 当前，学界已然认识到开展“民心相通”工作存在的认知误区，并提出相应对策。

郭宪纲、姜志达认为，当前国内对“一带一路”倡议中的民心相通认知不足与认知误区主要为：一、搞好民心相通就是多投钱。不少地方政府在与“一带一路”沿线国家开展合作时，往往重经济合作，轻“民心相通”。认为开展“一带一路”建设，只要把经济合作搞上去就行，当地人民生活就得到改善，“民心”也自然而然也就“相通”了。在他们眼里，“民心相通”是经济增长的附属物和衍生品。但是，大量的国际经验表明，获得投资的东道国未必会对投资来源国感恩戴德，反而常常会加剧对来源国的疑虑与抵制。因此，我们应该更加真诚、积极地与周边国家分享中国经济高速增长的经验，帮助它们解决面临的紧迫问题，加强与周边国家在文化与价值观方面的交流。③ 还有些媒体和“走出去”的企

---

① 《国际关注·中国声音》编写组：《*International Attention-Opinion of China*（国际关注·中国声音）》，人民出版社 2014 年版。

② 郭宪纲、姜志达：《“民心相通”：认知误区与推进思路——试论“一带一路”建设之思想认识》，《和平与发展》2015 年第 5 期，第 1—11 页、第 114 页。

③ 张明：《直面“一带一路”的六大风险》，《国际经济评论》2015 年第 4 期，第 40—41 页。

业，虽然注重在所在国当地开展“民心相通”工作，投入甚多，但他们的思维和方法没有摆脱原来的陈规，因此开展的“民心相通”工作很难落地，很难入心。二、认为民心相通是政府部门的事。许多企业、个人甚至是政府部门认为，企业和公民个人已经依法纳税，“民心相通”的事就应该由政府去办。有意思的是，某些政府部门也习惯了在“民心相通”工程上事无巨细地“大包大揽”，制定政策、具体组织和实施均由政府部门一手操办，这非常不利于调动企业、民间组织和公民个人在开展“民心相通”工作中的积极性。结果是花费的人力、财力不少，但效果并不理想，而且客观上也助长了一些企业忽视开展“民心通”工作的行为。实际上，由于“一带一路”是涉及众多国家的庞大系统工程，故需要多元主体协同合作。另外，持有这种想法的某些政府部门，在对沿线国家进行援助时，往往是联系对方的政府部门，由其政府部门进行资源分配和项目实施。三、把民心相通误解为“搞定”政府等。有些企业在国内投资时，喜好拉关系。这些企业“走出去”后，沿袭国内的做法，习惯于走“上层路线”，对做好与当地民众的“民心相通”工作缺乏热情。不少中资企业对当地的法律法规和环境保护等重视不够，主动融入当地社会的意愿不强，如果将这一经验“复制”到国外风险极高。“一带一路”沿线许多中小国家政党轮换频繁，新上台的领导人对前任的承诺能否遵守根本无法保证；一些国家的领导人出于打压政治对手的目的，即使明知“一带一路”项目对本国有利，也会极力找借口，甚至利用西方媒体进行负面炒作。

“一带一路”不是一个单纯的经济战略，而是建立区域共同体的系统工程，因而必须把促进文化互鉴和民心相通作为一带一路的有机组成部分，坚持国家主导、企业为重、各界参与、持之以恒，才能获得成效。[①]因此，民心相通的提升需要多元主体协同合作。其一，政府要把“民心相通”当作国家战略的有机组成

① 王湘穗:《“一带一路”离不开民心相通》,《经济导刊》2017年第2期，第26—31页。

部分来构建，通过组织化的方式来推进此项工作。要在国家层面设立专门机构，制定专项规划，拨付专项资金，培养专门人才，夯实工作的基础。其二，重视非政府组织的作用，包括民间社团、企业民间外交等作用，推动民间声音、民间社团走出国门，成为极具代表性的发声源之一。其三，企业对于“一带一路”的民间外交与民心相通建设不仅十分重要，而且不可或缺。企业参与“一带一路”的过程，意味着企业在追逐利益的同时成为国际交往与民间外交的重要载体。就“一带一路”上的中国企业而言，其民间外交功能主要体现在搭建沟通“一带一路”国家与中国联系的民间纽带，密切企业同当地社区、民众之间的沟通交流，以此维护企业利益，树立国家形象。而企业在民心相通的路径选择上主要有以下几点：其一，从海外企业现实需求着眼，建构企业在“一带一路”沿线国家的公信力。从企业在东道国的生产经营活动入手，将民间外交整合进企业日常经营管理的实践中。其二，从企业社会责任建设出发，打造企业与东道国的利益、责任与命运共同体。[①] 其三，传播先行，建构有影响力的舆论平台及话语体系。讲好故事，不仅在于讲好中国故事，也要利用当地民众习惯的话语讲好一带一路沿线国家的故事。应当利用所在国家权威媒体机构传播中国声音，强调文化的共融性与普适性，以促进沟通与理解为目的，要学会用现在的语言体系来积极开展我们文化价值的传播。在丝绸之路经济带的建设过程中，要推行在地化策略，即本土化传播战略，具体说来，分为三点：其一，各国各民族的文化背景不同，造成了获取信息的理解差异，因而不能用同一种话语模式传播，而要利用当地民众习惯的话语，讲好故事。其二，要充分利用网络互联的优势，利用当地的网络正式落地，进入外国百姓的家庭，实现有效传播。其三，所在国媒体传播中国的内容可能各有不同，要利用所在国权威媒体传播中国的声音，事前积极做好和各国媒体

① 张久安：《“民心相通”视角下的企业民间外交》，《公共外交季刊》2016 年第 3 期，32—37 页。

的沟通协作，以达到传播正面形象的目的。各国的文明文化各具特点也具有普世和共融性，在传播过程中，要强调文化的普适性，以促进沟通和理解为传播目的。[①]其四，人文教育交流，尤其青少年之间的民心相通可以被视为提升"一带一路"国际传播效果的重要路径之一。"一带一路"对外传播重在青年的民意相通。如对沿线国家的青年提供来华留学便利，设置专门课程，定期举办丝绸之路各种文明的论坛和对话会，鼓励中外学者对话，将研究成果出版传播。鼓励和资助中国学者、学生去"一带一路"国家深入实地考察调研活动等。除了从国家战略的高度统筹对外传播，立足全局，以实现民心相通为终极目标，对"一带一路"进行全面化、多元化的翔实解读，需要注重摒弃过去常用的单向"灌输式"传播，实现全面"互动"传播，尤其是注重青少年的作用，使其作为国家流动的名片和代言，演绎中国故事，传播中国声音，促进"一带一路"沿线民众心相近、民相亲。[②]

此外，学界就今后如何进一步开展"一带一路"中的民心相通，也提出了若干具体提升实践路径。郭宪纲、姜志达认为：其一，要坚持"以人为本"。"一带一路"建设应当为提高本地区人民的生活水平服务，应能够推动本地区人民平等地获得发展机会。对外援助项目要突出"提高人的素质和能力"，以"民生工程以及能力建设"为重点。同时，重视人民在"一带一路"建设中的作用，鼓励中国和沿线各国人民积极参与"一带一路"建设。其二，鼓励创新。一是中国媒体对外传播要鼓励多元表达和话语体系创新。既要增加多元表达方式，增强传播的多样性，提高传播的可信度，也要进行话语体系创新。二是完善对外援助体系，扩大对外援助规模。三是要在国家的积极引导下，实现企业履行社会责任方

---

① 张昆：《传播先行，实现民心相通——服务丝绸之路经济带建设的国家传播战略》，《人民论坛·学术前沿》2015年第9期，第62—72页。

② 王丽娜、翟崑、刘晓伟：《"一带一路"对外传播重在青年的民意相通》，《对外传播》2017年第4期，第13—15页。

式的创新。其三，加强统筹协调，完善相关机制，包括建立“民心相通”工程部际协调机制，“民心相通”的国内、国际合作机制，“民心相通”工程项目评估机制。[①] 梁海明选择从文化交往的角度来探索消除民心相通误解的路径。他认为，中国未来在进一步推动“一带一路”建设中，要减少理念和文化冲突，寻求与沿线国家和文明的包容共生，至少应当在三个方面着力，消除外界对“一带一路”倡议的各种误解，为“一带一路”建设营造更加良好的国际环境。一是促进中国与“一带一路”沿线国家的沟通和理解，需要政府、智库及文化界各机构对“一带一路”沿线国家的历史展开研究，建立丰富的知识储备；在对外传播中则要摒弃过去在国内惯常的单向“灌输式”传播模式，更多从对方角度考虑，加强双向互动、双向沟通，以形成良性互动的合作格局。二是文化的沟通需要创新思维来营造不同文化“共生”的环境，中国必须警惕自身居高临下的优越感或是炫耀实力。三是中国要展现出大国气度，以身作则，发挥“规范性力量”，传播中国的道德规范和价值准则，以此进一步赢得沿线国家的认同、信任和尊重。[②]

在此，值得注意的是，语言作为文化传播的载体，是民心相通建设过程中的软性内容，对于民心相通的作用十分重要。中国需要从多方面加强国家外语能力建设，要处理好以下关系：外语能力建设与外语战略规划的关系、一般外语人才与高端外语人才培养的关系、外语学习与文化学习的关系以及外语专业与其他专业的关系。民心相通需要“小语种”的支撑，针对“一带一路”沿线国家的文化产品日益丰富，“小语种”高级翻译人才短缺影响文化“走出去”效果，翻译质量直接决定文化产品的传播效果，只有切实加强“小语种”翻译建设，才能够向“一带一路”沿线各国人民清晰地表达中国思想，阐述中国理念，展示中国文化。

---

① 郭宪纲、姜志达:《“民心相通”：认知误区与推进思路——试论“一带一路”建设之思想认识》,《和平与发展》2015 年第 5 期，第 1—11 页、第 114 页。

② 梁海明:《“一带一路”对外传播应如何化解文化冲突与误解》,《对外传播》2016 年第 5 期，第 25—26 页。

只有这样，针对"一带一路"的国家外语能力建设才能够有序展开，培养出来的外语人才才能真正为国家所用。①

因而，外文出版社出版了包括英语、法语、俄语、日语、韩语、阿拉伯语等系列语种的《民心相通：共筑友谊之桥》，主要从介绍新时代的人文交流入手，介绍"一带一路"的多领域人文交流及所取得的成绩，包括文教、旅游、科技、青年、党政、智库等方面，并展望高水平的民心相通，努力将"一带一路"打造成绿色丝绸之路、健康丝绸之路、智力丝绸之路以及和平丝绸之路。外文系列丛书在推进中国优秀文化的研读和国际传播，彰显中华优秀传统文化的魅力，助力中国优秀传统文化走出去和其他文明互鉴等方面都取得了一定成果。②

从这些文章中不难看出，"民心相通"是"一带一路"具体实践中的重点与难点之一，"一带一路"能否建设得更好，走得更远、更安全与相关国家的支持与参与必不可少。

---

① 参看孙吉胜《国家外语能力建设与"一带一路"的民心相通》，《公共外交季刊》2016年第3期，第53—59页；刘欣路、许婷《民心相通需要"小语种"的支撑》，《对外传播》2017年第4期，第10—12页。

② 刘伟主编《民心相通：共筑友谊之桥》，外文出版社2017年版。

第五章　中国价值观跨文化阐释与传播的研究综述

价值观的研究是一个涉及多个学科的复杂话题，对于不同主体而言，都有着不凡的研究价值。世界各国家、地区间的交往领域不断扩大、频率持续提升，价值观的跨文化传播成为各国文化交往的基本形式。“当代中国价值观跨文化传播的核心理念可以归纳为：责任、创新、文化、共享、绿色。”[①] 所谓“责任”，是强调国内党和政府本着对人民负责的态度，引领中国逐步实现社会主义现代化和为实现中华民族伟大复兴的中国梦而奋斗；世界范围内，中国不仅是世界和平和地区稳定的维护者，是世界经济增长的重要贡献者，同时也是世界基本政治经济秩序的维护者和改革治理体系的参与者。所谓“创新”，是强调在信息发展不断深入和中国经济社会发展进入新常态的背景下，创新是推动国家发展的动力源泉，决定了中国未来的发展力度和高度。所谓“文化”，是强调在世界文化交往过程中，中国既坚持自身文化的民族性，又注重与不同民族文化的交流沟通、文明互鉴，同时，中国尊重不同民族文化的多样性和独特性。所谓“共享”，是强调世界各国是休戚与共的命运共同体，彼此之间有着广泛的共同利益，中国的发展不是也不会仅仅是使自己受益的“独唱”，而是在自己发展的同时使其他国家

① 赵波、张学昌:《当代中国价值观跨文化传播理路研究》,《求索》2016年第9期，第43—47页。

和地区也充分受益的“合唱”。所谓“绿色”，则是强调世界各国是唇齿相依的生态命运共同体，“建设生态文明关乎人类未来。国际社会应该携手同行，共谋全球生态文明建设之路”。

一、基本概念阐述

国际形势新局面为跨文化阐释中国价值观提供了良好契机，全面而准确地在不同文化体系中阐释相关内涵、核心要义及相关策略，以及正确释义相关理念，对理性认识中国价值观有着积极意义。“伴随经济全球化的深入发展及我国对外交流的日益频繁，跨文化交际研究在我国学术界呈现蓬勃发展态势。2010—2014 年，在 CSSCI 期刊收录论文总量减少近 6% 的情况下，标题关于‘跨文化’的核心期刊论文发表量同比增长 11%（2010 年 196 篇，2014 年 218 篇）。尽管如此，与国际相关研究相比，我国跨文化交际研究在研究方法的实证性与科学性上仍存在较大提升空间。”①

（一）跨文化传播

文化是一个“复杂的整体，包括知识、信仰、艺术、道德、法律、风俗以及作为一个社会成员的人所获得的任何其他的能力和习惯”②，是“指集体的、大群的人类生活而言……指其生活之各部门、各方面综合的全体性而言”③。文化蕴含着丰富的内容，有物质、精神、制度和行为等多种形态。文化与传播具有同构性。社会距离程度不同的人之间发生言谈、信息交流、沟通、理解、对话等传播

① 史兴松、单晓晖：《近五年 SSCI 期刊跨文化交际研究方法探析》，《外语教学与研究（外国语文双月刊）》2016 年第 4 期，第 594—605 页。

② 〔英〕爱德华·泰勒：《原始文化》，连树声译，上海文艺出版社 1992 年版，第 1 页。

③ 钱穆：《文化学大义》，选自《钱宾四先生全集》第 37 册，联经出版社 1998 年版，第 6 页。

行为，为的是满足结伴、克服孤独、自我认识、环境认知、社会选择等需要，某类传播在一段时间后变得相对稳定，由此表现了某种文化与社会结构，形成文化意义的分享和文化创造形式；在应对环境、群体间竞争、内在发展需要等问题的过程中，人们又不断进行共享文化的创造、修改和转变，使文化具有流变的特点。①“当归属于不同文化的人们走到一起，而他们相互感到‘陌生’时，跨文化传播就开始了。在一般意义上讲，跨文化传播是触及人的心灵、表现人的文化心理的社会行为。所谓跨文化是指参与传播的人不只依赖自己的代码、习惯、观念和行为方式，而是同时也经历和了解对方的代码、习惯、观念和行为方式的所有关系，这里面包括所有的自我特征和陌生新奇性、认同感和奇特感、勤勉随和性和危险性、正常事物和新事物一起对人的中心行为、观念、感情和理解力起作用的关系。”②

跨文化传播如何跨文化？文化鸿沟的跨越不是民族文化立场的退场，更不是崇洋媚外，它实际上是创作主体能够超越自身文化心理深层极点的约束与规制，放弃自身习惯的叙事套路和通常范式，转而以一种为世界上大多数文化所能接受、愿意接受的普遍性方式去传播中国价值观。③正如单波所说，跨文化传播的基本价值观是确认文化的差异性和多样性，它在精神分析学意义上的论点是，“他者”是根本性的，无论对自我的构造，对作为主体的我们，对性身份的认同都是如此；我们的主体性是通过向来不完整的无意识与“他者”的对话，才得以形成的。斯图亚特·霍尔（Stuart Hall）确认文化的差异性和多样性的过程又是一个不断超越文化的过程，即不以自己所属文化群体的价值来判断其他文化群体

① 单波：《跨文化传播的基本理论命题》，《华中师范大学学报（人文社会科学版）》2011年第1期，第103—113页。

② 单波：《跨文化传播研究的心理学路径》，《湖北大学学报（哲学社会科学版）》2008年第3期，第9—11页。

③ 冀小峰：《“中国故事”的国际化讲述——纪录片〈1937南京记忆〉的跨文化叙事策略》，《中国广播电视学刊》2015年第7期，第99—100页。

的价值，通过反思自身的文化价值，由民族中心主义向文化价值平等的方向转变。[①]霍尔在70年代出版的《超越文化》中提出，人类要走向跨文化传播，必须超越文化，而超越文化的重心在于“无意识文化”，也就是一种已经潜入民族或个人的深层心理结构里的文化，一种“心中”的文化，一种已经与民族或个人行为模式浑然一体的“隐藏着的文化”，它像是一张无形的网，把一个民族、一个社会、一个团体、一个人死死地套住。[②]换言之，“跨文化传播最基本的层面就是个人与陌生人的交往关系。在相互交往的特定社会文化系统里，我们会产生各种角色的分配，一个是分配出作为社会文化系统内部成员的‘我们’，一个是分配出作为与一定文化系统相异并且不完全被群体成员接受的‘他们’。每一种文化都试图用自己的价值去观察和评价他者，所以，文化具有民族中心主义倾向。根本解决方法在于把这些阻碍作为反思的对象，反思社会文化结构的偏向问题和文化间交流的非理性问题，认识跨文化传播的实质，才能走向更全面、自由的跨文化传播。”[③]

Arasaratnam指出，跨文化交际研究主要涉及八大主题：文化认同；适应与移民；沟通动态；跨文化能力；理论、模型、量表和框架；观点、偏见、刻板印象和歧视；跨文化差异；跨文化教育与留学。[④]目前有关跨文化传播方面的理论大体分为四个方面，包括文化被纳入传播过程的理论，描述/解释跨文化传播差异的理论，描述/解释来自不同文化背景人们之间传播活动的理论，和侧重跨文

---

① 〔英〕斯图亚特·霍尔：《表征——文化表象与意指实践》，徐亮、陆兴华译，商务印书馆2003年版，第239—240页。

② 单波：《跨文化传播研究的心理学路径》，《湖北大学学报（哲学社会科学版）》2008年第3期，第9—11页。

③ 罗慧：《单波教授谈跨文化传播的基本问题》，《国际新闻界》2016年第6期，第172—176页。

④ Arasaratnam, L. (2015). Research in Intercultural Communication: Reviewing the Past Decade. *Journal of International and Intercultural Communication*, Vol.8.

化传播过程中文化调整或适应的理论。

（二）文化被纳入传播过程的理论

美国学者古迪孔斯特认为，文化被纳入传播过程的理论主要有三个：建构理论；信息内涵的同位调整理论；言语代码理论。

（1）建构理论（Constructivist Theory）。Applegate 和 Sypher 把文化概念引入结构主义理论中。[①] 他们提出了几个假设前提，"理论应具有解释力"，"对日常交流要进行集中、详细的解释"，"研究核心是文化和传播的关系"，"要做出价值判断"，"理论和实践要紧密结合"[②]。

Applegate 和 Sypher 指出传播是指个人"分享、交换信息的相互识别的交流过程"。该过程受到一定目标的驱动，个人进行其认为有助于实现目标的交流活动。Applegate 和 Sypher 认为复杂信息行为（信息中包含许多目标和环境因素）导致"个人中心"的传播（这要看个人对交流对象的适应程度）。"认知结构"不一样，传播观念和相关的目标也不尽相同，这影响个体对环境的定义，并指导他们的策略性的行为。Applegate 和 Sypher 认为"文化决定传播逻辑"，不同文化侧重的目标和实现目标的方式都不一样。又转而说到"文化传播理论详细解释了如何在更大的信息内涵和诠释的语境下归置和组织事件"[③]。Hong 等人则认为结构活化（Construct Activation）是社会认知中影响文化差异的主要因素（他们也回

---

① Applegate, J., & Sypher, H. (1983). A constructivist outline. In W. B. Gudykunst (Ed.), *Intercultural communication theory*. Beverly Hills, CA: Sage.Applegate, J., & Sypher, H. (1988). A constructivist theory of communication and culture. In Y. Y. Kim & W. B. Gudykunst (Eds.), *Theories of intercultural communication*. Newbury Park, CA: Sage.

② Applegate, J., & Sypher, H. (1988). A constructivist theory of communication and culture. In Y. Y. Kim & W. B. Gudykunst (Eds.), *Theories of intercultural communication*. Newbury Park, CA: Sage.

③ Ibid.

顾了动态结构主义方法的表征）。[①] 最后，Applegate 和 Sypher 得出结论：跨文化传播培训"应当着重培养灵活、整合的策略手段，以达成目标"[②]。

（2）信息内涵的同位调整理论（Coordinated Management of Meaning, CMM）。Cronen 等人考察了文化在信息内涵的同位调整（CMM[③]）中的作用。他们归纳出了 CMM 的三个目标：（1）"CMM 寻求以下问题的解释：我们是谁，生活的意义是什么，这与传播现象有何关联"。（2）"在承认文化异质的情况下，CMM 寻求不同文化的可比性"。（3）"CMM 寻求对包括研究者自身在内的各种文化现象的启发性评论"。Cronen 等人把关于 CMM 的命题进行归纳。他们进一步解释："所有的传播都既是个人的，又是社会的"；"人类传播天生就是不完美的"；"道德规范是传播的组成部分"；"（文化的）差异多样性对传播活动中信息的解释与传递来说非常重要"。Cronen 等人还提出三个文化推论："文化是理论与行为的共同体"；"文化是多种声音的"；"研究是社会实践的一部分"。此外，他们认为要理解文化内和文化间的传播，就必须描述文化语境，也必须了解个人对传播活动的诠释。[④]CMM 被视为以美国实用主义为基础的"规则"理论[⑤]，它用来分析社会

---

① Hong, Y. Y., Benet - Martinez, V., Chiu, C. Y., & Morris, M. W. (2003). Boundaries of cultural influence: Construct activation as a mechanism for cultural difference in perception. *Journal of Cross - Cultural Psychology*, Vol.34.

② Applegate, J., & Sypher, H. (1988). A constructivist theory of communication and culture. In Y. Y. Kim & W. B. Gudykunst (Eds.), *Theories of intercultural communication*. Newbury Park, CA: Sage.

③ Pearce, W. B., & Cronen, V. E. (1980). *Communication, action, and meaning: The creation of social realities*. New York: Praeger. Pearce, W. B. (2005). The coordinated management of meaning ("CMM"). In W. B. Gudykunst (Ed.), *Theorizing about intercultural communication*. Thousand Oaks, CA: Sage.

④ Cronen, V., Chen, V., & Pearce, W. B. (1988). Coordinated management of meaning. In Y. Y. Kim & W. B. Gudykunst (Eds.), *Theories of intercultural communication*. Newbury Park, CA: Sage.

⑤ 例如：Cushman, D., & Sanders, R. (1982). Rules theories in human communication processes. In B. Dervin & M. Voigt (Eds.), *Progress in communication sciences* (Vol. I). Norwood, NJ: Ablex.

"情节"（Episode）中使用的规则[①]，要描述社会"情节"关键就要看社会场合情景了。总而言之，CMM 所说的描述传播活动，其目的在于帮助参与者了解在具体场合情景中要想"建设性地交流"该做些什么。[②]

（3）言语代码理论（Speech Code Theory）。Philipsen 在文化传播的研究中提出了言语代码理论的基本框架。他认为：文化传播中传播的功能就是保持个人主义和集体主义力量的健康平衡，提供一种身份的共享感，而这种感觉保持个人尊严、自由和创造力。在有着共享身份的文化传播中，维持两个次级传播过程——创造和确认——的平衡可以使该功能得以实现。[③] 因此，文化传播牵扯到社区谈话中使用的文化代码的协商问题。社区谈话是人们协商如何"共同生活"的交流过程。Philipsen 提出言语代码理论，即"传播行为文化层面上的不同代码"。该理论认为社区谈话中意味着传播行为的不同代码。他指出"言语代码是指历史上制定的，社会中建构的与传播行为相关的概念、意义、前提和规则"[④]。Philipsen 认为"每一次社区谈话都在交流行为中留有不同的文化方式与文化内涵的痕迹"。群体成员参与社区谈话是人类生活的普遍现象，但是每一个社会谈话都有着自己的文化特点。他还认为"传播是在个人和社区生活中使文化的功能得以实现的具有启发性和实践性的资源"。社区功能包括"个人如何作为社区成员来生活"[⑤]。说传播具有"启发性"是因为社区的新生儿与新来者都要通过传播活动来学习本

---

① 例如：Cronen, V., Chen, V., & Pearce, W. B. (1988). Coordinated management of meaning. In Y. Y. Kim & W. B. Gudykunst (Eds.), *Theories of intercultural communication.* Newbury Park, CA: Sage.

② Pearce, W. B. (2005). The coordinated management of meaning ("CMM"). In W. B. Gudykunst (Ed.), *Theorizing about intercultural communication.* Thousand Oaks, CA: Sage.

③ Philipsen, G.(1981). The prospect for cultural communication. Paper presented at the Seminar on Communication Theory from Eastern and Western Cultural Perspectives, Honolulu. A revised version was published in D. L. Kincaid (Ed.), *Communication theory from eastern and western perspectives*. New York: Academic Press, 1987.

④ Philipsen, G. (1992). *Speaking culturally*. Albany: State University of New York Press.

⑤ Philipsen, G. (2002). Cultural communication. In W. B. Gudykunst & B. Mody (Eds.), *Handbook of international and intercultural communication* (2nd ed.). Thousand Oaks, CA: Sage.

社区具体的文化方式与文化内涵；说传播具有"实践性"是因为传播活动允许个人参与到社区谈话中去。Philipsen 等人总结出了言语代码理论，并进行了实证研究，侧重于影响我们传播的文化和代码。这些学者认为我们运用文化和言语代码以使自己和他人的传播有意义；我们的文化和言语代码影响我们自己的行为；我们言语代码的"修辞力度"的大小取决于我们如何连贯地、合法地、艺术性地运用代码。①②

此外，首因效应（Primary Effect）也是影响跨文化传播的因素。首因效应，也称为近因效应（或初始效应），是指个体在社会认知过程中，通过"第一印象"（First Impression）最先输入的信息对客体以后的认知产生的显著的影响作用，它是由第一印象（首次印象）所引起的一种心理倾向。首因效应本质上是一种优先效应，即使后面的信息与前面的信息不一致，也会屈从于前面的信息，以形成整体一致的印象。首因效应会产生正负两方面的作用。③ 在跨文化传播中，首因效应指主体在对客体国家评价过程中，最先的印象对主体的评价结果具有极其重要的影响。当然，第一印象并不是不可改变的，不同文化间沟通的增多，会逐步改变初次印象，但首因效应在国家形象生成中的作用需要被重视。

（三）描述 / 解释跨文化传播差异的理论

古迪孔斯特认为描述 / 解释跨文化传播差异的理论包括面子—协商理论

---

① Philipsen, G., Coutu, L. M., & Covarrubias, P. (2005). Speech codes theory: Restatement, revisions, and response to criticisms. In W. B. Gudykunst (Ed.), *Theorizing about intercultural communication*. Thousand Oaks, CA: Sage.

② 上述主要转引自〔美〕古迪孔斯特《美国跨文化传播理论综述》(一)，赵晶晶、孙楠楠译，《中国传媒报告》2004 年第 5 期。

③ 王子言：《国家形象认知形成的心理机制研究》，《中国经贸导刊》2015 年第 27 期，第 77—78 页。

（FNT[①]）、谈话制约理论（CCT[②]）和违背期望理论（EVT[③]）。其中，古迪孔斯特认为 EVT 只是关注跨文化传播的差异性而非真正的跨文化传播理论。三个理论均借用了 Hofstede 文化多样性的维度。Hofstede 给文化变异性划分了四个维度：个人主义—集体主义，对不确定性的强—弱回避程度，权力大—小差距以及男性化—女性化。任何文化都包含维度的两级，不过在单一文化中只有一级呈显形，此外，文化的个体成员对文化的支配趋势了解程度不同。因此，在解释跨文化传播的异同点时，有必要将文化和个人两个层面的因素都考虑进去。

面子—协商理论（Face-Negotiation Theory, FNT）。最初只是关于冲突[④]的"面子—协商"理论（FNT）已经得到扩展，结合文化层面和个人层面的特征来解释

---

① Ting-Toomey, S. (1988). Intercultural conflict styles: A face - negotiation theory. In Y. Y. Kim & W. B. Gudykunst (Eds.), *Theories in intercultural communication*. Newbury Park, CA: Sage. Ting-Toomey, S. (2005). The matrix of face: An updated face - negotiation theory. In W. B. Gudykunst (Ed.), *Theorizing about intercultural communication*. Thousand Oaks, CA: Sage.Ting - Toomey, S., & Kurogi, A. (1998). Facework competence in intercultural conflict: An updated face -negotiation theory. *International Journal of Intercultural Relations*, Vol.22.

② Kim, M. S. (1993). Culture - based interactive constraints in explaining intercultural strategic competence. In R. L. Wiseman & J. Koester (Eds.), *Intercultural communication competence*. Thousand Oaks, CA: Sage. Kim, M. S. (1995). Toward theory of conversational constraints: Focusing on individual - level dimensions of culture. In R. L. Wiseman (Ed.), *Intercultural communication theory*. Thousand Oaks, CA: Sage.

③ Burgoon, J. K. (1992). Applying a comparative approach to nonverbal expectancy violation theory. In J. Blumler,K. Rosengren, & J. McLeod (Eds.), *Comparatively speaking*. Newbury Park, CA: Sage. Burgoon, J. K. (1995). Cross - cultural and intercultural application of expectancy violations theory. In R. L. Wiseman (Ed.), *Intercultural communication theory*. Thousand Oaks, CA: Sage. Burgoon, J. K., & Ebesu Hubbard, A. S. (2005). Cross - cultural and intercultural application of expectancy violations theory and interaction adaptation theory. In W. B. Gudykunst (Ed.), *Theorizing about intercultural communication*. Thousand Oaks, CA: Sage.

④ Ting-Toomey, S. (1985). Toward a theory of conflict and culture. In W. B. Gudykunst, L. Stewart & S. Ting - Toomey (Eds.), *Communication, culture, and organizational processes*. Beverly Hills, CA: Sage.

面子问题、冲突形式和维护面子的行为[①]。Ting-Toomey 说冲突是个人原有身份认知或面子受到威胁或质疑时的面子—协商过程[②]。面子是“个体期望他人予以其自我社会价值认同的一种需求感”。Ting-Toomey 和 Kurogi 认为集体主义文化成员更多使用他人导向（Other-oriented）的保留面子的策略，而恰恰相反，个人主义文化成员则更多使用自我导向（Self-oriented）的保留面子的策略。权力差距小的文化成员更多的是维护和要求自己的个人权利，而权力差距大的文化成员则更多的是负责地承担起一定的义务。权力差距小的文化成员倾向于通过信息交流将尊敬——顺从的差距降到最低程度，而权力差距大的文化成员则更喜欢垂直型上对下 / 下对上的面子交流。Ting-Toomey 和 Kurogi 认为集体主义文化的成员更注重关系的、过程的解决冲突的策略，而个人主义文化的成员则注重于独立的、结果的解决冲突的策略。权力差距大的文化中地位高的成员比地位低的成员在口头上更倾向于使用间接的面子策略，而权力差距小文化中的地位高的成员比地位低的成员在口头上则往往使用更直接的面子策略。同时，他们还把文化变异性维度的个人层面的影响因素和面子行为以及冲突模式结合起来。独立型的自我阐释类型（如个体认为自身与他人相分离[③]）往往使用支配性或竞争性的冲突模式和独立性的冲突解决模式，而依型的自我阐释类型（个体认为自身与内群体的

---

① 如 Ting-Toomey, S. (1988). Intercultural conflict styles: A face-negotiation theory. In Y. Y. Kim & W. B.Gudykunst (Eds.), *Theories in intercultural communication*. Newbury Park, CA: Sage. Ting-Toomey, S. (2005b). The matrix of face: An updated face-negotiation theory. In W. B. Gudykunst (Ed.), *Theorizing about intercultural communication*. Thousand Oaks, CA: Sage.

② Ting-Toomey, S. (1985). Toward a theory of conflict and culture. In W. B. Gudykunst, L. Stewart & Ting-Toomey, S. (Eds.), *Communication, culture, and organizational processes*. Beverly Hills, CA: Sage.Ting-Toomey, S. (1988). Intercultural conflict styles: A face - negotiation theory. In Y. Y. Kim & W. B. Gudykunst (Eds.) ,*Theories in intercultural communication*. Newbury Park, CA: Sage.

③ Markus, H.R., & Kitayama, S. (1991). Culture and the self: Implications for cognition, emotion, and motivation. *Psychological Review*, Vol.98.

其他成员相联系[①]）则倾向于选择回避性或帮助性的冲突模式和关系的冲突解决模式。双阐释类型（两种类型的自我阐释都强）使用独立的、关系的冲突解决模式，而矛盾类型（两种类型的自我阐释都弱）则两者都不选择。[②]2005 年，Ting-Toomey 对 FNT 的理论假设前提和实证研究进行了总结。[③] 除了些细小的变化以外，2005 年版的理论和 1998 年的基本相同。在 2005 年理论版本的结语中 Ting-Toomey 说，接下来，有必要对面子中感情的作用、环境因素的影响和面子如何改变等问题进行进一步的研究。

谈话制约理论（Conversational Constraints Theory）。谈话是有目的的，要求传播者之间相互调整。M. S. Kim 把谈话制约分为两类：社会关系型和任务导向型。社会关系型限制强调关心他人，注意避免伤及听者感情，并且尽量不把意见强加给听者；任务导向型的限制则强调透明度（如信息被清晰传播的程度[④]）。另外，M. S. Kim 还解释不同的文化选择的传播策略不同。追求目标的过程中，集体主义文化成员认为维护面子的行为（如避免伤及听者感情，尽量少地强加意见于人和避免听者给出负面评价）更重要；而个体主义文化成员则更加重视透明度。[⑤]M. S. Kim 认为：目标追求过程中，依赖型自我阐释的个人比独立型我阐释

---

① Markus, H.R., & Kitayama, S. (1991). Culture and the self: Implications for cognition, emotion, and motivation. *Psychological Review*, Vol.98.

② Ting-Toomey, S., & Kurogi, A. (1998). Facework competence in intercultural conflict: An updated face - negotiation theory. *International Journal of Intercultural Relations*, Vol.22.

③ Ting-Toomey, S. (2005a) . Identity negotiation perspective; A theoretical framework. In W. B. Cudykunst (Ed.), *Theorizing about intercultural communication*. Thousand Oaks, CA: Sage.Ting-Toomey, S. (2005b) . The matrix of face: An updated face-negotiation theory. In W. B. Gudykunst (Ed.), *Theorizing about intercultural communication*. Thousand Oaks, CA: Sage.

④ Kim, M. S. (1995). Toward a theory of conversational constraints: Focusing on individual-level dimensions of culture. In R. L. Wiseman (Ed.), *Intercultural communication theory*. Thousand Oaks, CA: Sage.

⑤ Kim, M. S. (1993). Culture - based interactive constraints in explaining intercultural strategic competence. In R. L. Wiseman & J. Koester (Eds.), *Intercultural communication competence*. Thousand Oaks, CA: Sage.

的个人更看重不伤及听者感情和尽量少地强加意见于人；而独立型自我阐释的个人比依赖型自我阐释的个人把透明度看得更重要。具有双重的自我阐释类型的个人则同时看重关系限制和透明度限制。M. S. Kim 还认为：个体越渴望赞同，他们就越尊重听众的感情，越不把意见强加于人；个体越渴望支配，他们就越强调透明度。个体的心理性别角色越男性化，就强调透明度；越女性化，则越强调不伤害听众的感情及不把意见强加于人。①

违背期望理论（Expectancy Violation Theory, EVT）。每种文化都有一定的行为规范，让人们可以借以预期他人的行为。②违背期望理论（EVT）关注的是人们对个体行为的预期及这些预期被违背时人们的反应。预期建立在社会准则、规范以及个人行为模式的基础上。③偏离预期的行为会激怒他人或使他人警觉。至于何为偏离预期的行为则要看传播者的衡量标准。传播者的衡量标准是指个人的个性特征（如他们是否有吸引力以及 / 或者有亲和力）。Burgoon 还认为"传播者的正面或负面个性特征会影响对违背行为的诠释及评估"④。Burgoon 认为每种文化预期的"内容"随着 Hofstede 文化变异性的维度不同而不同。⑤具体来说，集体主义文化的成员期望口头交流采用间接方式、有礼貌、不亲密。对不确定性的回避程度与人们对他人行为的预期是相关的，但不超过这样的限度：传播行为总

---

① Kim, M. S. (1995). Toward a theory of conversational constraints: Focusing on individual - level dimensions of culture. In R. L. Wiseman (Ed.), *Intercultural communication theory*. Thousand Oaks, CA: Sage.

② Burgoon, J. K. (1978). A communication model of personal space violations: Explication and an initial test. *Human Communication Research*, Vol.4.

③ Burgoon, J. K. (1995). Cross - cultural and intercultural application of expectancy violations theory. In R. L. Wiseman (Ed.), *Intercultural communication theory*. Thousand Oaks, CA: Sage.

④ Ibid.

⑤ Burgoon, J. K. (1992). Applying a comparative approach to nonverbal expectancy violation theory. In J. Blumler, K. Rosengren & J. McLeod (Eds.), *Comparatively speaking*. Newbury Park, CA: Sage.

要受社会准则与规范的制约。[①] 与对不确定性回避程度高的文化相比，回避程度低的文化中约束行为的准则与规范少。[②] 强烈回避不确定性的文化成员往往更加无法容忍违背预期的行为。权力差距也影响着地位高低的人们对于违背行为的解释。[③] 比如，权力差距大的文化中地位高者的违背行为被看作对所属角色行为的违背，这样的行为不可避免地将产生压力和焦虑，即负面的结果。[④]

此外，跨文化传播视野中的偏见研究也为该领域的现象解释提供了启示。赵欣认为，跨文化传播视野中的偏见指的是在没有获得全面、准确的信息的基础上对他文化作出的不理性判断，以及由此形成的对他文化的否定性态度。跨文化交往中的偏见有显性与隐形两种。显性偏见是受个体的意识和思维控制的，经个体一系列价值判断后所体现的对外群体的一种复杂的偏见形式。在跨文化交往中，为了适应社会生活，寻求社会赞许性身份，或避免受到他人的谴责，人们对外群体的态度有可能分化为外显态度和内隐态度双重态度，有可能策略性地隐藏对外群体的某些偏见。在隐性偏见和显性偏见的划分与人际交往理论中，马丁·布伯提出的“本相”和“装相”范畴与约瑟夫·卢夫特、哈瑞·英汉姆提出的人际交往中信息流动存在“开放区”与“封闭区”的“约哈瑞窗口”理论具有一致性。马丁·布伯认为，人们在交往中虽然在一般情况下交谈的内容是真实的，但也不同程度地存在假象，真相和假象混合于人际传播中。“装相”是人们在交往中自我披露的部分，含有程度不同的本相，但也含有假象。约瑟夫·卢夫特等人提出的“约哈瑞窗口”理论，其中“开放区”是传播各方均认为可以公开的信息，而

① Burgoon, J. K. (1995). Cross-cultural and intercultural application of expectancy violations theory. In R. L. Wiseman (Ed.), *Intercultural communication theory*. Thousand Oaks, CA: Sage.

② Hofstede, G. (1980). *Culture's consequences*. Beverly Hills, CA: Sage.

③ Burgoon, J. K. (1995). Cross-cultural and intercultural application of expectancy violations theory. In R. L. Wiseman (Ed.), *Intercultural communication theory*. Thousand Oaks, CA: Sage.

④ 以上主要转引自〔美〕古迪孔斯特《美国跨文化传播理论综述》（一），赵晶晶、孙楠楠译，《中国传媒报告》2004 年第 5 期。

"封闭区"是传播各方均认为不能公开的纯私人信息，除了隐私，还包括不愿意暴露的弱点。[①]

（四）描述 / 解释来自不同文化背景人们之间传播活动的理论

Y.Y.Kim 奠定了跨种族传播综合理论的基石，她采用综合系统理论（开放式系统）作为理论框架，其理论设计是四个圆；表示行为的圆为中心，表示语境的其他三个圆则分布在外围（由里到外依次是）：（1）行为（编码 / 解码）；（2）传播者；（3）情况；和（4）环境。

Y. Y. Kim 利用一个相关联—不关联的行为变化统一体来解释编码和解码的各个方面。她解释说"当行为接近这个变化统一体的相关联的一端时，就会增进传播双方的相互理解，从而促进交流过程的完成……当行为接近不关联的一端时就容易导致误解与冲突"[②]。进一步解释，关联性解码行为包括细分、综合、个性化和留意等过程；非关联性解码行为则包括分类、各式化、拉开传播距离和最后归因出错等过程。关联性编码行为包括达成共识、编制以个人为中心的信息和进行个性化传播等过程；而非关联编码行为则包括产生分歧、进行带有偏见的谈话以及种族歧视词语的使用。

Y. Y. Kim 从"相对稳定的心理特征"方面来考察传播者。她参照了许多因素，像认知结构（如认知复杂性、分类广度）、身份彰显程度（如种族身份、种族语言身份、内群体忠诚度）、种族偏见（如内群体偏袒主义、民族中心主义）和其他相关的概念（跨文化身份、道德内涵）。[③] 她还提出包容性、稳固的身份往往产生关联性的跨种族传播，而排他性的、不稳固的身份则产生非关联性的跨种

① 赵欣：《跨文化传播视野中的隐性偏见》，《江淮论坛》2016 年第 3 期，第 106—110 页。

② Kim, Y. Y. (1997). The behavior context interface in interethnic communication. In J. Owen (Ed.), *Context and human behavior*. Reno, NV: Context Press.

③ Ibid.

族传播。[①]

Y. Y. Kim 把情形（situation）定义为物质环境。她把种族异质性、种族显著性、交流目标（如目标）区分开来（割裂开来）作为情况的关键因素。[②]她说到种族亲近性、种族整合的网络、共享目标会导致关联性跨种族传播；而种族距离感、种族分散的网络、个别目标则导致非关联性的跨种族传播。[③]环境包括影响跨种族传播的国内、国际力量，诸如制度平等 / 制度不平等（征服史、种族等级划分）、种族实力（如种族语言的活力）、种族间的接触（环境的交流潜能）。[④] Y.Y.Kim 认为制度平等和强大种族产生关联式的跨种族传播；而制度不平等，弱势种族，竞争激烈的环境压力往往产生非关联性的跨种族传播。[⑤]

Y. Y. Kim 提出该理论模式为诸多学科进行整合研究提供了参考框架。同时，它也可以作为“实践活动的参考……比方说，从模式我们可以推断出：改变环境中现存的条件，可以有助于关联性的传播行为”[⑥]。同时，她还利用个人传播网络的概念来解释外群体传播能力。个人网络强调人与人的联结。Y. Y. Kim 认为，“自身有意或无意依赖于其所在网络的成员来认识和解释他人的各种各样的特征

① Kim, Y. Y. (2005). Association and disassociation: A contextual theory of interethnic communication. In W. B. Gudykunst (Ed.), *Theorizing about intercultural communication*. Thousand Oaks, CA: Sage.

② Kim, Y. Y. (1997). The behavior context interface in interethnic communication. In J. Owen (Ed.), *Context and human behavior*. Reno, NV: Context Press.

③ Kim, Y. Y. (2005). Association and disassociation: A contextual theory of interethnic communication. In W. B. Gudykunst (Ed.), *Theorizing about intercultural communication*. Thousand Oaks, CA: Sage.

④ Kim, Y. Y. (1997). The behavior context interface in interethnic communication. In J. Owen (Ed.), *Context and human behavior*. Reno, NV: Context Press.

⑤ Kim, Y. Y. (2005). Association and disassociation: A contextual theory of interethnic communication. In W. B. Gudykunst (Ed.), *Theorizing about intercultural communication*. Thousand Oaks, CA: Sage.

⑥ Kim, Y. Y. (1997). The behavior context interface in interethnic communication. In J. Owen (Ed.), *Context and human behavior*. Reno, NV: Context Press.

与行为，这是个人传播网络中最为重要的一点"。Y. Y. Kim 先假定，在个人传播网络中，外群体成员的存在以及与外群体关系的性质对个人的外群体传播能力有影响。然后推出命题一："个人传播网络的成员越不同，自身进行外群体传播的总体能力越强。"此命题说明，在个人传播网络中存在外群体成员有利于提高外群体传播能力。Y. Y. Kim 理论的命题二为："个人传播网络对外群体成员的向心力越大，自身进行外群体传播的能力越强。"此命题说明，在个人传播网络的中心位置存在外群体成员有利于提高外群体传播能力。命题三认为："自身与外群体成员的关系越密切，进行群体传播的能力越强。"此命题说明，与外群体成员保持频繁的接触和亲近的关系有利于提高群体传播能力。①

Yum 的理论分析了文化内与跨文化传播网络的异同。她先提出这样的假设，跨文化情境下的行为比文化内部的行为具有更大的变动性。然后她提出了六个命题。Yum 的第一个命题为：跨文化传播网络呈现出放射状（人们连接着他人，而他人之间并不互相连接），而同一文化内部的传播网络则是相互连锁的（人们联系着他人，而他人之间又互相联系）。命题二做出这样的推测：与跨文化的情况相比，文化内的传播网络更为稠密（基于实际直接联系的数量与可能联系的数量之比）。Yum 的命题三认为，与跨文化传播网络相比，文化内传播网络是一种多通路的网络（来自不同路径的各种信息经过不同的网络结点又传向不同的路径方向去）。而命题四认为"跨文化传播网络中的联接是弱联系而非强联系"。强联系需要频繁而密切的接触（如朋友之间），泛泛之交或者只是偶尔联系的角色关系（如与美发师之间）的联系是弱联系。Yum 的命题五认为："与文化内传播网络的情况相比，'联络者'与'桥梁'的角色在跨文化传播网络中更为显著，并在保持网络的连通性方面有更重要的地位"。"联络者"是指将传播活动中的各个

① Kim, Y. Y. (1986). Understanding the social structure of intergroup communication. In W. B. Gudykunst (Ed.), *Intergroup communication*. London: Edward Arnold.

团体（如互有联系的若干个人）联系起来的人，但其本身并不属于任何一个团体。“桥梁”是指联系起各个团体而本身又属于其中某个团体的人。“联络者”与“桥梁”都是“中间人”的角色，都在不同群体的成员间构成间接的联系。Yum的最后一个命题认为“传递性在跨文化传播网络中起的作用比在文化内传播网络中小得多”。当“我的朋友的朋友也是我的朋友”时，“传递”就产生了。跨文化传播网络既然较为疏松且其中多为弱联系，则在与外群体成员的朋友建立联系方面有帮助。[①②]

此外，晕轮效应（Halo Effect）也常被用于解释来自不同文化传播的活动。晕轮效应最早由爱德华·桑代克（Edwrard Thorndike）于20世纪20年代提出，也称光圈效应，指的是认知者对于认知对象的判断主要是依据个人好恶得出，然后从这个判断推论出该认知对象的其他特征。如果认知对象被标上了“好”的标签，就会被“好”的光圈笼罩着，并赋予一切好的品质。反之，若该认知对象被标上了“坏”的标签，那么，它就被一种“坏”的光圈笼罩着，它的其他方面也易于被认为是坏的。[③] 在跨文化传播中，晕轮效应是指主体对客体国家形成某种印象之后，倾向于据此推论该国家其他方面的特征。

（五）侧重跨文化传播过程中的文化调整或适应的理论

古迪孔斯特认为传播活动的参与者们如何相互调整或相互适应是理论研究者们的一个重要目标。与此相关的有三种理论：（1）传播适应理论（Communication Accommodation Theory），（2）跨文化调整理论（Intercultural

---

① Yum, J. O. (1988). Network theory in intercultural communication. In Y. Y. Kim & W. B. Gudykunst (Eds.), *Theories in intercultural communication*. Newbury Park, CA: Sage.

② 以上主要转引自〔美〕古迪孔斯特《美国跨文化传播理论综述》(一)，赵晶晶、孙楠楠译，《中国传媒报告》2004年第5期；《美国跨文化传播理论综述》(二)，赵晶晶、秦筠译，《中国传媒报告》2005年第2期。

③ 王子言：《国家形象认知形成的心理机制研究》，《中国经贸导刊》2015年第27期，第77—78页。

Adaptation theory)，（3）共文化理论（Co-Cultural Theory）。

传播适应理论（Communication Accommodation）。传播适应理论（CAT）源于 Giles 关于口音灵动性问题的研究，言语适应理论（SAT①）是其雏形。言语适应理论（SAT）认为在与他/她人进行传播的过程中，说话者运用语言策略以博取赞同或显示个性。出于这些动机，说话者使用的策略主要是言语同化与言语异化；这些“语言手段”分别用来缩小或拉大传播的距离。Giles 等人拓展了言语适应理论（SAT）的适用范围，并重新定名为传播适应理论（CAT）。②Coupland 等将传播适应理论（CAT）应用于研究不同辈分的人之间的传播，并对原理论进行了适当的调整（如基于侧重/聚焦对方将说话者的策略概念化，同时加入了对方对说话者行为的理解/解释）。③Gallois 等人将 Coupland 等人的理论模式运用到跨文化传播上，加入民族语言身份理论（Ethno Linguistic Identity Theory, ELIT）的一些推测，同时强调了跨文化传播中环境因素的影响力。④Gallois 等人在 1995 年改进了 1988 年的理论版本，在适应过程中加入了新的研究成果及跨文化差异。⑤Gallois 等人在 2005 年又对 1995 年的理论版本进行了更新。⑥传播适应理论

---

① Giles, H., & Smith, P. (1979). Accommodation theory. In H. Giles & R. St. Clair (Eds.), *Language and social psychology*. Oxford, UK: Blackwell.

② Giles, H., Mulac, A., Bradac, J., & Johnson, P. (1987). Speech accommodation theory. In M. Mclaughlin (Ed.), *Communication yearbook 10*. Newbury Park, CA: Sage.

③ Coupland, N., Coupland, J., Giles, H., & Henwood, K. (1988). Accommodating the elderly: Invoting and extending a theory. *Language in Society*, Vol.17.

④ Gallois, C., Franklyn-Stokes, A., Giles, H., & Coupland, N. (1988). Communication accommodation in intercultural encounters. In Y. Y. Kim & W. B. Gudykunst (Eds.), *Theories of intercultural communication*. Newbury Park, CA: Sage.

⑤ Gallois, C., Giles, H., Jones, E., Cargile, A., & Ota, H. (1995). Accommodating intercultural encounters: Elaborations and extensions. In R. L Wiseman (Ed.), *Intercultural communication theory*. Thousand Oaks, CA: Sage.

⑥ Gallois, C., Ogay, T., & Giles, H. (2005). Communication accommodation theory: A look back and a look ahead. In W. B. Gudykunst (Ed.), *Theorizing about intercultural communication*. Thousand Oaks, CA: Sage.

（CAT）从传播活动的"社会历史境况"研究起，这部分理论包括相互接触的群体之间的关系以及其接触的社会规范（在传播适应理论中，跨文化传播被归入跨群体传播的一类）。1995年的版本还吸纳了文化差异性理论。传播适应理论（CAT）的第二部分是有关传播者的"适应倾向"，即传播者视交往的外群体为人际传播、群体传播或是二者相结合的传播倾向。"适应倾向"受三个方面因素的影响:（1）个人因素（如社会角色与个人身份）;（2）跨群体因素（反映传播者对外群体倾向的因素，如可察觉的内群体的活力）;（3）"初衷"（比如察觉潜在冲突，持久的决心去适应其他的群体）。群体之间的关系会影响传播者视交往为人际传播或群体传播的倾向。同样，如果主流群体的成员觉得自己的社会身份不够稳固并感受到外来群体的威胁时，他们会消极地看待非主流群体成员对主流群体的辐合现象。而那些依赖所在的群体，并与群体保持团结一致的人们，则往往以群体间的形式来看待交往，同时强调自身群体的语言标识。传播适应理论（CAT）的第三个组成部分是"现场情形"（"immediate situation"），它包括五个方面:（1）"社会心理状态"（如当时传播者人际传播或群体传播的倾向）;（2）"传播的目的与注重对方"（如传播动机、交谈需要、关系需要）;（3）"社会语言策略"（如近似语策略，语篇控制策略）;（4）"行为与技巧"（如语言、口音、话题）;（5）"标记与归因"。"现场情形"的这五个方面是相互关联的。传播适应理论（CAT）的最后一部分是关于"评价与将来意图"。这种提法以传播过程中传播者对传播对象的行为的感受为焦点。比如说从传播者的角度看，传播对象的辐合行为会被视为怀有"善意"而得到积极正面的评价。当传播者视传播对象为群体的典型成员并有正面评价，他们将来就会更乐于与传播对象及其所在群体的其他成员交流传播。[①]Gallois等人在2005提出的理论模型基本建立在1995

① Gallois, C., Giles, H., Jones, E., Cargile, A., & Ota, H. (1995). Accommodating intercultural encounters: Elaborations and extensions. In R. L Wiseman (Ed.), *Intercultural communication theory*. Thousand Oaks, CA: Sage.

年版本的基础上，不过减少了命题的数量（从1995年的17个减少到2005年的11个）。这使得该理论适用于所有形式的跨群体传播，并更易于开发出经得起检验的假说。他们指出，不同群体的成员在进行交流时会发生一些意外，这可以随时将群体传播自然地转化为人际传播。这样，传播者将"初衷"转化为"将来意图"的过程就难以把握了。

跨文化调整理论（Intercultural Adaptation）。Ellingsworth首先假设，所有传播活动都含有某种程度的文化差异。他从而认为，解释跨文化传播应该从解释人际传播开始，且必须考虑文化因素。Ellingsworth的理论意在解释传播者在"有目的的传播"中是如何进行调整以互相适应的。他归纳出八条"规律"（"传播者互相影响形成的动态关系"），譬如"对传播风格的调整适应不同，会引发文化理念差异"以及"环境对传播双方的有利程度不同，调整行为所带来的压力也不同"。Ellingsworth认为，功能性地调整传播以及调整过程中的公平有利于任务的完成。非功能性调整传播会引起文化差异并延缓任务的完成。当传播者们必须互相合作时，调整传播过程中公平就实现了。运用一些说服策略有利于调整传播。当环境对传播的一方有利，或传播的一方势力较强，则另一方就会感到调整的压力。传播者的调整性行为越多，其文化理念的变化越大。[①]Ellingsworth更新了该理论，增添了一些规律与命题的讨论，但总体理论未做大的调整。[②]

共文化理论（Co-Cultural Theory）。Orbe运用现象学的方法建立了共文化理论[③]，

① Ellingsworth, H. W. (1983). Adaptive intercultural communication. In W. B. Gudykunst (Ed.), *Intercultural communication theory*.Beverly Hill, CA: Sage.

② Ellingsworth, H. W. (1988). A theory of adaptation in intercultural dyads. In Y. Y. Kim & W. B. Gudykunst (Eds.), *Theories of intercultural communication*. Newbury Park, CA: Sage.

③ Orbe, M. P. (1998a). *Constructing co-cultural theory.* Thousand Oaks, CA: Sage. Orbe, M. P. (1998b). From the standpoint(s) of traditionally muted groups: Explicating a co-cultural communication theoretical model. *Communication Theory*, Vol.8.

并与 Spellers 总结了该理论并讨论了该理论的应用及未来发展方向[①]。共文化理论建立在缄默群体理论（如说社会阶层的分化使一些群体有凌驾于其他群体之上的特权）和视角理论（如说特定的社会地位会使人们以某种主观的方式观察世界）的基础上。共文化理论将非白色人种、女性、残障人、同性恋者以及那些较低社会阶层的人群纳入自己的研究体系，且研究对象仍不限于此。

Orbe 指出，“大体上说，共文化传播是指未充分代表的（underrepresented）群体成员与主流社会群体成员之间的传播活动”。共文化理论的主旨是提供一个框架“让共文化群体的成员在主流社会结构中和企图使他们缄默的人协商”。共文化理论有两个前提:（1）共文化群体的成员在主流社会结构中处于边缘地位;（2）当面对“压抑的主流社会结构”时，共文化群体的成员可以凭借一定的传播方式来获取成功。同时，Orbe 认为，共文化群体成员与主流群体成员进行交流传播一般出于三种目的:（1）同化（如成为主流文化的一分子）;（2）适应（如尝试让主流群体成员接受共文化群体成员）;（3）分离（如拒绝与主流群体成员结合的可能）。其他一些影响共文化群体成员进行传播的因素包括“经验领域”（如过去的经历）、“能力”（如个人从事不同活动的能力）、“情境”（如他们是在什么地方与主流群体成员进行传播）、“预想的代价与补偿”（如一定行为做法的利弊）以及“传播方式”（攻击性的、自信的或不自信的传播）。[②]

Orbe 将共文化群体成员在与主流群体成员进行交流传播的过程中运用的一些做法（如边缘群体的成员如何“协商其缄默的群体地位”）分离出来。这些做法是由共文化群体成员的传播目的和传播方式共同决定的。不同的目的与方式组

---

① Orbe, M. P., & Spellers, R. E. (2005). From the margins to the center: Utilizing co-cultural theory in diverse contexts. In W. B. Gudykunst (Ed.), *Theorizing about intercultural communication*. Thousand Oaks, CA: Sage.

② Orbe, M. P. (1998b). From the standpoint(s) of traditionally muted groups: Explicating a co-cultural communication theoretical model. *Communication Theory*, Vol.8.

合形成九种不同的传播倾向，不同的传播倾向又对应了不同的做法：（1）若传播者不自信且分离主流群体，则会“躲避传播”“维持人际传播的障碍”；（2）若传播者不自信且意在适应，则会“增加可见度”并且“消除定型观念”；（3）若传播者不自信且意在同化，则会“重视共同点”“发展积极面子”“进行自我反省”并“避免发生冲突”；（4）若传播者自信且意在分离，则会“转向自我传播”“发展群体内部的传播网络”“显示强势”并“抱守定型观念”；（5）若传播者自信且意在适应，则会“转向自我传播”“发展跨群体的传播网络”“发挥联络者的作用”并“教育他人”；（6）若传播者自信且意在同化则会对传播活动“充分准备”“过度补偿”“操纵定型观念”并在传播过程中“讨价还价”；（7）若传播者怀着冲突之心且意在分离，则会在传播中“攻击他人”“妨害他人”；（8）若传播者怀着冲突之心但意在适应，则会“正视传播活动”并“从中受益”；（9）若传播者怀冲突之心但意在同化，则与主流群体之间会“游离其外”“镜像”“策略性的保持一定距离”并且“自我嘲弄”。[①②]

此外，刻板印象（Stereotype）也是跨文化传播中实现对他人认知的重要术语。这一术语最早来自美国学者李普曼于1922年出版的著作《公众舆论》中，指人民对事物的比较固定、概况而笼统的看法。[③]“刻板印象在跨文化传播中既有积极的作用，也有消极的作用。从积极的方面来看，刻板印象本身包含一定的合理、真实的成分，是人们简化世界的一种方法，提高信息传播的效率。从消极的方面来看，刻板印象不能真正意识到自身的客观需要，易对客体国家产生错误的

---

① Orbe, M. P. (1998a). *Constructing co-cultural theory*. Thousand Oaks, CA: Sage. Orbe, M. P. (1998b). From the standpoint (s) of traditionally muted groups: Explicating a co-cultural communication theoretical model. *Communication Theory*, Vol.8.

② 以上主要转引自〔美〕古迪孔斯特《美国跨文化传播理论综述》（二），赵晶晶、秦筠译，《中国传媒报告》2005年第2期。

③ 刘春波：《李普曼“刻板成见”理论与思想政治教育的舆论引导功能》，《武汉科技大学学报（社会科学版）》2012年第6期，第633—636页。

评价。”[①] 因而，刻板印象一旦形成，传播活动中的参与者也将面临调整或适应的情境。这些理论、术语为当代中国价值观的跨文化传播提供了重要的策略支持和经验借鉴。

二、中国价值观跨文化传播研究

“新中国成立以来，中国的国际传播主要是向世界介绍和说明中国，传播中国价值观，为中国经济社会发展和对外交往营造和谐友好的国际舆论环境。”[②] 随着全球化进程日益加速，中国的经济、政治、文化影响力日益强大，文化资源也更多地被各国发觉和运用。好莱坞动画片《花木兰》《功夫熊猫》系列的成功，显示出中国元素、中国文化和中国市场对世界各地区的吸引力。尤其是自从 2000 年中国政府提出文化走出去战略以来，国际传播和跨文化传播领域不仅收获了影响力最大的政府受众群体，而且正在发挥着一种将传播研究领域带向前台，甚至引领和重构中国传播研究版图，上达国家政策的特殊作用。[③] 通过梳理相关文献和书籍，总结发现理论界有关中国价值观跨文化阐释与传播的研究大致围绕下列三个领域展开：中国价值观中的文化符号、中国价值观的产业支撑和中国价值观的海外认同。

习近平总书记指出：“牢固的核心价值观都有其固有的根本，抛弃传统、丢掉根本，就等于隔断了自己的精神命脉。”[④] 探索当代中国价值观跨文化传播路

① 吴献举：《国家形象的跨文化生成机制研究——基于主体评价的分析视角》，《南昌大学学报（人文社会科学版）》2016 年第 6 期，第 20—25 页。

② 谢晶晶：《国际传播语境下如何讲好“中国故事”》，《视听界》2015 年第 5 期，第 115—116 页。

③ 姜飞：《跨文化传播研究的思想地图与中国国际传播规划的转向》，《暨南学报（哲学社会科学版）》2016 年第 1 期，第 83—95 页。

④ 习近平：《习近平谈治国理政》，外文出版社 2014 年版，第 164 页。

径，积极应对西方发达国家在价值观领域的挑战，对于适应中国国际交往的新常态，增强中国文化软实力，向世界传递中国声音，具有重要意义。中国价值观的基础是中华优秀传统文化。当代中国价值观的社会主义性质决定了它与西方资本主义价值观的根本区别，是以实现国家利益为导向的，是"塑造国家形象、维护国家声誉、制造国家认同的一门科学和艺术"[①]。

（一）中国价值观中的文化符号

影视剧里中国形象的跨文化传播策略研究是学界的研究热点之一。在经济全球化与文化多元化发展的大环境下，文化输出成为必然，影视剧逐渐展现出一种国际化的传播趋势。隐藏外来文化于无形之中的影视剧，可以实现文化的"软着陆"，它不仅让受众身临其境体会到一个国家的真实生活，也能在潜移默化中感受到一个国家的价值观、伦理道德和文化传统等，可谓是最佳的跨文化传播手段。随着中国国际地位的不断提高，全世界开始把目光聚焦在中国身上，这时我们就需要把中国的声音发出去，把文化品牌树起来，把真实的中国形象展现出来。然而，长期以来，我们经受着美国等西方文化强国"走进来"的冲击。21世纪初，我国开始大力实施文化"走出去"战略，但在最初我们存在着影视剧"走出去"难的情况：传播区域多集中在东亚和东南亚，并没有真正实现全球化传播；单一的古装剧题材，使海外受众难以形成对中国现代文化及国家形象的宏观准确认知；呈现出武打、权欲和宫心斗的文化内容，导致西方对我国文化的刻板印象；未形成国际化定位的影视剧品牌等。[②]因此，如何更好地将中国悠久的历史文化在全球化背景下加以呈现，展示自己的文化影响力，是当前我国影视创作需要关注的话题。李宇认为长期以来，影视国际传播面临着文化等软性传播

---

① 刘晓程：《理论与时间：国家公共关系基本问题研究》，华中科技大学博士学位论文，2014年。

② 王晓丹：《中国影视剧走出去在国际传播中的作用》，《东南传播》2017年第12期，第63—65页。

障碍，给传播带来文化折扣。因此，文化跨域成为当前国际传播不容忽视的问题。他指出中国当前的影视国际传播在创新传播方式和路径，满足碎片化、移动化、个性化的收视需求的同时，需要有效克服文化差异，坚持本土化策略，通过科学的符号构建和准确的翻译配音等，减少文化折扣，有效实现影视作品的国家形象构建和价值观传播的目标。① 马婷则以电影《长城》为例，认为其在跨文化传播策略上的成功体现在影片价值观和中国传统文化符号的成功运用：如果受众对相关内容中的道德观念、价值取向抱有认同的态度，那么该作品就能迅速获得良好的口碑，从而进一步扩大其影响力；影片中巍峨绵延的长城、火光四溅且响声震天的火药武器、富有传统特色又充满现代气息的服装、星河一般照亮天际的孔明灯、威严高耸的中国建筑、大漠黄沙的塞外风光、富丽堂皇的中国建筑等，都是独特的中国符号，传达出一个不同于西方中世纪的富庶文明的东方文明古国形象。②

纪录片同样是我国文化“走出去”战略的重要载体。冀小峰则认为“中国纪录片在创作观念、价值取向、叙事范式、视听构建等多个环节与西方主流纪录片存在差异，这些差异构成了中国纪录片讲述中国故事、实现跨文化传播的叙事差距”。他以纪录片《1937 南京记忆》为分析对象，围绕该片在价值取向、文献搜集与处理、视角选择、叙事结构等方面区别于以往国内文献纪录片的创新与突破展开分析，认为该片为中国纪录片讲好中国故事、践行文化“走出去”提供了启示。具体来看：其一，创作题材的国际性认知，决定了《1937 南京记忆》在价值取向上的国际性姿态，基于南京大屠杀本身而始终贯注和秉持的人道主义情怀，构成了该片区别于以往同类创作的“控诉”性立场出发，形成了从一种超越

① 李宇：《浅析中国影视国际传播的路径变革及文化跨越策略》，《对外传播》2018 年第 4 期，第 24—26 页。

② 马婷：《〈长城〉的跨文化传播策略与中国形象》，《传媒》2017 年第 3 期，第 48—50 页。

民族文化和意识形态差异的普遍性情怀立场，对受难者的悲悯和凭吊。同时，选材取材的国际性视野，是《1937 南京记忆》跨文化叙事的另一个核心思路。通过对来自中、美、日、欧洲四个国家和地区的六个人物对南京大屠杀这一历史事件的各自追问、调查和不同遭际、命运的变化，建构起片子的主体叙事，也确立了片子的六个内生视角，以此勾连出众多受难者和屠杀现场目击者的次生视角，环环相连、丝丝入扣，构成了片子主体叙事的五个基本框架。其二，《1937 南京记忆》在跨文化叙事品质上保持了足够的敏感度。《1937 南京记忆》的难能可贵之处就在于面对历史文献资料，既强调广泛占有、深入挖掘，更注重消化、呈现，将附着在文献资料之上的所有背景信息推至前台，并上升至叙事主体与框架的高度，从而实现了对碎片化文献资料的故事性整合，使文献本身具有了立体全息感和生命质感。其三，在讲述一场发生在 77 年前的大屠杀时，超越天然的国族立场，将言辞激烈的雄辩滔滔转换为贴近现实的追问探寻，将国族记忆转换为私人记忆，这样的创作自觉和语态转换，恰恰是现实生活中"有理不在声高"的经验常识和平等交流姿态的诠释，当这样的语态与叙事人内生性视角相互结合，并且在人物引入、文献呈现、视听营建等各个创作环节得以贯彻，足以形成一种与片子接受者平等交流的话语场域。①

徐亚萍指出，纪录片在讲述"中国故事"时应具备"国际视角"的对外传播创作意识。在讲述中国故事的纪录片创作中，国际受众的视角越来越受到重视。比如，在纪录片《外滩》的创作过程中，导演周兵请来一位法国导演、一位英国导演担任顾问，并邀请拥有《故宫》海外版最终改编权的英国独立制作人担任《外滩》海外版的剧本医生（负责把关和修改剧本硬伤或是提高细节精致度的剧本编辑）。拍摄时采纳国际叙事策略，并建立国际发行渠道，借此使《外滩》的

---

① 冀小峰：《"中国故事"的国际化讲述——纪录片〈1937 南京记忆〉的跨文化叙事策略》，《中国广播电视学刊》2015 年第 7 期，第 99—100 页。

海外传播更加通畅。《美丽中国》《末代皇帝——溥仪》等纪录片也使用了同样的创作方式。可见，在创作上，讲述中国故事的纪录片应倾向于转换视角，以“他者”的目光观照己身、形塑自我叙事。比如《圆明园》将叙事者设定为三个传教士，通过西方人凝视中国往事，建构西方观众的意识；《望长安》在展现鼎盛的汉唐文化时，将其与同一时期鼎盛的罗马帝国文化进行对照，从中勾画中国文明。在中西文化对比之中突出中华文化的手法也体现在《昆曲六百年》中。而《中国文化之旅》则通过出镜主持人丹尼斯·凯勒的探索体验，引领观众了解中国文化的传承、发展以及与其他文化的融合。

此外，纪录片栏目的创作也应该嵌入国际视角。天津广播电视台纪录片栏目《泊客中国》是一档双语外宣栏目，以记录外国人在华生活的经验为轴心，通过“泊客”即旅居中国的主人公展示可信的中国体验、对社会的体会和认知。时下，对外传播的纪录片越来越倾向于采用国际受众更易接受的个人视角，比如由国务院新闻办公室三局策划、五洲传播中心及美国彩虹电视合作拍摄的系列纪录片《接触中国》，以影像日记的形式，通过两个美国人在中国的亲身经历向观众传递最直观的感受，以增强内容的真实可信感，引发海外观众共鸣。①

在具体的文化实践上，上海世博会吸引了全球媒体的目光，成为国际舆论关注的焦点。郭可等以 15 个国家的 29 份主流报纸为研究对象，对世博舆情进行实证研究，分析总结世博会对提升中国国家形象的作用。世博会已成为全球性媒介事件，新兴国家媒体参与报道的角色凸显，报道倾向性也比以前有所改善，显示了世博会对提升中国国家形象的有效性；与此同时，国际媒体报道的量和质未见显著改善，对华关注点仍以政治问题，尤其是中国与国际社会、中国政府与民间社会的冲突为主，部分西方媒体还通过框架化选择表明其负面立场，这些也折射

① 徐亚萍：《中国故事纪录片的外宣中介与国际转译探析》，《电视研究》2018 年第 9 期，第 10—12 页。

出世博会对提升中国国家形象的有限性。未来举办重大国际活动，必须通过全方位公共外交来引导国际舆论，以提升中国国家形象。[①]

近年来，我国相继举办了一系列国际性盛会，这对加强世界各国之间的交流，塑造中国国家形象起到了重要的作用。伴随着这些国际盛会的举办，文艺晚会作为一种对盛会主题进行诠释的演出活动已经成为“标配”，以一种“柔性”的方式表达国家话语和文化观念。2014 年亚太经济合作组织（APEC）会议文艺晚会、2016 年 G20 杭州峰会文艺晚会《最忆是杭州》、2017 年“一带一路”国际合作高峰论坛文艺晚会《千年之约》等是其中的典型代表，配合了国际性盛会的举办，也代表了当前国内文艺晚会创作的最高水平。这类晚会呈现出雍容大气、隽永雅致、兼容并蓄的独特风貌，有力承担了对外文化传播的角色。文艺晚会是对外文化传播的有益载体。对外文化传播有着较强的政治意义和经济意义，文化作为一种软实力能够增强国家认同，以一种无形的力量变硬性对抗为柔性吸引。文艺晚会所具有的仪式性特征，能够在特定情境下实现象征意义，以其正式感和权威感强化某一群体的认同，这与举办国际性盛会的目标是一致的。[②] 在具体案例上，高森以 G20 杭州峰会文艺晚会《最忆是杭州》为解读文本，从美学理念、文化逻辑、叙事美学三个层面对晚会的创意、节目选择和构成等进行跨文化传播策略分析，认为该场晚会的“创作实践对中西美学的理想范式进行了融合……在节目的构成上既没有完全按照北京奥运会开幕式文艺表演的全中国式文化展现方式，也没有撤离中国传统文化去进行艺术上的全盘西化……让中外观众在倍感文化自信的同时进行了一场‘天下大同’的审美体验”。在美学理念层面，G20 杭州峰会文艺晚会的创作实践对中西美学的理想范式进行了中和。晚会主创

---

① 郭可、吴瑛：《世博会对提升中国国家形象的作用——基于多语种国际舆情的研究》，《外交评论（外交学院学报）》2010 年第 6 期，第 76—90 页。

② 赵琳：《表达与共融：电视文艺晚会的对外文化传播》，《青年记者》2018 年第 2 期，第 70—71 页。

团队以中国传统的“执两用中”哲学理念为核心，在节目的构成上既没有完全按照北京奥运会开幕式文艺表演的全中国式文化展现方式，也没有撇离中国传统文化去进行艺术上的全盘西化，而是中和了美学理念。在文化逻辑层面，高森认为，在具体的美学实践上，G20 杭州峰会文艺晚会考量的基点是节目样本的内在文化逻辑一致，这种一致是基于中西文化样本的价值理念、叙事形态、表述方式等多个方面的相近性。还原到晚会本身，节目选择的首位度策略、节目文化意识形态和价值理念的一致、惊奇审美的语言构建方式三个节目选择策略值得关注。在叙事美学层面，高森认为，在创作实践中，导演并没有简单地生硬堆砌中国传统文化符号，而是以一种主体间性的立场和态度来处理中国传统文化与世界文化的关系，构建了中西叙事美学对话的文化场域和审美自洽。①

（二）中国价值观的产业支撑

不同学科对文化的阐释各有侧重。“从发生学的视角看，文化是满足主体特定需要的劳动产品。”②《马克思恩格斯选集》指出：“已经得到满足的第一个需要本身、满足需要的活动和已经获得的为满足需要而用的工具又引起新的需要，而这种新的需要的产生是第一个历史活动。”③ 所以文化生产是人类应对这种历史活动的必要手段，文化产品是文化生产的结果。跨文化传播中存在着“文化折扣”和“文化增值”两种现象。“文化折扣指某一文化共同体中生产的文化产品在自己市场具有一定价值，但进入其他文化共同体的市场时传递的信息减少且价值被‘打折’的现象。文化增值是指某一文化共同体中生产的文化产品，进入其他文化共

---

① 高森：《G20 杭州峰会文艺晚会跨文化传播的美学策略》，《电视研究》2017 年第 4 期，第 36—37 页。

② 赵波、张学昌：《当代中国价值观跨文化传播理路研究》，《求索》2016 年第 9 期，第 43—47 页。

③ 〔德〕马克思、恩格斯：《马克思恩格斯选集》，第 1 卷，人民出版社 2012 年版，第 159 页。

同体的市场时传递的信息不变且价值不小于自己市场的现象。”[①] 当今，许多跨文化传播活动都以实现文化增值为目标，其表现形式包括某一电影在海外市场取得高票房，某一作家的作品在国外畅销，某一传统文化现象被他国广泛认可等。

文化产业作为以文化内容、文化信息等为核心生产原料和资本动力，对文化产品和服务进行生产、流通、交换和分配，为社会公众提供物质精神产品和服务的一系列活动，其涉及的行业领域非常广泛，包括出版、设计、影视、旅游、体育、文化经纪、文化用品等，既是满足人类精神文化生活的重要源泉，又是构建中国文化自信的现实经济基础，同时也是挖掘和传播中国优秀文化资源的重要渠道。[②] 正如陈伟军所指出的，文化符号体系、国际化叙事方式是民心相通的重要纽带。新闻出版、影视、动漫、网络游戏等文化产品，对传播中国价值观有着不可替代的作用。我们要深入挖掘中国价值观国际传播的文化资源，对文化产品的国际化叙事策略进行研究。从叙事学的角度来看，对叙事文本的认同就是对文本背后所代表的价值观的认同，因此我们要不遗余力地推进文化创新与产业发展，通过国际化叙事文本传播中国价值观。文化产品积极探寻“讲好中国故事、传播好中国声音”的国际化叙事策略，从跨文化叙事学的层面为中国故事、中国价值观的对外传播提供新思路和新技巧，使中国的精神产品在“一带一路”沿线国家的吸引力、感染力不断增强。[③]

以电视剧为例。自实施文化“走出去”战略以来，我国电视剧出口取得了长足的进步，也涌现了一些亮点。不过，我国电视剧出口偏弱的格局没有改变，整个产业发展还依靠国内庞大的市场支撑。同时，国际化的单向性特征非常明显，

① 胥琳佳、刘建华：《跨文化传播中的价值流变：文化折扣与文化增值》，《中国出版》2014 年第 8 期，第 8—12 页。

② 童莹：《中国文化产业国际化的场域冲突和重构》，《改革与战略》2018 年第 10 期，第 82—88 页。

③ 陈伟军：《“一带一路”背景下中国价值观的国际传播路径》，《学术界》2018 年第 5 期，第 70—77 页。

韩剧和美剧在国内拥有很大市场，在年轻观众中有很大的影响力。目前电视剧出口还只是单部电视剧有意外惊喜的状态，文化产品中的叙事创意、文化观念、意识形态等方面的传播还未有很大改观。总体上我国电视剧出口还处于比较粗放的初级阶段。根据中华人民共和国国家统计局相关数据显示，从出口区域来看，现阶段已经打破了原来的局限，从东南亚走向了全世界，遍布亚洲、非洲、欧洲、大洋洲和美洲。然而，从出口区域分布来看，我国电视剧出口还存在较大的区域差异，东南亚是我国电视剧出口重镇，欧洲、大洋洲、非洲的出口量较少。从经济价值上来说，电视剧出口并没有取得好效益，大多数电视剧在海外只卖“白菜价”。这固然和各国市场开放程度相关，也说明了我国电视剧的海外市场竞争力非常弱，对海外的观众缺乏吸引力。其中最主要的原因是缺乏具有中国气派、中国风格和中国魅力的品牌。无须赘言，品牌能创造附加价值，就是独立于产品之外的价值。品牌电视剧由于具有品牌附加值，市场价值肯定超过一般电视剧。品牌是质量的保证，不仅能够给受众提供强大的收视信心，还可以潜在地影响受众收看电视剧的情感体验，强化正面印象。对于大多数海外受众来说，中国电视剧完全是一种陌生的文化产品，用品牌提供收视信心就显得更加重要。电视剧的品牌结构是一个系统性结构，从外到里有三个层次：品牌标识、叙事和文化意义。三个层次相辅相成，共同组成品牌系统。电视剧品牌的系统性主要体现在三个方面：一是要素要全，三个层次的要素缺一不可；二是各个层次分别承担自身的主要功能，标识层主要扩大品牌的知名度，叙事层着力于品牌的美誉度，而文化层主要增强受众的忠诚度；三是层次相互配合相互支持，体现品牌的聚合性，层次之间如果发生断裂，就会破坏整个系统组织，丧失品牌效果。①

同时，跨文化传播还需适应全媒体时代的技术变革，因此主流媒体需将传递

---

① 蔡盈洲：《电视剧跨文化传播：从品牌到国家形象》，《中国电视》2017年第1期，第74—77页。

信息的职责扩展为寄托情感、增信释疑和构建国际信任等多个维度。这样的目标符合中国价值观的产业支撑追求。以《人民日报海外版》的对外传播研究为例，刘鹤文引用了经济学家林毅夫的话，说："现在世界兴起了'中国热'，国际媒体都开始重视对中国的报道，我在美留学的时候，外国媒体上关于中国的内容，不单篇幅短而且量很好，偶尔出现的大块文章不少是负面的、歪曲性的报道。海外版这时的出现，恰好以其信息的权威性和准确性，弥补了海外华人社会难以了解真实准确的中国发展信息的缺憾，真正发挥了桥梁和窗口的作用。"①

王瑞林、毛彦心以"一带一路"国际合作高峰论坛为例，分析了《人民日报海外版》对外讲述"一带一路"故事、构建新时期中国国家形象的策略。就《人民日报海外版》峰会报道的特点来看：其一，报道偏重大国和对华友好国家，体现国际关注度和国别合作度。其二，报道偏向政治经济领域议题，文化精神层面的传播报道不足。其三，硬新闻居多，软新闻不足，道手法稍显单一。其四，消息来源足够权威但不够多元。报道视角偏向宏观抽象，叙事方式较为灵活多样。基于这样的现状以及构建国家形象的前提、现实与结果，文章提出，《人民日报海外版》在国家形象的建构与传播过程中承担着重要的责任和义务，理应紧跟时代潮流在对外传播的观念和路径上做出革新。在观念上，立足战略传播，在他者中建构自我；在路径上，抓住目标受众，拓展文化认同。同时，文章还认为，此次《人民日报海外版》在报道"一带一路"峰会时，虽然成功地塑造了层次多样、内涵丰富的中国国家形象，总体来说与我国的对外传播工作目标一致，但是也仍有一些方面值得反思。从报道国家和区域来看，以亚、欧、非为重点是与国家战略一致的，体现出了国别合作度，但在回应国际关注度上不够，尤其缺乏对印度的报道。从报道领域和议题来看，政治经济类新闻过多，人文精神层面的形

① 刘鹤文：《国际传播的"海味"与"中国味"》，天津师范大学硕士学位论文，2016年，第20页。

象不够。从报道视角和手法来看，应该适当对外和向下开放话语权，多与外国媒体展开交流对话，多走进国内外“一带一路”建设现场，俯下身多倾听各国民众的声音和故事，更多从微观入手发掘更加丰富的新闻点，尽量做到软硬结合，用去政治化的传播策略和手段淡化意识形态和政治宣传，增添报道的趣味性。[①]此外，LepadatuFlorina 等通过《人民日报海外版》与《华盛顿邮报》的比较分析，来研究传统纸媒在 Facebook 上的推广策略。研究发现，通过对《人民日报海外版》Facebook 页面作品的分析，揭示了该媒体与观众之间互动的差距。《人民日报海外版》的 Facebook 账号的粉丝量虽大，但参与率很低；和《华盛顿邮报》相比，《人民日报海外版》的内容呈现不够丰富，种类不够多样；从发帖字数上看，《人民日报海外版》没有《华盛顿邮报》适宜阅读。对此，文章提出三个基本的建议可以为《人民日报》海外社交媒体 Facebook 账号增加活跃度：一是“互动”（与粉丝的更多的关联，将为《人民日报》海外社交媒体账号提供更好的形象）；二是“多样化地发帖”（不一定发布频繁但需要多元渠道进行内容生产）；三是“精简长度”（简短而简洁是关键）。[②]由此可见，主流媒体迎来了展示中国形象、传播中国价值观的重要机遇，但也面临诸多挑战，可谓任重而道远。

（三）中国价值观的海外认同

中国价值观的跨文化传播，就是中国价值观向外的传播，赵波认为这样的传播方式“主要在宏观的公关领域展开”[③]。哈贝马斯（Jürgen Habermas）为公关领

① 王瑞林、毛彦心：《〈人民日报〉（海外版）国家形象建构研究——以“一带一路”国际合作高峰论坛为例》，《传媒》2018 年第 17 期，第 33—36 页。

② Lepadatu Florina、张焱、戴楷然：《传统纸媒在 Facebook 上的推广策略研究——基于〈人民日报（海外版）〉与〈华盛顿邮报〉的比较分析》，《东南传播》2018 年第 3 期，第 58—60 页。

③ 赵波、张学昌：《当代中国价值观跨文化传播理路研究》，《求索》2016 年第 9 期，第 43—47 页。

域给出解释："交往之流被以一种特定方式加以过滤和综合，从而成为根据特定议题集束而成的公共意见或舆论。"[①] 中国价值观在跨文化阐释与传播过程中面临两种冲突：一种冲突趋向文化对抗；一种冲突缓和为文化认同。文化认同是"人类对于文化的倾向性共识与认可。这种共识与认可是人类对于自然认知的升华，并形成支配人类行为的思维准则和价值取向"[②]，同时，这也是一个伴随着人类发展而不断更新的动态概念，在多元文化交互、碰撞的全球化时代，文化认同的建构"不仅仅局限于对自身文化的认同及处于一种文化的角度对于异文化的传入的认同，而在于对全人类文化的广泛的认同"[③]。文化认同有助于促进价值观的跨文化传播。在文化认同中，葛兰西（Gramsci Antonio）的文化霸权理论被学界广泛运用，意指"统治阶级将对自己有利的价值观推行给社会各阶级，依赖大多数社会成员自愿接受来实现"[④]。在跨文化传播的研究中，对于文化认同的研究有助于促使传播各方实现文化增值，形成求同存异的共识，在化解价值观冲突的基础上真正地实现文化增值。

中国价值观的文化认同需要以内容为建构基础。以"中国梦"为例。中国梦是当代中国价值观的重要组成部分，在"中国梦"的研究中，项久雨指出，国外学者对其的深度观察和分析百花齐放。较多的学者认为，中国梦的实现有利于推动世界经济发展和政治进步。比利时自由大学资深研究员傅立门（Duncan Freeman）明确表示，过去30年的历史表明，不仅是欧洲，世界上其他国家，都能从中国的改革中获益。一个更加均衡、稳定增长的中国，将有助于世界经济的发展，对处于经济复苏阶段的欧洲大有裨益。[⑤] 美中图书设计社社长詹姆斯·派

① 〔德〕尤尔根·哈贝马斯：《在事实与规范之间——关于法律和民主法治国的商谈理论》，童世骏译，生活·读书·新知三联书店2003年版，第446页。

② 郑晓云：《文化认同论》，中国社会科学出版社2018年版，第3页。

③ 同上。

④ 孙英春：《跨文化传播学导论》，北京大学出版社2008年版，第299页。

⑤ 〔比〕傅立门：《中国经济将造福欧盟》，《人民日报》2014年3月23日第3版。

克（James Puckle）表明，中国梦强调的观念是“世上不存在适合全人类发展的固定模式”；中国梦指引我们形成共识——不公平的全球秩序会对人类发展造成障碍。[①] 科威特大学政治学教授穆罕默德·塞利姆（Mohammed Selim）称，中国梦理念对于阿拉伯世界具有深远的启发意义，促使阿拉伯梦以不同的实现方式产生，其核心要义是自由、公正以及尊严。阿拉伯国家应从中国梦中汲取经验，以重塑和重构国家正义。[②]《纽约时报》认为，随着中国崛起成为世界大国，中国投资者将寻找更多的海外机会，从而促进全球经济的发展。[③]

一批学者和高层智库人士开始理性解读中国梦，并肯定中国特色的制度模式及国家治理体系和治理能力。通过对中国梦意义的解读，多位专家认为，中国梦宗旨明确、目标清晰。穆罕默德·塞利姆认为，国家的梦想，在中国就表现为由国家领导人推动的中国梦，即中华民族的伟大复兴。中国梦是一个明确的发展目标。[④] 美国布鲁金斯学会约翰·桑顿中国中心主任李成认为，中国梦包括三方面：国内经济状况改善，尊严、平等、民主、法制等层面提升，中国梦融入世界。[⑤] 玛丽亚-克里斯蒂娜·罗萨斯（Maria-Christina Rosas）教授认为，中国梦传递出这样的信息：尽管国际社会面临着诸多困难，但中国拥有日益增长的国内市场、逐渐成熟的劳动力、丰富的自然资源以及能够从内部有效回应外部各种问题的政治意愿。[⑥] 此外，中国领导人形象和改革决心备受关注。外国媒体认为新一届中

---

① 〔美〕詹姆斯·派克：《更有活力的多极化世界》，《解放日报》2013 年 12 月 10 日第 6 版。

② 《中国梦正在发挥巨大感召力——“中国梦的世界对话”国际研讨会发言摘编》，《人民日报》2013 年 12 月 12 日第 15 版。

③ William Alden (2013). A Toehold for China on Wall Street. New York Times. May 17, 2013, from http://dealbook. nytimes. com/2013/05/17/a-toehold-for-china-on-wall-street/.

④ 《中国梦正在发挥巨大感召力——“中国梦的世界对话”国际研讨会发言摘编》，《人民日报》2013 年 12 月 12 日第 15 版。

⑤ 闫健：《对话李成：中国的政治改革、国际环境及未来》，《国外理论动态》2013 年第 3 期，第 1—8 页。

⑥ 〔墨〕玛丽亚-克里斯蒂娜·罗萨斯：《中国梦回应现实挑战》，《解放日报》2013 年 12 月 10 日第 6 版。

国领导人亲民、朴实，而考虑到以习近平为首的新一届领导层的改革决心，有理由对深入得多的经济改革前景持乐观态度。多位学者认为，中国梦对中国未来发展意义重大。中国梦理念的提出意味着中国在未来会更为妥善处理个人、民族、国家之间的相互关系，将更加注重经济、政治、文化、社会、生态的协调发展。在比利时首相埃利奥·迪吕波（Elio Di Rupo）看来，中国梦意味着中国人民能够享受到政策带来的好处，共享美好的未来。[①] 马丁·雅克（Martin Jacques）指出，中国梦意味着中国经济、政治、文化和社会各个领域的改革，关系着世界上1/5人口的共同命运；中国梦的提出会激励中国人去重新发掘国家历史和国家未来的关系，中国对未来、对自己在未来世界格局中的位置越来越自信。[②] 美国美中关系全国委员会会长斯蒂芬·欧伦斯（Steve Orlins）认为，中国梦指的就是一个更加繁荣的社会，一个更加富裕的社会，一个更加清洁的社会——环境得到更好的保护，国家对经济的影响越来越小，人们可以更自由地创办各类企业等。[③]《纽约时报》认为，随着中国梦的提出，中国国内市场化改革会不断深入，市场更加开放。[④]

有的学者将历史与现实相互参照、理论与现实相互结合，对中国国家治理提出许多富有针对性的意见和建议，凸显对中国特色制度模式的认知转向与理性评价。面对“中国威胁论”，韩国首尔大学教授赵英男明确指出，不称霸是中国向外传递的温暖声音，中国梦不是向外扩张的，而是开放和包容的；中国应不断向

---

① 《“中国充满魅力”——访比利时首相埃利奥·迪吕波》，《光明日报》2014年4月2日第8版。

② 《中国梦正在发挥巨大感召力——“中国梦的世界对话”国际研讨会发言摘编》，《人民日报》2013年12月12日第15版。

③ 刘莉：《实现“中国梦”对美国也有好处》，《国际先驱导报》2013年11月12日第5版。

④ Edward Wong (2012). Signals in China of a More Open Economy. New York Times. Dec. 9, 2012, from http://www.nytimes.com/2012/12/10/world/asia/chinese-leaders-visit-to-Shenzhen-hints-at-reform. html.

外传递这种理念，让更多亚洲国家有更好的理解。[①]不仅如此，赵英男教授更以著书立说的实际行动来阐发中国梦，以消除韩国民众对中国误解。对于中国面临的内外挑战，李成深入地指出，一些严重并且相互交织的问题困扰着中国经济；反腐行动，虽有成效，并非不存在风险，但“不应替代法治社会的发展，以及为健全司法体系而采取实质性的步骤”；更应专注于国内经济改革，要规避国际争端与紧张局势影响，“同时也避免国内极端民族主义的产生”；“中共新一届领导集体能否成功地保持各项经济与政治改革方案之间的微妙平衡，将成为中国目前发展的紧要关头最为关键的指征。”[②]

近来，一批具有远见卓识的外国政要和高层智库人士以更加客观理性的眼光审视中国的改革和发展，并对中国特色制度模式形成新的认识和评价。一是对于中国国家制度体系逐步形成客观、积极的认识和评论。罗曼诺夫（Alexander Romanov）指出，中国的发展模式也是中国梦的重要资源，可以为其他国家提供参考。[③]以色列总统佩雷斯（Shimon Peres）进一步表示，中国独特的发展模式对解决中东地区的贫穷、失业、教育和科技落后等许多问题都有着极大的启示作用。[④]二是越来越多的西方人士对于中国国家治理能力给予正面评价和理性解读。李侃如指出，中国现代历史已经证明：中国的政治体系非常有能力，实效性强，在过去成功应对了许多重大挑战。帕特里西亚·罗德里格斯·奥尔凯梅耶尔（Patricia Rodríguez Hölkemeyer）直言，中国领导人随机应变、乐于学习的态度，甚至在必要时改造性地利用西方的建议和制度的做法，是独一无二、令人钦佩的中国式发展道路取得成功的根本原因。西方应该拿出实用主义思想方法来理解中

---

① 沈则瑾：《与世界携手中国梦更美好》，《经济日报》2013 年 12 月 9 日第 7 版。

② 李成：《乐观中国“改革 2.0 版”》，《中国新闻周刊》2014 年第 9 期，第 17 页。

③《中国梦正在发挥巨大感召力——“中国梦的世界对话”国际研讨会发言摘编》，《人民日报》2013 年 12 月 12 日第 15 版。

④ 王水平：《佩雷斯：中国成就无可比拟》，《光明日报》2014 年 4 月 9 日第 8 版。

国道路、中国梦。古斯塔夫·格拉茨（Gustaaf Geeraerts）认为，改革开放政策使得中国经济成为世界上最成功的经济体之一；随着不断融入世界经济和融入国际社会，中国逐步成为国际系统。[①②]

此外，从宏观策略到具体实践，近 20 年来我国大力推动跨文化传播能力建设。从提出文化“走出去”战略，到开启系统的国际传播能力建设工程以提高国家形象，再到跨文化话语体系的构建，这其中，孔子学院是跨文化传播的组织代表。国内学者已经意识到孔子学院跨文化传播中存在的问题，并以孔子学院的可持续发展及自身建设相关问题为研究重点，通过实际探讨和解决存在的问题以提升孔子学院的跨文化传播影响力。例如，安然等提出孔子学院的跨文化传播影响力的评估维度研究。他们认为，孔子学院的跨文化传播影响力的评估维度既建立在跨文化认知、适应、传播能力的基础之上，也体现在媒介传播与文化展示的过程中，最终衡量的标准表现为对受众认知、情感、行为的积极影响或改变。孔子学院跨文化传播影响力可通过基础层级、传导层级、结果层级进行建构，以跨文化能力五要素理论、跨文化适应 ABC 理论为基础，得出孔子学院跨文化传播影响力评估的五个维度，分别是跨文化认知能力、跨文化适应能力、文化展示能力、媒介传播能力、跨文化冲突管理能力。[③] 而逄增玉、乐琦则进行了跨文化传播语境中孔子学院运营与管理研究。他们认为，中国孔子学院运营至今已走过 12 年历程，成为中华文化走出去、开展国际人文交流的成功范例。聚焦于孔子学院 12 年来运营机制和管理模式的历史、现状与问题，从基于跨文化传播视角的中外主要文化传播机构运营与管理比较研究、基于人文交流平台的孔子学院管

---

① 《中国梦正在发挥巨大感召力——“中国梦的世界对话”国际研讨会发言摘编》，《人民日报》2013 年 12 月 12 日第 15 版。

② 项久雨：《国外学者的中国梦研究：意义、问题及启示》，《学习与实践》2014 年第 5 期，第 62—71 页。

③ 安然、何国华：《孔子学院跨文化传播影响力评估维度研究》，《广西社会科学》2017 年第 3 期，第 178—183 页。

理体制转型研究、基于可持续发展的孔子学院运营模式创新研究、基于跨文化传播语境的孔子学院跨文化传播人才培养研究等方面，对孔子学院的运营与管理研究提出行之有效的创新思路与发展对策。[①]

三、中国价值观跨文化传播主要研究趋势

价值观的研究遍布人文社科研究的各个领域，不仅影响着个体间互动的认识，也为解释日益结构化、多元化、多层次的全球传播提供了新的入口。中国价值观跨文化阐释与传播应以实现它的“文化增值”为基本目标，以促进世界各国对它的文化认同为主要手段，推进中华文化走向世界的光辉进程。具体而言，可以从国家形象、中国价值观跨文化传播的实质和中国价值观跨文化传播的可持续发展三个维度展开。

（一）国家形象

特殊的历史传统、文化积淀和基本国情决定了中国价值观与国外价值观的差异性，这种差异性使跨文化传播出现挑战。因此，价值观的跨文化传播要消除意识形态的偏见，阐明当代中国价值观中的社会主义核心价值观为中国广大群众认同，满足他们的文化需要，是凝聚各阶层人员推动国家和平发展的精神力量。[②]“中国梦”是中国政府的政治愿景和中国人民的精神期盼，也是向世界“讲好中国故事，传播中国声音”，从而塑造中国形象的重要内容。有研究立足于深化“中国梦”对外宣传工作，掌握“中国梦”国际话语权的现实要求，对现阶段“中国梦”对外宣传工作中出现的问题和面临的挑战进行了系统阐述和深刻分

① 逄增玉、乐琦：《跨文化传播语境中孔子学院运营与管理研究》，《现代传播（中国传媒大学学报）》2017 年第 2 期，第 148—151 页。

② 赵丽涛：《全球化背景下社会主义核心价值观的对外传播》，《中国特色社会主义研究》2014 年第 3 期，第 75—79 页。

析，认为"要整合媒体资源，发挥传统媒体、新兴媒体的外宣合理；要丰富外宣方式，增强外宣信服力、感染力、亲和力和影响力；要善于转换话语、形成特色表述、主动出击，从而提升对外宣传能力，增强'中国梦'的国际传播力、影响力和吸引力，为顺利实现中华民族伟大复兴创造良好的国际舆论环境"[①]。"中国梦"成为一个焦点是在习近平总书记做出重要阐述之后，实现中国梦要有三个"必须"，即必须走中国道路、弘扬中国精神、凝聚中国力量。其一，走中国道路。什么是中国道路，"就是中国特色社会主义道路。这条道路来之不易，它是在改革开放30多年的伟大实践中走出来的，是在中华人民共和国成立60多年的持续探索中走出来的，是在对近代以来170多年中华民族发展历程的深刻总结中走出来的，是在对中华民族5000多年悠久文明的传承中走出来的，具有深厚的历史渊源和广泛的现实基础"[②]。这就是说，所谓的中国道路，首先，经过了实践检验，是我们党在革命与建设中艰辛探索出来的中国特色社会主义道路，从根本上解决了当代中国的发展问题。其次，中国道路是对中华文明演进脉络的继续与发展，既是对古代辉煌优秀的民族文化的传承，也是对近代以来振兴图强精神的发扬。换言之，中国道路是具有深厚历史渊源和广泛现实基础的引领中国继续发展的科学路径，是实现中国梦的根本途径。[③]因此，未来的研究要选取最能代表中国价值观的场景、人物和事件，具象化，讲故事，多样化，以小见大，大小结合，并加强针对性。由于我们走的是一条不同于西方的发展道路，国际社会对中国国情和中国特色又缺乏了解，难免会对中国的发展理念、发展道路搞不清楚、弄不明白，甚至产生误读。其二，弘扬中国精神。什么是中国精神，总书记

① 张燕英：《"中国梦"的对外宣传研究》，东北林业大学硕士学位论文，2016年。

② 习近平：《在第十二届全国人民代表大会第一次会议上的讲话》，《人民日报》2013年3月18日第1版。

③ 孙发平、王亚波：《论习近平"三个必须"对实现中国梦的理论价值与实践意义》，《青海社会科学》2014年第5期，第30—34页。

指出，是以爱国主义为核心的民族精神，以改革创新为核心的时代精神。[①] 所谓民族精神，是一个民族在长期的历史进程和积淀中形成的民族意识、思维方式、伦理道德、风俗习惯等共同价值观。中华民族在漫长的历史发展中逐渐形成了团结统一、爱好和平、勤劳勇敢、自强不息的民族精神。时代精神是一个时代的人们社会实践中形成的共同的思想观念、价值取向、精神风貌等。当前我国的时代精神，是在以改革开放为中心的现代化建设中逐渐提炼出来的与时俱进、开拓创新、求真务实、奋勇争先的精神财富。民族精神和时代精神相互联系，密不可分。民族精神为时代精神提供文化基础，时代精神赋予民族精神新的活力。两者构成中华民族屹立于世界的精神动力，既是以往革命与建设的精神支撑，也是我们朝气蓬勃迈向未来，实现中国梦的精神保障。[②] 因此，未来的研究要解释中国价值观与其他国家价值观、其他文化价值观的相通性，不同的文化融合互动可以从中获益。中国尊重世界文化多样性，尊重各国民众对意识形态的选择，绝不将社会主义核心价值观强加给别国。[③] 未来的理论研究需要继续阐明当代中国价值观的历史渊源，说明它的身后文化积淀，反映中华民族深沉的精神追求，凸显鲜明的时代特色。其三，凝聚中国力量。什么是中国力量，习总书记指出："是中国各族人民大团结的力量。中国梦是民族的梦，也是每个中国人的梦。只要我们紧密团结，万众一心，为实现共同梦想而奋斗，实现梦想的力量就无比强大。"[④] 中国力量的提出，其实就是指明谁是实现中国梦的奋斗力量。"人民，只有人民，

① 习近平：《在第十二届全国人民代表大会第一次会议上的讲话》，《人民日报》2013年3月18日第1版。

② 孙发平、王亚波：《论习近平"三个必须"对实现中国梦的理论价值与实践意义》，《青海社会科学》2014年第5期，第30—34页。

③ 田文林：《"一带一路"：全球发展的中国构想》，《现代国际关系》2017年第5期，第42—49页。

④ 孙发平、王亚波：《论习近平"三个必须"对实现中国梦的理论价值与实践意义》，《青海社会科学》2014年第5期，第30—34页。

才是创造世界历史的动力。”[①]中国的革命、建设和改革始终依靠的是最广大人民群众，人民群众也是实现中国梦的实践主体。因此，作为实现民族复兴的中国梦，必然是要依靠中华民族自身的努力；作为归根到底是人民梦的中国梦，也必然要依靠13亿人民的智慧和力量，这是实现中国梦的力量之源。其中，思想文化是凝聚中国力量的重要内容，而不断深化对宣传文化思想工作内在规律的研究则是相应策略之一。习近平总书记指出：“要精心做好对外宣传工作，创新对外宣传方式，着力打造融通中外的新概念新范畴新表述，讲好中国故事，传播好中国声音。”[②]要求党和国家全面准确透析对外宣传文化工作的新趋势、了解宣传文化工作中产生的新问题、摸清宣传文化工作出现的新现象，进而按照马克思主义哲学透过现象看本质等哲学规律和辩证思维真正把握宣传文化工作的新特点、新机制、新规律，在推进全面改革同时推进文化建设与改革以适应时代发展。[③]尤其是在中国与世界的关系层面，“中国有必要加强对自己的发展模式和理论的对外阐释，并且要努力与其他国家在理念上取得共识，而不是通过过多地强调自己的独特性和不同”[④]。在相关领域可以解释的三个方向是：中国要给世界带来什么？中国能为世界做些什么？中国会向世界要些什么？说到底是在寻找中国价值观与世界的关联度。

除以传递“中国梦”这一特殊理念展示中国形象之外，张昆等还提出要疏通渠道实现中国国家形象的对外立体传播。从桥梁人群、组织机构、传播媒介三个视角对国家形象的对外传播渠道加以详述。其一，桥梁人群。桥梁人群在对外

① 孙发平、王亚波：《论习近平“三个必须”对实现中国梦的理论价值与实践意义》，《青海社会科学》2014年第5期，第30—34页。

② 习近平：《胸怀大局把握大势着眼大事努力把宣传思想工作做得更好》，《人民日报》2013年8月21日第1版。

③ 丁威：《当前中国思想文化凝聚中国力量研究——基于习近平全面改革与文化建设思想论述》，《云南民族大学学报（哲学社会科学版）》2018年第1期，第21—29页。

④ 王雷鸣：《关于中央文献对外翻译传播的几点思考》，《马克思主义》2014年第4期，第12—13页。

传播中，是指沟通内外，发挥信息传递功能并能产生一定影响的人。“桥梁人群”是化解隔阂的关键环节，他们将受到的文化等因素的影响“转码后再面向国外受众传播，把‘信息流’转换成‘影响流’”[①]。对所在国民众的他国形象认知塑造起到关键性的作用，是国家形象在对外传播中的“意见领袖”。在国家形象的塑造中，桥梁人群可以发挥潜移默化的渠道作用，“由于其灵活性，面对面交往能够制衡或消减”人的抵触情绪。[②]因此桥梁人群是国家形象对外传播渠道中不可忽视的环节，他们多以民间身份出现，更能赢得所在国家民众的信任，更能被认为是中国国民素质的真实表现，是国家形象的本真反映。合格的桥梁人群既是文化使者，又是国家对外传播的桥梁；既能为自己代言，也能为国家增色。其二，组织机构。组织或以协商政治为职能，或以获取经济利益为目标，或以传播文化为己任，或以维护安全为职责，或以公共利益为责任，虽目的各不相同，但作为国家形象的“名片”，其行为往往暗含了国家利益的导向，其国家形象传播意义往往是潜移默化的。[③]如此一来，政府组织、跨国政治组织、非政府组织、跨国公司、文化组织、军事组织等都可以发挥对外传播国家形象的渠道作用，它们接触中国，传递中国文化，讲述中国故事，是塑造中国国家形象的有效渠道。在国外，这些组织代表中国、传播中国、讲述中国，是国家形象对外传播渠道中不可或缺的一部分。其三，传播媒介。媒介是信息传播的载体，从号角、烽火到报刊、电视再到电脑、智能手机，从自然风光到衣食住行再到影视娱乐，可谓是包罗万象。但以报刊、电视、广播为代表的大众媒介和以网络、手机为主体的新兴媒介偏向专业化、制度化与政治化，可将其视为“硬传播媒介”。而以功夫、饮

---

① 赵云泽：《“桥梁人群”对中国品牌的跨文化传播的影响研究》，《国际新闻界》2015年第10期，第66页。

② 〔美〕保罗·F·拉扎斯菲尔德等：《人民的选择：选民如何在总统选战中做决定》，唐茜译，中国人民大学出版社2012年版，第130页、第134页。

③ 李行健：《中国“走出去”企业规则困境的法律应对》，《中国公共外交发展报告》，社会科学文献出版社2015年版，第153页。

食、中医等为代表的媒介更为日常化、琐碎化，可将其视作“软传播媒介”。在国家形象的对外传播中，软传播媒介和硬传播媒介作用的区域不同，传播对象的目标也有所差异，发挥的影响力也有所不同。无论是报刊、电影、广播、电视、社交媒体、视频网站这些“硬传播渠道”，还是饮食、书法、功夫等“软传播渠道”，它们都在国家形象的对外传播中扮演着渠道角色。更为重要的是，这些渠道并非孤立存在，截然分开，它们之间还应相互配合、相辅相成，发挥各自所长，以柔性姿态对外传播中国形象。[①]

（二）中国价值观跨文化传播的实质

如何寻找中国价值观跨文化传播的切入点，集合中国面临的严峻问题和挑战，以及民众的期盼，提高传播实质，是未来研究的另一大趋势。全球范围内技术、资本、人力要素等流动和重组，促进了不同个体之间的关联性，各个群体、组织、国家间的话语体系在不断扩展。开拓中国价值观的跨文化传播实质，对维系各区和谐的互动关系有着重要的意义。

第一，中国价值观对外输出的路径研究。姜飞指出，国际传播空间的博弈出现新特点，围绕中国国际传播战略布局发生了一系列的事情：2014 年底瑞典宣布关闭中国孔子学院，2015 年 11 月英国路透社对于中国国际广播电台在美国广播网的摸底调查、美国联邦通信委员会介入调查中国的国际传播，在中英签署全面战略伙伴关系，并宣称两国关系进入“黄金十年”的时候，日本购买英国著名百年财经名报 FT 拓展在英国的国际传播空间等，这些都和中国自 2000 年以来的文化‘走出去’规划直接相关。[②] 由此可见，中国的国际传播虽成果颇丰，但也面临一些困境。其一，“西方舆论界的解释体系已经固化，它们不接受与自己不

① 张昆、王创业：《疏通渠道实现中国国家形象的对外立体传播》，《新闻大学》2017 年第 3 期，第 122—130 页、第 152 页。

② 姜飞：《跨文化传播研究的思想地图与中国国际传播规划的转向》，《暨南学报（哲学社会科学版）》2016 年第 1 期，第 83—95 页。

一样的观点"[①]。例如，西方媒体在信息的选择和报道上，常带有明显的意识形态偏见，经常按照自身的意识形态取向进行选择性报道。西方媒体在面对本国发生的民众抗议政府或不利于国家安全的事件时，通常"心有灵犀"地选择"低调"与"克制"。比如，2011年，针对"占领华尔街"的美国民众抗议活动，西方媒体选择了"轻描淡写"。而在报道与其意识形态不同的或有利益冲突的他国局势或事件时，则进行浓墨重彩的"深度"解析。比如，针对香港回归以来，中国中央政府严格按照宪法和基本法落实"一国两制"，保证了香港地区的繁荣稳定，西方媒体对此"视而不见"；反而全国人大常委会为依法遏制和打击"港独"进行的释法，被一些西方媒体恶意炒作为"破坏香港司法独立"。可见，西方媒体"选择性失明"，并借助其话语强势，危害着我国国家意识形态安全。[②]对此，郭可认为，可以从西方的传媒体制、新闻理念和新闻生产三个层面来分析这一状况的原因。在传媒体制上，大多数西方媒体都属私人所有，在经济上独立于政府运作，因此吸引公众眼球并赚取收视费和广告收入就成为这些西方媒体安身立命的基础，迎合公众阅读和收视心理也就成为媒体谋取商业利润的前提。在新闻理念上，西方公众将媒体看作第四种权力，认为其是监督政府和社会的重要力量。西方媒体以"反常性"作为选择新闻的主要标准，"坏新闻就是好消息"成为西方媒体的新闻传统，具有批判精神也逐步成为它们的立足之本。因此，正面报道在西方社会很难被公众认可。在新闻生产上，从20世纪年代起，西方传媒形成了高度垄断，美联社、路透社、法新社这样的通讯社成了亚非拉许多发展中国家媒体的主要信息源。这些跨国媒体的编辑记者很多都没有到过中国，在报道与中国有关的事件时，会根据西方公众对中国的"意识形态刻板印象"来生产中国新闻，并依此进行"把关"和"过滤"中国新闻，强化了中国的新闻话题体系和新

---

① 韩松、平川：《对外报道中国梦的切入点》，《对外传播》2014年第2期，第45—48页。

② 张学亮、王永友：《国家意识形态安全视阈下中国话语国际表达论析》，《云南民族大学学报（哲学社会科学版）》2018年第3期，第5—10页。

闻框架。[①] 其二，相关专业人才的欠缺导致中国价值观的跨文化阐释与传播工作难以进一步细化。[②] 全球化时代，各国各领域之间竞争的实质是人才之争。国际传播能力的核心要素是国际传播人才的竞争力，因此，不断优化国际传播后备人才培养体系，强力提升国际传播后备人才素质是打造现代传播体系的前提和基础，是进一步增强国际传播力的坚实智力支撑，也是提高我国文化软实力的核心动力。[③] 目前来看，我国的文化传播人才培养仍存在以下短板：一是文化传播人才培养理论和实际脱节。例如，崔希亮指出：“在当前汉语国际教育的新形势和学习者的多元化需求下，对外汉语专业在课程设置、教学实践、就业‘出口’等方面还存在着制约的瓶颈。”这些问题严重制约着汉语国际教育专业的发展。二是文化传播人才培养内容和应用脱节。我国的教育体制多年来按照一成不变的模式培养人才，很多专业的培养目标脱离社会需求，不注重培养学生的实际能力，从而使培养出来的学生重理论轻实践，缺少良好的心理素质、礼仪规范和法律观念。三是文化传播人才培养师资队伍参差不齐。例如，在汉语国际教育方面，目前师资队伍的构成比较复杂，教学质量水平参差不齐。部分院校由于缺乏合格的教师，一些不具备汉语教师素质的人就披挂上阵，或自己开设汉语班，或走上了当地汉语培训机构的讲台。还有一些外派教师，并非国际汉语教育专业出身，又没有经过系统的培训学习，缺乏汉语教学的理论知识和实践教学经验，从而拉长了其适应环境、胜任工作的时间，同时也给国外汉语学习者带来不良的学习效果。[④]

第二，跨文化传播中话语体系的研究。如何真正做到“中国观点，国际表

---

① 郭可：《西方媒体为何持续矮化中国？》，《社会观察》2013 年第 5 期，第 19—21 页。

② 刘德定：《当代中国文化软实力研究》，河南大学博士学位论文，2012 年。

③ 于波：《“一带一路”背景下高校国际传播人才文化传播能力培养》，《东南传播》2016 年第 10 期，第 54—56 页。

④ 屠海波：《“一带一路”文化传播人才培养研究》，《边疆经济与文化》2017 年第 9 期，第 40—42 页。

达”，是相关研究的重点。正如隋岩所说，我们生活在物质世界中，因此，不得不借助符号来认识和描述这个物质世界。然而在不断涌现和消弭符号的现代社会中，符号的价值不在于数量，而在于表情达意的鲜明性、突出性、代表性、巧妙性、智慧性，在于被强调、被改变，甚至被颠覆的传播过程。[①] 中国价值观的跨文化传播介质包括各种文本，例如语言、图片等，而不同文本使用的符号及其编排规则存在差异，使得跨文化受众间的交流出现理解偏差。因此，跨文化传播中的话语转换有待深入探讨。邓显超等称：“跨文化传播中的话语转换是文化产品的生产者通过合理的语言转换，找到异质文化间结合点的过程。”因而，实施合理的话语转换，实现异质文化之间的良性交流与互动，是实现中华文化更好更快走出去的重要因素。深刻认识中外文化传统习俗、语言交流习惯和文化消费心理的差异，维护世界文化多样性和国家文化安全，需要在系统了解国外文化历史与现实的基础上实现中国话语的合理转换与创新。进行合理的话语转换，对中华优秀文化进行国际化处理、艺术化演绎和现代化传递，必须以社会主义核心价值体系为基本遵循，以新闻媒体等传播媒介为重要平台，以跨文化交流的文化翻译为关键环节，以高层次对外文化交流队伍为人力保障。[②] 当代中国价值观跨文化传播首先要防止话语转换中反映中国特色的信息流失，出现诸如“中国威胁论”等论调；话语转换表达原意，才能保证传播受众对中国价值观的文化认同的效度。这种话语转换中的误差以及造成的曲解，主要是“话语贫困”以及“表达滞后”造成的。

“话语贫困”是指中国话语国际表达存在缺少融通中外的新概念、新范畴、新体系，在国际话语表达方面缺乏“传得开”“叫得响”的引领性话语。因“话

① 隋岩：《强符号的国际传播途径研究》，《当代传播》2012 年第 5 期，第 13—14 页、第 23 页。

② 邓显超、袁亚平：《从话语转换看中华文化走出去》，《长白学刊》2012 年第 4 期，第 144—147 页。

语贫困”，造成了中国在国际交往中出现“不知怎么说”“说了没人听”“听了传不开”的境况。首先，“不知怎么说”是指在国际交流、交往中，针对某些议题或事件，中国尽管有理有据，但是由于不能运用融通中外的话语进行描述，导致不能正确揭示事实真相，甚至导致事实被歪曲或误导。其次，“说了没人听”是指部分国外受众对中国话语缺少兴趣，不愿意倾听来自中国的声音。这是由于中国话语国际表达没有抓住国外受众的需要，没有构建起融通中外的国际话语体系，话语表达方面仍然习惯于“拿来主义”，导致中国话语国际表达与国外受众的理解能力产生错位。最后，“听了传不开”。当前随着中国综合国力的逐步提升，中国话语在国际上的地位也越来越重要，许多国际问题的解决都要倾听来自中国的声音。但从目前来看，经由中国创造的国际话语仍然十分有限。中国话语国际表达处于“跟着说”的阶段，西方国家仍然是国际话语的主要制造者。因此，中国话语国际表达“话语贫困”的境况，导致中国话语在世界上难以产生独特的国际影响力，增加了维护国家意识形态安全的难度。

“表达滞后”是指中国话语国际表达不够积极主动，不能先入为主，不是未雨绸缪地向国际社会讲好中国故事，而是亡羊补牢地应对国际舆论。中国话语国际表达滞后问题，在“西强我弱”的话语格局下，造成中国国际话语要么有理说不清，要么“说清代价大”。有理说不清，是指在西方强势话语的鼓噪下，经由西方国家对某项议题或事件的精心话语包装，使得人们在思想观念和思维方式上已经被烙上西方印记。这时如果再提出与之截然不同的新话语、新论断，面对西强我弱的话语格局，往往短期内很难达到被认同的效果，以致新话语有理说不清。“说清代价大”，是指在西方强势话语的影响下，要想彻底转变西方国家对中国的事实歪曲，将会付出更大的成本和代价。由于西方国家根本利益上的一致性，决定了其渗透和输出西方意识形态的一致性，像美国之音、法国国际电台、英国 BBC 等对华广播电台经常互相协调、商讨对华意识形态渗透的方式和过程。另外，西方意识形态话语又具有很强的隐蔽性、一定的学理性、覆盖的全面性等特点，都为中国话语正本清源、拨乱反正增加了难度。因此，中国话语国际表达的表达滞后现象，将不利于中国话语国际引领力的发挥，也客观上增加了中国话语的被接受性。[①]

此外，对于传播话语的表达形式，隋岩认为，强符号是进行国际传播的有效途径。强烈表现当代主流，有着持久的传播力，能指形式独特，社会利用率高，所指意义具有唯一性、不变性，是强符号的基本特征。在符号化的国际传播中，要善于从重大、热点事件中提炼有说服力的强符号；从典型人物中提炼代表中国人文明向上精神的强符号；从商品符号、企业符号中提炼象征中国社会诚信可靠的强符号；善于把本身具有意见领袖条件的所指事物改造为可以利用的强符号。[②]

交流才能沟通，沟通才能理解，理解才能认同。虽然国与国之间在思想文化领域的较量近年来变得更为复杂和隐秘，中国与国际社会尤其是西方社会，话语体系存在差异，这是基本事实。另外，一些客体国家在接收中国价值观时设置牵绊，导致中国的跨文化传播形势严峻。但是也正因为上述原因，中国价值观跨文化阐释与传播的研究对于构建世界语境下的中国话语体系具有重要的战略意义。

（三）中国价值观跨文化传播的可持续发展的研究

可持续发展的理念已经成为发展国际关系时的一个必备考虑因素。而在探寻文化传播途径的过程中践行可持续发展所起到的作用是显而易见的。由于文化传播活动范围的跨地域性、活动方式的多样性等特点，坚持可持续发展理念可以为文化传播的顺利进行提供极其广泛的服务。一方面能为文化传播创建一个灵活及宽松的社会大环境，而另一方面又不会太过于灵活而失去对其的管制与约束，从

---

① 张学亮、王永友：《国家意识形态安全视阈下中国话语国际表达论析》，《云南民族大学学报（哲学社会科学版）》2018年第3期，第5—10页。

② 隋岩：《强符号的国际传播途径研究》，《当代传播》2012年第5期，第13—14页、第23页。

而促使其更好地发挥作用。[①] 中国价值观的跨文化传播，是一项循序渐进的长远工程，在漫长的时间中持续进行，既不能一时兴起，也不能着急冒进。因此，如何使中国价值观跨文化传播得以可持续的长久发展，是未来研究的又一大趋势。而中国价值观跨文化传播的可持续发展，对于"讲好中国故事、传播好中国声音、塑造好中国形象"意义深远。

第一，跨文化传播理念建构与开拓的研究。以人类命运共同体为例。人类命运共同体是当代中国跨文化传播的核心理念，随着人类命运共同体理念的提出与发展，我国跨文化传播进入一个新时期。刘连营认为，由于文化背景不同、话语体系存在差异，以及政治经济社会等方面的多重影响，新时期跨文化传播需要从单向传播转向文化交流，以更符合文化交往的规律，以更适应全球化传播的特征，走出跨文化传播面临的困境，实现跨文化传播在密切国务关系、增进国际交流、实现文化交融方面的价值。在人类命运共同体理念下，他提出：其一，加强文化自信，谋求文化认知公约数。关于文化与文明的交流，党的十九大报告提供了指导意见："促进和而不同、兼收并蓄的文明交流。"这个指导意见也是文化与文明交流的最终目标。要想实现这个目标，必须明确交流的基本内涵——交流是交往、是交融。因此，在交流的过程中不能丧失文化的主体性，需要加强跨文化传播中的文化自信。这种文化自信应该体现在文化传播、政治传播、新闻传播、国际交流活动、民间活动中，让中国文化随着中国政治、经济、文化的发展，随着中国软实力的提升，以多层次、立体化的国际交流展开，成为共识性、通识性的文化符号，以改变我国在跨文化传播中的逆差状态。同时，要寻找不同文化交往和交融的桥梁，寻找不同文化之间的最大公约数，对新世界文化格局的形成和发展作出贡献。不同文化在一些层面存在着差异，但这些文化在另一层面也必然

---

① 肖萌：《全球化背景下文化传播理念与路径探析》，《现代传播（中国传媒大学学报）》2014年第8期，第145—146页。

存在着共同点。其二，构建跨文化传播平台，实现多层次、立体化、柔性化交流。跨文化传播不仅是信息传播，还应该是处于不同文化背景的人们之间的文化交往与互动，这就需要拓展跨文化传播视野。一方面，强调在跨文化传播中使用标记中国文化元素的符号，以此作为跨文化传播的主要介质，保证文化的主体性；另一方面，将依托政府和主流媒介所进行的跨文化传播丰富为政府、民间组织和个人共同参与、开展的共同传播。其三，重构框架，实现中西文化的意义连接。“框架化”是人类认知的基本模式之一，其本质是使传播各方的语言和世界观相匹配。目前，跨文化传播中的主要问题就在于双方的认知框架并不相符，就中国而言，着力点大都集中在硬件建设与“术”的层面，包括信息渠道、传播手段、表达方式、中外互译、语料库的改进与建设等，缺乏对于传播观念、核心价值的深度开掘、全面梳理和系统建构。这个亟待构建的系统就是跨文化传播中的认知框架。这就需要重构框架，随着框架的重构，人们的认知能够在框架的转换和切换中实现连续和深入。为此，应该通过语言框架和意义框架的重构，实现认知的连续和词汇的转场，实现文化的交融和传播。对于译介者来说，既要设计准确的框架，又要兼顾框架转换的合理性。①

此外，肖萌认为人本主义理念也是跨文化传播的重要理念之一。在传统理论背景下，人没有主体地位，人的利益也不是国家行为的首要出发点。但是人、人的存在、人的生存状态、人的愿望与需求是人类社会的一切思想、行为、制度体系的起点、原因与归宿。② 所以，国际社会在寻求文化传播的途径中应该更符合人的要求、在文化传播精神上更关注人民、在文化传播内容上更体现人权，在具体的文化传播过程中不能仅仅拘泥于现有规定或是考虑国家之间政治力量的角逐或军事力量的平衡，而是更多地从人的幸福与发展出发去解决问题。所以，由此

① 刘连营：《人类命运共同体理念下跨文化传播的创新策略》，《传媒》2018 年第 23 期，第 73—74 页。

② 何志鹏：《国际法治：一个概念的界定》，《政法论坛》2009 年第 4 期，第 63—81 页。

看来，随着全球化的发展，传统意义上的以服务于国家利益为主要目标的文化传播过程正在面临着“人本主义”理念的冲击，要求文化传播的存在和过程更能体现人的尊严与需要。如中国借助“人文奥运”的平台，整合各种资源，客观宣传了中国社会、经济、政治等方面取得的丰硕成果，还世界一个真实的中国政治形象。①

第二，跨文化传播实践可持续发展的研究。跨文化传播的具体实践形式如何长远发展，是相关研究的主要切入点。例如，作为传播主体之一的孔子学院的研究。孙宜学认为应当打造中外共建共享机制，推动孔子学院的可持续发展。孔子学院是中外合作建设的致力于推动中外文化交流的教育机构。目前，孔子学院已经成为中国文化走出去和世界认识中国的重要窗口，有效推动了中华优秀传统文化的传播，提升了中国的国际影响力，推动了文化的和谐共处。但鉴于中外文化交流的复杂性和自身运行机制的特殊性，孔子学院的发展还面临着许多问题。因此，孔子学院应在更加合理、科学、有效的中外合作机制基础上，塑造独具特色的教育内容、运行机制和制度体系。② 再如，作为另一重要传播主体的媒体国际传播的可持续发展，李宇认为，商业化路径和市场化运作是媒体国际传播可持续发展策略的关键要素。在当前全球国际传播环境中，经济目的是实现政治目的的基础。而在全球化的背景下，美英等国已经定义了新闻的属性，即“商品”，而且在全球构建了商业化的新闻制作标准和传播体系，“英美国家主要的野心不是主宰一个特殊的剧场，而是主宰世界每一个剧场演员们生活的环境的结构模式”③。在这样的竞争格局和媒介环境中，媒体国际传播可持续发展的核心策略就

---

① 肖萌：《全球化背景下文化传播理念与路径探析》，《现代传播（中国传媒大学学报）》2014 年第 8 期，第 145—146 页。

② 孙宜学：《打造中外共建共享机制推动孔子学院可持续发展》，《国际传播》2018 年第 6 期，第 85—89 页。

③〔美〕沃尔特·拉塞尔·米德：《上帝与黄金：英国、美国与现代世界的形成》，徐怡超、罗怡清译，社会科学文献出版社 2014 年版，第 128 页。

是要构建一个基于观众需求的商业模式，以市场为核心，以产品理念打造精品新闻，以服务理念运营节目播出，以收入情况作为效果评估指标。[①] 又如，作为文化载体的中国出版跨文化传播的方向研究。在整合性原则下，尤好冠提出，我们在实际的操作过程中，需要采取强有力的措施，保护时代主流文化的价值，并加大对优秀传统文化的宣传及弘扬力度，同时，从专业的学术层面上，切实提升学术出版在出版领域中的地位。[②] 此外，还有关于中国传统文化等价值观传播内容的研究。王岳川以书法为例，认为当代中国书法应该有一种精神自觉，而且一流的书法家、书法理论家应该自觉组合起来，把自己个人的力量和民间力量，或是具有某些乡土气息的力量整合起来，对中国书法新世纪前 10 年的发展做出总结、开拓，而且要“求大同、存小异”，要抛弃一般性的生存策略、生存伦理，走向更高的精神伦理，为了中国文化走出去、输出去而尽力。他认为，如果中国文化不走出去，将会在全球化趋势下逐渐萎缩，走出去就会“知耻近乎勇”，就会奋起总结自己，给这棵树施肥而使其逐渐成长为参天大树。如果没有这种思想，一流书家就只会关注属于自己琐屑的生存问题，二、三流书家可能就出现模仿一流书家的情况，这样中国书法的再生产就可能出现问题——不是一种可持续性发展，而变成了书法文化、书法理论、书法创作的一种中断。我们的工作就是防止这种情况的出现。[③] 陈林侠以电影为例，认为“电影这一现代媒体在国家形象建构方面具有得天独厚的视觉优势，所唤醒的政治记忆与情感、所凝聚起的文化意识，往往超越了狭隘的民族情感与立场，既在全球范围内具有较强的说服力与辐射力，又能在国内文化休闲、消费语境中形成庆典仪式，在建构政治公共领域、

① 李宇:《媒体国际传播的可持续发展策略——从半岛电视台美国频道停播说起》,《电视研究》2016 年第 6 期，第 75—77 页。

② 尤好冠:《论中国出版跨文化传播的方向及理性表达》,《出版发行研究》2017 年第 9 期，第 12—16 页。

③ 王岳川:《中国书法可持续发展与国际文化传播》,《中国投资》2013 年第 10 期，第 108—109 页。

传达政治情感、笃定政治信仰方面发挥十分重要的功能"[①]。因而，但午剑、焦道利梳理了改革开放以来的国产电影呈现的中国国家形象，发现这一时期国产电影中的中国国家形象及文化认同经历了三个阶段，即"他者认同""符号认同"及"价值认同（起步阶段）"。伴随后全球化价值一律向价值多元转变的趋势，国产电影应坚持"以我为主""兼容并蓄"地塑造中国国家形象，以此促进国内外观众对新时期中国国家形象的认同，最终实现对中华文化及价值观的认同。[②]

① 陈林侠、彭云峰：《全球化背景下中国电影的国家形象及其建构前瞻》，《艺术广角》2010年第5期，第4—8页。

② 但午剑、焦道利：《后全球化时代下国产电影中的中国国家形象与文化认同演变》，《当代电影》2018年第11期，第164—167页。

第六章　研究展望

从类型看，以上文献分为三类，即研究性著作（论文和专著）、媒体文章（报纸、期刊文章）和重要讲话，文献类型多样。从时间上看，以最新的研究成果为主，同时兼顾了“一带一路”“人类命运共同体”“国家价值观”系列概念酝酿阶段的文献，既立足前沿，也包含过往的历史及发展的过程。从学科背景看，以上文献来自新闻传播学、政治学、社会学、历史学、语言学、哲学等几乎各个人文社会学科，既具有广泛的代表性，也能为跨学科研究提供多样化的学术启迪。从主题分布看，以上文献有对国家价值观念国际传播经验的解读与探讨，有对人类命运共同体，包括全球传播及新世界主义等概念下国家价值观与国际传播的内涵及实现道路的解读，有对民心相通在“一带一路”国际传播意义及实现路径的研究，有从具体的中国价值观跨文化阐释与传播的追溯，更多的是从“一带一路”背景下中国价值观国际传播的发展与阐述展开的讨论，覆盖范围广泛。

总体来看，中外学者（主要是中国学者）围绕着“一带一路”建设的重大时代背景，对中国价值观国际传播的相关问题进行了比较全面的研究，包括“一带一路”的世界影响和传播意义、“一带一路”国际传播的价值取向与认同、人类命运共同体视域下的国家价值观与国际传播、中国价值观的跨文化阐释与传播、国家价值观念传播的国际经验研究、中国价值观国际传播效能提升策略等，并对在中国价值观国际传播过程中如何提升文化软实力、实现中国价值国际化表达、拓展全媒体传播路径、培养国际传播专业化人才、坚持人本传播、构建融通中外的话语体系、建立国际传播效果评估体系等，提出了相应的对策建议，从而为"一带一路"背景下中国价值观的国际传播创新提供了一定的理论支持和实践指导。然而，迄今为止，围绕"一带一路"背景下中国价值观国际传播这一议题的研究虽然数量不少，形成了一定规模和声势，但研究的广度和深度都还有所欠缺。一是在研究内容上还有一些领域比较薄弱，甚至存在空白。例如，对"一带一路"的研究，已有的研究多以政策沟通、设施联通、贸易畅通、资金融通四方面为主，而对"民心相通"的研究非常缺乏。二是研究深度不够，往往停留在对现象的描述和简单分析上，缺乏对问题背后深层次原因的挖掘。例如，对中国价值观国际传播的研究，论述意义和困境的比较多，即讨论"是什么"的比较多，而研究"为什么"和"怎么做"的比较少。三是研究视野还不够开阔，就事论事的比较多，缺乏对相关问题进行系统的全盘考量。例如，在讨论中国价值观国际传播时，很少进行横向的国际比较和纵向的历史变迁分析。四是研究方法还比较单一，简单的定性研究比较多，缺乏科学的量化的实证研究，缺乏综合交叉的跨学科研究。

从上述文献梳理和观点分析中，我们可以看到，对于"一带一路"背景下中国观的国际传播这一议题的研究，还有许多可以进一步探讨、发展或突破的空间。

一、研究领域的拓展

"一带一路"背景下中国价值观的国际传播涉及的面非常广，需要研究的内容非常多，如果不能对相关的各个领域、各个方面、各个环节、各个因素进行全面系统的研究，就无法得出真正揭示这一选题完整面目和全部要义的科学可信的研究结论。从现有研究成果看，至少以下领域还比较薄弱，甚至存在空白，需要并值得予以关注和深入研究：

（一）国家价值观跨文化传播研究

目前国内外关于人类命运共同体及国家价值观的研究，大多立足于本土语境的探讨，缺乏对国际视野的关注和对跨文化传播的考量。实际上，当前来自不同文化和种族背景的人们比以往任何时候都更频繁地相互交叉，同时在这个不断增长的跨文化联系的世界里，误解、疏远和冲突的风险也与日俱增。而有效的跨文化交流从人际关系开始，它跨越了人与人之间的文化鸿沟。跨文化的联系将帮助我们了解核心价值观，这些价值观决定了不同文化背景下的人们如何在日常生活中做出决定和互动。因此，我们要跨越单一视角和思维模式，以双向的思维模式观察全球跨文化传播所面临的问题。在当前我国“一带一路”建设背景下，中国价值观的跨文化传播也是我们面对的重大问题之一。要研究中国价值观的国际传播不能就事论事，而必须将其抽象到国家价值观跨文化传播这个更高层次来进行研究。只有在历史及国际比较视野中，才能准确把握人类命运共同体视域下的社会主义核心价值观与人类其他价值观念体系的联系与区别、共性与个性，才能理清社会主义核心价值观的精神实质，从而促进人们在认知层面上的理解，不断拓展人类命运共同体视域下的国家价值观与国际传播理论内涵的研究。而国家价值观的跨文化传播作为一种更加普遍的传播现象，有着超越国界和意识形态的普遍规律，中国价值观的国际传播也必须适应和遵循这些规律，否则就难以到达预期的效果和目的，甚至事倍功半或者适得其反。因此，要研究中国价值观的国际传播，就必须重视对国家价值观跨文化传播的研究，重视对国家价值观跨文化传播规律的研究。基于这种认识，我们可以从历史与现实结合、中国与外国结合的维度，对国家价值观跨文化传播的基本理论和应用原则进行深入研究。

具体来看，首先是中国价值观核心理念的跨文化阐释。主要可以从跨文化传播的视角，探索如何构建融通中外的话语体系，使中国价值观的核心理念（如“富强、民主、文明、和谐、自由、平等、公正、法治、爱国、敬业、诚信、友善”24 字表述）让海外受众听得懂、听得进，入耳、入脑、入心。其次是国家价值观跨文化阐释案例研究。主要是梳理国内外价值观核心理念传播的典型案例，为中国价值观的跨文化阐释提供重要的策略支持和经验借鉴。包括中国价值观核心理念的跨文化阐释案例研究、中国价值观核心理念在东方国家和西方国家的跨文化阐释比较研究、中国与西方国家在国家价值观跨文化阐释方面的比较研究等。最后是中国价值观跨文化阐释策略研究。通过历史与现实的综合分析、国内外案例的比较研究，在充分考量"一带一路"带来的机遇与挑战因素基础上，以人类命运共同体理念为基本遵循，破解中国价值观跨文化阐释的各种主客观障碍，探讨通过文化转换、话语对接等方式提升阐释的信度和效果。

同时，从话语层面来看，话语（语言、符号、语态等）是跨文化传播中编码解码的符号载体，是价值观的意义表征，是主体间沟通理解的桥梁。中国价值观的跨文化阐释与传播，必须构建起融通中外的话语体系。这种话语体系要满足两个要求，一是体现中国价值观，二是要融通中外，即要兼顾主体性和主体间性。具体说来，就是要解决：当前我国对外话语体系能否充分体现和诠释中国价值观？从对象国看，我国对外话语体系能否有效对接？什么是融通中外的话语体系？有何话语对接的有益经验？应该如何构建融通中外的话语体系？笔者认为，融通中外就是要把中国价值观的核心理念用国外受众能够听得懂、易接受的语言表达出来。这样的话语体系包括既有中国特色又符合人类共同价值的价值体系、既有中国历史文化底蕴又体现人类先进文化的知识体系、既有中国风格又适应国际通用规则的表达体系。我们可以尝试用这样的话语体系对中国价值观的核心理念进行阐释，建立相应的语料库。这不仅具有学术创新意义，也有实践应用价值。

（二）中国价值观在海外的认知与认同研究

文化人类学的研究表明，不同的文化对人类行为将产生不同的价值判断标准。在跨文化传播中，群体之间文化的相互认同（其核心是对社会基本价值的认同）是很重要的。群体没有优劣之分、贵贱之别，所以我们每个人、每个群体都应该认同他人与别的群体，我们要不断学习对方优秀的文化，要善于改善自身，要有文化认同的观念。固守文化中心主义和群体中心主义对交际双方都会产生消极影响。学会尊重他人，尊重别的群体，防止狭隘的民族主义思想。因而，要提高中国价值观国际传播的效能，首先需要弄清海外受众对中国价值观的认知与认同程度，然后才能有针对性地调整传播策略。从现实层面看，对中国价值观国际传播的真实效果需要准确把握。对此，目前学界和业界尚未有系统、深入、准确的全盘了解，很大程度上还是凭感觉和印象行事，尤其是“一带一路”沿线国家在空间跨度和文化跨度上都非常多元广阔，如果不能把握这些问题，更难以避免“发得出去、落不了地、进不了心”的价值观传播困境。因此，必须从实际出发，以问题为导向，通过问卷调查、大数据分析等手段，为研究提供实证基础，使深入研究和对策建议有的放矢、有据可依。具体要解决的问题是：“一带一路”沿线国家的受众心目中的中国是什么形象？对中国的国家价值观有多少了解？在价值认同和情感认同上是什么状态？造成这种状态的具体原因（变量）是什么？针对这种情况，我们可以采用定性与定量结合的方法，对中国价值观在“一带一路”沿线国家的认知与认同状况进行专项调查，并对其影响要素进行深入分析，为改进中国价值观国际传播提供科学依据。

第一，研究价值取向与认同的想象基础及建构。厘清当前学界关于认同、价值认同研究的基本观点，界定“一带一路”国际传播价值认同的具体内涵要素，系统回顾认同、价值认同及传播认同研究的观点争论——从认同的多样性到认同的本质主义与建构主义之争，然后思考后现代国家认同的想象基础，探讨认同建构的理论主张及作为消解认同困境之视域的适切性分析，进而详细分析“一带一路”国际传播价值认同的构成要素及其现实影响因素，为提升中国价值观国际传播效果提供理论参考。

第二，研究价值观国际传播与受众认同变迁。界定“一带一路”背景下价值观国际传播与受众认同的内涵要素，分析价值取向的基本属性和一般特征以及功能，阐述价值观对认同变迁的可能作用机理，考察中国价值观在“一带一路”国际传播构建中的理论意义和真实影响。全面梳理“一带一路”背景下中国价值观国际传播概念、内涵特征、传播特性、效能等理论问题，构建价值观国际传播与受众认同变迁的互动模式。我们可以进行“一带一路”背景下国际传播价值取向与认同危机消解的实证研究。根据心理测量学和传播效果理论，编制规范化的沿线国家受众“一带一路”认同调查表，对在华留学生、友好合作关系的高校、在华商会及边境边民进行实证调查。重点围绕需求（利益）趋同与受众信息接受的效度、文化结构及内容趋同与受众心理契合度、受众融入国际社会对国家形象的影响、受众思维定势与认知方式的影响等问题，探讨我国国际传播价值取向发展脉络、现实状况、特点及可能存在的问题，揭示“一带一路”沿线国家受众认同变迁的影响因素。

第三，研究“一带一路”国际传播的价值支撑体系。中国社会主义核心价值观的确立为“一带一路”国际传播的价值支撑体系建设提供了方向指引。在这一过程中，既要重视价值认同的内生路径建设，也要加强、优化其外部机制。从内生动力来说，重视由需求或利益的趋同促进价值认同的路径；由社会伦理道德环境的趋同促进价值认同的路径；由文化结构和内容趋同促进价值认同的路径等。从外在机制来说，优化教育引导机制、利益保障机制、规则维持机制、预警机制等。

（三）中外价值观国际传播比较研究

提升中国价值观国际传播的效能，需要学习借鉴其他国家的成功经验，并从别人的失败中吸取教训。现有的研究成果也有对外国相关案例的研究，但往往只是单纯的经验归纳。我们可以对不同国家价值观国际传播的历史与现状进行系统调研，在此基础上进行复合交叉的比较研究，包括中外比较、不同类型国家（如发达国家与发展中国家）之间的比较等。这样的研究无疑将成为国内相关研究的一个新突破。具体来看：

第一，研究国家价值观国际传播的背景条件和作用效果。通过对各国国家价值观国际传播历史演进的回溯和案例的解剖，力求对与之相适应的背景条件及其作用效果得出一些规律性的判断，对一些假设作出证明。比如：国家价值观的国际传播需要是由国际交往的需要派生的；国家价值观的国际传播能力取决于本国综合国力；国家价值观的国际传播效果根源于本国文化先进性；国家价值观国际传播既有伴随性（伴随实体交往），也具有相对独立性，并具有重要的反作用（对国际关系、对本国利益）；国家价值观国际传播的具体形式（个性特色）受本国资源禀赋、文化传统等多方面影响；等等。具体方案有：一是问卷调查。围绕对中国价值观的认知与认同，拟在"一带一路"沿线国家进行针对不同受众群体的问卷调查，开展对受众的大样本问卷调查和数据挖掘分析，全面评估中国价值观国际传播的效果及其影响因子。二是深度访谈。在沿线国家有选择地对当地不同社会阶层的代表人物、对从事国家价值观国际传播的相关部门和单位进行深入采访，对业界资深专家和学界权威学者进行深度访谈，了解存在的问题与困难，征询对策建议。三是焦点小组。针对当前影响"一带一路"沿线国家认知与认同中国价值观的主要因素等问题组建工作小组，进行全面系统分析，找出其作用机理和演变轨迹，然后有针对性地提出系统的解决方案，为提升中国价值观国际传播的效果提供新思路、新办法。

第二，研究国家价值观念国际传播的模式。模式是解决某类问题的方法的高度总结和归纳，在国际传播研究中具有建构、解释和预测功能。传播模式是对传播过程、传播性质、传播效果的高度概括。目前，世界范围内的国家价值观念国际传播的实践经学者的理论总结，典型的有"进攻型国际传播模式""防御型国际传播模式""主动型国际传播模式"和"被动型国际传播模式"等，而中国则主要为"防御性国际传播模式"。这些模式试图从不同视角解释国家价值观念国际传播现象。随着互联网技术和国际虚拟社会的发展不断突破传统研究框架，我们有必要进行新的传播模式建构。新的模式传播模式既要综合考虑国内外的实际情况，也要顾及目的国受众的心理，避免单向灌输，让传播的效果更加显著，传播的过程也更加稳健。

第三，研究国家价值观念国际传播的体制机制。国家价值观念国际传播是一件宏大而复杂的事情，需要有一套完整的符合世情和国情的传播体制，同时也要关注在传播过程中的运行机制。体制是国家价值观国际传播的基础性保障。体制是指有关组织形式的制度，包括机构设置和职权划分等方面的具体安排或规范。组织设置和运行制度是组织的基本架构，是事物正常运作的前提和基础。健全的体制是国家价值观国际传播的必要前提和基本保障。我们要以体制为抓手，形成一整套完备的制度保障体系，努力解决国家价值观国际传播过程中深层次的矛盾和问题，为国家价值观国际传播提供强有力的支撑和保障。传播体制涉及国家价值观念传播过程中的制度问题，包括传播媒介资产的所有制、传播宗旨、组织架构、管理方式、运作模式等内容。传播体制还需要能很好地融入世界共同价值体系之中，并且要兼顾传播目的国的价值体系。因此，培育符合世情国情的传播体制是国家价值观念传播的一项重要任务。传播机制是保证国家价值观念能够成功对外传播的重要条件之一。“机制”一词原指机器的结构及工作原理，后进一步引申为有机体的构造、功能及相互关系。国家价值观传播的机制是指参与价值观传播的各要素之间相互协同作用的过程及方式。有效的机制是保障传播工作系统协调统一和稳定运行的关键环节。国家价值观传播并非仅仅依靠某个部门职能的发挥就能有效运作，而是“涉及社会教化与递升、舆论调研与反馈、媒体资源整合与互动、网络信息管理与干预等各个相关领域，并且，各领域有其独特的内在结构、核心要素及运行规律。就好像一架机器的运转，不仅要求各个零件的完整，还需要科学的整体结构设计和有效的协调作用。”① 结构完整、协同作用的机

① 朱莉涛、陈延斌:《社会主义核心价值观传播体制机制论略》,《马克思主义理论学科研究》2019 年第 1 期，第 149—158 页。

制，是国家价值观有效传播的根本保障。如果机制失衡或各要素间彼此抵牾，那么，传播职能将不能正常发挥，整个传播系统就会陷入功能失调、紊乱的状态。结合已有研究发现，国际上传播国家价值观念取得成果较为丰富的国家，均建立了以政府为主导，传统媒体与新媒体、非政府组织、民众共同参与的多元协作的复合型立体式运作机制。

第四，研究国家价值观念国际传播的战略策略。国家价值观念国际传播是受制于国家层面的复杂工程，是一项重要的国家战略，具有长久而深远的意义。这需要上升到国家高度来对待，制定严密而科学的战略规划。在制定好战略规划的同时，也要制定出符合实际、切实可行的传播策略。一是做好顶层设计，制定严密而科学的战略规划。国家价值观念国际传播是利国利民的大事，旨在帮助一个国家树立良好的国际形象，获得世界各国的好感与认同。这就需要从国家层面出发，出台一系列的战略规划，制定组织长期目标并将其付诸实施。当下，美欧日等西方发达国家都很重视国家价值观念对外传播，并上升为战略的高度，制订出一系列的方针、计划。那么，如何总结经验，吸取教训，制定出一套适合我国发展的战略规划是一个值得长期关注和深入研究的内容。二是依据战略规划指导，制定切实可行的传播策略。在国家价值观念传播过程中，国家层面的战略规划起着宏观的整体指导作用，就如同舵盘决定着前进的方向。我们要顺利实施国家价值观的传播就需要在宏观的战略规划指导之下研究出具体的、科学的传播策略。而目前，在国家价值观念传播过程中，传播策略丰富多样，较难形成体系进行描述。

第五，研究国家价值观念传播的渠道路径。国家价值观念国际传播具有传播范围广、传播时间长、传播力度大等特点。因此在具体的传播实践中，需要树立多元渠道交互推进的意识，需要时刻保持融合思维和创新意识。在具体的传播过程中，既要保持原有的传播渠道，又要不断探索新型传播路径。目前，国家价值观念国际传播涉及的主要渠道有政府渠道和非政府组织等，此外还有一些重要的传播路径：一是媒体。媒体是国家价值观念国际传播的主要传播工具。媒体不仅反映着特定国家或社会的意识形态和某种特殊价值观，而且能够潜移默化地引导受众接受其价值观，并试图使其养成相应的行为习惯和行为方式。在利用媒体传播国家价值观念时，不仅要重视影视、报纸、杂志等传统媒体的作用，更要重视互联网等新媒体的作用。二是语言。语言是文化的载体。以本国语言为载体在全球推广本国文化是西方国家传播价值观的重要路径。西方国家搭载着经济全球化的快车，把本国语言推向世界，强化宣传了自身的核心价值观念。三是体育。体育与人们的生活密切相关，同时与政治也具有不解之缘。体育在国家价值观念国际传播中具有影响力大、隐蔽性强、易于接受的特点而被各国广泛重视。四是宗教。宗教往往是社会核心价值观内容的重要来源之一，在调节社会价值观、维持社会秩序稳定等方面发挥重要作用。因此，宗教是西方发达国家培育和传播国家价值观的重要工具。五是教育。教育不仅对民族文化的选择、传播、传承和创造起着重要作用，而且在国家价值观念国际传播中起着双重作用——对内培育国家价值观，对外利用教育手段向世界其他国家输出本国价值观。这在西方国家尤为明显。六是法治。科学严谨的法律，尤其是宪法或宪法性文件是西方发达国家传播和建设核心价值观的基本手段和重要保障。欧美国家都很重视在法治建设过程中体现核心价值观的要求，同时也用法律的权威来保障和推动核心价值观的对外传播。

二、研究深度的挖掘

"一带一路"背景下中国价值观的国际传播，是一项复杂的系统工程。简单化、表面化的研究显然既无法真实揭示这项工程的厚重意义和复杂程度，也无法有效解决其面临的复杂问题，满足其巨大而复杂的需求。我们认为，未来的研究要努力避免现有不少研究成果存在的粗浅、零碎、孤立等不足，注重研究的系统性、关联性、纵深感，尤其要大力增强以下几个问题研究的深度：

（一）深度挖掘“一带一路”对中国价值观国际传播的意义和影响

作为战后国际关系发展最富有创造性的倡议以及当今人类和平发展最富有普惠性的建设项目，“一带一路”有利于促进沿线各国经济繁荣与区域经济合作。加强不同文明间的交流互鉴，促进世界和平发展，是一项造福世界各国人民的伟大事业。对此，国内外媒体和学者倾注了极大的注意力，但学界的研究大多是从经济学、国际政治学、外交学等视角对“一带一路”建设的政策解读与地缘政治关系的分析，对“一带一路”建设对中国价值观及其全球传播的意义和影响的关注度相对较为薄弱。当前，中国的历史方位、中国与世界的关系、中国面临的世界格局都发生着深刻的变化。在这一历史背景下，从大历史、大文化、大传播的角度，“一带一路”倡议是怎样的存在？“一带一路”开辟新的历史场景和时代蓝图，具有怎样的现实意义和传播意义？前者即在“做”“实践”“实体”“交易”“发展”“物质交往”层面的意义，后者即在“说”“表达”“拟态”“文化”“精神交往”“文明交流互鉴”层面的意义。“一带一路”建设，作为全球化中的一个场景，作为中国方案、中国贡献的一种设计，具有怎样的世界意义？凝结怎样的中国价值？在“做好”“一带一路”的基础上，如何“说好”负载其上、超乎其上的国家价值观？

回顾历史，人类社会大致经历了三波全球化浪潮：19 世纪末期到 20 世纪早期开始的“英式全球化”为第一波，主要特征是军事征服和政治、经济、文化殖民，强调实地的“在场效应”，不断地扩大疆域，建立起“日不落帝国”，成为全球秩序的制定者和仲裁者；“二战”后开始的“美式全球化”为第二波，主要特征是文化和价值观的隐形植入，这两波全球化浪潮都体现了“强权即公理”等“现实政治”法则；“一带一路”倡议全面实施后可预期的“中式全球化”为第三波，处于正在形成阶段，主要特征是秉持中华文化“和”“仁”“大同世界”等理念，强调团结协作、共生共荣，可以预见这波浪潮也必将会对中国价值观的全球传播产生重大影响。因此，对"一带一路"的意义和影响的研究不能只停留在国际政治、经济和一般的文化层面，而要在研究这些广为人知的影响基础之上，进一步探寻"一带一路"对中国价值观本身的影响，继而再研究其对中国价值观国际传播的影响。也就是说，既要研究它的政治、经济、文化意义，也要研究它的价值意义和传播意义；既要研究它对中国的影响，也要研究它的世界影响。这既是中国价值观国际传播的历史起点，也是"一带一路"对中国价值观国际传播研究的逻辑起点。"一带一路"建设对中国走近世界舞台中央，甚至重塑国际政治经济格局发挥着重要的"现实政治"作用，同时蕴含着中国独特的"观念政治"价值，不仅本身是中国价值观国际传播的一种形式和载体，也为我国价值观国际传播提供了难得的历史机遇，提出了更强的需求、更新的要求。为此，我们要考虑的是：如何从全球体系和大传播的视野来理解"一带一路"建设的意义？尤其是在跨文化传播、中国对外传播的大框架下，"一带一路"建设有什么独特的新意义？带来什么新命题、新机遇、新挑战、新理念？从理论层面看，对于这种历史场景和意义传播的特殊性，以及基于此的国际传播实践问题，需要多学科、多层面、多维度的理论观照，实现理论到实践、一般到特殊的理论资源适配。

沿着这样的思路，我们可以认为，"一带一路"倡议的实施，进一步拉近了中国与世界的关系，就主观上而言，中国有必要让世界更好地了解和认识中国，这其中自然也包括对中国价值观的认知和认同；就客观上而言，中国有必要回应国际社会的关注，消除各种误解和曲解，充分展示中国价值观与人类共同价值的相连相通。倡议的影响不仅体现在"一带一路"建设给全球传播带来的新环境、新问题、新挑战和新机遇，而且还体现在"一带一路"本身蕴含着丰富的中国价值观内涵。具体来讲，"一带一路"建设将不仅推动沿线国家乃至全球的经济社会发展和变化，而且会推动中国与沿线国家乃至全球的信息交流与文化碰撞，这就使中国价值观有可能获得国际社会更多关注，从而为其获得更多认知和认同创造了条件。当然，我们也要看到，“一带一路”倡议也带来了新的挑战，尤其是“一带一路”建设沿线国家众多，国情社情舆情复杂，为中国价值观的全球传播和得到普遍认知与认同增加了新的难度。

（二）深入研究人类命运共同体理念对中国价值观国际传播的理论支撑作用

在目前的国内和国际舆论中，人类命运共同体既被视为一种价值哲学，也被视为一种外交战略。一方面，当代中国社会处于转型期，既有儒、道、释思想等传统价值，又有马克思主义、毛泽东思想、邓小平理论、“三个代表”重要思想、科学发展观、中国梦等富有时代性和政治性的价值观，这些思想观念都成为中国国家价值观的渊源和基础。另一方面，全球范围内的价值体系更具多元化，各种价值体系的影响范围和深度也并不一致。贯穿价值哲学的是人类观、世界观、历史观；贯穿外交战略的是国家之间的交往之道。而重建“精神丝绸之路”是当下“人类命运共同体”文化构建的有效路径，原因在于它既可充分利用古丝绸之路的文化积淀，还可借助今天“一带一路”平台的兴建，同时它又有丰厚的中华传统文化资源作为精神源泉。

目前对人类命运共同体理念的研究不少，但主要是基于国际关系、外交等视角；有的学者也提到它对国际传播尤其是中国文化对外传播的重要意义，但只是泛泛而谈。实则，人类命运共同体与中国国家价值观联系密切。中国传统文化中的“和而不同”与共享观念，恰如其分地成为人类命运共同体以及“民心相通”的价值观注脚。而当代中国价值观，则既包含了中国优秀传统价值观，又涵盖社会主义核心价值观以及中国梦等体现时代精神的内容。中国应当通过广泛的文化对话与传播，在人类命运共同体的情感互通作用下，使中国价值观成为人类共同价值观的组成部分。一个国家价值观念是形塑国家形象的支撑，关键在于其价值观念是否被国家内部的人民和世界人民所认可。随着全球化的深入推进，人类共同经验越来越丰富，而依此形成的局部利益也开始渐趋消弭，并整合为共同利益，许多"主体性问题"也开始转化为"超地域性"问题。尤其是全媒体时代语境下，"地球村"正在以前所未有的速度形成，各层主体之间的相关性也得到了前所未有的强化。生活时空和现实问题的全球化发展，进一步拓展了人类视野，冲破了地方意识和封闭思维，进一步彰显了"人类意识"的价值理念，突出了各国价值观的多维互动，强化了民众"世界公民"的角色认同。可以预见，随着全球化的深入推进，以及人类社交深广度的不断推进和不同价值主体共同诉求的突显，人类的共同经验将变得越来越多，人类共同价值正由理想层面转向现实层面。而中国价值观无疑是全球化新格局下，"人类共同价值"在中国的独特外显和现实生成。之所以要将"人类共同价值"作为人类命运共同体视域下国家价值观构建的基本原则，主要是基于以下的考虑：其一，"人类共同价值"是人类命运共同体的"灵魂"和精神支柱。正如上文所述，"人类共同价值"是指事物的全人类化普世价值，体现了不同国家、民族和地区的正当利益诉求，超越了多层次文化、政治、经济等主体界限的价值标准、信仰与取向。某种意义上讲，"人类共同价值"包含了人类命运共同体的整体设计目标、原则和路径，是人类命运共同体未来建构的思想内核和精神支撑。其二，"人类共同价值"是不同国家、地区和民族通过多维交往互动而凝聚在一起，具有共同价值诉求、较强内在逻辑的国际性组织，以合作共赢的方式解决全球性问题，能够真正意义上实现国际秩序的公正公平。其三，"人类共同价值"是不同国家、地区和民族统一的价值评判标准和行为准则模式。具体来讲，"人类共同价值"是不同国家、地区和民族进行价值选择、行为决策的重要依据，是判断是非好坏、利益得失的思维依据。所以，培育和践行"人类共同价值"，是不同国家、地区和民族深入合作、协作发展、打造人类命运共同体的先决条件。可以说，打造人类命运共同体的战略构想，不仅体现了中国积极融入全球的主观需要，而且反映了全球追求和平发展的价值诉求。

由此可见，人类命运共同体视域下的国家价值观堪称国家和民族发展的内在

“基因”，具有对内对外的双重意义：对内强调对国家社会内部的凝聚力和向心力；对外强调对于国际社会的吸引力和影响力。人类命运共同体的国家价值观中蕴涵的“开放”“包容”“创造”和“以人为本”的内在诉求，以及对世界“和而不同”“和谐发展”的追求是形塑新时期中国形象的重要“柔性”手段，对我国“和平、发展、合作”国家形象的对外传播起着重要的作用。因而，我们可以从人类文明演进、人类共同价值、当今世界潮流等宏观视野与中国价值观的基本内涵、国际传播的模式变迁等中观视角的结合上，多侧面地分析人类命运共同体理念蕴含的价值取向、科学原理及基本原则，从而论证其对于中国价值观国际传播的理论支撑作用。回答这个问题，既是“一带一路”背景下中国价值观国际传播新实践的需要，也是其研究信度和效度的理论保证，使其有道可循、有章可依。传统的政治经济格局、全球治理体系不断深刻调整，尤其是世界多极化、经济全球化、文化多样化、社会信息化的数字媒体时代，国际传播场景和模式都发生了巨大变化，文明交流互鉴面临着新机遇、新挑战，中国价值观国际传播也面临新问题、新需要。传统的全球理论、文化理论、传播理论都逐渐不适应新的时代特征，中国价值观的国际传播需要寻求新的理论支撑，从新理论中寻找方向指引、解释工具和应对方案：在全局和整体上，中国价值观国际传播面临怎样的全球传播和文化交流景观？在理念和方向上，中国价值观国际传播应以什么样的理论作为指南？在现实和规律上，跨文化传播在政治学、心理学、社会学、传播学等方面有何理论成果可资借鉴，“中国文化走出去”的经验与问题有何有效的理论解释？在求解和应对上，如何将已有理论成果批判吸收，具体应用到“一带一路”背景下的中国价值观国际传播实例中去？

（三）系统规划“一带一路”背景下中国价值观国际传播的创新方案

不少研究成果为提升中国价值观国际传播的效果提出了许多对策建议，但这些对策建议要么零碎琐细，要么缺乏可操作性。问题出在研究者缺乏系统思维，只看到某一个问题，或只考虑到一个因素，只想到一方面的措施。正如前面所述，"一带一路"背景下中国价值观的国际传播是一项复杂的系统工程，应用研究必须考虑到各种因素的关联性、交互性，考虑到运行机制的复杂性、联动性，考虑到对策建议的整体性、系统性。具体可以从以下几个方面着手：

第一，将国家价值观构建置于人类命运共同体的视域下，通过重建"精神丝绸之路"，使中国国家价值观成为人类共同价值观的重要组成部分。中国提出的人类命运共同体理念基于对全人类共同命运的考量，基于全球化的宽广视野，基于辩证唯物主义的历史观，主张走"和平、合作、发展、共赢"的国际交往道路，以推动国际秩序朝更加合理、有序的方向发展，实现人类社会的整体进步。从文化层面来看，人类命运共同体理念所提倡的文化构建既是历史命题，又有现实意义，是对现存文化霸权的有力抵制，也是对当代不同文明冲突的有效调和，更是对未来文化发展方向的前瞻性预判。人类命运共同体已经被多次写入联合国文件，表明这一理念已经得到国际社会的认可和接受。从人类命运共同体理念出发，确立中国价值观国际传播的基本理念、目标和路径，将有利于中国价值观国际传播获得更加迅速而广泛的认知和认同。

第二，中国价值观的国际传播必须创新传播理念，"一带一路"的构想旨在"加强传统陆海丝绸之路沿线国家互联互通，实现经济共荣、贸易互补、民心相通"，其中"民心相通"是"一带一路"建设的社会根基，是达成"互联互通"的关键，这一建设目标的提出既将我国价值观的国际传播纳入了"一带一路"建设的重要议程，也对我国整个国际传播理念提出了新的要求。基于这一背景，中国价值观的国际传播必须建立新的传播理念。

新传播理念在重心上要从注重形象塑造到强调价值认同和寻求命运与共；在描述上要注重"简化"和"深化"，使其易于传播深入人心。首先，一带一路沿线不同国家价值观的相互理解乃至认同是实现"民心相通"的关键，这要求我国的国际传播在以国家形象塑造为核心诉求的基础上，致力于中国价值观的传播，这种价值观传播绝非价值观输出，而是寻求沟通与理解，求同存异，以此为基础打造为国际社会所接受与认同的共同价值观，既赢得人心，也赢得国际话语权。其次，从价值认同到命运与共，即从“命运共同体”的视角，把握整个人类利益和价值的通约性，寻求人类共同利益和共同价值的新内涵当是我国价值观国际传播的指导思想。当今世界，全球化的发展使得不同国家人民的命运密切相关。作为一个负责任的大国，为构建人类命运共同体提出中国方案，实现共赢共享，是中国义不容辞的责任，这也是“一带一路”实现“互联互通”的意义所在。因此，从“命运共同体”的视角，把握整个人类利益和价值的通约性，寻求人类共同利益和共同价值的新内涵当是我国价值观国际传播的指导思想。而凝练当代中国价值观跨文化传播的核心理念，实质上就是在具体操作中强调价值观描述上的“简化”和“深化”。所谓“简化”，就是要进一步提炼易传播、好记忆的价值观表述，为真正的“深化”工作打下坚实基础，所谓“深化”，就是要进一步发展中国特色的核心价值观理论，与时俱进，深入人心。

第三，中国价值观国际传播必须创新传播模式，做到“内外结合”和“上下联动”，注重“民间化”和“在地化”，调动国家和民间多方力量。一是内外结合。首先，在国内做好价值观的教育和普及工作，让国家价值观内化在公民意识之中。这是国家价值观向国际传播的基础和源泉。二是上下联动。传播国家价值观念首先需要国家力量的介入。其次，非政府组织等各类民间组织和民间力量是国家价值观念成功传播的重要保障。国家价值观念国际传播需要国家支持以及各类组织的大力参与，只有做到上下联动，才能成功。在传播主体上，一是强调民间化，依托社会组织、科研机构、高校与企业等，利用各种平台，以更开阔的视野、更多元的形式开展更广泛的民间人文交流。二是强调在地化。注意吸收沿线所在国的华人华侨的力量，更好地发挥侨商、侨社、侨媒在价值观沟通的独特作用；同时注意运用当地知识分子、意见领袖与文化机构，通过各种形式的合作与交流，赢得他们对中国价值观的理解与认同，进而通过他们影响民众。此外，在

“一带一路”合作共赢，互利互惠的大背景下，我们还可以通过探索“国际合作传播”的模式，逐步加强与世界各国本土机构的联系，有效地拓宽传播渠道，提升国际合作传播能力。一般来说，各国受众获取信息总是倾向于本国的传播主体、方式等。通过国际间的合作，我们可以在当地找到“领路人”，也帮助当地受众更好地接受中国价值观，从而文化差异造成的距离得以缩短，跨文化传播更有成效。

第四，中国价值观国际传播必须创新话语表达，要探索针对性、差异性与融通性相结合的话语表述范式，拓展多样化、历史性与时代感的话语诠释资源，建立调查、制作、反馈与调适一体化的话语生产模式。中国价值观的话语表述在坚持自我特色时也要充分考量对象国各自的特点，寻找与受众沟通的“最大公约数”，在平等的基础上基于普遍符码的双向互动制造“同心”，有的放矢，减少“文化折扣”。历史性与时代感兼具本是当代中国价值观诠释的题中之义。我们可以为中国价值观的传播建构一套完善的话语生产模式，加大对沿线国家文化、历史、思维方式的研究力度，建构中国价值观的话语传播体系，并提出有效的评估与反馈机制。具体来看：一是探索针对性、差异性与融通性相结合的话语表述范式。所传播的虽是中国价值观，但在话语表述上却应切忌“以中国为中心”的自说自话，也有人提出“中国故事、世界表述”，但并不存在一个同质的世界，而是体现为一个个个性鲜明的国家与地区。“一带一路”沿线国家众多，文化属性各不相同，中国价值观的话语表述在坚持自我特色时也要充分尊重各自的文化差异。正如巴赫金所认为的，“自我”只能通过与相异的“他者”的对话才能建立意义，因而这样的差异性也是不同民族文化对话的基础，而文明的繁盛、人类的进步，离不开求同存异、开放包容，离不开文明交流、互学互鉴。即在尊重文化差异的前提下，我们应当追求文化多样性与统一性并存，通过多元文化的互动形成一种关切到人类生存的共同价值观。因此，推动“一带一路”沿线国家对中国价值观的认同，必须强化尊重与包容的原则。价值观认同既是一个推广中国价值观的过程，又是一个包容和认同沿线其他国家价值观的过程。二是拓展多样化、历史性与时代感皆包容的话语诠释资源。价值观是一种抽象的思想意识形态，其内涵要为人所理解乃至认同，必须具象化，也就须借助各种话语资源加以诠释。当代中国价值观是中国传统与现实价值体系的高度凝练和集中表达，既有丰富的历史性，也有鲜明的时代感，历史性与时代感兼具本是当代中国价值观诠释的题中之义，在“一带一路”背景下，这一点尤显重要。“一带一路”倡议取自古代的丝绸之路，既是对古代这种国家之间互利共赢典范的继承，也是对当今国际发展趋势的回应。历史上，中国传统思想文化随货物的流通和人员的交往而为沿线国家所了解与欣赏，成为共享的精神文明；在如今，中国的快速发展对同为发展中国家的沿线各国具有极强的示范作用，中国当下的社会民情与思想也是他们的兴趣之所在。因此对中国价值观的诠释，既要挖掘古丝绸之路上的文化资源，以美好的文化记忆引发亲近感，也要积极调用当代中国先进的器物文化与人文风情，形成新的吸引力与认同感。另外，价值观虽是思想意识形态，却体现于社会经济文化生活的各个方面，是与经济、科技等领域交融共进的，因此话语诠释资源的调用也应是多层次、全方位的。最后是建立调查、制作、反馈与调适一体化的话语生产模式。全面地讲，话语生产应涵括调查、制作、反馈到调适等一系列环节，但我国以往对国际传播话语的研究多注重制作，对其他环节相对忽略，使得话语制作缺乏充分的理据，在制作完成后因缺乏反馈也无法了解话语效果并做及时调整。我们应当以“一带一路”建设为契机，为中国价值观的传播建构一套完善的话语生产模式，加大对沿线国家文化、历史、思维方式的研究力度，建构中国价值观的话语传播体系，并提出有效的评估与反馈机制，以便于后续的话语调适。

第五，中国价值观国际传播必须创新传播主体。从国际价值观传播主体的层面来讲，过去的传播主体主要是政府和政党。而国际传播是一项需借助各方资源与力量的综合工程，向来不能只依靠官方，价值观的传播更是如此。作为思想意识形态，价值观易混同于政治观，仅依靠官方的价值观传播易被视为文化殖民或"颜色革命"而遭到抗拒。中国价值观的国际传播要减少国家色彩，规避政治障碍，传播主体的创新尤为重要。中国价值观的传播要更多依靠民间力量，依托社会组织、科研机构、高校与企业以及一切有机会、有能力从事对外交往与对话的机构和个人，利用各种平台，以更开阔的视野、更多元的形式开展更广泛的民间人文交流，从而改变以往过于单向的"宣传"，形成真正多元对等沟通机制，在良好的交流氛围中潜移默化地提升我们的文化传播能力和对外话语权。例如，通过相关的政策扶持，激发市场机制的活力，培育一批具有国际竞争力的文化企业，扶持一批面向国际的智库和非政府组织，鼓励和支持它们开展国际交流合作，在更多国际场合发出中国声音，在国际传播中发挥更大作用。传播主体的在地化。一方面要注意吸收沿线所在国的华人华侨的力量，凝聚侨心、汇集侨智，更好地发挥侨商、侨社、侨媒在价值观沟通的独特作用；另一方面要注意运用当地本土的知识分子、意见领袖与文化机构，通过各种形式的合作与交流，赢得他们对中国价值观的理解与认同，进而通过他们影响民众。

第六，中国价值观国际传播必须创新传播路径，通过传播平台与载体的多样化，传播技术与手段的交互化，不断探索新型传播路径，实现多元渠道共同推进。首先是传播平台与载体的多样化。价值观融进了社会生活的各个方面，因此在合理的顶层设计下，文艺展演、新闻出版、影视交流、学术往来、企业投资、救灾扶贫等几乎各种社会经济文化活动都可以作为价值观传播的平台；在传播载体上，除了电视、电影和报刊等传统媒介，应充分运用 Facebook、Twitter 等新媒体，以扩展传播的深度和广度。其次是传播技术与手段的交互化。在传播平台和载体的设计上要注意交互化和线上线下的联动性，使得传播具有可持续性（而非过往的一次性和单向性），同时也可帮助我们了解受众，及时获得反馈并做调整。

三、研究方法的丰富

事实表明，面对“一带一路”背景下中国价值观国际传播这个重大而复杂的研究选题，仅仅依靠传统研究手法已经无法满足需要。我们有必要并且有条件在研究方法上实现新的突破。

第一，编制规范化调查量表，建立“一带一路”沿线国家受众样本数据库，开展大规模实证调查。“一带一路”涉及的沿线国家数量众多，相互之间差异极大，传播受众规模数量也前所未有，这些现状既有利于大规模实证调查的展开，同时，样本数量的过于庞大和复杂也给通过实证调查科学了解现状带来了困难。因此，在传播平台和载体的设计上要注意交互化和线上线下的联动性，使得传播具有可持续性（而非过往的一次性和单向性），同时也可帮助我们了解受众，及时获得反馈并做调整。为了更精确地了解海外受众尤其是“一带一路”沿线国家对中国价值观的认知与认同状况，我们可以运用多种定量研究方法，进行科学可靠的实证调查。例如，我们可以设计编制一套规范化量表，在广泛征求意见和反复测试的基础上，精心设计严谨、科学、可操作的测量指标，然后将“一带一路”沿线国家分为若干种不同类型，每种类型对应一套独特的规范化量表。不同量表间既有区别又有联系，既可以做面上的调查，又可实施特殊性分析。此外，我们还可建立一个样本数量符合科学要求的受众数据库，分不同群体类型，既针对沿线国家主流受众，也针对相关国家在华留学生、在华商会及边境边民等，围绕受众对中国价值观的认知评价、受众信息需求和内容供给等主题进行大样本量的实证问卷调查。这一套测量评估体系充分考虑到了各种变量和影响因子，具有较强的普适性，可以用于其他类似研究。

第二，运用最新信息技术手段，包括大数据、云计算、虚拟现实、人工智能等，快速、高效、准确地进行舆情监测、受众调查、文本分析、话语分析、人体感知、模型构建、情景再现等工作。现有的研究成果可能受到研究手段和研究方法的限制，尚未有对中国价值观在海外的认知与认同状况的系统调查，而我们可以利用先进技术手段和研究资源，完成这个以往无法完成的任务。例如，运用大数据方法和数据挖掘技术，针对“一带一路”国家所涉及的海量文本开展定量化文本分析。运用 WordSmith Tools 6、SPSS 以及 NVIVO 等相关分析软件，通过大数据抓取和挖掘技术，对一带一路沿线国家传统主流媒体以及重要社交平台上关于中国价值观的报道和评论信息进行抽样分析，针对词频、搭配、检索和主题词等方面开展定量化文本分析，搜集各类描述性的面上情况和宏观信息。此外，在资料文献收集、整理方案方面，我们可以建立多学科、多语种、多形态的专题数据库，包括国家价值观与国际传播文献资料库、中国国家价值观跨文化阐释语料库、中外国家价值观国际传播案例库、美日俄等十国国家价值观国际传播数据库、“一带一路”沿线国家涉华舆情与受众数据库、“一带一路”沿线国家中国价值观认知与认同数据库等。例如，“人类命运共同体视域下的国家价值观语料库”收集以下主要媒体中与“人类命运共同体”和“国家价值观”相关的文本，包括（1）英国《泰晤士报》《每日电讯报》《卫报》《独立报》《金融时报》、BBC；（2）美国《纽约时报》《华盛顿邮报》《洛杉矶时报》、CNN、ABC；（3）德国《明镜周刊》《时代周报》《图片报》；（4）法国《世界报》《人道报》；（5）日本《朝日新闻》《读卖新闻》、NHK；（6）韩国《朝鲜日报》《东亚日报》《中央日报》、KBS；（7）俄罗斯《共青团真理报》《俄罗斯观点报》；（8）印度《印度徒报》《觉悟日报》；（9）新加坡《星报》；（10）港澳台《太阳报》《大众报》《联合报》；（11）《人民日报》《光明日报》；（12）新浪微博、天涯论坛、Facebook、Twitter。再如“中国价值观国际传播典型案例库”。具体可以先通过互联网、数据库、图书馆进行文献查询、联机检索和网络浏览，广泛收集；再对收集的文本进行梳理，归类选择，对据有代表性和分析价值的资料进行分析研究，确定“中国价值观国际传播典型案例”文本；最后在前两阶段收集、归类梳理的基础上进行复查以最终确立“中国价值观国际传播典型案例库”。又如“一带一路沿线国家涉华舆情与受众数据库”，我们可以通过爬虫及 Meltwater 等常规媒体监控技术对“一带一路”沿线国家涉华舆情做相关大数据分析，加入前述一带一路沿线国家中国价值观认知认同调查中获取的受众数据，建立一个实时更新并海量存储的技术平台，完备“一带一路沿线国家涉华舆情与受众数据库”舆情信息数据。

第三，将定量化的文本分析与批判性的文本解读结合起来，运用话语分析、叙事学和文本阐释学的方法，对定量化文本分析的结果和代表性文本做出微观分析和意义诠释。在当下的研究中，质性研究和量化研究往往相互割裂，从两种不同研究方法的特点上看，量化研究重在展示现状、提示趋势，质性研究强在提供解释、寻求意义，在文本分析中将两种研究方式结合起来，不但有助于了解中国价值观国际传播中的“是什么”的问题，更有助于深入考察其中“为什么”的机理原因，从而为“怎么办”提供更有价值和针对意义的答案。具体在研究中，我们可以根据所拟定的研究问题，从话语学、传播学、政治学、社会学等角度，运用语料库分析、批判话语分析、历史文献分析、比较分析法、案例分析等方法解读人类命运共同体视域下国家价值观的国际传播的话语嬗变，为建立中外融通的国家价值观国际传播理论体系提出建议和策略。例如，我们可以运用分析软件 WordSmith Tools 6、SPSS 以及 NVIVO，对中外媒体中涉及人类命运共同体及国家价值观的相关报道文本进行词频、搭配、检索和主题词等方面的分析，通过大规模文本分析观察人类命运共同体与国家价值观的国内、国际传播发展轨迹、类型及特点。再运用批判性话语分析、叙事学和文本阐释学的方法，根据文本语言运用上的特点进一步对上述内容做微观分析和意义诠释。这样，我们就可以进一步了解其对中国价值观的立场倾向和作为传播者对于中国价值观的话语建构。

第四，进行多学科的跨学科研究。“一带一路”背景下中国价值观的国际传播涉及国内外政治、经济、文化、外交等方方面面，不单纯是一个传播学问题，单一学科的研究往往显得苍白无力。一方面，我们可以从政治传播、国际传播、价值传播等多个维度拓展传播学研究的视野；另一方面，我们可以采用马克思主义理论、政治学、经济学、社会学等多学科结合的研究方法，拓展研究的广度和深度。在这样的情况下，研究成果能够具有更广泛的视野、更深厚的学术根基和更普适的应用价值。例如，针对价值观传播的特殊性和“一带一路”沿线国家文化背景极为复杂的现实，我们可以综合运用文化人类学中的“深描”和“田野调查”等民族志方法，进行跨文化比较和解读。价值观涉及一个地区和群体长期形成的社会心理结构，一般意义上简单化的个案研究无法揭示其内在意涵，需要综合运用深描等民族志方法。而在新闻传播学研究中，田野调查等民族志方法的运用较少，现有的一些研究也往往集中于编辑部的新闻生产等领域，而针对国外不同文化背景中的价值观传播的民族志研究基本还是空白。选择重点国家和不同文化背景中的重点受众群体开展价值观传播的民族志研究，可以在很大程度上弥补现有研究的空白，为从根本上提高我国国家价值观传播的针对性和有效性提供了保证。

结　语

从全局来说，本书所选的文献资料具有以下优势:（1）较高的权威性和影响力。或是出于资深学者专家，或是研究成果受到广泛认可，或是选自权威期刊或出版机构，文献资料严谨科学，权威性强，可信度高，在业界、学界产生过一定影响。（2）广泛的代表性。所选择的文献基本上涵盖了相关研究中不同领域、主题、理论视角和方法论选择，同时考虑到了国内外及不同研究机构的广泛性。（3）创新性。所选的文献资料在选题、内容、观点、方法和表述上富有新意。

通过对这些文献的梳理和分析，我们弄清了国内外对“一带一路”背景下中国价值观国际传播的研究现状，掌握了现有研究成果的进展和不足，找到了可以进一步探讨、开拓或突破的空间，提出了对未来研究方向的展望。具体来看:

第一,一带一路与中国价值观国际传播研究。针对目前我国学者的研究成果不难发现，我国学者对“一带一路”背景下中国价值观国际传播的研究，主要集中在对“一带一路”倡议对外话语困境的原因及提升“一带一路”中国价值观的传播策略两个方面。对目前中国价值观国际传播存在的问题，主要围绕国际客观环境造成的原因和国内文化话语传播存在的问题进行了分析。并在此基础上，以提升国际话语权，促进中国价值观的国际传播为核心目标进行了相关传播对策研究。

可以看出，关于中国价值观的国际传播，我国学者实现了理论创新、方法创新、策略创新。在理论创新方面，我国学者对“一带一路”的背景和意义，围绕国内外双重环境进行了深入分析，同时对“一带一路”和中国价值观进行了理论结合，并给予了时代化的解读；在方法创新方面，我国学者在进行理论研究的同时，针对国外受众对中国价值观、孔子学院和文化的接受以及认可程度，采用了实证研究的方式，并给出了相应的研究结果和对策，具有一定指导和实践意义，同时在中国国际价值观传播的过程中，对相关地缘国家进行了实证研究，对目前我国对外话语传播策略和方式进行了检验，同时也给出了相应的调整方向，具有较强的实际及操作意义；在策略创新方面，我国学者能够立足本土，放眼世界，以国际化的视野分析当下国际形势，并且顺应新的技术发展趋势，提出培养大量国际化专业性人才、建立当代中国价值观念国际传播的受众数据库、建构符合当下发展形势及技术水平的国际传播的效果评测标准与体系。

关于目前研究的不足方面，首先，当前我国学者对于“一带一路”背景下中国价值观国际传播的研究，主要集中在中国价值观传播策略的研究，在增强文化软实力、构建国际话语体系、国际化表达、受众本位等研究方向关注度较高，对国际化人才培养方式及国际受众数据库的建立和国际传播效果检测标准与体系主要集中在理论建构和设立意义方面的探讨。由于这几个方向具有较强的实践意义，而目前我国学者在这些方面还停留在理论研究的层次，对实际操作环节关注不多，未能提出具体的实践方法。其次，我国学者的研究方法仍以哲学思辨的理论研究为主。在对文献的梳理过程中，发现我国学者虽提出要通过科学化、国际化的研究方法实现与国际学术界的对接，但在实际的学术研究中，对于实证研究、量化研究等研究方法未给予足够重视。最后，我国学者关于中国价值观传播受众的研究成果数量丰富，成果显著，但是主要集中在以美国为代表的发达国家受众，对于少数民族群体、与我国处于相同发展背景的发展中国家群体、“一带一路”沿线国家和周边国家受众未给予相应关注。上文业已提到，发展中国家群体和“一带一路”沿线国家及周边国家，在“一带一路”倡议的推进与实施中发挥着重要作用，直接关系到“一带一路”的发展前景与方向，希望在今后的研究中，学界对上述问题能给予相应的关注。

第二，国家价值观念与中国价值观国际传播研究。通过研究发现，在国家价值观念传播方面呈现出严重不平衡的局面。首先是作为世界唯一的超级大国，美国价值观念传播的研究成果最多，其次是英、法、德、俄、韩、日、新加坡等发达国家，发展中国家较少有人关注。在国家价值传播过程中，西方发达国家，尤其是美国的国家价值观念传播较为成功，取得的经验也十分丰富。发展中国家受发达国家的影响，在价值观念的传播过程中，更多充当受体的角色，很少能主动将本国价值观念传播出去。西方发达国家的国家价值传播的成功，不是一蹴而就的，经历了复杂的传播发展过程，这为我国传播价值观念积累了重要经验。

具体而言，在国家价值观念的传播内容方面，多数国家都兼顾了继承创新、应时而变；在传播力量上都既注重国家力量，也注重利用非政府力量；传播工具上各个国家最注重媒体的作用，另外语言、体育、宗教、法治、教育等手段也是关注的重点；在传播策略上各个国家都不断开发多元化的传播渠道，创新传播方式，提高传播的手段和传播技巧；西方发达国家在传播过程中注重科学理论的指导，借助了传播学、社会学、符号学及文化学等多学科的理论指导传播实践。

以上是对现有研究成果进行总结，得出的各国在国家价值观念传播方面取得的经验。国家价值观念传播是国家“软实力”的重要组成部分，对国家综合力量的形成起着重要的作用。我国在这方面的研究和实践起步较晚，需要走的路还很长，借鉴已有成功经验将弥补我国在这些方面的缺陷，从而更好地传播我国的优秀价值观，以利于国家的进步和世界的发展。

第三，人类命运共同体与国家价值观国际传播研究。我们可以看到，21 世纪以来，国际传播新秩序正在发生深刻变化，呈现出“非西方媒体崛起、非传统媒体兴起、非国家行为体参与”等趋势。在当前世界各国价值观“百舸争流”的时代背景下，我们应该促进当代中国价值观念国际传播、增进其国际理解，直面全球化浪潮和文化霸权主义对中国文化安全和中国道路的冲击与挑战，彰显出对构建和谐世界的战略考量。

近年来，中国的文化软实力取得长足进步，国际知名度和影响力不断增长。但必须承认，当前的国际传播环境对中国仍旧不友好，社会主义核心价值观的对外传播仍面临严峻挑战。

西方世界对社会主义国家的评判框架并没有随着苏联解体、东欧剧变而瓦解。随着中国的迅速崛起，西方世界对中国的经济运作方式、政权组织形式、外交道义以及中国共产党的政治理念和执政行为提出质疑和不理解；社会主义核心价值观"走出去"流于形式，难以融入国际社会；尽管中国以认真负责的态度开展对外报道，效果却差强人意，"西强我弱"的国际传播旧格局仍然存在。

吉登斯（Anthony Giddens）认为，传播与媒介在全球化进程中"发挥了关键的作用"，传播是带来新的世界性社会关系变化的"关键因素"。我国倡导"人类命运共同体"理念，传播社会主义核心价值观，其目的就是推进我国与他国的"关系文化"，赢得世界对中国价值理念的充分理解与认同。针对这一课题，学者们从核心价值观提出的背景、内涵、意义、对外传播策略几个方面出发进行了系统阐述，但同时尚存一些不足，需要得到正视和修正。首先，关于社会主义核心价值观的研究，大多立足于本土语境的探讨，缺乏对国际视野的关注和对跨文化传播的考量。只有在国际比较视野中，才能准确把握社会主义核心价值观与人类其他价值观念体系的联系与区别、共性与个性，才能厘清社会主义核心价值观的精神实质，从而促进人们在认知层面上的理解。当前有关社会主义核心价值观理论内涵的研究成果，大多停留在现象描述或局部对比上，还缺乏中西之间"核心"价值观的深层次比较研究。其次，国内研究似乎默认西方天然占据主动地位，所关注的焦点往往是他们如何扭曲我们，以及我们需要并且如何进行反抗，缺乏一个相对平等的、平和的视角。对待西方价值观的态度，本国学者似乎常常在对抗与通融之间徘徊，一方面强调核心价值观对社会主义制度国家的标杆作用，强调对意识形态安全性的维护，另一方面却又推崇"去政治化"的传播模式。最后，相关研究在理论建构方面也不容乐观。现有理论过于单一，大多数学者在讨论“中国形象”时倾向于单纯的现象阐述或从“现象到对策”，既不能从理论中阐发现象，也不能通过研究抽绎和阐释理论。尽管我们已经明确提出“富强、民主、文明、和谐，自由、平等、公正、法治，爱国、敬业、诚信、友善”的核心价值观，但是它仍处在继续培育和完善之中。特别是部分概念在社会主义和资本主义概念框架内的本质内涵需要进一步澄清。

第四，民心相通与国家价值观国际传播研究。通过上述文献的梳理可以看出，近年来民心相通在一带一路国际传播领域的研究备受关注，呈现出上升的发展态势。而针对当前“一带一路”发展的时代需求，加强文化传播意识，建立完整的民生相通在“一带一路”国际传播领域研究体系已经是刻不容缓的问题。但由于“一带一路”提出时间相对较短，涉及国家和领域众多，而前期的研究重心多以政策沟通、设施联通、贸易畅通、资金融通四方面为主，民心相通研究为辅，当前学界对于“一带一路”的民心相通国际传播研究还处于前期阶段。专著层面，虽然学界对“一带一路”的关注度极高，成果斐然。但结合民心相通，以及民心相通在“一带一路”国际传播领域中的意义及具体实践的专著相对还是较少。总体来看，目前国内外学界对民心相通的探索与研究仍然集中在论文及咨政报告层面。学界对于民心相通在“一带一路”的国际传播研究主要涉及的领域在于民心相通的本质及重要意义层面的研究，其中包括文化经济与贸易、文化产业，文化资源。对如何搭建“一带一路”民心相通传播平台提出要求，强调对外传播过程中的文化认同与文化差异对“一带一路”所造成的影响，提出文化传播凝聚价值共识，从而深化经济交往巩固利益共同体，促进合作共赢等方面来推进“一带一路”建设，促进沿线国家文化交往等。在理论建构方面，民心相通在“一带一路”国际传播的意义及实践未形成系统的理论支撑和创新，体系并不完整。成果看似“丰硕”，却多在泛泛而谈，略显“浮躁”，理论阐述不够深入会影响“一带一路”国际传播领域中民生相通在学术领域内的渗透，缺乏统一的研究范式，研究较为零散地分布在不同学科之内，研究视野的拓展会受到极大的影响。内容层面，国内学者都关注到了民生相通在“一带一路”国际传播过程中的重要意义，以及“一带一路”所带来的重要机遇与时代背景，但是构想较多，讨论意义和困境的比较多，踏实落地的研究相对来说还是比较少，实证研究仍需进一步拓展和深化。民生相通在“一带一路”国际传播的意义及实践经验研究虽然得到国家政府、学界和社会各界的重视，但民生相通在国际传播领域的意义是什么、怎么样、应如何“走出去”乃至“走进去”等关键问题还是没有得到根本的解决。由于民生相通在“一带一路”国际传播领域中的研究本身的范畴就较为宏观，其文化的研究方向也因人而异，不同的学者在不同的地区、时间以不同的视角将产生出不同的见地。本文希望通过对已有的相关研究的简单综述，引起更多学者进一步秉持文化自觉意识，强化文化反思精神，不断深化民生相通在“一带一路”国际传播的意义及实践经验的研究。

第五，跨文化阐释与国家价值观国际传播研究。通过上述文献的梳理可以看出，中国价值观的跨文化传播研究备受关注，呈现出逐年上升的态势。价值观的跨文化研究，其前提是加强关于中国价值观的问题研究，这是根本，也是基础。只有把中国价值观的相关理论构建研究透彻，归纳出世界范围内普遍接受的概念、范畴、表述，才能真正讲清楚什么是中国价值观，从而消减国际社会对中国价值观的误读、误判。中国独有的传统文化及文明延续揭示出中国价值观跨文化研究的优势与挑战。中国善于从传统文明中认识文化发展和社会进步的规律。在全球视野中透视中国价值观，既要注重中国文明的性质、内涵、外延、特征与评价等范畴，也要加强实质内容的凝练与总结。理论界应设置相关专题研究，通过国家形象、传播实质、可持续发展等维度，把握中国价值观的研究成果，归纳出西方普遍接受的表述，提高中国对外话语体系的科学化水平。首先是跨文化适应的相关研究。我们应该准确把握国际社会对中国价值观的关切，积极吸取国内外相关研究中的有益成分，同时专注自身的文化发展，致力于增强跨文化的传播能力，讲好中国故事，全面连接中国价值观的中国意义和世界价值。同时，政府、媒体、跨国组织和公众等多主体参与中国价值观的跨文化传播是发展的必然路径，多主体参与为跨文化适应的相关研究提供了多种研究路径，符合全球发展的多元化态势。其次是实用性为导向的实证研究。实证研究是跨文化研究的主流研究方式，以定性研究法为代表，然后是混合研究法，与此同时定量研究的方法也愈发得到重视。与国内研究仍以非实证研究为主的现状相比，国际主流研究大多采用实证研究方法，且研究主题相对更"务实"，比较侧重跨文化教育与留学、现实交际环境中的跨文化沟通动态、跨文化适应与移民等现实问题。我国相关研究与现实社会的关联程度及基于实证调研提出研究结论的实际应用效能均有改善空间。

从传播学、政治学等学科的角度来说，中国价值观不仅是理论表述，而且是社会动员符号，在承载对外宣传与阐释的理念的同时，也担负着对内凝聚人心、精神的责任。中国价值观的阐释不仅仅局限于符号研究等传统层面。作为描述中国发展的宏大叙事，中国价值观在理论研究的路上应涵盖经济、政治、文化、社会、外交、生态等诸多领域，在传播路径上也应该有基于人类社会发展和全球化进程的历史纵深视野。

当代中国价值观是中华民族优秀传统文化的升华，是中国特色社会主义文化的核心因子。中国价值观跨文化阐释与传播的研究具有重要的理论与实践价值，应以"和而不同"为核心理念，以实现文化增值为基本目标，以促进世界各国对中国文化的认同为主要手段，阐明传播内容的中国特色，区分传播对象的文化语境，促进传播介质的话语转换，推进中国价值观走向世界。

纵观现有研究，我们主要可以在以下几个方面得到一些有益的启示：其一，"一带一路"中国价值观国际传播的研究应当做到历史与现实相结合。价值观的形成与传播有着漫长的历史渊源，而中国价值观国际传播主要着眼于现在与将来。因此我们可以采用历史与现实结合的视角，通过历史回溯，来揭示当前、预示未来，既注重研究的历史纵深感，又强调与时俱进，具有鲜明的时代性。其二，"一带一路"中国价值观国际传播的研究应当做到立足本土与全球视野相结合。研究中国价值观的国际传播，其出发点和落脚点当然首先是服务于中国的国家利益，但在经济和信息全球化背景下，中国的利益与人类共同利益密不可分，中国的问题也与全球的问题密不可分。因此，我们在突出中国价值观的中国特色的同时，应注重用全球视野考察中国价值观国际传播的现实，同时从中外对比中找到提升中国价值观国际传播效能的突破口。其三，"一带一路"中国价值观国际传播的研究应当做到理论与实践相结合。"一带一路"背景下中国价值观的国际传播，既是一个实践问题，面临操作层面的业务创新的迫切性，又是一个理论问题，亟须对原有的相关理论加以更新乃至迭代。我们在研究中应当自始至终坚持理论与实践相结合，避免要么空洞无物的坐而论道，要么零碎琐细的就事论事，最后得出既有理论先进性，又有实践指导性的研究成果。其四，"一带一路"中国价值观国际传播的研究应当做到宏观与中观、微观相结合。中国价值观国际传播是一项长期任务，但又面临紧迫的现实问题。因此，我们既要注重从长远的战略层面考察问题，提出宏观的系统的远景规划，也要观照当前和近期迫切需要解决的问题，提出切实可行的行动方案。

总而言之，在未来的研究中，我们应当注重选取权威且全面的已有研究成果，从中汲取经验，寻找不足之处与弥补之道，并在研究过程时刻注意自我总结与反思，从而使研究领域更加宽广、研究深度更加厚实、研究方法更加丰富，使研究更具独到的学术价值、应用价值和社会意义。

参考文献

［1］Abhishek Pratap Singh. (2017). Book Review: China, State Sovereignty and International Legal Order by Phil C.W. Chan. *China Report*, Vol. 53.

［2］Arasaratnam, L. (2015). Research in Intercultural Communication: Reviewing the Past Decade. *Journal of International and Intercultural Communication*, Vol. 8.

［3］B. K. Sharma, Dr. Nivedit Das Kundu. (2017). *China's One Belt One Road: Initiative, Challenges and Prospects*. DEL: Vij Books India.

［4］Benet-Martinez, V. (2008). Cross-cultural Personality Research: Conceptual and Methodological Issue, In R. W. Robins, R. C. Fraley & R. F. Krueger (eds.) *Handbook of Research Methods in Personality Psychology*, New York: The Guilford Press.

［5］Beverley Loke. (2015). Unpacking the politics of great power responsibility: Nationalist and Maoist China in international order-building. *European Journal of International Relations*, Vol. 22.

［6］Brown, M. R., K. Higgins, T. Pirce & E. Hong. (2003). Secondary Students' Perceptions of School Life with Regard to Alienation: The Effects of Disability, Gender and Race. *Learning Disability Quarterly*, Vol. 26.

［7］Burgoon, J. K. (1993). Interpersonal Expectations, Expectancy Violations, and Emotional Communication. *Journal of Language and Social Psychology*, Vol. 12.

[8] Charles O'Brian. (1997). International Adoption from China. *Adoption & Fostering*, Vol. 21.

[9] Chris Carr, Simon Harris. (2004). The Impact of Diverse National Values on Strategic Investment Decisions in the Context of Globalization. *International Journal of Cross Cultural Management*, Vol. 4.

[10] Chris Devonshire-Ellis. (2015). *China's New Economic Silk Road: The Great Eurasian Game & The String of Pearls*. Asia Briefing Ltd. HK: Asia Briefing Ltd.

[11] Christopher R. Hughes. (2002). China and the globalization of ICTs: Implications for international relations. *New Media & Society*, Vol. 4.

[12] Clyde A. Warden, Judy F. Chen, D'Arcy Caskey. (2005). Cultural Values and Communication Online: Chinese and Southeast Asian Students in a Taiwan International MBA Class. *Business Communication Quarterly*, Vol. 68.

[13] Daniel A. Bell. (2009). War, Peace, and China's Soft Power: A Confucian Approach. *Diogenes*, Vol. 56.

[14] Thomas, D. C., & Petersen, M. F. (2014). *Cross-Cultural Management: Essential Concept*. LON: SAGE Publications.

[15] Donald Hugh McMillen. (1983). China in Asia's International Relations. *International Journal*, Vol. 38.

[16] Duane Elmer. (2002). *Cross-Cultural Connections: Stepping Out and Fitting In Around the World*. US：IVP Academic.

[17] Elizabeth Van Wie Davis. (2003). Book Review: Same Bed Different Dreams, Managing U.S.-China Relations 1989–2000. *China Information*, Vol. 17.

[18] Ernest J. Wilson. (2008). Hard Power, Soft Power, Smart Power. *The ANNALS of the American Academy of Political and Social Science*, Vol. 616.

[19] Fabrice de Pierrebourg, Michel Juneau-Katsuya. (2009). Nest of Spies：The starting truth about foreign agents at work within Canada's borders. *Harper Collins Canada*, Vol. 8.

[20] Gallois, C., & V. J. Callan. (1997). *Communication and Culture: A Guide for Practice*. NY: John Wiley & Sons, Inc.

[21] Gary D. Rawnsley. (2015). To Know Us is to Love Us: Public Diplomacy and International Broadcasting in Contemporary Russia and China. *Politics*, Vol. 35.

[22] Harmala Kaur. (1977). China in the International System. *China Report*, Vol. 13.

[23] Henry S.R. Kao, NG Sek-Hong. (1995). Chinese Values in Work Organization: An Alternative Approach to Change and Development. *Journal of Human Values*, Vol. 1.

[24] Hofstede G. (2004). *Cultures and Organizations: Software of the Mind.* London: McGraw-Hill Book Company (UK) Ltd.

[25] Howard W. French. (2017). *Everything Under the Heavens: How the Past Helps Shape China's Push for Global Power*. NY: Knopf.

[26] Jabin T. Jacob. (2012). China in Southeast Asia: The Search for a Chinese Model of International Relations. *China Report*, Vol.48.

[27] Jaeho Hwang, Chen Dongxiao. (2010). China's Harmonious Asia Strategy. *International Area Review*, Vol.13.

[28] James F. Paradise. (2009). China and International Harmony: The Role of Confucius Institutes in Beijing's Soft Power. *Asian Survey*, Vol. 49.

[29] Jeanne L. Wilson. (2015). Russia and China Respond to Soft Power: Interpretation and Readaptation of a Western Construct. *Politics*, Vol. 35.

[30] Jeremy Garlick. (2017). If You Can't Beat'em, Join'em: Shaping India's

Response to China’s “Belt and Road” Gambit. *China Report*, Vol. 53.

[31] José Alemán, Dwayne Woods. (2015). Value Orientations From the World Values Survey, How Comparable Are They Cross-Nationally? *Comparative Political Studies*, Vol. 49.

[32] Joseph S. Nye. (1990). *Bound to Lead: The Changing Nature of American Power*. New York: Basic Book.

[33] K. P. Karunakaran. (1966). China in India’s International Relations. *China Report*, Vol. 2.

[34] Kara Chan, Hong Cheng. (2002). One Country, Two Systems, Cultural Values Reflected in Chinese and Hong Kong Television Commercials. *Gazette (Leiden, Netherlands)*, Vol. 64.

[35] Karen Moustafa Leonard, James R. Van Scotter, Fatma Pakdil. (2009). Culture and Communication: Cultural Variations and Media Effectiveness. *Administration & Society*, Vol. 41.

[36] Khanindra Ch. Das. (2017). The Making of One Belt, One Road and Dilemmas in South Asia. *China Report*, Vol. 53.

[37] Kingsley Edney. (2015). Building National Cohesion and Domestic Legitimacy: A Regime Security Approach to Soft Power in China. *Politics*, Vol. 35.

[38] L. Ling-Chi Wang. (2003). Book Review: Dreaming of Gold, Dreaming of Home: Transnationalism and Migration between the United States and South China, 1882–1943. *Asian and Pacific Migration Journal*, Vol. 12.

[39] L. H. M. Ling. (2017). Beyond Soft Power: Cultural Power from India and China Today through Film. *China Report*, Vol. 53.

[40] Larry A. Samovar, Richard E. Porter, Edwin R. McDaniel, Carolyn Sexton Roy. (2012). *Communication Between Cultures*. LA: Wadsworth Publishing.

［41］Long Lim. (2001). Work-Related Values of Malays and Chinese Malaysians. *International Journal of Cross Cultural Management*, Vol. 1.

［42］Marc Lanteigne. (2016). Water dragon? China, power shifts and soft balancing in the South Pacific. *Political Science*, Vol. 64.

［43］Marie Christine Duggan. (2013). Taking Back Globalization: A China-United States Counterfactual Using Keynes's 1941 International Clearing Union. *Review of Radical Political Economics*, Vol. 45.

［44］Mark Roden. (2003). US–China Relations in the Contemporary Era: An International Political Economy Perspective. *Politics*, Vol. 23.

［45］Marubbio, M. Elise. (2002). Celebrating with *The Last of the Mohicans*: The Columbus Quincentenary and Neocolonialism in Hollywood Film. *Journal of American & Comparative Cultures*. Vol. 25.

［46］Michael Minkov, Geert Hofstede. (2011). Is National Culture a Meaningful Concept? Cultural Values Delineate Homogeneous National Clusters of In-Country Regions. *Cross-Cultural Research*, Vol. 46.

［47］Patricia Uberoi. (1972). Nationalism and internationalism: Conflicting values of the Chinese New Culture Movement. *China Report*, Vol. 8.

［48］Paul S. Hempel, Maris G. Martinsons. (2009). Developing international organizational change theory using cases from China. *Human Relations*, Vol. 62.

［49］Peng Duan. (2016). Essay on the external communication strategies of the China Dream: Analysis and study of reports on the China Dream in The Washington Post and on CNN. *Global Media and China*, Vol. 1.

［50］Peter T. C. Chang. (2014). Confucian pluralism and China's dream of a harmonious world. *China Information*, Vol. 28.

［51］Philip L. Pearce, Mao-Ying Wu. (2015). Entertaining International Tourists,

An Empirical Study of an Iconic Site in China. *Journal of Hospitality & Tourism Research*. Vol. 42.

[52] Philipsen, Gerry. (1992). *Speaking Culturally: Explorations in Social Communication*. Albany, N.Y.: State University of New York Press.

[53] Qin Yaqing. (2011). Development of International Relations theory in China: progress through debates. *International Relations of the Asia-Pacific*, Vol. 11.

[54] Qinhua Xu, William Chung. (2016). *China's Energy Policy from National and International Perspectives: The Energy ReVolution and One Belt One Road Initiative*.HK: City University of Hong Kong Press.

[55] Richard W. Hu. (2017). China's "One Belt One Road" Strategy: Opportunity or Challenge for India? *China Report*, Vol. 53.

[56] Ronald Fischer, Ype H. Poortinga. (2012). Are cultural values the same as the values of individuals? An examination of similarities in personal, social and cultural value structures. *International Journal of Cross Cultural Management*, Vol. 12.

[57] Rosali Raut. (2014). Book Review: China's Nightmare, America's Dream: India as the Next Global Power by William H. Avery. *China Report*, Vol. 50.

[58] Ruan Zongze, Debasish Chaudhuri. (2005). Contemporary International Situation and China-Russia-India Relations. *China Report*, Vol. 41.

[59] Scott L. Kastner. (2014). Buying Influence? Assessing the Political Effects of China's International Trade. *Journal of Conflict Resolution*, Vol. 60.

[60] Song Tianyang. (2013). Global Ethics in the Thought of Laozi: Constructing China's Soft Power. *China Report,* Vol. 49.

[61] Song Xinning. (1997). International Relations Theory-Building in China. *Political Science*, Vol. 49.

[62] Su-Yan Pan. (2008). Changes and Challenges in the Flow of International

Human Capital China's Experience. *Journal of Studies in International Education*, Vol. 14.

[63] Sypher, B.D., Applegate, J., & Syper, H. (1985). Culture and Communication in Organizational Contexts, in W. B. Gudykunst (ed) *Communication, Culture and Organizational Processes*. Beverly Hills: Sage.

[64] Tai Wei Lim, Katherine Hui Tseng, Wen Xin Lim. (2016). *China's One Belt One Road Initiative*. LON: Imperial College Press.

[65] Terry Flew. (2016). Evaluating China's aspirations for cultural soft power in a post-globalisation era. *Media International Australia*, Vol. 159.

[66] Tim Winter. (2006). One Belt, One Road, One Heritage: Cultural Diplomacy and the Silk Road. *The Diplomat*. 2016-03-30.

[67] Tom Miller. (2017). *China's Asian Dream: Empire Building along the New Silk Road*. LON: Zed Books.

[68] Victoria Wai Lan Yeung, Yoshihisa Kashima. (2012). Culture and Stereotype Communication: Are People From Eastern Cultures More Stereotypical in Communication? *Journal of Cross-Cultural Psychology*, Vol. 43.

[69] W. Barnett Pearce & Vernon E. Cronen. (1980). *Communication, Action & Meaning: The Creation of Social Realities*. New York: Praeger.

[70] Wang Yiwei. (2016). *The Belt and Road Initiative: What Will China Offer the World in Its Rise*. BJ: New World Press.

[71] William A. Callahan. (2016). China's "Asia Dream" : The Belt Road Initiative and the new regional order. *Asian Journal of Comparative Politics*, Vol. 1.

[72] William A. Callahan. (2015). Identity and Security in China: The Negative Soft Power of the China Dream. *Politics*, Vol. 35.

[73] Y. Y. Kim & W. B. Gudykunst (1988). *Theories in intercultural communication*. Newbury Park, CA: Sage.

［74］〔美〕阿尔文·托夫勒:《第三次浪潮》，黄明坚译，新华出版社 1996 年版。

［75］〔英〕安德鲁·查德威克:《互联网政治学：国家、公民与新传播技术》，任孟山译，华夏出版社 2010 年版。

［76］〔英〕爱德华·泰勒:《原始文化》，连树声译，广西师范大学出版社 2005 年版。

［77］安虎森、郑文光:《地缘政治视角下的“一带一路”战略内涵——地缘经济与建立全球经济新秩序》,《南京社会科学》2016 年第 4 期。

［78］安然、何国华:《孔子学院跨文化传播影响力评估维度研究》,《广西社会科学》2017 年第 3 期。

［79］本刊记者:《中国崛起呼唤核心价值观——访国防大学教授公方彬》,《紫光阁》2013 年第 3 期。

［80］布庆荣:《美国“价值观输出”的历史考察》,《湖北社会科学》2008 年第 1 期。

［81］蔡惠福、刘大勇:《如何对外阐释社会主义核心价值观》,《对外传播》2014 年第 7 期。

［82］蔡拓:《全球治理的中国视角与实践》,《中国社会科学》2004 年第 1 期。

［83］蔡盈洲:《电视剧跨文化传播：从品牌到国家形象》,《中国电视》2017 年第 1 期。

［84］蔡馥谣:《西方新闻周刊镜像下的中国形象——基于 1949—2013 年德国〈明镜〉周刊封面的中国符号分析》,《兰州大学学报（社会科学版）》2014 年第 4 期。

［85］曹卫东:《外国人眼中的“一带一路”》，人民出版社 2016 年版。

［86］曹云华:《关键是民心相通——关于中国—东南亚人文交流的若干问

题》,《对外传播》2016 年第 5 期。

[87] 崔守军:《中国国际传播的逻辑困境与模式转换》,《国际展望》2010 年第 6 期。

[88] 常非凡:《理解与推进民心相通建构人类命运共同体》,《人民论坛・学术前沿》2018 年第 22 期。

[89] 车琳:《法国核心价值观在国内外的传播》,《法语学习》2017 年第 4 期。

[90] 车琳:《法国核心价值观的内涵及辩证关系解析》,《法语国家与地区研究》2018 年第 2 期。

[91] 车向前、郭继荣:《跨文化外推视阈下的"一带一路"民心相通提升路径》,《西安交通大学学报(社会科学版)》2017 年第 2 期。

[92] 陈滨琼、李志红:《简论艾约瑟的跨文化传播策略》,《自然辩证法通讯》2015 年第 6 期。

[93] 陈枫:《构建中国国际话语体系提升国际传播能力》,《中国广播电视学刊》2015 年第 8 期。

[94] 陈力丹、梁雨晨:《向世界说明中国——论中国的国际话语权问题及策略》,《新闻传播》2010 年第 11 期。

[95] 陈林侠、彭云峰:《全球化背景下中国电影的国家形象及其建构前瞻》,《艺术广角》2010 年第 5 期。

[96] 陈强:《"人类命运共同体"的文化构建与"精神丝绸之路"》,《西北民族大学学报(哲学社会科学版)》2016 年第 4 期。

[97] 陈汝东:《论国家价值传播——视觉叙事范式》,《安徽师范大学学报(人文社会科学版)》2015 年第 4 期。

[98] 陈尚文:《赋予古丝绸之路新时代内涵(权威论坛)》,《人民日报》2014 年 5 月 13 日第 23 版。

［99］陈伟军:《“一带一路”背景下中国价值观的国际传播路径》,《学术界》2018 年第 5 期。

［100］陈希:《国际传播新形势下新型外语智库建设》,《传媒观察》2015 年第 12 期。

［101］陈先红、刘晓程:《核心价值观传播的国家公共关系战略构想》,《现代传媒（中国传媒大学学报）》2015 年第 6 期。

［102］陈延斌、牛绍娜:《欧美核心价值观的传播路径及其对我国的启示》,《吉首大学学报（社会科学版）》2013 年第 2 期。

［103］陈英明:《变化的世界文化格局与推动中国出版走出去》,《出版发行研究》2016 年第 12 期。

［104］陈云萍:《全球化时代国际传播教育研究》,《新闻知识》2017 年第 2 期。

［105］程曼丽:《国际传播能力建设的实践研究与意义——兼评〈新媒体跨文化传播的中国实践研究〉》,《新闻与传播评论》2019 年第 1 期。

［106］但午剑、焦道利:《后全球化时代下国产电影中的中国国家形象与文化认同演变》,《当代电影》2018 年第 11 期。

［107］戴晶钰、陈泽冰:《纪录片〈Baraka〉的符号学解读》,《新闻研究导刊》2016 年第 13 期。

［108］邓显超、袁亚平:《从话语转换看中华文化走出去》,《长白学刊》2012 年第 4 期。

［109］丁俊:《论中国与伊斯兰国家的“民心相通”》,《阿拉伯世界研究》2016 年第 3 期。

［110］丁威:《当前中国思想文化凝聚中国力量研究——基于习近平全面改革与文化建设思想论述》,《云南民族大学学报（哲学社会科学版）》2018 年第 1 期。

［111］董德:《论美国对华意识形态输出途径的多样性》,《江海学刊》2012年第6期。

［112］段立国:《当代中国核心价值观念国际传播的战略意蕴》,《探索》2016年第3期。

［113］方爱东:《提升社会主义核心价值观国际影响力的思考》,《理论建设》2014年第1期。

［114］〔比〕傅立门:《中国经济将造福欧盟》,《人民日报》2014年3月23日第3版。

［115］傅莹:《国际战略智库期待“转型革命”》,《人民日报》2015年4月15日第5版。

［116］高森:《G20杭州峰会文艺晚会跨文化传播的美学策略》,《电视研究》2017年第4期。

［117］郜书锴、王文博:《韩剧热播的传播符号学解析》,《现代视听》2014年第11期。

［118］公方彬:《价值中国》,中国工人出版社2013年版。

［119］郭海龙、汪希:《习近平人类命运共同体思想的生成、价值和实现》,《邓小平研究》2016年第3期。

［120］郭建宁:《打造与中国道路相适应的话语体系》,《人民论坛·学术前沿》2012年第11期。

［121］郭丽双:《多元化思潮对苏联社会主义核心价值观的解构及教训》,《当代世界与社会主义》2014年第6期。

［122］郭可:《西方媒体为何持续矮化中国?》,《社会观察》2013年第5期。

［123］郭可、吴瑛:《世博会对提升中国国家形象的作用——基于多语种国际舆情的研究》,《外交评论(外交学院学报)》2010年第6期。

［124］郭荣刚、王坚德:《犹太教与以色列国家价值观的形成》,《江汉大学学

报（人文科学版）》2009 年第 2 期。

［125］郭宪纲、姜志达:《“民心相通”：认知误区与推进思路——试论“一带一路”建设之思想认识》,《和平与发展》2015 年第 5 期。

［126］郭晓明、贺耀敏:《扩大社会主义核心价值观的国际传播》,《人民论坛》2016 年第 21 期。

［127］国家信息中心“一带一路”大数据中心:《“一带一路”大数据报告（2016）》，商务印书馆 2016 年版。

［128］〔美〕古迪孔斯特:《美国跨文化传播理论综述》（一），赵晶晶、孙楠楠译,《中国传媒报告》2004 年第 5 期。

［129］〔美〕古迪孔斯特:《美国跨文化传播理论综述》（二），赵晶晶、秦筠译,《中国传媒报告》2005 年第 2 期。

［130］《国际关注 · 中国声音》编写组:《*International Attention-Opinion of China*（国际关注 · 中国声音）》，人民出版社 2014 年版。

［131］〔美〕哈罗德 · 拉斯韦尔:《社会传播的结构与功能》，展江、何道宽译，中国传媒大学出版社 2013 年版。

［132］韩秉方:《德国宗教印象》,《读书》2001 年第 2 期。

［133］韩松、平川:《对外报道中国梦的切入点》,《对外传播》2014 年第 2 期。

［134］韩震:《论全球化进程中的多重文化认同》,《求是学刊》2005 年第 5 期。

［135］〔美〕汉斯 · 摩根索:《国家间的政治：寻求权力与和平的斗争》，徐昕等译，中国人民公安大学出版社 1990 年版。

［136］〔美〕赫伯特 · 甘斯:《什么在决定新闻》，石琳、李红涛译，北京大学出版社 2009 年版。

［137］何东平:《融媒体：缔造新型主流媒体》,《光明日报》2014 年 10 月 25

日第 10 版。

[138] 何晓裴:《新加坡社会组织考察》,《群文天地》2011 年第 6 期。

[139] 何志鹏:《国际法治：一个概念的界定》,《政法论坛》2009 年第 4 期。

[140] 胡正荣、李继东、姬德强:《中国国际传播发展报告》，社会科学文献出版社 2014 年版。

[141] 胡伟:《道与术：国际政治传播的战略思维》,《社会科学》2014 年第 12 期。

[142] 胡伟:《"一带一路"：打造中国与世界命运共同体》，人民出版社 2016 年版。

[143] 胡文涛、林煜浩:《发挥文化外交作用力促"一带一路"民心相通》,《战略决策研究》2016 年第 2 期。

[144] 胡宗山:《中国国际话语权刍议：现实挑战与能力提升》,《社会主义研究》2014 年第 5 期。

[145] 胡智锋、刘俊:《主体·诉求·渠道·类型：四重维度论如何提高中国传媒的国际传播力》,《新闻与传播研究》2013 年第 4 期。

[146] 华益文:《两条丝路一样精彩》,《人民日报海外版》2013 年 9 月 13 日第 1 版。

[147] 黄端、陈俊艺:《民心相通是"一带一路"建设取得成功的关键点和落脚点》,《发展研究》2017 年第 5 期。

[148] 黄会林:《民心相通:"一带一路"看中国·外国青年影像计划》，北京师范大学出版社 2016 年版。

[149] 黄会琴:《西方价值观谋取互联网话语权的反思》,《新课程研究（职业教育）》2008 年第 11 期。

[150] 黄金华、秦成逊:《世界经济一体化最新趋势与特征研究》,《经济问题探索》2012 年第 2 期。

［151］黄静、张雪:《跨文化传播视域中国家形象塑造的路径选择——基于马莱茨克模式的分析》,《西南民族大学学报（人文社会科学版）》2015年第3期。

［152］黄敏:《近代现代化强国梦的话语建构——以〈申报〉及〈申报月刊〉相关文章为例》,《社会主义研究》2014年第4期。

［153］黄敏:《中国近代"社会理想"的话语建构——基于晚清、民国两大期刊数据库的分析》,《外语与外语教学》2016年第6期。

［154］黄友义:《发展翻译事业促进世界多元文化的交流与繁荣》,《中国翻译》2008年第4期。

［155］冀小峰:《"中国故事"的国际化讲述——纪录片〈1937南京记忆〉的跨文化叙事策略》,《中国广播电视学刊》2015年第7期。

［156］姜飞:《跨文化大传播视角下的"一带一路"建设》,《中国社会科学报》2016年6月24日第6版。

［157］姜飞:《"软—软实力"：理解和践行"软实力"的中国视角》,《山西大学学报（哲学社会科学版）》2014年第5期。

［158］姜飞:《新阶段推动中国国际传播能力建设的理性思考》,《南京社会科学》2015年第6期。

［159］姜飞:《跨文化传播研究的思想地图与中国国际传播规划的转向》,《暨南学报（哲学社科学版）》2016年第1期。

［160］江畅:《论当代中国价值观》，科学出版社2017年版。

［161］江畅、戴茂堂、周海春:《我国主流价值文化及其构建研究（研究报告集）》，人民出版社2013年版。

［162］蒋屹:《世界反全球化运动对"一带一路"战略的影响及应对》,《人民论坛》2015年第32期。

［163］金玲:《"一带一路"：中国的马歇尔计划？》,《国际问题研究》2015年第1期。

[164] 金勇、崔玉娇、李正荣:《"四轮驱动"打造一流国际传播人才》,《传媒》2016年第24期。

[165] 金巍:《梅花与牡丹:"一带一路"背景下的中国文化战略》,中信出版社2016年版。

[166] 金灿荣:《中国智慧:十八大以来中国外交》,中国人民大学出版社2017年版。

[167] 晋爱荣:《韩剧对社会核心价值观传播的启示》,《文学教育》2017年第3期。

[168] 荆学民:《中国政治传播策论》,中国传媒大学出版社2017年版。

[169] 荆学民、李彦冰:《政治传播视野:国家形象塑造与传播中的国家理念析论》,《现代传播(中国传媒大学学报)》2010年第11期。

[170] 荆学民:《国际政治传播中政治文明的共振机制及中国战略》,《国际新闻界》2015年第8期。

[171] 孔根红:《推进"一带一路"宜处理好若干关系》,《中国投资》2014年第10期。

[172] Lepadatu Florina、张焱、戴楷然:《传统纸媒在Facebook上的推广策略研究——基于〈人民日报(海外版)〉与〈华盛顿邮报〉的比较分析》,《东南传播》2018年第3期。

[173] 黎昕:《用中华优秀传统文化滋养社会主义核心价值观》,《光明日报》2018年7月12日。

[174] 李晨阳、杨祥章:《"一带一路"框架下的中国–周边互联互通》,《战略决策研究》2016年第5期。

[175] 李成:《乐观中国"改革2.0版"》,《中国新闻周刊》2014年第9期。

[176] 李岗:《滑动的66号公路:跨文化传播符号建构》,《当代电影》2015年第6期。

［177］李宏:《新媒体时代跨文化传播研究——以〈今日俄罗斯〉为例》,《传媒》2017 年第 3 期。

［178］李继东、胡正荣:《超越与回归：谈国际传播的价值问题》,《中国广播电视学刊》，2013 年 4 期。

［179］李辽宁:《论"一带一路"背景下中国价值观的国际传播》,《思想理论教育》2017 年第 6 期。

［180］李辽宁:《"一带一路"背景下中国价值观国际传播论纲》,《理论与评论》2018 年第 5 期。

［181］李宁:《构建命运共同体推动中国价值观》,《国际经济合作》2015 年第 8 期。

［182］李舒:《文化国际传播战略下的人才培养》,《中国党政干部论坛》2013 年第 8 期。

［183］李曦珍:《融媒时代讲好"中国故事"的文化价值取向》,《甘肃社会科学》2018 年第 6 期。

［184］李行健:《中国"走出去"企业规则困境的法律应对》,《中国公共外交发展报告》，社会科学文献出版社 2015 年版。

［185］李延生:《社会主义核心价值观国际话语权构建的意义与原则》,《求知》2017 年第 3 期。

［186］李彦冰、荆学民:《国家形象传播研究的几个问题》,《国际新闻界》2010 年第 6 期。

［187］李宇:《媒体国际传播的可持续发展策略——从半岛电视台美国频道停播说起》,《电视研究》2016 年第 6 期。

［188］李宇:《浅析中国影视国际传播的路径变革及文化跨越策略》,《对外传播》2018 年第 4 期。

［189］李耘耕:《从"批判话语分析（CDA）"到"传播民族志"（EOC）——

话语、传播实践与“钟情妄想症”的分析示例》,《暨南学报》2016 年第 9 期。

［190］李自国:《“一带一路”愿景下民心相通的交融点》,《新疆师范大学学报（哲学社会科学版）》2016 年第 3 期。

［191］李嘉莉:《社会主义核心价值观对外传播问题研究》，山西大学博士学位论文，2015 年。

［192］梁德学、唐润华:《媒介技术演进与中国价值观国际传播的路径创新》,《国际传播》2018 年第 3 期。

［193］梁海明:《“一带一路”对外传播应如何化解文化冲突与误解》,《对外传播》2016 年第 5 期。

［194］梁红军:《“一带一路”战略的民心相通研究》,《黄河科技大学学报》2015 年第 6 期。

［195］廖加林:《论社会主义义利观》,《湘潭师范学院学报》1999 年第 1 期。

［196］廖雷:《从边缘到核心——浅议国际传播中的价值观传播》,《对外传播》2014 年第 6 期。

［197］廖卫民:《新世界主义与对外传播战略——基于“传播与人类命运共同体”穹顶模型的理论思考》,《浙江社会科学》2017 年第 5 期。

［198］〔苏〕列宁:《列宁选集》，人民出版社 2012 年版。

［199］林媛:《试析美国政府对外文化传播的“他者”改造观》,《现代传播（中国传媒大学学报）》2014 年第 2 期。

［200］刘春波:《李普曼“刻板成见”理论与思想政治教育的舆论引导功能》,《武汉科技大学学报（社会科学版）》2012 年第 6 期。

［201］刘德定:《当代中国文化软实力研究》，河南大学博士学位论文，2012 年。

［202］刘鹤文:《国际传播的“海味”与“中国味”》，天津师范大学硕士学位论文，2016 年。

[203]刘红凛：《信息时代的话语权与核心价值观的中外认同度》，《理论学刊》2014年第10期。

[204]刘洪潮：《怎样做对外宣传报道》，中国传媒大学出版社2005年版。

[205]刘佳、刘昊凝：《中国文化软实力传播的单一性困境及对策——以中国文化软实力在美国传播的实证调查为视角》，《国家行政学院学报》2016年第3期。

[206]刘江永：《地缘政治思想对中美日关系的影响》，《日本学刊》2015年第3期。

[207]刘康、韩建旭：《国外培育核心价值观的实践及其启示——以美国、韩国和新加坡为例》，《探索》2015年第4期。

[208]刘莉：《实现"中国梦"对美国也有好处》，《国际先驱导报》2013年11月12日第5版。

[209]刘连营：《人类命运共同体理念下跨文化传播的创新策略》，《传媒》2018年第23期。

[210]刘娜：《国际传播中的民间力量及其培育》，《新闻界》2011年第6期。

[211]刘明福、王忠远：《习近平民族复兴大战略——学习习近平系列讲话的体会》，《国防大学》2014年第7—8期。

[212]刘奇葆：《加快推动传统媒体和新兴媒体融合发展》，《人民日报》2014年4月23日第6版。

[213]刘奇葆：《促进民心相通实现合作共赢》，《对外传播》2016年第10期。

[214]刘擎：《重建全球想象：从"天下"理想走向新世界主义》，《学术月刊》2015年第8期。

[215]刘强：《"一带一路"倡议有助于消除恐怖主义土壤》，《人民论坛》2016年第2期。

［216］刘伟:《民心相通—共筑友谊之桥——“一带一路”故事》，外文出版社 2017 年版。

［217］刘晓程:《理论与时间：国家公共关系基本问题研究》，华中科技大学博士学位论文，2014 年。

［218］刘晓楠:《打造人类命运共同体加强文明交流互鉴》，《山东省社会主义学院学报》2017 年第 2 期。

［219］刘欣路:《中阿价值观认同建构与正确义利观的传播》，《对外传播》2015 年第 5 期。

［220］刘欣路、许婷:《民心相通需要“小语种”的支撑》，《对外传播》2017 年第 4 期。

［221］刘艳芳、朱晨静:《国家形象建构与中国价值的国际传播》，《河北师范大学学报（哲学社会科学版）》2014 年第 4 期。

［222］刘勇、方爱东:《当代中国主流价值观话语权建构的四个维度》，《学术论坛》2016 年第 6 期。

［223］刘嘉琳:《人类命运共同体的构建及存在问题研究》，延边大学硕士学位论文，2016 年。

［224］刘玮:《传播视角下“中译外”的观念与路径》，《现代传播（中国传媒大学学报）》2016 年第 10 期。

［225］卢衍鹏:《“中国梦”的对外传播与国家形象的重建》，《学术论坛》2017 年第 1 期。

［226］陆佳英:《论中西文化的共同性和互补性》，《广东社会科学》2002 年第 2 期。

［227］陆经生、陈旦娜:《语言测试与语言传播：以西班牙语全球传播战略为例》，《外语教学与研究》2016 年第 5 期。

［228］陆攀:《体育报道与国家主流意识形态传播——以〈新闻联播〉南京青

奥会报道为例》，《廊坊师范学院学报（社会科学版）》2015 年第 1 期。

［229］陆扬、王毅：《文化研究导论》（修订版），复旦大学出版社 2014 年版。

［230］路云亭：《足球中的国民性》，《体育与科学》2015 年第 1 期。

［231］罗慧：《单波教授谈跨文化传播的基本问题》，《国际新闻界》2016 年第 6 期。

［232］罗毅：《歌德学院推动德语在全球范围内加速传播》，《世界教育信息》2014 年第 3 期。

［233］骆萍、孔庆茵：《当代中国价值观：内涵、意义与传播策略》，《探索》2015 年第 4 期。

［234］骆正林：《奥林匹克运动会的景观制造与价值传播》，《体育与科学》2016 年第 6 期。

［235］吕金函：《英、美、澳核心价值观教育的经验启示》，《上海党史与党建》2018 年第 11 期。

［236］马斌：《冷战后美国向中亚输出民主的过程与效果评估》，复旦大学硕士论文，2007 年。

［237］〔德〕马克思、恩格斯：《马克思恩格斯选集》，人民出版社 1995 年版。

［238］〔墨〕玛丽亚－克里斯蒂娜·罗萨斯：《中国梦回应现实挑战》，《解放日报》2013 年 12 月 10 日第 6 版。

［239］马健永、费聿辉：《中国梦与社会主义核心价值观的辩证统一性》，《中国石油大学学报（社会科学版）》2018 年第 4 期。

［240］马婷：《〈长城〉的跨文化传播策略与中国形象》，《传媒》2017 年第 3 期。

［241］毛跃：《论社会主义核心价值观的国际话语权》，《浙江社会科学》2013 年第 7 期。

［242］莫凡：《中国化马克思主义国际传播的文化逻辑及其世界历史意义》，

《社会科学辑刊》2018 年第 4 期。

[243] 莫凡、李惠斌:《当代中国价值观念对外话语体系建构与传播研究》,《中国特色社会主义研究》2014 年第 6 期。

[244] 明浩:《"一带一路"与"人类命运共同体"》,《中央民族大学学报(哲学社会科学版)》2015 年第 6 期。

[245] 潘雯:《走出"东方 / 性":美国亚裔文学批评及其"华人话语"建构》,复旦大学博士学位论文,2013 年。

[246] 潘维、廉思:《中国社会价值观变迁 30 年》,中国社会科学出版社 2008 年版。

[247] 季鹏、姜辉:《加快推进"一带一路"建设为中华民族伟大复兴"圆梦"》,《党史博采(理论)》2015 年第 4 期。

[248] 欧祝平:《论马克思主义意识形态优势话语权的重建》,《求索》2014 年第 7 期。

[249] 逄增玉、乐琦:《跨文化传播语境中孔子学院运营与管理研究》,《现代传播(中国传媒大学学报)》2017 年第 2 期。

[250] 彭龙:《外语教育需要的战略思考》,《光明日报》2015 年 3 月 31 日第 13 版。

[251]〔美〕乔舒亚·库珀·雷默:《中国形象:外国学者眼里的中国》,沈晓雷等译,社会科学文献出版社 2008 年版。

[252] 戚如强:《瑞典青少年社会核心价值观教育的特色及启示》,《外国中小学教育》2017 年第 9 期。

[253] 强以华:《价值观多元化刍议》,《湖北大学学报(哲学社会科学版)》2002 年第 4 期。

[254] 钱穆:《文化学大义》,选自《钱宾四先生全集》第 37 册,联经出版社 1998 年版。

［255］秦圣阳:《论社会主义核心价值观的人际传播》,《新闻战线》2016 年第 14 期。

［256］曲轩:《英国的核心价值观教育及其悖谬》,《国外理论动态》2017 年第 6 期。

［257］〔法〕让·波德里亚:《美国》，张生译，南京大学出版社 2011 年版。

［258］任思奇、邓若玉:《习近平"命运共同体"思想探源》,《人民论坛》2016 年第 5 期。

［259］人民日报评论部:《习近平讲故事》，人民出版社 2017 年版。

［260］阮宗泽:《人类命运共同体：中国的"世界梦"》,《国际问题研究》2016 年第 1 期。

［261］〔美〕塞缪尔·亨廷顿:《失衡的承诺》，周端译，东方出版社 2005 年版。

［262］〔美〕塞缪尔·亨廷顿:《文明的冲突》，周琪译，新华出版社 2013 年版。

［263］〔美〕萨义德:《东方学》，王宇根译，生活·读书·新知三联书店 1999 年版。

［264］〔英〕斯图亚特·霍尔:《表征——文化表象与意指实践》，徐亮、陆兴华译，商务印书馆 2003 年版。

［265］单波:《跨文化传播的基本理论命题》,《华中师范大学学报（人文社会科学版）》2011 年第 1 期。

［266］单波:《跨文化传播研究的心理学路径》,《湖北大学学报（哲学社会科学版）》2008 年第 3 期。

［267］邵培仁:《新世界主义与中国传媒发展》,《浙江社会科学》2017 年第 5 期。

［268］邵培仁、周颖:《国际传播视域中的新世界主义："命运共同体"理念

的流变过程及动力机制研究》,《浙江社会科学》2017 年第 5 期。

[269] 尚娜娜:《心相通，路平坦：以文化交流促进“一带一路”国家民心相通》,《红旗文稿》2018 年第 7 期。

[270] 沈贺:《美国文化霸权与“普世价值”在我国的传播》,《思想教育研究》2017 年第 1 期。

[271] 沈则瑾:《与世界携手中国梦更美好》,《经济日报》2013 年 12 月 9 日第 7 版。

[272] 施旭:《(逆) 全球化语境下的中国话语理论与实践》,《外国语 (上海外国语大学学报)》2018 年第 5 期。

[273] 施惠玲:《社会主义核心价值观传播中的两种张力关系》,《中国特色社会主义研究》2012 年第 6 期。

[274] 石泌禾:《文化软实力发展与社会主义核心价值观培育》,《南京社会科学》2018 年第 11 期。

[275] 史安斌:《国际传播研究前沿》，清华大学出版社 2012 年版。

[276] 史安斌:《“中国梦”：提升对外传播内容与效果的新契机》,《对外传播》2013 年第 7 期。

[277] 史安斌、廖鲽尔:《国际传播能力提升的路径重构研究》,《现代传播 (中国传媒大学学报)》2016 年第 10 期。

[278] 史安斌、廖鲽尔:《“去政治化”“去意识形态化”的神话——美国媒体价值观传播的历史脉络与实践经验》,《新闻记者》2016 年第 3 期。

[279] 史兴松、单晓晖:《近五年 SSCI 期刊跨文化交际研究方法探析》,《外语教学与研究 (外国语文双月刊)》2016 年第 4 期。

[280] 时伟:《网络虚拟社会精神文明建设的困境及其破解》,《理论月刊》2013 年第 12 期。

[281] 苏淑民:《公共外交与中国国家形象的塑造》,《教学与研究》2008 年

第 1 期。

[282] 孙发平、王亚波:《论习近平“三个必须”对实现中国梦的理论价值与实践意义》,《青海社会科学》2014 年第 5 期。

[283] 孙吉胜:《国家外语能力建设与“一带一路”的民心相通》,《公共外交季刊》2016 年第 3 期。

[284] 孙敬鑫:《“一带一路”建设面临的国际舆论环境》,《当代世界》2015 年第 4 期。

[285] 孙淑女:《范式视域下的跨文化适应理论》，浙江大学博士学位论文，2015 年。

[286] 孙伟平、孙晓静:《当代中国话语体系建设与社会主义核心价值观“走出去”》,《当代中国价值观研究》2018 年第 4 期。

[287] 孙伊然:《亚投行、“一带一路”与中国的国际秩序观》,《外交评论(外交学院学报)》2016 年第 1 期。

[288] 孙宜学:《打造中外共建共享机制推动孔子学院可持续发展》,《国际传播》2018 年第 6 期。

[289] 孙英春:《跨文化传播学导论》，北京大学出版社 2008 年版。

[290] 孙治国:《“一带一路”公共外交报告(2016)》，海洋出版社 2016 年版。

[291] 隋岩:《强符号的国际传播途径研究》,《当代传播》2012 年第 5 期。

[292] 唐虹:《非政府组织和对外文化交流——以英国、法国和德国的经验为例》,《欧洲研究》2009 年第 2 期。

[293] 唐润华:《重点突破：中国媒体国际传播的战略选择》,《南京社会科学》2011 年第 12 期。

[294] 唐润华:《外争权利内增实力——新形势下如何提升国际舆论话语权》,《中国记者》2011 年第 7 期。

[295]唐润华:《中国媒体国际传播能力建设战略》，新华出版社2015年版。

[296]唐润华、曹波:《人类命运共同体理念对中国价值观国际传播的新启示》,《中国出版》2018年第20期。

[297]唐双宁:《加快文化“走出去”，构建世界文化新格局》,《中国人大》2018年第3期。

[298]陶非奇:《“非政府组织与美国对外关系”研讨会综述》,《美国研究》2012年第4期。

[299]Tetteh-Richter Mary :《中国英语媒体中的非洲形象研究》，上海外国语大学硕士学位论文，2012年。

[300]田文林:《“一带一路”：全球发展的中国构想》,《现代国际关系》2017年第5期。

[301]童莹:《中国文化产业国际化的场域冲突和重构》,《改革与战略》2018年第10期。

[302]屠海波:《“一带一路”文化传播人才培养研究》,《边疆经济与文化》2017年第9期。

[303]涂凌波:《中国对外传播“新常态”与三种转变路径》,《当代传播》2015年第10期。

[304]推进“一带一路”建设工作领导小组办公室:《“一带一路”：理念、实践与中国的贡献》，外文出版社2017年版。

[305]王超品:《论“中国梦”与国家认同、文化认同、价值观认同》,《学术探索》2014年第10期。

[306]王帆:《中国复兴：独特的大国之路》,《外交评论（外交学院学报）》2017年第2期。

[307]王庚年:《认真学习贯彻十八大精神加快建设现代综合新型国际传媒》,《中国广播电视学刊》2012年第12期。

[308] 王欢:《全球化视域下中国价值观对外传播与国家形象构建》,《新闻研究导刊》2015 年第 19 期。

[309] 王辉、贾文娟:《国外媒体看“一带一路”》，社会科学文献出版社 2016 年版。

[310] 王景华、韩振丽:《丝绸之路经济带建设中的多元文化交往与民心相通研究》,《新疆社会科学》2015 年第 6 期。

[311] 王雷鸣:《关于中央文献对外翻译传播的几点思考》,《马克思主义》2014 年第 4 期。

[312] 王丽娜、翟崑、刘晓伟:《“一带一路”对外传播重在青年的民意相通》,《对外传播》2017 年第 4 期。

[313] 王灵桂:《外国智库看“一带一路”》，社会科学文献出版社 2015 年版。

[314] 王茂森:《新时代社会主义核心价值观国际传播需精准发力》,《毛泽东思想研究》2018 年第 4 期。

[315] 王清、周钦:《英国出版业的新发展》,《科技与出版》2008 年第 10 期。

[316] 王水平:《佩雷斯：中国成就无可比拟》,《光明日报》2014 年 4 月 9 日第 8 版。

[317] 王瑞林、毛彦心:《〈人民日报〉(海外版) 国家形象建构研究——以“一带一路”国际合作高峰论坛为例》,《传媒》2018 年第 17 期。

[318] 王维佳、翟秀凤:《美国政府是怎样输出价值观的》,《红旗文稿》2016 年第 2 期。

[319] 王魏:《跨文化语境下中国影视译制剧“走出去”的新突破——以影视译制剧在非洲的传播为例》,《中国广播电视学刊》2015 年第 7 期。

[320] 王晓丹:《中国影视剧走出去在国际传播中的作用》,《东南传播》2017 年第 12 期。

[321] 王湘穗:《“一带一路”离不开民心相通》,《经济导刊》2017年第2期。

[322] 王新刚:《论中华优秀传统文化与社会主义核心价值观的内在契合》,《思想理论教育导刊》2018年第12期。

[323] 王学俭、郭绍均:《关于我国文化软实力的思考——基于社会主义核心价值观的视阈》,《内蒙古社会科学(汉文版)》2016年第4期。

[324] 王义桅:《“一带一路”:中国崛起的天下担当》,人民出版社2017年版。

[325] 王义桅:《世界是通的——“一带一路”的逻辑》,商务印书馆2016年版。

[326] 王岳川:《中国书法可持续发展与国际文化传播》,《中国投资》2013年第10期。

[327] 王志强、王爱珊:《德国对外文化政策视角下德语对外传播及其实践》,《德国研究》2014年第4期。

[328] 王子言:《国家形象认知形成的心理机制研究》,《中国经贸导刊》2015年第27期。

[329] 闻理:《文化软实力的灵魂》,《河北日报》2014年4月11日第2版。

[330]〔美〕沃尔特·李普曼:《公众舆论》,阎克文、江红译,上海人民出版社2002年版。

[331]〔美〕沃尔特·拉塞尔·米德:《上帝与黄金:英国、美国与现代世界的形成》,徐怡超、罗怡清译,社会科学文献出版社2014年版。

[332]〔德〕乌尔里希·贝克:《自由与资本主义——与著名社会学家乌尔里希·贝克对话》,路国林译,浙江人民出版社2001年版。

[333] 吴冰冰、于运全:《“一带一路”案例实践与风险防范·文化篇》,海洋出版社2017年版。

[334] 吴丹:《新媒体时代怎样传播核心价值观》,《人民论坛》2018 年第 21 期。

[335] 吴飞、边晗、毕研韬:《美国国际传播战略的几个关节点》,《新闻界》2013 年第 8 期。

[336] 吴飞:《流动的中国国家形象:"中国威胁论"的缘起与演变》,《南京社会科学》2015 年第 9 期。

[337] 吴海燕:《论当代中国价值观念国际传播的必然性》,《决策与信息》2016 年第 6 期。

[338] 吴海燕:《受众本位视角下当代中国价值观念国际传播策略研究》,《云南社会主义学院学报》2016 年第 3 期。

[339] 吴玲燕:《从文化的角度理解冲突的重要性——浅析跨文化传播理论》,《文学教育》2011 年第 6 期。

[340] 吴兢:《以国际合作传播增强"一带一路"软实力》,《新闻战线》2019 年第 1 期。

[341] 吴琼:《国外核心价值观传播管窥》,《中国社会科学报》2014 年 7 月 2 日第 B04 版。

[342] 吴瑛:《中国声音的国际传播力研究》, 上海交通大学出版社 2016 年版。

[343] 吴瑛:《孔子学院与中国文化的国际传播》, 浙江大学出版社 2012 年版。

[344] 吴瑛:《中国智库的国际议程设置能力研究——对中美菲越四国智库的比较》,《太平洋学报》2018 年第 11 期。

[345] 吴畏:《人类命运共同体构建与全球"元"治理范式》,《华中科技大学学报(社会科学版)》2019 年第 1 期。

[346] 吴文彬:《中国新闻媒体涉非报道特点分析——以〈环球时报〉2015

年的报道为例》,《新闻研究导刊》2016 年第 12 期。

[347] 吴献举:《国家形象的跨文化生成机制研究——基于主体评价的分析视角》,《南昌大学学报(人文社会科学版)》2016 年第 6 期。

[348] 吴兴梅、何毅:《人类命运共同体理念与当代中国外交战略思想创新发展》,《邓小平研究》2017 年第 2 期。

[349] 武力:《"请进来"与"走出去"——关于中国价值理念国际传播应注意问题的思考》,《北京联合大学学报(人文社会科学版)》2013 年第 4 期。

[350] 习近平:《胸怀大局把握大势着眼大事　努力把宣传思想工作做得更好》,《人民日报》2013 年 8 月 21 日第 1 版。

[351] 习近平:《在第十二届全国人民代表大会第一次会议上的讲话》,《人民日报》2013 年 3 月 18 日第 1 版。

[352] 习近平:《习近平谈治国理政》,外文出版社 2014 年版。

[353] 习近平:《在联合国成立 70 周年系列峰会上的讲话》,人民出版社 2015 年版。

[354] 向宏、胡德平、王顺洪、徐飞:《大交通:从"一带一路"走向人类命运共同体》,西南交通大学出版社 2017 年版。

[355] 项久雨:《国外学者的中国梦研究:意义、问题及启示》,《学习与实践》2014 年第 5 期。

[356] 项久雨、胡庆有:《当代中国价值观念国际传播的意义、问题与对策》,《学习与实践》2015 年第 7 期。

[357] 项久雨、吴海燕:《论当代中国价值观念的时代特性和世界意义》,《学校党建与思想教育》2015 年第 6 期。

[358] 肖萌:《全球化背景下文化传播理念与路径探析》,《现代传播(中国传媒大学学报)》2014 年第 8 期。

[359] 谢佳奇、王锦:《全球化视域下社会主义核心价值观对外传播策略探

析》,《新西部旬刊》2017 年第 4 期。

［360］谢晶晶:《国际传播语境下如何讲好“中国故事”》,《视听界》2015 年第 5 期。

［361］谢清果、王昀:《华夏舆论传播的概念、历史、形态及特征探析》,《现代传播（中国传媒大学学报）》2016 年第 3 期。

［362］谢清果:《中国文化的话语权提升之道》,《人民论坛》2016 年第 23 期。

［363］邢丽菊:《推进“一带一路”人文交流：困难与应对》,《国际问题研究》2016 年第 6 期。

［364］邢彦辉:《基于核心价值观的传媒品牌建构》,《前沿》2015 年第 7 期。

［365］熊慧:《解析国际传播研究的若干“迷思”——兼议中国媒体国际传播能力的提升机制》,《新闻记者》2013 年第 9 期。

［366］熊姝闻:《论文化产业的意识形态功能》,《当代教育实践与教学研究》2018 年第 11 期。

［367］胥琳佳、刘建华:《跨文化传播中的价值流变：文化折扣与文化增值》,《中国出版》2014 年第 8 期。

［368］徐霖杰、王鑫:《国外媒体社会核心价值观传播的策略研究》,《科技传播》2015 年第 5 期。

［369］徐绍华、蔡春玲、李海樱:《从心开始：中国与东南亚南亚国家民心相通的对策思路》,《创新》2017 年第 2 期。

［370］徐稳、张翠艳:《试论社会主义核心价值观传播的问题与对策》,《山东青年政治学院学报》2016 年第 2 期。

［371］徐亚萍:《中国故事纪录片的外宣中介与国际转译探析》,《电视研究》2018 年第 9 期。

［372］许建华、王晓荣:《习近平的国家形象观探析》,《中学政治教学参考》

2015年第27期。

[373]闫成胜:《传播丝路精神，促进民心相通》,《中国广播电视学刊》2016年第8期。

[374]杨煌:《超越“国强必霸”的老路——中国特色大国外交的创新及其意义》,《当代世界与社会主义》2015年第2期。

[375]杨晶、吴文艳:《中国价值观国际传播的新媒体平台构建策略》,《中国广播电视学刊》2018年第9期。

[376]杨善民:《“一带一路”环球行动报告（2015）》，社会科学文献出版社2015年版。

[377]杨昕:《论当代中国主流意识形态国际话语权的建构》,《探索》2013年第1期。

[378]杨梓涵:《现代西方价值观传播视角下的文明冲突分析》,《江西社会科学》2013年第5期。

[379]姚旭、展姿:《讲好中国故事塑造国家形象》,《新闻爱好者》2017年第2期。

[380]叶佳晨:《一带一路背景下的茶文化国际推广受众分析——以塞尔维亚为例》,《茶叶》2016年第4期。

[381]〔美〕伊曼纽尔·沃勒斯坦:《现代世界体系》，尤来寅等译，高等教育出版社1998年版。

[382]殷亚天:《中西方意识形态领导权发展路径研究》,《法制与社会》2016年第2期。

[383]〔德〕尤尔根·哈贝马斯:《在事实与规范之间》，童世骏译，生活·读书·新知三联书店2003年版。

[384]尤好冠:《论中国出版跨文化传播的方向及理性表达》,《出版发行研究》2017年第9期。

[385] 于波：《"一带一路"背景下高校国际传播人才文化传播能力培养》，《东南传播》2016年第10期。

[386] 于洪君：《树立人类命运共同体意识推动中国与世界良性互动》，《当代世界》2013年第12期。

[387] 喻国明：《网络伦理规范构建的着眼点和着手处》，《青年记者》2017年第12期。

[388] 俞思念、苏阳：《社会主义核心价值观的坚守与国际话语权的提升》，《社会主义研究》2015年第2期。

[389] 余文霞、冯涛：《社会转型时期的道德困境及破解对策探讨》，《求实》2015年第12期。

[390] 袁靖华：《中国的"新世界主义"："人类命运共同体"议题的国际传播》，《浙江社会科学》2017年第5期。

[391] 袁敏嘉：《〈大长今〉与〈甄嬛传〉的文化价值观构建与传播对比研究》，暨南大学硕士学位论文，2015年。

[392] 袁赛男：《中国国际话语权的现实困境与适时转向——以"一带一路"战略实施中的新对外话语体系为例》，《理论视野》2015年第6期。

[393] 袁赛男：《构建"一带一路"战略视域下的新对外话语体系》，《对外传播》2015年第6期。

[394] 袁新涛：《"一带一路"建设的国家战略分析》，《理论月刊》2014年第11期。

[395] 曾凡星：《韩国构建社会核心价值观的做法与启示》，《党政论坛》2012年第3期。

[396] 曾凡星：《韩国、日本与新加坡构建社会核心价值观途径研究》，《上海党史与党建》2012年第3期。

[397]〔美〕詹姆斯·派克：《更有活力的多极化世界》，《解放日报》2013年

12 月 10 日第 6 版。

[398] 詹小美:《“一带一路” 文明互鉴的关系共演》,《内蒙古社会科学 (汉文版)》2016 年第 6 期。

[399] 张超:《党的十八大以来习近平的对外传播思想研究》,《对外传播》2016 年第 8 期。

[400] 张承芬、马广海:《社会心理学》, 山东人民出版社 2010 年版。

[401] 张春:《新时代中国与发展中国家关系的挑战与应对》,《太平洋学报》2018 年第 7 期。

[402] 张发林:《化解 “一带一路” 威胁论: 国际议程设置分析》,《南开学报 (哲学社会科学版)》2019 年第 1 期。

[403] 张广兴、张晗、张盈盈:《“民心相通”: 推进 “一带一路” 战略的社会根基》,《河北师范大学学报 (哲学社会科学版)》2017 年第 2 期。

[404] 张国祚:《中国文化软实力研究报告 (2010)》, 社会科学文献出版社 2010 年版。

[405] 张恒军、章彦、宁晓晓:《加强国际传播人才培养的思考》,《新闻界》2013 年第 3 期。

[406] 张恒军:《“一带一路” 倡议与当代中国价值观的国际传播》,《传媒》2017 年第 15 期。

[407] 张恒军、唐润华:《中国价值观全球传播的新契机和新逻辑》,《社会科学战线》2018 年第 3 期。

[408] 张恒军、吴秀峰:《“一带一路” 视域下中华文化认同的内涵、原则和策略》,《出版发行研究》2019 年第 1 期。

[409] 张军成、赵明明、赵龙:《借鉴与发展: 世界文明语境下社会主义核心价值观的中国表达》,《思想教育研究》2016 年第 9 期。

[410] 张健:《国际传播视阈下的外宣翻译特点探析》,《西南政法大学学报》

2016年第6期。

[411]张久安：《“民心相通”视角下的企业民间外交》，《公共外交季刊》2016年第3期。

[412]张昆：《国家形象传播》，复旦大学出版社2005年版。

[413]张昆：《传播先行，实现民心相通——服务丝绸之路经济带建设的国家传播战略》，《人民论坛·学术前沿》2015年第9期。

[414]张昆：《跨文化传播与国际形象建构》，武汉大学出版社2015年版。

[415]张昆：《华文传播与中国形象》，华中科技大学出版社2016年版。

[416]张昆、王创业：《考量国家形象的政治维度》，《陕西师范大学学报（哲学社会科学版）》2017年第1期。

[417]张昆、张心怡：《民心相通是“一带一路”倡议的心理基础》，《对外传播》2017年第4期。

[418]张明：《直面“一带一路”的六大风险》，《国际经济评论》2015年第4期。

[419]张明之：《从“中国威胁论”到“中国责任论”：西方冷战思维定式下的中国发展安全》，《世界经济与政治论坛》2012年第3期。

[420]张岂之：《“打造人类命运共同体”与中华优秀传统文化》，《山东省社会主义学院学报》2017年第1期。

[421]张铤：《社会主义核心价值观国际传播的价值与路径》，《中国广播电视学刊》2017年第11期。

[422]张璇：《网络合作助力“一带一路”民心相通——第九届中蒙新闻论坛的思考》，《对外传播》2018年第12期。

[423]张学亮、王永友：《国家意识形态安全视阈下中国话语国际表达论析》，《云南民族大学学报（哲学社会科学版）》2018年第3期。

[424]张艳秋、张耀兰：《民心相通的媒体路径与建构——对非洲新公共外交的思考》，《对外传播》2017年第4期。

[425] 张燕英:《“中国梦”的对外宣传研究》，东北林业大学硕士学位论文，2016 年。

[426] 张晓明、曹延中、洛岩:《新一轮“中国威胁论”透析》,《国防》2018 年第 12 期。

[427] 赵波、张学昌:《当代中国价值观跨文化传播理路研究》,《求索》2016 年第 9 期。

[428] 赵磊:《文化经济学的“一带一路”》，大连理工大学出版社 2016 年版。

[429] 赵欣:《跨文化传播视野中的隐性偏见》,《江淮论坛》2016 年第 3 期。

[430] 赵丽涛:《全球化背景下社会主义核心价值观的对外传播》,《中国特色社会主义研究》2014 年第 3 期。

[431] 赵琳:《表达与共融：电视文艺晚会的对外文化传播》,《青年记者》2018 年第 2 期。

[432] 赵瑞琦:《探索亚洲传播模式推进“一带一路”下的民心相通——〈亚洲国家与地区传媒研究丛书〉述评》,《中国出版》2015 年第 15 期。

[433] 郑苒:《专家学者聚焦中国文化翻译与传播》,《中国文化报》2014 年 5 月 22 日第 9 版。

[434] 郑晓云:《文化认同论》，中国社会科学出版社 2018 年版。

[435] 钟欣、王岚岚、谈风:《策略性传播及国际传播前沿问题》,《国际新闻界》2006 年第 7 期。

[436] 周辰罡:《社会认同视角下中国“周边命运共同体”塑造研究——以“中巴命运共同体”为例》，辽宁大学硕士学位论文，2016 年。

[437] 周菲、李艳春:《社会主义核心价值观与中国梦》,《光明日报》2014 年 10 月 6 日第 6 版。

[438] 周海霞:《试析德国核心价值观体系与价值观教育》,《比较教育研究》2017 年第 11 期。

[439] 周凯:《西方国家如何通过文化产业传播核心价值观》,《红旗文稿》2016 年第 1 期。

[440] 中共中央宣传部:《习近平总书记系列重要讲话读本》, 学习出版社 2016 年版。

[441] 中共中央宣传部:《习近平总书记的新闻舆论工作座谈会重要讲话精神学习辅助材料》, 学习出版社 2016 年版。

[442]《中国梦正在发挥巨大感召力——“中国梦的世界对话”国际研讨会发言摘编》,《人民日报》2013 年 12 月 12 日第 15 版。

[443]《“中国充满魅力”——访比利时首相埃利奥·迪吕波》,《光明日报》2014 年 4 月 2 日第 8 版。

[444] 中国发展道路中的价值理念及国际传播研究课题组秘书处:《中国道路与国家形象》, 中国人民大学出版社 2013 年版。

[445] 钟青:《汉城奥运会：一个国家文明的拐点》,《中国商界》(上半月) 2008 年第 8 期。

[446] 钟飞腾:《超越地缘政治的迷思：中国的新亚洲战略》,《外交评论 (外交学院学报)》2014 年第 6 期。

[447] 朱丽华:《新殖民主义影响下的美国对外英语传播》,《中共福建省委党校学报》2016 年第 6 期。

[448] 朱莉涛、陈延斌:《社会主义核心价值观传播体制机制论略》,《马克思主义理论学科研究》2019 年第 1 期。

[449] 朱霁:《论社会主义核心价值观的对外传播及其实践路径》,《马克思主义研究》2016 年第 8 期。

[450] 庄琴芳:《福柯后现代话语观与中国话语建构》,《外语学刊》2007 年第 5 期。

[451] 左为东:《身体与政治：社会学视阈下体育电影的意识形态话语研究》,

《湖北体育科技》2015年第5期。

［452］邹磊：《中国与伊斯兰世界“新丝绸之路”的兴起》，复旦大学博士学位论文，2013年。